Sozialpsychologie für Dummies

Schummelseite

DAS ANLIEGEN DER SOZIALPSYCHOLOGIE

Menschen sind niemals ganz für sich allein. Wie sich die Verhältnisse zwischen ihnen gestalten, wie sie sich miteinander verständigen, wie es kommt, dass sich unter manchen »Seelenverwandtschaft« einstellt, andere sich aber überhaupt nicht leiden mögen, wie wir uns als Mitglieder von Gruppen fühlen, wie die anderen das Denken und Handeln beeinflussen – all das erfolgt keineswegs rein zufällig, sondern unterliegt Gesetzmäßigkeiten. Das Regelhafte im Zusammenleben der Menschen zu erforschen, ist das Anliegen der Sozialpsychologie.

GEMEINSAMES

Menschen wollen irgendwie »dazugehören«, mitmachen, angehören und teilhaben:

- ✔ **Das Gefühl von Zugehörigkeit** herzustellen, ist ein wesentliches Bedürfnis aller Menschen. Wer ausgeschlossen wird, nicht mehr dabei sein darf und vernachlässigt wird, leidet, fühlt sich verlassen und einsam.

- ✔ **Die Mitgliedschaft in Gruppen** befriedigt das Streben nach Teilhabe und sozialem Austausch. Gruppen sind zum Beispiel die Familie, der Sportverein oder eine ganze Nation. Innerhalb einer Gruppe spielen die Vorgaben der anderen eine entscheidende Rolle und beeinflussen nachhaltig das Erleben und Verhalten der Mitglieder.

- ✔ **Menschen gehen enge Beziehungen ein.** Sie führen Freundschaften und Liebesbeziehungen. Sie suchen Anschluss an andere auch mit einem beiläufigen Gespräch in der Schlange vorm Geldautomaten.

- ✔ **Menschen beurteilen andere Menschen.** Damit Menschen mit den für sie »Richtigen« zusammenkommen, bewerten sie andere und schreiben ihnen Eigenschaften wie »sympathisch« oder »hilfsbereit«, »eingebildet« oder »unzuverlässig« zu. Auf der Grundlage solcher Beurteilungen entscheiden sie, wen sie näher an sich heranlassen.

BEEINFLUSSUNG

Jemand macht etwas vor, andere ahmen es nach. Gemeinsamkeit bedeutet demnach auch, sich an den anderen auszurichten. Menschen sind unentwegt dem Einfluss von anderen Leuten ausgesetzt. Und umgekehrt geht es den anderen genauso, sodass jederzeit alle gegenseitig aufeinander einwirken.

Sozialpsychologie für Dummies

Schummelseite

- ✔ **Abstimmungen** entscheiden, wer die Bundesregierung führt und ob der Mitgliedsbeitrag im Schachclub erhöht werden soll. Selbst wenn die Mitmenschen objektiv falschliegen, orientiert sich der Einzelne an deren Vorgaben, um sich nicht ausgeschlossen zu fühlen.
- ✔ **Geschickte Manipulatoren** kennen die psychologischen »Tricks«, mit denen sie ihre Mitmenschen dazu veranlassen, ihnen einen Wunsch zu erfüllen oder einen Ladenhüter abzukaufen.
- ✔ **Überzeugungsversuche** sollen die Einstellungen der sozialen Umgebung beeinflussen. Politische Reden, Predigten und Werbebotschaften zielen darauf ab, den Blick anderer auf die Welt oder auch nur ganz banal auf ein Konsumprodukt zu verändern.

EINSICHTEN

Menschen sind bestrebt, das, was um sie herum passiert, zu verstehen.

- ✔ **Hohen Aufwand im Denken** betreiben Menschen immer dann, wenn ihnen etwas wichtig erscheint. Ein Eigenheim zu bauen, ist verhältnismäßig teuer und will bis ins Detail geplant sein. Demgegenüber muss die Entscheidung für oder gegen eine Schuhcreme nicht ausführlich bedacht werden – sie erfolgt vielleicht aus Gewohnheit oder weil die Dose ansprechend aussieht.
- ✔ **Die Kapazitäten der Menschen**, das zu verarbeiten, was auf sie einströmt, sind begrenzt. Sie achten auf das ihnen Wichtigste und schieben alles Unbedeutende beiseite. Nur nebenbei läuft das Radio im Hintergrund, bis es einen Beitrag sendet, der das Interesse weckt. Menschen können ihre Fähigkeiten und Energien zur Verarbeitung von Information strategisch so einsetzen, dass es ihren Zielen dient. Oft nutzen sie »mentale Abkürzungen« wie Heuristiken und Stereotype, um kurzerhand zu einem Ergebnis zu kommen.
- ✔ **Das »Warum?«:** Mit Blick auf die soziale Umwelt stellen sich Menschen häufig Fragen dazu, warum sich etwas ereignet oder auch nicht ereignet hat: »Warum hat mir die sonst so zurückhaltende Kollegin unvermittelt ihre Hilfe angeboten?« und »Warum ist Norbert schon wieder nicht zum Clubabend erschienen?« Wie sich Menschen solche Fragen beantworten, folgt einer ganz inneren Logik und wird in der Sozialpsychologie unter dem Stichwort »Attribution« erforscht.
- ✔ **Fehleinschätzungen:** Bei dem Versuch, die Welt zu erklären, unterliegen Menschen leicht Denkfehlern. Treten sie systematisch und bei vielen in ähnlicher Weise auf, verbergen sich dahinter Regelmäßigkeiten, die Aufschlüsse dazu liefern, wie der »kognitive Apparat« im menschlichen Gehirn funktioniert. Reaktionen auf simple Hinweise, wie eine Uniform oder ein weißer Arztkittel, klischeehafte Vorstellungen über Personen, die einen bestimmten Beruf ausüben, und einfache Faustregeln können das Denken und Schlussfolgern allzu leicht in die Irre leiten.

Sozialpsychologie für Dummies

Schummelseite

WIRKLICHKEITEN

Es gibt nicht die eine und einzige Wahrheit, nicht die eine »wirkliche« Realität. Menschen bringen das, was sie erleben und beobachten, in Zusammenhang mit dem, was in ihrem Gedächtnis gespeichert ist. Ein und dasselbe Ereignis fällt deshalb mit unterschiedlichen Erfahrungen, Einstellungen und Zielen zusammen. So entwickelt jede und jeder einen eigenen Blick auf die Welt und erschafft sich eine ganz individuelle »Realität«. Daraus ergeben sich unweigerlich Meinungsverschiedenheiten und Konflikte.

- **Wer einem ähnlich ist, erscheint sympathisch und interessant**, weil sie oder er zum Beispiel denselben Beruf ausübt oder auch nur am gleichen Tag im Jahr Geburtstag hat. Da wir Menschen uns alle in vielfältiger Weise voneinander unterscheiden, fallen schon allein deshalb Urteile über unsere Mitmenschen oft ganz unterschiedlich aus.

- **Ihre Stimmung beeinflusst, wie Sie etwas bewerten.** Sind Sie gerade gut gelaunt? Dann fallen Ihnen beim Nachdenken über einen beliebigen Sachverhalt eher positive Merkmale ein. Die Pizza schmeckt besser, wenn das Restaurant ein angenehmes Ambiente bietet. Eine andere Person ist missmutig, weil sie sich am Tag bei der Arbeit ärgern musste. Wie lecker erscheint ihr die Pizza? In schlechter Stimmung wirkt auch der sonst recht liebenswerte italienische Kellner mit seinem ewigen »Prego!« irgendwie nervig.

- **Alles eine Frage der Perspektive.** Wer einen SUV fährt, weiß den bequemen Einstieg und das überlegene Gefühl, den Straßenverkehr von oben zu beobachten, sehr zu schätzen. Jemand anderes denkt an den Platz, den ein solches Fahrzeug beansprucht, den vergleichsweise hohen Energieverbrauch und kann sich mit »der Schuhschachtel auf Rädern« gar nicht anfreunden.

Sozialpsychologie für Dummies

Schummelseite

DER BLICK AUF SICH SELBST

Menschen tendieren dazu, sich selbst in wohlwollendem Licht zu sehen. Was sie von außen erfahren, bewerten sie so, dass die eigene Person möglichst gut dabei wegkommt. Kritik, auch wohlgemeinte, stößt meist auf Widerstand. Eigene Fehler oder Schwächen können gut mit Hinweisen auf schlechte äußere Bedingungen oder Pech gerechtfertigt werden.

Der Blick auf die eigene Person ist von entscheidender Bedeutung für den Austausch mit anderen Individuen. Die Antwort auf die Frage »Wer bin ich?« ergibt sich aus dem Vergleich mit jenen Menschen, zu denen eine soziale Beziehung besteht. Sich selbst als wertvolle Person zu betrachten, leitet das Verhalten in der Gemeinschaft.

- ✔ **Das Selbstwertgefühl** gibt Auskunft dazu, wie positiv das Selbstbild einer Person ausfällt. Es ist zum wesentlichen Teil davon abhängig, wie glücklich sich die Beziehungen zu anderen Menschen gestalten.

- ✔ **Sich selbst zu überschätzen**, ist allgegenwärtig. Unter günstigen Umständen kann ein »gesundes Selbstbewusstsein« zu unerwarteten Erfolgen führen; vielleicht hilft jemand dabei, das angestrebte Ziel zu erreichen, oder man hat einfach mal Glück. Allzu große Selbstüberschätzung scheitert dagegen häufig an den Realitäten. Die Schuld für Misserfolge wird dann meist bei anderen Menschen gesucht.

- ✔ **Nicht nur die eigene Person**, sondern auch alle Nahestehenden sollen positiv erscheinen. Das können Angehörige und die Partnerin oder der Partner sein, aber auch Haustiere und Gegenstände im eigenen Besitz. Wer auch die eigene Gruppe als anderen Gruppen überlegen ansieht, lässt sich leicht von Vorurteilen leiten und behandelt Mitglieder von Fremdgruppen ungerecht.

Sozialpsychologie für Dummies

Hans-Peter Erb und Judith Balzukat

Sozialpsychologie für dummies®

WILEY-VCH GmbH

Sozialpsychologie für Dummies

Bibliografische Information der Deutschen Nationalbibliothek

Die Deutsche Nationalbibliothek verzeichnet diese Publikation in der Deutschen Nationalbibliografie; detaillierte bibliografische Daten sind im Internet über http://dnb.d-nb.de abrufbar.

1. Auflage 2025
© 2025 Wiley-VCH GmbH, Boschstraße 12, 69469 Weinheim, Germany

Wiley, die Bezeichnung »Für Dummies«, das Dummies-Mann-Logo und darauf bezogene Gestaltungen sind Marken oder eingetragene Marken von John Wiley & Sons, Inc., USA, Deutschland und in anderen Ländern.

Alle Rechte bezüglich Text und Data Mining sowie Training von künstlicher Intelligenz oder ähnlichen Technologien bleiben vorbehalten. Kein Teil dieses Buches darf ohne die schriftliche Genehmigung des Verlages in irgendeiner Form – durch Photokopie, Mikroverfilmung oder irgendein anderes Verfahren – in eine von Maschinen, insbesondere von Datenverarbeitungsmaschinen, verwendbare Sprache übertragen oder übersetzt werden.

Das vorliegende Werk wurde sorgfältig erarbeitet. Dennoch übernehmen Autoren und Verlag für die Richtigkeit von Angaben, Hinweisen und Ratschlägen sowie eventuelle Druckfehler keine Haftung.

Coverillustration: © pict rider - stock.adobe.com
Korrektur: Frauke Wilkens, München
Satz: Straive, Chennai, India
Druck und Bindung: CPI Group (UK) Ltd, Croydon, CR0 4YY

Print ISBN: 978-3-527-72170-2
ePub ISBN: 978-3-527-84678-8

C978352721702_021025

Bevollmächtigter Vertreter des Herstellers gemäß EU-Produktsicherheitsverordnung ist die Wiley-VCH GmbH, Boschstr. 12, 69469 Weinheim, Deutschland, E-Mail: Product_Safety@wiley.com.

Über das Autorenteam

Dr. Hans-Peter Erb ist Diplom-Psychologe und Universitätsprofessor. Jahrzehntelange Erfahrung in der Forschung und Lehre sammelte er an den Universitäten Mannheim, Heidelberg, Würzburg, Maryland (USA), Halle-Wittenberg, Jena, Bonn, Chemnitz, Magdeburg und schließlich ab 2007 als Inhaber der Professur für Sozialpsychologie an der Helmut-Schmidt-Universität in Hamburg. Neben diversen Gutachter- und Herausgebertätigkeiten war er von 2010 bis 2012 verantwortlicher Herausgeber (»Editor in Chief«) der Fachzeitschrift *Social Psychology*. Als Mitgestalter von universitären Lehrplänen und jahrelanger Vorsitzender des Prüfungsausschusses für die psychologischen Studiengänge an seiner Universität ist er auch mit den formalen Anforderungen eng vertraut, die das Fach Sozialpsychologie an seine Studierenden stellt.

Judith Balzukat hält einen Master of Science in Psychologie. Sie hat ihr Masterstudium mit der Note »mit Auszeichnung« abgeschlossen und dafür den Jahrgangsbestenpreis erhalten. Nebenberuflich arbeitet sie an ihrer Doktorarbeit. Gemeinsam mit Hans-Peter Erb betreibt sie den Lehrkanal *Sozialpsychologie mit Prof. Erb* auf YouTube und den gleichnamigen Podcast, der unter anderem über Spotify zu empfangen ist.

Widmung

Wir widmen dieses Buch Laura, Romy und Cornelius.

Auf einen Blick

Über das Autorenteam 9
Einführung 21

Teil I: Einstieg in die Sozialpsychologie 29
Kapitel 1: Was Sozialpsychologie ist und was nicht 31
Kapitel 2: Sozialpsychologie als empirische Wissenschaft 41
Kapitel 3: Der Computer auf zwei Beinen 51

Teil II: Einschätzen, bewerten, handeln 71
Kapitel 4: Unser tägliches Brot: Urteile, Urteile, Urteile 73
Kapitel 5: Mag ich's oder mag ich's nicht: Einstellungen 103

Teil III: Das Ich und das Du 131
Kapitel 6: Das Ich: Das Selbstkonzept als Antwort auf die Frage »Wer bin ich?« 133
Kapitel 7: Soziale Wahrnehmung 155
Kapitel 8: »Warum nur, warum?« – Attribution 169
Kapitel 9: Das Ich und das Du: Enge soziale Beziehungen 189

Teil IV: Der Mensch ist nie allein 211
Kapitel 10: Gruppen 213
Kapitel 11: Wir und ihr: Beziehungen zwischen Gruppen 249

Teil V: Der böse und der gute Mensch 267
Kapitel 12: Der »böse« Mensch schädigt andere: Aggression 269
Kapitel 13: Der gute Mensch hilft: Prosoziales Verhalten und Altruismus ... 285

Teil VI: Der Top-Ten-Teil 297
Kapitel 14: Zehn (plus zwei) bemerkenswerte sozialpsychologische Theorien ... 299
Kapitel 15: Zehn (plus vier) wichtige Studien der Sozialpsychologie 303
Kapitel 16: Zehn wichtige Persönlichkeiten der Sozialpsychologie 307

Abbildungsverzeichnis 311
Stichwortverzeichnis 313

Inhaltsverzeichnis

Über das Autorenteam 9
    Widmung 9
Einführung 21
    Törichte Annahmen über die Leserin und den Leser 22
    Über dieses Buch 22
    Konventionen in diesem Buch 23
    Was Sie nicht lesen müssen 23
    Wie dieses Buch aufgebaut ist 24
    Symbole, die in diesem Buch verwendet werden 25
    Wie es weitergeht 26

TEIL I
EINSTIEG IN DIE SOZIALPSYCHOLOGIE 29

Kapitel 1
Was Sozialpsychologie ist und was nicht 31
    Der Blick auf alltägliche soziale Situationen 31
    Ich mach mir die Welt, wie sie den anderen gefällt: Der soziale Einfluss 32
    Sozialpsychologische Sachverhalte 34
    Wiederkehrende Prinzipien der Sozialpsychologie 35
    Was Sozialpsychologie nicht ist 36
        Sozialpsychologie ist nicht Soziologie 36
        Sozialpsychologie ist nicht Klinische Psychologie 36
        Sozialpsychologie ist nicht Allgemeine Psychologie 37
        Sozialpsychologie ist nicht Persönlichkeitspsychologie 37
    Sozialpsychologie als Grundlagendisziplin 38

Kapitel 2
Sozialpsychologie als empirische Wissenschaft 41
    Gar nicht grau: Theorien aufstellen und prüfen 41
        Mit viel Fantasie: Theorien aufstellen 42
        Fantasie und Stringenz: Theorien prüfen 42
    Experimente und andere Methoden 44
        Wenn … dann … 46
        Je … desto …: Korrelationen 47
        Völlig normal: Die Normalverteilung 48

Kapitel 3
Der Computer auf zwei Beinen 51
    Der Computer im sozialen Kontext 53
    Was ist das denn? Die Kategorisierung des Inputs 55

Alles gut aufgehoben: Die Festplatte ... 56
  Semantische Netzwerke: Verknüpftes Wissen im Langzeitgedächtnis ... 57
  Aktivierung ist ansteckend: Priming ... 58
  Ist Kudiz ein sinnvolles Wort? – Lexikalische Entscheidungen ... 58
  Schablonen im Gedächtnis: Schemata ... 59
Ein erster Blick in den Quellcode ... 60
  Was ins Auge sticht: Salienz ... 61
Vom Autopiloten zum naiven Wissenschaftler: Automatische und kontrollierte Informationsverarbeitung ... 62
Motive und andere Störfaktoren ... 66
Ein tieferer Blick in den Quellcode ... 67
  Halb voll oder halb leer: Framing ... 67
  Der rasche Zugriff: Verfügbarkeit ... 68
  Auf und nieder, immer wieder: Top-down und Bottom-up ... 68
  Positives Hypothesentesten – die Macht des ersten Gedankens ... 69

TEIL II
EINSCHÄTZEN, BEWERTEN, HANDELN ... 71

Kapitel 4
Unser tägliches Brot: Urteile, Urteile, Urteile ... 73

Ein Modell rationaler Urteile, dem sowieso niemand folgt ... 74
  Fünf Schritte zu einem unverzerrten Urteil ... 75
  Kurz, knapp, schnell und manchmal auch daneben: Urteilsheuristiken ... 76
  Alltägliche Leitplanken ... 76
  Nobelpreisverdächtig: Die drei Heuristikklassiker nach Daniel Kahneman ... 79
Gut gelaunt und schlecht gelaunt: Der Einfluss der Stimmungslage ... 87
  Die Kongruenz von Stimmungen mit Urteilen nutzen ... 88
  Detailliert oder global – Stile der Informationsverarbeitung ... 90
  Urteile ergaunern: Die Tricks der Überredungskünstler ... 91
  Und das ist längst noch nicht alles 97
Spontane Einsichten auf der Überholspur: Intuitive Urteile ... 100

Kapitel 5
Mag ich's oder mag ich's nicht: Einstellungen ... 103

Definition und Komponenten ... 103
Einstellungen und Verhalten ... 105
  Die Theorie des geplanten Verhaltens ... 106
  Selbstwahrnehmung: Verhalten als Quelle der Einstellung ... 107
Viel Nutzen, viel Schaden: Funktionen von Einstellungen ... 108
Wie komme ich denn darauf: Wie Einstellungen entstehen ... 109
  Direkte Erfahrung ... 109
  Information über das Einstellungsobjekt ... 110
  Das Gleichgewicht halten ... 111

Werte und Werthaltungen	111
Wertewandel	112
Vererbung	112
Häufige Wahrnehmung: Mere Exposure	113
Biofeedback	116
Überzeugen, überreden, Propaganda: Veränderung von Einstellungen	117
Wenn's innerlich wehtut: Kognitive Dissonanz	117
Persuasive Kommunikation	121
Wer, was und zu wem? Propaganda und die Yale-Studien	122
Zwei-Prozess-Modelle der Persuasion	124
Wie Werbung wirkt	127

TEIL III
DAS ICH UND DAS DU ... 131

Kapitel 6
Das Ich: Das Selbstkonzept als Antwort auf die Frage »Wer bin ich?« ... 133

Bin ich ein wertvoller Mensch? Das Selbstwertgefühl	135
Grandiose Selbstliebe: Narzissmus	138
Vermessenheit und die Unfähigkeit, das eigene Unvermögen zu erkennen	139
Sich selbst erkennen: Woher weiß ich, wer ich bin?	140
Wenn sich der Blick nach innen richtet: Introspektion	140
Selbstwahrnehmung	143
Sag du mir, wer ich bin: Soziale Vergleiche	143
Wie ich so gern wäre	146
Auf sich selbst achten	148
Sich selbst regulieren	148
Die ganze Welt ist Bühne	149
Das soziale Selbst	151
Nur gut, dass ich kein Bayer bin: Soziale Identität	152
Soziales Selbst und Kultur	152

Kapitel 7
Soziale Wahrnehmung ... 155

Neue Bekanntschaften: Der erste Eindruck	155
Das Erste zuerst: Frühe Information	156
Ein Heiligenschein: Der Halo-Effekt	159
Was die Zielperson tut: Konkretes Verhalten und Eindrucksbildung	161
Schlussfolgerungen seitens der Beurteilenden	162
Gleich und Gleich gesellt sich gern: Der Similar-to-me-Effekt	162
Das Ziel im Blick: Motivierte Eindrucksbildung	163
Kognitive Ausrichtung	164
Eindrucksbildung für Profis	165

Kapitel 8
»Warum nur, warum?« – Attribution ... **169**

Kausalität hilft: Verstehen, vorhersehen, Einfluss nehmen. ... 169
Konsequenzen von Attributionen ... 170
Klassifikation von Antworten auf die Warum-Frage ... 172
    Aller guten Dinge sind drei: Wichtige Dimensionen von Attributionen ... 172
Jetzt weiß ich, warum: Wie Menschen zu ihren Attributionen kommen ... 173
    Leon und die Statistik: Das Kovariations- oder ANOVA-Modell nach Kelley ... 174
Wenn das Verhalten zum Handelnden passt: Korrespondierende Schlussfolgerungen ... 177
Weitere Attributionstheorien ... 179
Gefühle und Attributionen ... 180
    Schachters Zwei-Faktoren-Theorie der Emotion ... 180
    Nicht nur ein Klischee: Männliche Erregung macht Frauen attraktiv ... 181
Attributionsverzerrungen ... 182
    Was kümmern mich die Umstände: Der fundamentale Attributionsfehler ... 183
Ich mach mir die Welt, wie sie mir gefällt: Weitere Attributionsverzerrungen ... 186
    Sich selbst in positives Licht setzen: Selbstwertdienliche Verzerrung ... 186
    Es lag doch nicht an mir: Selbstbehinderung ... 187
    Wem Schlechtes widerfährt, ist selbst schuld: Der Glaube an eine gerechte Welt ... 187

Kapitel 9
Das Ich und das Du: Enge soziale Beziehungen ... **189**

Die Bedeutung sozialer Beziehungen ... 189
Sozialer Magnetismus: Interpersonale Attraktion ... 190
    Räumliche Nähe ... 191
    Gleich und Gleich gesellt sich gern ... 191
    Magst du mich, mag ich dich: Wechselseitige Zuneigung ... 196
    Du bist ja so schön: Physische Attraktivität ... 197
Glücklich oder unglücklich: Die Bewertung von Beziehungen ... 202
    Kosten und Nutzen: Die Theorie des sozialen Austauschs ... 202
    Ausgewogen: Die Equity-Theorie ... 203
Enge Bindungen ... 204
    Bindungsstile in der frühen Kindheit ... 204
    Nähe oder lieber nicht? Bindungen im Erwachsenenalter ... 206
Liebe ... 207
    Liebesstile ... 208
    Macht und Ohnmacht der Gene ... 209

TEIL IV
DER MENSCH IST NIE ALLEIN 211

Kapitel 10
Gruppen 213
Was eine Gruppe ist 213
    Wie wird eine Gruppe von außen wahrgenommen? Entitativität......... 214
    Ich gehöre dazu: Selbstkategorisierung 215
    Aufgehen in der Gruppe: Deindividuierung.......................... 215
    Warum überhaupt Gruppen?.. 216
Strukturelle Merkmale von Gruppen 218
    Was erwünscht, ist auch erlaubt: Soziale Normen 218
    Funktionen innerhalb der Gruppe: Soziale Rollen 219
Sozialer Status: Wer ist hier der Boss?................................. 221
    Prestigeträchtig: Statussymbole 221
    Sozioökonomischer Status 222
Wir gehören zusammen: Gruppenkohäsion............................. 223
Gruppen »in action« 224
    Schön, dass ihr da seid: Soziale Erleichterung...................... 225
    Macht ihr das mal: Soziales Faulenzen 227
    Kreativität in Gruppen: Brainstorming 229
    Hand in Hand in die kollektive Katastrophe: Gruppendenken 230
    Gemeinsam zum Äußersten: Gruppenpolarisierung 232
    Eine(r) geht voran: Führung in Gruppen............................. 233
Sozialer Einfluss: Konformität, Devianz, Innovation und Gehorsam 236
    Wer keine Vorstellung hat, hört auf die anderen: Wie eine soziale Norm entsteht.. 237
    Anpassung wider besseres Wissen: Konformitätsdruck 238
    Gegen den Strom schwimmen: Der soziale Einfluss von Minderheiten..... 241
    Erschreckende Wahrheiten über den Gehorsam 245

Kapitel 11
Wir und ihr: Beziehungen zwischen Gruppen................... 249
Im Kampf um Ressourcen: Die Theorie des realistischen Gruppenkonflikts 250
Diskriminierung bei Gruppen, die eigentlich gar keine sind: Minimalgruppen 251
Wir sind besser als ihr: Die Theorie der sozialen Identität 253
    Bedrohungen der sozialen Identität: Wahrgenommene Statusunterlegenheit.. 254
    Können wir uns trotzdem vertragen?............................... 255
Vorurteile 258
    Woher Vorurteile kommen.. 260
    Man wird sie kaum noch los: Warum Vorurteile so beständig sind 263
    Wie man Vorurteile doch noch kleinkriegen kann: Kontakt und gemeinsame Aufgaben 264

TEIL V
DER BÖSE UND DER GUTE MENSCH 267

Kapitel 12
Der »böse« Mensch schädigt andere: Aggression 269
Alles nur Chemie? Serotonin, Testosteron und Alkohol. 271
    Schmetterlinge im Kopf: Serotonin 271
    Aggression aus den Keimdrüsen: Testosteron 271
    Zu tief ins Glas geschaut: Alkohol 273
Wenn es einem nicht gut geht: Unwohlsein als Auslöser aggressiven Verhaltens. 273
    Autsch! Unerwarteter Schmerz und Aggression 274
    Hitze macht aggressiv 274
Im Zusammenspiel mit den anderen: Situationen, die Aggressionen fördern 276
    Nur nicht aufregen lassen: Provokation 276
    Missmut und Verdruss: Frustration fördert Aggression. 277
    Einfach mal nachmachen: Aggressive Vorbilder 280
Zum Wohle aller: Reduktion von Aggression. 282

Kapitel 13
Der gute Mensch hilft: Prosoziales Verhalten und Altruismus 285
Gute Gründe, anderen zu helfen. 286
Helfen ohne eigenen Vorteil: Altruismus 287
Schlechte Gründe, anderen nicht zu helfen 290
    Wie reagieren die anderen? Der Bystander-Effekt 291
    Helfen oder nicht: Weitere Voraussetzungen für prosoziales Verhalten 292
Hilfsbereitschaft als Charakterzug: Die prosoziale Persönlichkeit 294
Sozialpsychologie für den Notfall: Wie Sie selbst am ehesten Hilfe erhalten 295

TEIL VI
DER TOP-TEN-TEIL 297

Kapitel 14
Zehn (plus zwei) bemerkenswerte sozialpsychologische Theorien 299
Mentale Abkürzungen. 299
Bewertungen aus dem Bauch heraus 300
Innere Widersprüche 300
Soziale Vergleiche 300
Die Welt verstehen 300
Enge Bindungen. 300
Konformität 301

Innovation durch Minderheiten 301
Rivalität zwischen Gruppen 301
Soziale Identität 301
Kontakt 302
Frustration führt zu Aggression 302

Kapitel 15
Zehn (plus vier) wichtige Studien der Sozialpsychologie 303
Das Wetter-Experiment 303
Chinesische Schriftzeichen 303
Rückmeldungen aus dem Gesicht 304
Eigenschaftswörter 304
Der abenteuerlustige Donald 304
Ärger oder Freude 304
Der fundamentale Attributionsfehler 304
Wärter und Gefangene 305
Der autokinetische Effekt 305
Konformität bei eindeutigen Fehlurteilen 305
Tödliche Elektroschocks 306
Diskriminierung im Ferienlager 306
Minimalgruppen 306
Aggressive Nachmacher 306

Kapitel 16
Zehn wichtige Persönlichkeiten der Sozialpsychologie 307
Gordon W. Allport 307
Solomon Asch 307
Leon Festinger 308
Fritz Heider 308
E. Tory Higgins 308
Daniel Kahneman 308
Norbert Schwarz 308
Muzafer Sherif 309
Henri Tajfel 309
Robert B. Zajonc 309

Abbildungsverzeichnis 311
Stichwortverzeichnis 313

Einführung

Heute ist Ihr Glückstag! Sie halten genau das richtige Buch in der Hand, denn Sie gehen neugierig und mit offenen Sinnen durch die Welt. Sie interessieren sich dafür, wie die Menschen miteinander leben, was sie dabei denken und fühlen, wann sie sich vertragen oder streiten, lieben oder hassen. Sie haben sich selbst schon Fragen gestellt wie:

- ✔ Wer bin ich eigentlich und was macht mich als Person einzigartig?
- ✔ Wie konnte es passieren, dass ich mich dazu überreden ließ, am Sonntagmorgen die Nachbarin zum Zug zu bringen, obwohl ich sie gar nicht leiden mag?
- ✔ War die Bemerkung der Klassenlehrerin zu meiner Klausurleistung ein Lob oder doch eher eine ironische Anspielung?
- ✔ Wie kann ich meine Liebste davon überzeugen, mit ins Kino zu kommen?
- ✔ Ist der erste Eindruck beim Kennenlernen tatsächlich so wichtig?
- ✔ Was lässt manche Menschen als besonders sympathisch erscheinen?
- ✔ Warum ist mein Freund so furchtbar anhänglich?
- ✔ Woher kommen die Reibereien zwischen den Klassen 7a und 7b in meiner Schule?
- ✔ Wieso fahren so viele Leute SUVs und tragen weiße Sneakers?
- ✔ Ist der Mensch egoistisch und immer nur auf seinen eigenen Vorteil bedacht?

Aber haben Sie dazu auch schon die »richtigen« Antworten gefunden? Wir alle sind naive »Alltagspsychologinnen und -psychologen« und beantworten solche Fragen so, dass uns die Erklärung am Ende plausibel erscheint und irgendwie in unser Weltbild passt. Mit diesem Buch gehen Sie gleich zwei Schritte über diese ein wenig unbedarfte Sicht hinaus:

1. Hinter den angesprochenen Themen verbergen sich objektive Gesetzmäßigkeiten, die die Sozialpsychologie ausführlich beforscht hat. Es gibt Erklärungen dazu, warum Sie ein Kleidungsstück gekauft, aber noch nie angezogen haben und wie es dazu kommen konnte, dass Onkel Oskar diesen ungünstigen Leasingvertrag abgeschlossen hat.

2. Die Art und Weise, wie sich Menschen solche Fragen beantworten, folgt ihrer eigenen Logik und ist Gegenstand sozialpsychologischer Forschung. Entscheidend sind häufig nicht die realen Gegebenheiten, sondern die Gedanken und Gefühle, mit denen Menschen auf die Ereignisse in ihrer Umgebung reagieren. Warum kann meine Mutter meinen neuen Freund nicht leiden? Und wie schafft es Onkel Oskar, sich den Leasingvertrag »schönzureden«?

Wenn Sie darüber noch nicht allzu viel wissen, eröffnet Ihnen *Sozialpsychologie für Dummies* ganz neue Blickwinkel auf Geschehnisse, die Ihnen täglich dutzendfach begegnen. Die Sozialpsychologie ist ein faszinierendes Wissensgebiet!

Törichte Annahmen über die Leserin und den Leser

Wir nehmen an, dass Sie dieses Buch aus mindestens einem von zwei Gründen in Händen halten. Der erste Grund mag darin bestehen, dass Sie erkannt haben, wie bedeutsam die sozialen Beziehungen der Menschen zueinander sind. Erkenntnisse dazu, wie Sie selbst denken und fühlen, finden Sie ebenso spannend wie Einsichten in das Verhalten anderer Leute. *Sozialpsychologie für Dummies* ist angetreten, Ihnen das nötige Wissen zu vermitteln, eine ganz neue und vielleicht auch ungewöhnliche Sicht auf sich selbst und Ihre Mitmenschen zu gewinnen. Sie werden sehen, dass sozialpsychologische Kenntnisse ausgesprochen nützlich sein können. Und nicht zuletzt werden Sie Sozialpsychologie oft auch amüsant finden. Wenn Sie zum Beispiel mit einem wissenden Lächeln die psychologischen Tricks beobachten, mit denen Sie im Supermarkt dazu verleitet werden sollen, bestimmte Konsumprodukte zu kaufen.

Die zweite Möglichkeit, wie die Sozialpsychologie in Ihr Leben getreten ist, besteht darin, dass Sie in Schule oder Studium damit konfrontiert wurden. Für Ihren Abschluss benötigen Sie (zu allem Übel) auch noch eine bestandene Prüfung. Das Buch in Ihren Händen wird sich zu diesem Zweck als ganz besonders hilfreich erweisen. Auch wenn Prüferinnen und Prüfer ihre eigenen Schwerpunkte setzen, kennen wir vom Autorenteam doch die grundsätzlichen Anforderungen aus eigener Erfahrung. Wir präsentieren die wichtigsten Themen, die am häufigsten zitierten Studien und die zentralen Fachbegriffe in allgemein verständlicher Sprache. Spezielle Vorkenntnisse sind nicht erforderlich. Verschaffen Sie sich einen raschen und klaren Überblick zu den prüfungsrelevanten Themen!

Über dieses Buch

Sozialpsychologie für Dummies bietet einen kompakten Überblick zu den relevanten Themen dieses Teilgebiets der Psychologie. Wir haben uns beim Schreiben daran orientiert, wie Sozialpsychologie an europäischen und US-amerikanischen Universitäten gelehrt und geprüft wird. Entsprechend folgt das Buch mit der Einteilung seiner Kapitel den Vorgaben, wie sie zum Beispiel auch in Lehrbüchern zu finden sind. Das erleichtert Ihr Leben, falls Sie sich auf eine Prüfung vorbereiten wollen, und stört nicht, wenn Sie sich aus anderen Interessen mit der Sozialpsychologie beschäftigen.

✓ **Sozialpsychologische Theorien**

Sozialpsychologie für Dummies beschreibt die wichtigsten Theorien, die die Forschung über Jahrzehnte zur Erklärung sozialen Verhaltens entwickelt hat. Abstraktes dazu lässt sich nicht vermeiden, denn Sozialpsychologie ist eine Wissenschaft. Die den Theorien zugrunde liegenden Gedanken erklären wir deshalb mit vielen konkreten Beispielen, die Sie an Ihren eigenen Alltag erinnern werden. Komplexere Abläufe stellen wir zusätzlich in Schaubildern dar. Manche Menschen lernen lieber mit Text, andere lieber mit Bildern. Am besten lernt man mit beidem.

✔ **Sozialpsychologische Studien**

Zum leichten Verständnis tragen immer wieder auch die Studien bei, die zur Überprüfung von Theorien durchgeführt wurden. Die theoretischen Begriffe verwandeln sich dabei in handfeste Beschreibungen (Operationalisierung, siehe Kapitel 2), die beispielhaft vermitteln, wie das Theoretische konkret zu verstehen ist. Der Text regt Sie dazu an, sich selbst in die Lage von Versuchspersonen hineinzuversetzen. So können Sie leicht nachvollziehen, wie man sich fühlt, wenn zum Beispiel jemand eine unverschämte Bitte vorträgt und einen auf diese Weise subtil manipuliert, umso bereitwilliger einen Euro für einen guten Zweck zu spenden (»Door-in-the-Face-Taktik«, siehe Kapitel 4).

Konventionen in diesem Buch

Keine Wissenschaft, kein Spezialgebiet, kein Handwerk kommt ohne Fachbegriffe aus. Bei Ihrer Lektüre werden Sie lernen, was »kognitive Dissonanz«, »Attribution«, »Priming«, »Minimalgruppe« und so weiter bedeuten. Sofern etwas einen Namen hat und nicht langwierig umschrieben werden muss, erleichtert es das Verständnis ungemein. Vergleichen Sie »der Mann, der die Regierung anführt, von der Mehrheit im Bundestag gewählt wurde und so weiter« mit »der Bundeskanzler«.

Wir vom Autorenteam definieren die notwendigen Begriffe in klarer Sprache und geben auch hierzu immer wieder konkrete Beispiele. Wenn wir zentrale Fachwörter, etwa die häufig zitierte »soziale Norm« (siehe Kapitel 10), nur einmalig ausführlicher erklären, um unnötige Wiederholungen zu vermeiden, finden Sie einen Verweis auf ein anderes Kapitel in Klammern. Für das Verständnis Ihrer augenblicklichen Lektüre ist das Blättern im Buch aber nicht nötig. Wer darüber hinaus etwas genauer wissen will, lässt sich von den Kapitelangaben in Klammern oder vom Stichwortverzeichnis auf andere Textstellen hinweisen.

Den »Psycho-Slang« mit seinen vielen englischsprachigen Begriffen, der für Außenstehende oft mehr verwirrt als erklärt, vermeiden wir strikt. Denn zum Verständnis der vorgetragenen Sachverhalte muss man nicht Psychologin oder Psychologe sein. Trotzdem weisen wir Sie immer wieder auch auf das korrekt Fachsprachliche hin – eventuell können Sie in einer Prüfung damit glänzen.

Was Sie nicht lesen müssen

Sie müssen das Buch nicht ganz (auch wenn wir uns das natürlich wünschen würden) und auch nicht von vorn bis hinten lesen. Die einzelnen Kapitel von *Sozialpsychologie für Dummies* stehen für sich allein und können je nach Interesse einzeln ausgewählt werden. Ihr Verständnis setzt nicht voraus, dass Sie schon andere Kapitel gelesen haben.

Einzig mit Kapitel 2 verhält es sich ein wenig anders. Zur korrekten Deutung der vorgestellten Experimente und Studien empfehlen wir Ihnen die Lektüre dieses Kapitels. Dort beschreiben wir, wie sich das Verhältnis zwischen den sozialpsychologischen Erkenntnissen einerseits und den zur Überprüfung eingesetzten Verfahren andererseits gestaltet. Aus vielfältiger Erfahrung wissen wir, dass sich hier leicht Missverständnisse einschleichen. Bevor Sie also mit einem wütenden »Bei mir (oder meiner Oma) ist das aber alles ganz anders« reagieren, vertiefen Sie lieber Ihr Wissen über sozialpsychologische Methodik in Kapitel 2. Sie lernen dort, was Studienergebnisse leisten können, aber auch welche Schlussfolgerungen sie nicht erlauben und wie sie deshalb interpretiert werden sollten. Studierenden des Fachs Sozialpsychologie legen wir deshalb Kapitel 2 ganz besonders ans Herz. Richtet sich Ihr Interesse dagegen mehr auf die konkreten Alltagsphänomene und darauf, wie Sie sich Ihrer bedienen können, kommen Sie auch ohne Kapitel 2 sehr gut zurecht.

Wie dieses Buch aufgebaut ist

Ihr *Sozialpsychologie für Dummies* besteht aus insgesamt sechs Teilen. Sie fassen einzelne Inhaltsbereiche zu übergeordneten Themen zusammen.

- ✔ **Zu Beginn:** Teil I bietet Ihnen einen Einstieg in die Sozialpsychologie. Sie lernen, was man gemeinhin unter Sozialpsychologie versteht und wie sie sich von anderen Wissenschaften unterscheidet. Dieser Teil liefert einen Überblick zu den wichtigsten Grundgedanken und der Art und Weise, wie man in der Sozialpsychologie denkt und arbeitet.

- ✔ **Bewertungen:** Teil II beinhaltet Erkenntnisse dazu, wie Menschen ihre Urteile über beliebige Gegenstände bilden und wie diese Bewertungen ihr Verhalten leiten: Warum finden wir etwas gut, mögen aber etwas anderes nicht leiden? Es geht um typische Fehler, die bei Beurteilungen auftreten, und die Möglichkeiten, Urteile gezielt zu beeinflussen.

- ✔ **Das Ich und das Du:** Teil III richtet Ihren Blick auf Sie selbst, auf andere Menschen und das Verhältnis zwischen beiden: Wer sind Sie und wer ist Ihr Gegenüber? Sie erfahren, wie das Ich und das Du in wechselseitiger Beziehung zueinander stehen, wie Sie sich Ihr eigenes Verhalten und das Ihrer Mitmenschen erklären und was sich daraus für Konsequenzen ergeben. Im letzten Kapitel dieses Teils geht es um besonders enge Beziehungen wie in der Familie, der Partnerschaft und im Freundeskreis.

- ✔ **Soziale Gruppen:** Teil IV ist dem Menschen als Mitglied von Gruppen gewidmet. Lernen Sie, was soziale Gruppen im Sinne der Sozialpsychologie sind, welche Merkmale sie aufweisen und wie sie das Verhalten ihrer Mitglieder beeinflussen. Schließlich geht es auch um das Verhältnis zwischen Gruppen, das häufig durch Vorurteile und wechselseitige Diskriminierung gekennzeichnet ist.

- ✔ **Das Gute und das Böse:** Teil V umfasst sozialpsychologische Erkenntnisse dazu, warum der Mensch manchmal ausgesprochen gut zu anderen und manchmal abgrundtief böse ist. Sich gegenseitig helfen, Notlagen anderer mildern und füreinander da sein gehören ebenso zum Verhaltensinventar des Homo sapiens wie Furcht und Schrecken zu verbreiten, Gewalt auszuüben und Gräueltaten zu begehen. Erfahren Sie Grundlegendes dazu, unter welchen Voraussetzungen Aggressionen entstehen und Hilfe gewährt wird.

✔ **Top-Ten-Teil:** Teil VI fasst zentrale Aspekte der Sozialpsychologie zusammen. Erfahren Sie, welche theoretischen Annahmen, Studien und Persönlichkeiten die Entwicklung der Sozialpsychologie als Wissenschaft maßgeblich beeinflusst haben.

Die Auswahl der Inhalte in *Sozialpsychologie für Dummies*

Die Sozialpsychologie ist ein, leicht untertrieben, gigantisches Wissensgebiet. Selbst 24/7 ließe sich nicht mit der Vielzahl aktueller Publikationen Schritt halten. Lehrbücher mit dem Anspruch, auch nur halbwegs einen Überblick zu liefern, kommen schnell auf 600 bis 700 Seiten kleingedruckten Texts. Und auch sie unterliegen einem »scientific gap«. Der Begriff besagt, dass eine neue Erkenntnis oft bis zu zehn Jahre benötigt, um Bestandteil des im Fach allgemein geteilten Wissens zu werden und in die Lehre Einzug zu halten. Vor diesem Hintergrund stellt sich für Sie vielleicht die Frage, wie das Autorenteam von *Sozialpsychologie für Dummies* bei der Auswahl der präsentierten Inhalte vorgegangen ist.

Das Buch richtet sein Augenmerk auf alles, was »klassisch sozialpsychologisch« genannt werden kann. Wir präsentieren die grundlegenden Inhalte, die die Forschung über die letzten Jahrzehnte beeinflusst haben. Mit einigem Recht dürfen wir annehmen, dass auch die zukünftige Entwicklung des Fachs nicht ohne diese Voraussetzungen auskommen wird. Auf neuere Forschungsrichtungen weisen wir hin und erklären sie immer dann etwas ausführlicher, wenn sie sich als tragfähig erwiesen haben.

Die einzelnen Studien und Experimente haben wir danach ausgewählt, wie stark sie das Fach beeinflusst haben. Einige wurden im Nachhinein kritisiert, weil sie sich als nur schwer replizierbar erwiesen haben oder methodische Mängel aufweisen. Auf Probleme dieser Art weisen wir Sie ausdrücklich hin. Die Tatsache, dass manche Studienergebnisse stark umstritten sind, spricht aber für ihre hohe Bedeutung in der Sozialpsychologie. Deshalb gehören auch sie zum Fach und können nicht einfach ignoriert werden.

Symbole, die in diesem Buch verwendet werden

Im Text heben wir immer wieder Passagen durch Symbole hervor. Wir verwenden:

✔ **Häkchen**, die fett gedruckte Stichwörter markieren: Diese Aufzählungen helfen, die Inhalte zu sortieren und in eine leicht erfassbare Form zu bringen.

Unter diesem Symbol finden Sie Fachbegriffe definiert, die im weiteren Verlauf des jeweiligen Kapitels mehrfach verwendet werden.

Der Glaskolben weist auf konkrete Experimente oder allgemeiner auf häufig verwendete Studienabläufe hin.

Hier finden Sie Beispiele aus Kultur, Geschichte, Politik und Wirtschaft, die die angesprochenen Inhalte weiter verdeutlichen.

 Wichtige Erkenntnisse, die es sich lohnt, im Sinn zu behalten, finden Sie unter diesem Symbol.

All diese Hilfen geben wir vom Autorenteam Ihnen an die Hand, damit wir sicher sein können, dass Sie sich nach der Lektüre von *Sozialpsychologie für Dummies* überhaupt nicht mehr als »Dummie« fühlen müssen. Der Sinn und Zweck unserer Arbeit ist es, uns am Ende selbst überflüssig werden zu lassen. Für uns ein faszinierender Gedanke und ein besonders schönes Gefühl, wenn es geklappt hat!

Wie es weitergeht

Ein Wort am Ende dieser Einführung in das Buch: Für alle, die mehr als nur ein ehemaliger »Dummy« sein wollen, lohnt sich ein Blick in weitere Informationsquellen:

- ✔ **Internet:** Für zentrale Begriffe, Theorien, Namen und Studien finden Sie im Internet teils redundante, teils weiterführende Information. Mit Ihrem Wissen aus *Sozialpsychologie für Dummies* sollte es Ihnen leichtfallen, relevante Quellen von unseriösen zu unterscheiden. Der YouTube-Kanal des Autorenteams *Sozialpsychologie mit Prof. Erb* kann ein möglicher erster Anlaufpunkt sein.

- ✔ **Lehrbücher:** Steht eine Prüfung an oder wollen Sie Ihr Wissen aus anderen Gründen weiter vertiefen, besorgen Sie sich ein Lehrbuch der Sozialpsychologie. Im Grunde finden Sie überall dieselben Inhalte. Wählen Sie eines, dessen Sprache oder Darstellungsweise Sie persönlich anspricht, oder sei es auch nur, weil Ihnen der Einband besonders gut gefällt. Im Unterschied zu den Büchern aus der Reihe *... für Dummies* finden Sie dort Hinweise auf Originalliteratur.

- ✔ **Handbücher:** Für angehende Spezialisten gibt es Handbücher über Sozialpsychologie oder einzelne Teilbereiche. Meist sind es herausgegebene Werke, in denen unterschiedliche Autorinnen und Autoren zu ihren speziellen Forschungsgebieten zu Wort kommen. Die Beiträge stammen von Leuten, die sich in ihrer meist langjährigen Arbeit mit den jeweiligen Themen sehr ausführlich beschäftigt haben und sich so in der Wissenschaft »einen Namen gemacht« haben. Ihre Lektüre erfordert häufig einige Vorkenntnisse und ist für Neulinge meist nicht so gut geeignet.

- ✔ **Monografien:** Einige Forschende haben sich der Mühe unterzogen, ganze Bücher zu ihren Spezialgebieten zu verfassen. Sie zu verstehen, kann einfach, aber auch recht schwierig sein – je nachdem, an welche Zielgruppe diese Bücher gerichtet sind. Nach der Lektüre haben Sie selbst hohe Expertise zu einem spezifischen Aspekt wie »kognitive Dissonanz« (siehe Kapitel 5), »Attribution« (siehe Kapitel 8) oder »Heuristiken« (siehe Kapitel 4) erworben.

✔ **Originalliteratur:** So bezeichnet man Artikel in Fachzeitschriften. Vor ihrer Veröffentlichung haben sie verantwortliche Herausgeberinnen beziehungsweise Herausgeber und andere Forschende aus demselben Teilgebiet ausführlich geprüft (*Peer-Review-Verfahren*). Die Prüfung erfolgt so streng, dass einflussreiche Zeitschriften in der Sozialpsychologie durchweg weniger als 10 Prozent der eingereichten Arbeiten zur Veröffentlichung freigeben. Sie stellen die Informationsquelle der höchsten Qualitätsstufe dar. Ihre Lektüre erfordert insbesondere spezielle Kenntnisse der verwendeten statistischen Methoden und der englischen Wissenschaftssprache der Sozialpsychologie. Ohne dieses Vorwissen fühlen sich viele schnell genau wie Judith und Hans-Peter in ihrem ersten Semester: absolut überfordert! Glücklicherweise werden Studierende im Bachelorstudium schrittweise an die notwendigen Vorkenntnisse herangeführt. Wer einen Master of Science in Psychologie hält, hat die Vertrautheit mit solchen Veröffentlichungen bewiesen. Ein Doktorgrad in Psychologie zeigt an, dass diese Person in der Lage ist, selbst solche Artikel zu verfassen.

Aber gehen Sie einen Schritt nach dem anderen. Jetzt wünschen wir Ihnen erst mal viel Freude und interessante neue Erkenntnisse bei der Lektüre von *Sozialpsychologie für Dummies*!

Teil I
Einstieg in die Sozialpsychologie

IN DIESEM TEIL ...

Dieser Teil von *Sozialpsychologie für Dummies* bietet Ihnen

- ✔ einen Blick auf die Sozialpsychologie als Wissenschaft,
- ✔ den Vergleich der Sozialpsychologie mit ihren Nachbardisziplinen,
- ✔ die Art und Weise, wie sozialpsychologische Erkenntnisse gewonnen werden,
- ✔ wichtige Hinweise dazu, wie sozialpsychologische Forschung zu verstehen und zu interpretieren ist.

> **IN DIESEM KAPITEL**
>
> Der soziale Einfluss als das zentrale Konzept der Sozialpsychologie
>
> Abgrenzung der Sozialpsychologie von Nachbardisziplinen
>
> Der Nutzen sozialpsychologischen Wissens

Kapitel 1
Was Sozialpsychologie ist und was nicht

Langsamer als Turmfalke und Leopard, anfälliger als Kakerlake und Ratte, schwächer als Elefant und Pferd. Nur der Austausch innerhalb seiner Gruppe versetzte Homo sapiens in die Lage, große Tiere wie Mammut und Säbelzahntiger zu erbeuten. Erst in der Gemeinschaft erwarb er die zentrale Fähigkeit zu komplexer Sprache. Daraus ergab sich die Möglichkeit, durch Arbeitsteilung und gemeinsame Anstrengung etwas zu erschaffen wie Computer, Aktiengesellschaften, Religionen und Weltanschauungen, Geld, politische Ordnungen und Gesetze. Für sich allein wäre der Mensch für immer ein schwaches Säugetier geblieben.

Wie die Menschheit zusammenlebt, ist Gegenstand der Sozialpsychologie. Sich austauschen, gemeinsam anpacken, Bündnisse schmieden und Kriege führen: Sozialpsychologisch relevante Phänomene drücken dem großen Ablauf der Menschheitsgeschichte ihren Stempel auf.

Der Blick auf alltägliche soziale Situationen

Um Sozialpsychologie zu erleben, reicht aber ebenso der Blick ins Alltägliche. Als beliebiges Beispiel mag Frank dienen. Er ist auf dem Weg zur Kantine und begegnet seinem Kollegen Ludwig. Frank kennt Ludwig recht gut und hat sich auch schon außerhalb der Arbeit mit ihm getroffen. Er winkt freundlich in Richtung Ludwig, doch der grüßt nicht zurück.

Frank wird sich nun fragen, warum Ludwig nicht reagiert hat. Ist er sauer oder nur verschlafen? Vielleicht ist Frank enttäuscht von seinem Kollegen. Oder ihn quälen Schuldgefühle, weil er darüber nachdenkt, im Umgang mit Ludwig ungeschickt gewesen zu sein. Je nach den Antworten auf seine Fragen wird Frank

✔ **unterschiedliche Gefühle entwickeln**, zum Beispiel amüsiert sein, weil Ludwig schon wieder direkt aus der Kneipe unausgeschlafen zur Arbeit erschienen ist, oder

✔ **sein künftiges Verhalten gegenüber Ludwig ändern** und danach ausrichten, wie er die Situation bewertet. Vielleicht hält er Ludwig für eitel oder überheblich und wird ihn künftig selbst auch nicht mehr grüßen.

Solche Situationen begegnen Menschen tagaus, tagein und auf vielerlei Weise. Sozialpsychologie kann man als den Versuch verstehen, in Franks Kopf und in sein Herz zu schauen, um herauszufinden, was dort vor sich geht.

Auch Sie stellen sich immer wieder Fragen wie:

✔ Warum hat Simon nicht zurückgerufen?

✔ Was hat die Chefin mit ihrer Bemerkung über meine Arbeit eigentlich gemeint?

✔ Was werden die Kolleginnen denken, wenn ich morgen mit meiner neuen Frisur zur Arbeit komme?

Die Sozialpsychologie steht in engem Bezug zum Alltagsleben der Menschen.

Interessiert es Sie, wie Menschen Fragen solcher Art für sich selbst beantworten und was daraus folgt? Dann halten Sie gerade das richtige Buch in der Hand.

Ich mach mir die Welt, wie sie den anderen gefällt: Der soziale Einfluss

Vielleicht benutzen auch Sie Messer und Gabel, selbst dann, wenn Ihnen gerade niemand beim Essen zuschaut. Die meisten Männer tragen keinen Minirock – jedenfalls nicht in der Öffentlichkeit. Und egal ob Sie ein Dieb sind oder nicht, Sie wissen, dass Stehlen nicht nur gegen die Gesetze, sondern auch gegen eine soziale Norm (siehe Kapitel 10) verstößt, die die meisten anderen Menschen teilen. Solche Beobachtungen sind Gegenstand der Sozialpsychologie.

Die Sozialpsychologie ist eine Teildisziplin der Psychologie. In der Psychologie beschäftigt man sich ganz allgemein mit dem Erleben und Verhalten von Menschen.

Weil die Sozialpsychologie Erleben und Verhalten von Menschen zum Gegenstand hat, sofern sie auf irgendeine Weise mit anderen Menschen in Kontakt sind, gilt:

✔ Der Einfluss des sozialen Umfelds ist häufig unmittelbar gegeben, zum Beispiel wenn Sie mit Ihrer Clique einen Club besuchen oder sich bei der Arbeit mit der

Kollegin Müller unterhalten und Sie sich so in direktem Austausch mit anderen befinden.

✔ Die Anwesenheit anderer kann auch nur vorgestellt sein: »Was würde meine Mutter sagen, wenn sie mich jetzt sehen könnte?«

✔ Abstrakte soziale Normen und Werte wie »Du sollst nicht stehlen!« repräsentieren die implizite Gegenwart anderer und bestimmen so Denken, Fühlen und Handeln.

Diese Aufzählung passt perfekt zu der Definition, die der Psychologe Gordon W. Allport im Jahr 1954 vorgeschlagen hat. Sie lautet übersetzt in etwa so:

Sozialpsychologie ist die wissenschaftliche Untersuchung dazu, wie die tatsächliche, vorgestellte oder auch nur implizite Gegenwart anderer Menschen die Gedanken, die Gefühle und das Verhalten von Individuen beeinflusst.

Der soziale Einfluss anderer Menschen auf den Einzelnen ist also das zentrale Konzept der Sozialpsychologie. Menschen reagieren auf sozialen Einfluss, indem sie ihre eigene soziale Welt auf der Grundlage von Information aus ihrer sozialen Umwelt »konstruieren«.

Menschen

✔ kaufen das Smartphone oder das Auto einer bestimmten Marke, weil sie bei anderen abgeschaut haben, dass diese besonders chic sind,

✔ denken, dass der Abschluss eines Vertrags zur Alterssicherung eine gute Idee ist, weil die Versicherungsvertreterin so unglaublich sympathisch wirkt,

✔ halten sich selbst für unattraktiv, weil sie sich mit den (vermeintlichen) Topmodels in den sozialen Medien vergleichen,

✔ zeigen kein Bedauern, dass sie nicht fliegen können, weil allen anderen auch keine Flügel gewachsen sind,

✔ sind unzufrieden in ihrer Liebesbeziehung, weil sie glauben, mehr zu investieren als ihr Partner,

✔ lassen sich zu einer obszönen Geste hinreißen, weil sie annehmen, das Hupen aus dem Auto hinter ihnen gelte ihnen.

Noch ein ausführlicheres Beispiel zur Konstruktion sozialer Realität gewünscht? Sehr gern! Wenn Ihre beste Freundin Gundula Ihren Geburtstag vergessen hat, löst das Gedanken und Gefühle aus, die entscheidend für den künftigen Umgang mit ihr sind. Wenn Sie glauben, dass Gundula absichtlich nicht angerufen hat, konstruieren Sie eine andere soziale Realität, als wenn Sie denken, ihr gehe es schlecht und sie sei zu sehr mit ihren eigenen Sorgen beschäftigt. Entsprechend unterschiedlich fällt Ihre Reaktion – vielleicht ärgerlich, vielleicht mitfühlend – aus. Danach wird sich Ihr künftiges Gebaren Gundula gegenüber gestalten. Schließlich beeinflussen Ihre Reaktionen in der Folge aber auch umgekehrt das zukünftige Verhalten Gundulas. Zeigen Sie sich ärgerlich, kann Gundula ebenso ärgerlich oder auch mit einer Entschuldigung antworten. Ihr Mitgefühl wird sie dagegen mit großer Wahrscheinlichkeit zu schätzen wissen. Auf diese Weise entstehen soziale Realitäten; und die Art und Weise, wie sie entstehen und was sich daraus ergibt, sind Gegenstand der Sozialpsychologie.

 Menschen sind sowohl Quelle als auch Ziel sozialen Einflusses.

Sozialpsychologische Sachverhalte

Die Sozialpsychologie lässt sich auch über die Inhaltbereiche definieren, die von Sozialpsychologinnen und Sozialpsychologen als interessant und ihrem Fach zugehörig betrachtet werden. Hierzu einige Beispiele:

- ✔ **Urteile und Entscheidungen:** Menschen bilden Urteile, zum Beispiel über politische Parteien, andere Menschen, Konsumprodukte und sogar sich selbst. Sie treffen auf der Grundlage ihrer Urteile Entscheidungen, etwa die, eine Partei zu wählen, einem anderen die Freundschaft aufzukündigen, Blumenkohl und nicht Brokkoli zu kaufen oder endlich das Rauchen aufzugeben.

- ✔ **Aggressivität:** Menschen können sich anderen gegenüber feindselig verhalten und aggressiv werden. Im Gedränge vor der Bühne beim Open-Air-Konzert tritt Ihnen jemand auf die Füße und Sie schupsen kräftig zurück.

- ✔ **Identifikation mit der Eigengruppe:** Menschen fühlen sich als Mitglieder von sozialen Gruppen, mit denen sie sich identifizieren und die sie gegenüber fremden Gruppen bevorzugen. Als ein Mitglied des Fanclubs von Bayern München mögen Sie vielleicht die Mitglieder des Fanclubs von Borussia Dortmund nicht, oder umgekehrt. Und als Einwohner von Düsseldorf haben Sie möglicherweise Vorbehalte gegenüber Kölnern – insbesondere während des Karnevals, wenn es um die alles entscheidende Frage »Alaaf oder Helau?« geht.

- ✔ **Hilfeverhalten:** Menschen helfen einander und zeigen altruistisches Verhalten. Sie alarmieren den Notdienst, weil vor ihnen auf der Straße ein älterer Herr hingefallen ist und nicht mehr aufstehen kann.

- ✔ **Enge Beziehungen:** Menschen fühlen sich zu anderen hingezogen und gehen Freundschaften und intime Liebesbeziehungen ein. Sie haben sich vielleicht frisch verliebt, führen eine Ehe, lieben ihre Kinder, Bello, den Haushund, und freuen sich auf den Samstagabend im Freundeskreis.

Und viele andere Phänomene mehr, wie Sie sie in den folgenden Kapiteln dieses Buches kennenlernen werden.

 Solche alltäglichen Vorgänge zu beschreiben, zu erklären und vorherzusagen ist die selbst gesetzte Aufgabe der Sozialpsychologie. Daraus ergeben sich auch Fragestellungen dazu, ob unerwünschtes Verhalten unterbunden werden kann: Wie könnte etwa Feindseligkeiten zwischen rivalisierenden Hooligans vorgebeugt werden.

Vielleicht wundert es Sie, dass alltägliche Vorgänge wie der Ärger über einen Freund, die Entscheidung für oder gegen Blumenkohl, Feindseligkeiten zwischen Fanclubs und das Essen mit Messer und Gabel ebenso bestimmten Gesetzmäßigkeiten unterworfen sind wie der Fall einer Metallkugel im luftleeren Raum oder die Reaktion von Wasserstoff und Sauerstoff in einem Knallgasgemisch. Lassen Sie sich auch dazu in den folgenden Kapiteln überraschen:

Gesetzmäßigkeiten, die das Zusammenleben von Menschen beschreiben und erklären, sind Gegenstand der Sozialpsychologie. Im Mittelpunkt des Interesses stehen individuelle, auch subjektive Vorgänge – also wie ein Individuum im sozialen Kontext denkt, fühlt und handelt.

Wiederkehrende Prinzipien der Sozialpsychologie

Die Sozialpsychologie hört sich für Sie noch immer etwas schwierig an? Ist sie aber nicht! Beim ersten Blättern durch dieses Buch mag die Vielfalt seiner Inhalte als ein Sammelsurium unverbundener Einzelgedanken und Ideen erscheinen. Doch auch dieser Eindruck täuscht. Sie werden bemerken, dass einige Kernaspekte der Sozialpsychologie über die Kapitel hinweg immer wieder auftauchen. Ihre Kenntnis erleichtert den Wissenserwerb ungemein. Wenn Sie es schaffen, die folgenden Grundgedanken im Hinterkopf zu behalten, werden sich Ihnen viele Sachverhalte in der Sozialpsychologie noch leichter erschließen:

✔ **Anschluss:** Der Mensch ist ein soziales Wesen. Ohne die anderen fühlt er sich schnell verloren. Wir alle wollen irgendwie dazugehören, führen enge Beziehungen (siehe Kapitel 9), gründen Familien und Vereine, sind Mitglieder einer Nation (siehe Kapitel 11) und so weiter. Ausgeschlossen werden, tut folglich richtig weh, und Einsamkeit macht krank.

✔ **Sozialer Einfluss:** Im Austausch mit anderen beeinflussen sich Menschen ständig und überall gegenseitig (siehe Kapitel 10). Was jemand tut und sagt oder auch nicht tut und nicht sagt, wirkt unweigerlich auf das, was die anderen fühlen oder denken und beeinflusst schließlich ihre Urteile (siehe Kapitel 4), Entscheidungen und wie sie sich verhalten.

✔ **Vielfältige »Realitäten«:** In Reaktion auf das, was von außen kommt, konstruieren die Menschen ihre eigene soziale »Realität« und erschaffen sich ihren ganz eigenen, subjektiven Blick auf die Dinge um sie herum (siehe Kapitel 3). Das ist der Grund dafür, dass ein und dieselbe Angelegenheit von unterschiedlichen Menschen ganz verschiedenartig interpretiert werden kann. In der Folge ergeben sich Meinungsverschiedenheiten, wie sie nicht nur in der Familie, der Schule, der Firma oder der Politik häufig zu beobachten sind.

✔ **Die Welt verstehen:** Menschen sind motiviert, eine möglichst korrekte Sicht auf die Welt zu erlangen. Im Kleinen mag es darum gehen, die »richtigen« Schuhe zu kaufen, im Großen darum, die eigene Religion oder Weltanschauung für die einzig wahre zu halten.

✔ **Sich selbst wertschätzen:** Abgesehen von wenigen Ausnahmen streben Menschen ein positives Selbstbild an (siehe Kapitel 6). Nicht nur die eigene Person, sondern auch andere, die ihnen nahestehen, die Gruppen, in denen sie Mitglied sind (siehe Kapitel 11), und Sachen, die ihnen gehören, sollen in bestem Licht erscheinen.

✔ **Begrenzte Kapazitäten:** Der Mensch ist kein Computer und nicht in der Lage, schier unbegrenzte Datenmengen gleichzeitig zu verarbeiten. Es erfolgt zwangsläufig eine Auswahl aus dem »Input«, der in Form von Ereignissen aus der sozialen Umwelt auf sie einströmt. Sie achten auf das, was ihnen relevant erscheint und blenden alles andere aus. Die Verarbeitung des Inputs vereinfachen sie mit Heuristiken (siehe Kapitel 4) oder stereotypen Vorstellungen über andere Menschen (siehe Kapitel 11). Dabei erfolgt vieles unbewusst, wird vom »Autopiloten« gesteuert und bedarf keiner besonderen Anstrengung (siehe Kapitel 3).

Was Sozialpsychologie nicht ist

Oft versteht man etwas besser, wenn man es von anderem abgrenzt. Es lohnt sich, einen Blick darauf zu werfen, was Sozialpsychologie nicht ist.

Sozialpsychologie ist nicht Soziologie

Das besondere Interesse an individuellen Abläufen unterscheidet die Sozialpsychologie von ihrer Nachbardisziplin *Soziologie*. Bis zu einem gewissen Grad überlappen sich die Themen der Soziologie mit denen der Sozialpsychologie. Normen, Aggression, altruistisches Verhalten und andere mehr werden auch aus soziologischer Perspektive beforscht. Jedoch unterscheiden sich die Lösungsansätze:

✔ Die Soziologie sucht Erklärungen für menschliches Verhalten vor allem in Gesellschaften, Kulturen, Subkulturen und ihren Strukturen, in sozialen Systemen, Institutionen, Organisationen und so weiter.

✔ Die Sozialpsychologie setzt sich dagegen mit innerpsychischen und damit individuellen Vorgängen auseinander.

Auch wenn diese Gegenüberstellung hier stark vereinfacht bleiben muss: Was eine Person über ihre beste Freundin denkt, weil sie ihren Geburtstag vergessen hat, und wie sie sich dabei fühlt, ist typischerweise nicht Gegenstand der Soziologie.

Sozialpsychologie ist nicht Klinische Psychologie

Vielleicht fallen Ihnen, wie vielen anderen auch, bei der Psychologie als Erstes Erkrankungen wie Depression oder Schizophrenie ein. Das sind Themen der Teildisziplin *Klinische Psychologie*. Klinische Psychologinnen und Psychologen untersuchen das Erleben und Verhalten von Menschen in Situationen, in denen psychische Störungen wie zum Beispiel depressive Episoden auftreten. Der Anspruch dabei ist, solches Wissen zum Wohl von Betroffenen anzuwenden und mit Therapien Erkrankte zu unterstützen. Psychische Störungen sind nicht Gegenstand der Sozialpsychologie.

Sozialpsychologie ist nicht Allgemeine Psychologie

Die Sozialpsychologie unterscheidet sich auch von anderen Teilbereichen der Psychologie. Unterschiede zur *Allgemeinen Psychologie* tauchen in Kapitel 3 dieses Buches auf – erfahren Sie dort mehr dazu.

Sozialpsychologie ist nicht Persönlichkeitspsychologie

Wenn es darum geht, die Sozialpsychologie zu definieren, ist vor allem der Vergleich mit der *Persönlichkeitspsychologie* aufschlussreich.

Grob gesagt liegt der Schwerpunkt der Persönlichkeitspsychologie in der Erklärung von Verhalten, das zwischen Individuen unterschiedlich ausfällt, obwohl die Situation mehr oder weniger dieselbe ist. Eine ältere Bezeichnung dieser Teildisziplin der Psychologie lautet deshalb auch *Differenzielle Psychologie*, weil es um Differenzen, also Unterschiede zwischen Menschen geht.

Stellen Sie sich dazu vor, Linda und Luise erhalten die gleiche Einladung zu einer Party. Es werden sehr viele Gäste erwartet und die letzten werden auch um 4 Uhr früh noch nicht nach Hause gegangen sein. Während Linda mit Freude dem Event entgegenfiebert, überlegt sich Luise, ob sie nicht lieber absagen sollte. Sie hatte geplant, endlich den spannenden Roman zu Ende zu lesen, der schon zu lange unberührt auf dem Tischchen neben ihrem Sofa liegt. Der Unterschied in den Reaktionen Lindas und Luises auf die identische Einladung findet sich wahrscheinlich in der Persönlichkeit der beiden begründet. Konkret könnte man davon ausgehen, dass Linda eher extravertiert und Luise eher introvertiert ist.

Aufgabe der Persönlichkeitspsychologie ist es, Merkmale, bei denen sich Menschen unterscheiden, wie

✔ Extraversion,

✔ Offenheit für neue Erfahrungen,

✔ Aggressionsneigung,

✔ Intelligenz,

✔ Kreativität

und viele andere mehr, zu finden, zu beschreiben und zu erklären.

In der Sozialpsychologie sind die Unterschiede zwischen den Menschen meist von geringerem Interesse. Die Sozialpsychologie betrachtet eher die Wirkung der Situation auf mehr oder weniger alle Menschen. Man könnte auch sagen, es interessiert die »durchschnittliche« Reaktion. Auch hierzu ein Beispiel:

Bei einem Fußballspiel kommt es zu Ausschreitungen zwischen sonst eher friedlichen Anhängern der beteiligten Vereine. Um das Ereignis zu erklären, lassen sich aus der Perspektive der Sozialpsychologie etwa Fragen der folgenden Art stellen:

- **Hitze:** War es an diesem Tag besonders heiß, denn Hitze fördert Aggressivität?
- **Hinweisreize:** Gab es auf dem Spielfeld Szenen besonderer Härte, die als Hinweisreize auf aggressives Verhalten dienen konnten?
- **Vorbild:** Hat sich ein Spieler besonders aggressiv verhalten und so als Vorbild gedient?
- **Frustration:** Wie stark war die Frustration bei den Anhängern der Mannschaft, die im Rückstand lag, etwa ausgelöst durch eine Fehlentscheidung des Schiedsrichters?
- **Provokation:** Ließen sich Provokationen aus einem der Fanblöcke beobachten?

Die Tatsache, dass es unter den Menschen sowohl »Lämmchen« als auch »Krokodile« gibt und die Persönlichkeitspsychologie von differenzieller Ausprägung in der Neigung zu aggressivem Verhalten spricht, spielt in sozialpsychologischen Überlegungen eine untergeordnete Rolle.

Sozialpsychologie als Grundlagendisziplin

Die Sozialpsychologie ist eine Grundlagendisziplin, deren Erkenntnisse in vielerlei Hinsicht für Anwendungen interessant sind. Die Sozialpsychologie bildet Grundlagen etwa in der

- **Gesundheitspsychologie und der Klinischen Psychologie**, indem sie dabei hilft, Krankheiten durch soziale Unterstützung zu mildern, soziale Phobien zu bekämpfen und so weiter,
- **Markt-, Werbe- und Wirtschaftspsychologie**, wenn es zum Beispiel darum geht, die Wirkung von Werbebotschaften zu verstehen,
- **Organisationspsychologie**, beispielsweise durch Erkenntnisse dazu, wie Gruppenarbeit und Führung optimiert werden können,
- **Pädagogischen Psychologie**, etwa bei der Frage, wie Erwartungen von Lehrkräften die Leistung ihrer Schülerinnen und Schüler beeinflussen,
- **Rechtspsychologie**, zum Beispiel mit Erkenntnissen dazu, wie Richter ihre Urteile fällen und die Glaubwürdigkeit von Zeugen sichergestellt werden kann,

und vielen anderen angewandten Fächern.

Aber was nützt es Ihnen persönlich, sozialpsychologische Phänomene zu kennen?

- Wer etwas über das Denken, Fühlen und Handeln der Menschen im sozialen Kontext weiß, wird sich und seine eigenen Reaktionen besser verstehen können.

✔ Wer das Verhalten anderer Menschen von außen genauer beobachtet, wird einen neuen Blickwinkel auf sie und ihr Verhalten entwickeln.

Menschen mit sozialpsychologischem Wissen sind häufig etwas vorsichtiger mit allzu voreiligen Schlüssen. Dafür, wie sich Menschen verhalten, gibt es oft ganz unterschiedliche Gründe. Und wer die Sozialpsychologie auch nur ein wenig kennt, wird nicht in die Falle tappen, seinen erstbesten Gedanken gleich für den einzig richtigen zu halten.

✔ Mit Wissen aus der Sozialpsychologie ist es möglich, sich vor ungerechtfertigtem Einfluss durch andere Menschen zu schützen. Wenn ein gewiefter Bankberater mit Manipulationstricks versucht, sozialen Einfluss auszuüben, um sein Finanzprodukt loszuwerden, wird er bei einer Kundin, die solche Kniffe kennt und durchschaut, sicherlich keinen Erfolg haben.

✔ Die Sozialpsychologie bietet Wissen für alle, die ganz einfach die Welt und die in ihr lebenden Menschen besser verstehen wollen. Sich selbst und andere mit sozialpsychologischem Hintergrundwissen zu beobachten, kann schließlich auch Vergnügen bereiten. Lassen Sie es darauf ankommen!

> **IN DIESEM KAPITEL**
>
> Sozialpsychologie als Wissenschaft, die an konkreter Erfahrung ausgerichtet ist
>
> Aufstellen und Testen sozialpsychologischer Theorien
>
> Sozialpsychologische Experimente
>
> Fallstricke bei der Interpretation psychologischer Studien

Kapitel 2
Sozialpsychologie als empirische Wissenschaft

Die Sozialpsychologie ist eine empirische Wissenschaft. Empirisch bedeutet, dass sich die Erkenntnisse an konkreten Erfahrungen orientieren und durch Studien überprüft werden. Das ist der Grund dafür, weshalb Sie in diesem Buch viele Beispielstudien kennenlernen werden. Man probiert aus, ob das, was man sich gedacht hat, auch wirklich stimmt.

Gar nicht grau: Theorien aufstellen und prüfen

Forscherinnen und Forscher in der Sozialpsychologie sehen sich folglich zwei zentralen Aufgaben gegenüber:

1. Theorien aufstellen
2. Theorien prüfen

 Eine *Theorie* beinhaltet eine oder mehrere wissenschaftlich begründete Aussagen, die dazu dienen, beobachtete Sachverhalte zu erklären. Die Voraussetzung für Theorien ist die Annahme, dass Erscheinungen, die »in der Welt« beobachtet werden, Gesetzmäßigkeiten folgen, die sich erkennen und formulieren lassen.

Um die mit dem Aufstellen und Prüfen von Theorien verbundenen Vorgänge verständlich zu erklären, hilft ein beliebiges, aber aus didaktischen Gründen möglichst einfaches Beispiel. Die Psychologen John S. Dollard und Neal E. Miller haben in den 1940er-Jahren, später in Zusammenarbeit mit anderen, ein solches Beispiel formuliert. Es lautet: »Frustration führt zu Aggression.« Dem aktuellen Stand der Forschung nach lässt sich diese Theorie nicht uneingeschränkt halten, jedoch ist sie für den hier verfolgten Zweck wegen ihrer Einfachheit hervorragend geeignet.

Mit viel Fantasie: Theorien aufstellen

Theorien aufzustellen, ist eine Frage der Fantasie und der Kreativität. Wie also sind Dollard und Miller auf ihre Idee gekommen? Leider sind beide Forscher verstorben, sodass man sie nicht mehr danach fragen kann. Hatten sie vielleicht

- ✔ **eine geniale Eingebung**, Miller in der Badewanne und Dollard beim Zwiebelschneiden?
- ✔ **alltägliche Beobachtungen** gesammelt wie bei Autofahrern, die im Stau steckten und anfingen, mächtig zu hupen?
- ✔ **Beispiele in der Literatur** gefunden, die die Idee der Theorie nahelegten?

Für die Erkenntnis, die sich hinter dem Satz »Frustration führt zu Aggression« verbirgt, spielt das letztlich keine Rolle.

Fantasie und Stringenz: Theorien prüfen

Ist eine Theorie formuliert, folgt die Prüfung der Theorie. Hierzu lassen sich zwei Aspekte unterscheiden:

1. theoretische Prüfung,
2. empirische Prüfung.

Bei der theoretischen Prüfung stellen sich im Wesentlichen folgende Fragen:

- ✔ **Logik:** Ist die Theorie logisch konsistent und ohne Widersprüche formuliert?

    Dem Satz »Frustration führt zu Aggression« lassen sich keine logischen Fehler nachweisen.

    Prüfung bestanden.

- ✔ **Andere Forschung:** Gibt es Hinweise in der Literatur, die der Theorie widersprechen?

    Auch das war zur Zeit der Entwicklung der Theorie nicht der Fall – im Gegenteil, es gab sogar Vorläuferstudien, deren Ergebnisse gut ins Bild passten und auf die die Autoren auch hingewiesen haben.

    Prüfung bestanden.

✔ **Präzision der Begriffe:** Können die verwendeten Begriffe präzise definiert werden?

- »Frustration« bedeutet, dass ein angestrebtes Ziel nicht oder nur verspätet erreicht wird, wie bei einer Zugverspätung der Bahn oder einer langen Schlange an der Essensausgabe in der Kantine.
- »Führt zu« beschreibt eine kausale Verknüpfung zwischen Frustration und Aggression in dem Sinn, als Frustration der Auslöser für Aggression ist.
- »Aggression« bezeichnet Verhalten, das dazu dient, andere absichtlich zu schädigen, zum Beispiel lautes Anbrüllen, ein Schupsen oder eine obszöne Geste.

Prüfung bestanden.

✔ **Geltungsbereich:** Wie ist der Geltungsbereich der Theorie?

Offensichtlich ist sie so formuliert, dass sie für alle Menschen und unter allen Bedingungen gilt. Der Geltungsbereich wäre kleiner, wenn sie auf Kleinkinder oder besondere Wetterbedingungen wie Hitze beschränkt wäre. Je größer der Geltungsbereich, desto »attraktiver« die Theorie, weil sie viele Fälle einschließt.

Prüfung bestanden.

✔ **Empirische Prüfbarkeit:** Ist die Theorie empirisch prüfbar?

Oder anders ausgedrückt: Sind Beispiele denkbar, in denen Frustration nicht aggressives Verhalten auslöst? In der Wissenschaft spricht man von *Falsifizierbarkeit*. Das ist durchaus der Fall: Statt mit Aggression zu reagieren, kann ein Individuum auf Frustration damit reagieren, dass es anfängt, die Finger an seinen Händen zu zählen oder »Hänschen klein« zu singen.

Prüfung bestanden.

Bis hierhin hat sich die Miller-Dollard-Theorie, oft auch *Frustrations-Aggressions-Hypothese* (siehe Kapitel 12) genannt, gut bewährt. Es fehlt »nur noch« die empirische Überprüfung, die in der Sozialpsychologie meist als das wichtigste Prüfkriterium angesehen wird.

Der erste Schritt bei der empirischen Überprüfung einer Theorie beinhaltet die »Übersetzung« der theoretischen Begriffe in konkrete, der Erfahrung (Empirie) zugängliche Vorgehensweisen, die hergestellt oder gemessen werden können. Dieser Vorgang heißt *Operationalisierung*.

Frustration und Aggression müssen also operationalisiert werden. Doch wie gehen Sie dabei vor?

✔ **Sie könnten versuchen, Frustration zu messen**, vielleicht mit der Frage »Wie frustriert sind Sie gerade?« und einer Skala von 0 »überhaupt nicht frustriert« bis 10 »mega«. Profis wären mit einer solchen Lösung wohl eher nicht zufrieden: Verstehen alle Befragten unter dem Begriff Frustration dasselbe, gibt es einen »inneren Maßstab« für Frustration und lässt sich das erlebte Gefühl in eine Antwortskala übersetzen? Außerdem ist die Theorie so formuliert, dass Frustration als die Ursache für Aggression gesehen wird: Wenn Frustration und Aggression gemeinsam auftreten, bedeutet das noch lange nicht, dass die Frustration aggressives Verhalten ausgelöst hat.

✔ **Sie könnten Frustration gezielt variieren.** Im Alltag gehen Sie analog vor, wenn Sie wissen wollen, ob Shampoo A oder Shampoo B Ihre Haarschuppen erfolgreicher bekämpft: Einmal benutzen Sie Shampoo A und beim nächsten Mal Shampoo B. Im gegebenen Beispiel frustrieren Sie manche Leute und andere nicht. Dann beobachten Sie, ob sich die frustrierten Menschen anders verhalten als die nicht frustrierten.

✔ **Sie könnten ein Experiment durchführen.** Wie wäre es damit: In einem Experiment spielen Ihre Versuchspersonen ein Spiel am PC. Wer 10.000 Punkte erreicht, erhält eine Belohnung von 20 Euro. In der Frustrationsbedingung ist der Computer so präpariert, dass er unvermittelt bei 9.998 Punkten abstürzt und die Probanden das angestrebte Ziel nicht erreichen. (Sie sehen: Zur konkreten Operationalisierung von Frustration benötigen Sie ein wenig »sadistische« Fantasie.) In der Bedingung ohne Frustration funktioniert alles perfekt, die Probanden erhalten die erwarteten 20 Euro und erreichen so das angestrebte Ziel.

So viel zur Frustration. Und wie könnte die Aggression operationalisiert werden?

✔ **Messen:** Aggression stellt die Wirkung oder Folge der Frustration dar und muss deshalb gemessen werden. Genauso, wie Sie im Beispiel mit den Shampoos nach jeder Haarwäsche den Kopf über dem Küchentisch ausschütteln und die heruntergerieselten Exemplare zählen. Eine simple Skala wie »Wie aggressiv sind Sie gerade?« scheint wiederum nicht so ganz die perfekte Lösung zu sein. Wie wäre es dagegen mit Videoaufnahmen der Reaktionen der Versuchspersonen? Am Ende des Experiments werten Sie die Aufnahmen aus und zählen, wie oft die Versuchspersonen die Versuchsleitung beschimpften oder gar attackierten, mit dem Fuß an den PC-Tisch traten, die Tastatur auf den Tisch schlugen und so weiter.

✔ **Vergleichen:** Fällt die Häufigkeit von aggressiven Verhaltensweisen in der Frustrationsbedingung höher aus als in der Bedingung ohne Frustration, hat sich die Theorie in diesem Experiment empirisch bewährt. Prüfung bestanden!

Tatsächlich gibt man sich in der Wissenschaft mit einem einfachen »Häufiger« nach Augenschein nicht zufrieden, sondern wendet statistische Verfahren an, um die Schlussfolgerung aus den Daten auch mathematisch zu begründen. Aber das ist ein Thema der psychologischen Methodenlehre und nicht der Sozialpsychologie.

Empirische Studien der beschriebenen Art werden *Experimente* genannt. Ein Experiment ist das in der Sozialpsychologie am häufigsten angewandte Verfahren und damit der »Königsweg« zur empirischen Überprüfung von Theorien.

Experimente und andere Methoden

Experimente weisen besondere Charakteristika auf, die die empirische Prüfung einer Theorie unter besonders strengen Bedingungen ermöglichen. Zu den wichtigsten Merkmalen zählen:

✔ **Unabhängige Variable:** Die gezielte Variation derjenigen Variablen, die in der Theorie als Ursache für einen Effekt gesehen wird, in den Beispielen die Frustration und das verwendete Shampoo.

✔ **Randomisierung:** Die Zuweisung der Probanden zu den einzelnen Bedingungen der unabhängigen Variablen durch Zufall. Etwaige Unterschiede zwischen Versuchspersonen, die sie mit in die Situation bringen, gleichen sich damit aus. Beispielsweise sollten sich Menschen mit hoher oder niedriger Aggressionsneigung auf diese Weise gleichmäßig über die experimentellen Bedingungen verteilen. Die zufällige Zuweisung zu den Ausprägungen (auch »Stufen«) der unabhängigen Variablen heißt *Randomisierung*.

✔ **Abhängige Variable:** Das Messen des erwarteten Effekts, in den Beispielen die aggressiven Verhaltensweisen und die Anzahl der Kopfschuppen auf dem Küchentisch.

✔ **Kontrolle:** Die Durchführung der Studie unter gut kontrollierten Bedingungen, bestenfalls im psychologischen Labor. Hier finden sich die Probanden vor störenden Einflüssen wie Lärm und Ablenkung geschützt. Bei den Haarschuppen passen Sie auf, dass Sie nicht bei Shampoo A heiß und bei Shampoo B warm föhnen, die Shampoos unter denselben Wetterbedingungen testen und so weiter.

✔ **Ethik:** Die Beachtung ethischer Grundsätze zum Schutz der Versuchspersonen. Hierzu stellen sich Fragen wie: »Darf ich meinen Probanden verschweigen, dass der PC in der Frustrationsbedingung manipuliert ist?« oder »Könnten durch die Frustration Verstimmungen oder gar psychische Schäden auftreten?« Bei der Erwägung ethischer Überlegungen gegenüber dem aus der Studie erwarteten Erkenntnisgewinn sind die Experimentatoren nicht allein gelassen. Ethikkommissionen, an jeder Universität oder bei der Deutschen Gesellschaft für Psychologie zu finden, prüfen Forschungsvorhaben zu diesem Aspekt noch bevor sie durchgeführt werden.

Ein Experiment ist bei all seinen Vorteilen nicht unfehlbar und selbst immer wieder wissenschaftlicher Kritik unterworfen. Beispielfragen könnten etwa lauten: Ist der gewählte Versuchsaufbau mit dem abgestürzten Computerspiel tatsächlich geeignet, Frustration auszulösen? Könnten die Effekte auf die Aggression nicht auch durch die schlechte Stimmung (siehe Kapitel 4) verursacht sein, die der Absturz ausgelöst hat? Wie gut ist die Messung der Aggression tatsächlich geglückt?

Darüber hinaus ist das Experiment zwar das wichtigste, aber nicht das einzige Verfahren zur Prüfung von Theorien. Als weitere Möglichkeiten zu nennen sind:

✔ **Feldexperiment:** Manipulieren Sie mithilfe einer technischen Vorrichtung, ob der Aufzug in einem gut besuchten Einkaufszentrum für kurze Zeit stockt oder nicht, um die Reaktionen der Steckengebliebenen mit denen zu vergleichen, bei denen der Aufzug störungsfrei funktionierte. Die unabhängige Variable Frustration wird auf diese Weise im natürlichen Kontext variiert. Der Vorteil: Die Probanden wissen gar nicht, dass sie gerade an einem psychologischen Experiment teilnehmen. Der Nachteil: Mögliche Störungen im Ablauf oder bei der Messung der abhängigen Variablen können Sie im Feld nicht verhindern.

✔ **Beobachtung:** Stellen Sie sich auf eine Autobahnbrücke und beobachten Sie die Verkehrsdichte und die Häufigkeit, mit der gehupt wird. Hängen diese beiden Größen zusammen?

✔ **Quasi-Experiment:** Wollen Sie die Hypothese testen, dass Frauen auf Frustration weniger stark mit Aggression reagieren als Männer (was tatsächlich nicht der Fall ist)? Dann benötigen Sie neben der Frustration eine zweite unabhängige Variable, nämlich das Geschlecht. Beim Geschlecht ist es nicht möglich, einer Versuchsperson die Ausprägung männlich, weiblich oder divers per Zufall zuzuweisen. Dasselbe gilt für Variablen wie Alter, Bildungsabschluss und so weiter. Solche Größen müssen gemessen werden. Das Quasi-Experiment ist dadurch gekennzeichnet, dass eine randomisierte Zuweisung der Probanden zu den unterschiedlichen Bedingungen der unabhängigen Variablen nicht möglich ist.

Erscheint Ihnen bis hierher alles sehr abstrakt? Eines ist sicher: Jede und jeder kann sozialpsychologische Forschung verstehen. Also keine Bange! Die Studien, die in diesem Buch präsentiert werden, erschließen sich oft ganz intuitiv, weil sie mit ganz konkreten Sachverhalten verknüpft sind. Für das rechte Verständnis gilt es allerdings, einige Grundregeln zu beachten, wie Sie im nächsten Abschnitt erfahren werden.

Wenn ... dann ...

Die Frustrations-Aggressions-Hypothese könnte lauten: »Wenn eine Person frustriert wird, dann reagiert sie aggressiv.«

Wissenschaftliche Einsichten, auch die aus der Sozialpsychologie, können als Wenn-dann-Regeln formuliert werden.

Ausnahmen von der Regel

Eine Wenn-dann-Formulierung kann schnell den falschen Eindruck erwecken, dass es keine Ausnahme von dieser Regel geben darf.

Sie erinnern sich vielleicht an Ihre Oma, die frustriert war, weil ihre Harley-Davidson schon wieder nicht starten wollte, aber gar nicht aggressiv reagierte, sondern stattdessen mit der ihr eigenen Gelassenheit die Handtasche aus Krokodilleder auf dem Gepäckträger ihrer Kawasaki befestigte und losbrauste. Handelt es sich bei einer solchen Beobachtung um die Widerlegung der Regel »Wenn frustriert, dann aggressiv«? Das ist nicht der Fall, denn bei der Formulierung einer Wenn-dann-Regel denkt die Wissenschaft immer gleich zwei Aspekte mit:

1. **Ceteris paribus:** Die Regel gilt »unter sonst gleichen Bedingungen«.

2. **Durchschnitt:** Die Regel ist für einen gewissen »Durchschnitt« formuliert, also für möglichst viele Fälle, nicht aber für jeden einzelnen Fall.

Es gibt also Ausnahmen und Abweichungen vom Durchschnitt:

✔ **Unangemessene Aggression:** Eine andere in der Situation gegebene Bedingung kann eine aggressive Handlung blockieren, zum Beispiel wenn die Anwesenheit einer Autoritätsperson oder die der eigenen Enkelin eine aggressive Reaktion für unangemessen oder peinlich erscheinen lässt. Das Verhalten orientiert sich an einer anderen, im gegebenen Zusammenhang bedeutsameren Gesetzmäßigkeit.

✓ **Geringe Aggressionsneigung:** Es gibt Menschen, in deren Handlungsrepertoire besonders wenig aggressive Verhaltensweisen zu finden sind. Sie reagieren folglich auch auf ein ausgeprägtes Maß an Frustration nicht mit Aggression. Ist die Oma vielleicht ein »Lämmchen«?

Solche Ausnahmen tun der allgemeinen Regel ebenso wenig weh, wie der mit Helium gefüllte Luftballon gegen das physikalische Gesetz der Schwerkraft verstößt. Auch eine so exakte Wissenschaft wie die Physik muss mit dem »Durchschnitt« argumentieren und wird auf der Grundlage selbst streng mathematisch formulierter Gesetzmäßigkeiten nicht vorhersagen können, wo genau ein Blatt Papier landet, das an einem windigen Tag aus dem Fenster fliegt. Aber dass das Papier bei Ostwind nach Westen geweht wird und bei starkem Wind weiter wegfliegt als bei schwachem, sind plausible Vorhersagen. Analog dazu sind gesetzesmäßige Aussagen der Sozialpsychologie zu verstehen.

Es gibt einfach viel zu viele Einflüsse auf das Verhalten frustrierter Omas und verwehter Papierblätter, als dass eine exakte Vorhersage unter allen denkbaren Bedingungen möglich wäre. Das hindert die Wissenschaft nicht daran, brauchbare Gesetzmäßigkeiten zu formulieren.

Wenn dann, dann nicht immer wenn

Eine andere, leider häufig zu beobachtende Fehlinterpretation wissenschaftlicher Aussagen besteht darin, die Wenn-Komponente einer Regel mit ihrer Dann-Komponente zu vertauschen. Betrachten Sie dazu das Ihnen sicherlich geläufige Beispiel »Wenn es regnet, wird der Rasen nass«. Das stimmt für gewöhnlich, schließt aber nicht aus, dass der Rasen auch deswegen nass ist, weil Sie ihn gewässert oder die Kinder mal wieder das Planschbecken umgekippt haben.

Im vorliegenden Beispiel sollten Sie also nicht auf die Idee kommen, im Alltag beobachtetes aggressives Verhalten unbedingt auf Frustration zurückzuführen. Auch wenn Miller und Dollard ursprünglich tatsächlich den Gedanken hatten, dass immer dann, wenn Aggression auftritt, Frustration vorgelegen haben müsste. Für aggressives Verhalten kann es viele Auslöser geben, wie Sie in Kapitel 12 erfahren werden. Frustration ist nur einer davon.

Eine Wenn-dann-Regel besagt nicht, dass die Dann-Komponente nur unter Bedingungen auftritt, die in der Wenn-Komponente genannt sind. Für den in der Dann-Komponente beschriebenen Effekt kann es neben den in der Wenn-Komponente formulierten Ursachen auch andere Gründe geben. Im Beispiel: Wenn neben Frustration auch andere Ursachen Aggression auslösen, widerspricht das nicht der Theorie.

Je ... desto ...: Korrelationen

Eine andere Art von »Regeln« oder »Gesetzmäßigkeiten« der Sozialpsychologie sind nicht Wenn-dann-Aussagen, sondern Je-desto-Aussagen, auch *Zusammenhangsaussagen* genannt. Auch bei deren Interpretation schleichen sich leicht Fehler ein. Denken Sie an die Beobachtungsstudie auf der Autobahnbrücke zum Zusammenhang zwischen Verkehrsdichte und Hupen. Dieser Zusammenhang erweist sich in der Studie als positiv, das heißt, dass Sie bei dichtem Verkehr häufigeres Hupen beobachten als bei geringer Verkehrsdichte. In der Wissenschaft drückt man diesen Zusammenhang aus, indem man sagt, dass die beiden Größen Verkehrsdichte und Hupen positiv miteinander *korrelieren*.

Heißt das, dass Ihre Beobachtung als eindeutiger Beleg für die Frustrations-Aggressions-Hypothese zu werten ist? Nein!

- ✔ Solche Zusammenhänge oder *Korrelationen* dürfen nicht zur Deutung verleiten, die eine Größe (Verkehrsdichte) sei notwendigerweise die Ursache für die andere (Hupen).

- ✔ Vielleicht führt umgekehrt häufiges Hupen zu Verhaltensweisen, die höhere Verkehrsdichte verursachen.

- ✔ Vielleicht gibt es aber auch eine dritte, bisher unbekannte Einflussgröße, die Hupen und Verkehrsdichte gleichsinnig beeinflusst, zum Beispiel schlechte Sicht bei dichtem Nebel.

Niemand kann eine dieser Möglichkeiten aus der gegebenen Korrelation ableiten oder verwerfen. Darin liegt auch der Nachteil einer Beobachtungsstudie gegenüber einem Experiment begründet: Wird die unabhängige Variable gezielt variiert und zeigt sich danach ein entsprechender Effekt auf der abhängigen Variablen, ist die kausale Beziehung von Ursache zur Wirkung eindeutig. Werden beide Größen nur gemessen, bleiben die kausalen Beziehungen im Dunkeln.

Die Korrelation zwischen zwei Größen bedeutet nicht, dass zwischen beiden eine kausale Beziehung herrscht.

Völlig normal: Die Normalverteilung

Einen weiteren Aspekt sollten Sie noch verinnerlichen, bevor Sie sich das Vergnügen gönnen, in den folgenden Kapiteln etwas über konkrete sozialpsychologische Phänomene zu erfahren.

Für die meisten psychologisch relevanten Größen gilt, dass sie *normalverteilt* sind.

Normalverteilt bedeutet, dass es viele Fälle gibt, die eine mittlere Ausprägung aufweisen, extrem hohe oder extrem niedrige Ausprägungen aber vergleichsweise selten auftreten.

Ein anschauliches Beispiel, das Ihnen sicherlich aus dem Alltag vertraut ist, mit Sozialpsychologie aber nicht direkt etwas zu tun hat, ist die Körpergröße von Menschen. Eine Person mit 2,10 Meter Größe ist ebenso selten anzutreffen wie eine mit 1,40 Meter. Im Durchschnitt sind Männer in Deutschland etwa 1,80 Meter groß, Frauen 1,66 Meter. Betrachten wir nur die Männer, für die Frauen gilt Analoges, dann gibt es sehr viele, die etwa zwischen 1,75 Meter und 1,85 Meter groß sind, sehr kleine und sehr große Männer kommen dagegen selten vor, wie Abbildung 2.1 schematisch zeigt.

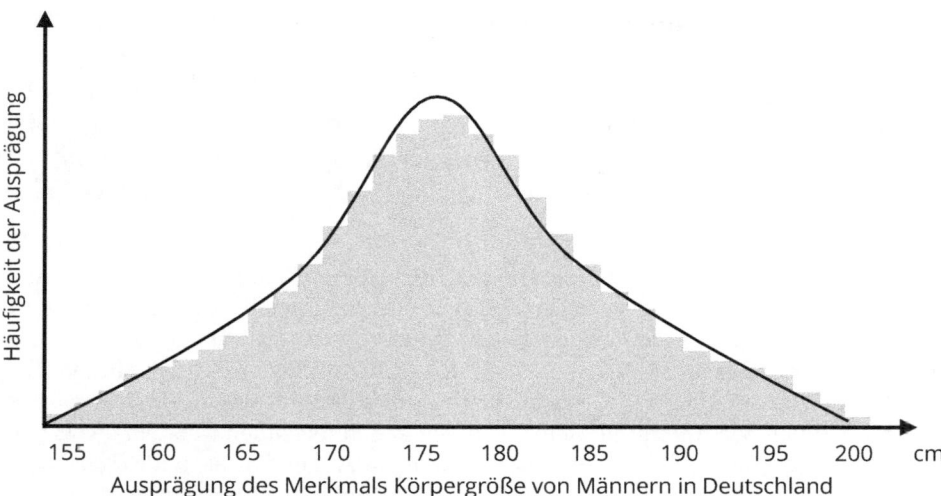

Abbildung 2.1: Schema der Normalverteilung am Beispiel der Körpergröße von Männern in Deutschland

Dasselbe gilt auch für viele psychologisch relevante Merkmale wie Extraversion, Aggressionsneigung, Intelligenz und so weiter, die sich als Eigenschaften einzelnen Personen zuweisen lassen.

Die glockenförmige Normalverteilung kommt immer dann zustande, wenn ein Merkmal von vielen unterschiedlichen Faktoren beeinflusst wird. Intelligenz ist etwa das Resultat der genetischen Ausstattung einer Person, frühkindlicher Förderung, der Ernährung und so weiter.

Auch dies lässt sich mit einem anschaulichen Beispiel verdeutlichen. Nehmen Sie einen Würfel zur Hand und notieren Sie bei 1.000 Würfen das Ergebnis. Sie werden sehen, dass jede der sechs Ausprägungen ungefähr gleich häufig gewürfelt wurde. Die entstandene Verteilung wird *Gleichverteilung* genannt. Die gemessene Augenzahl ist nur von einem einzigen Merkmal abhängig. Als Nächstes nehmen Sie drei Würfel und notieren nach jedem Wurf die Augensumme. Sie werden feststellen, dass »mittlere« Ergebnisse wie neun, zehn oder elf viel häufiger aufgetreten sind als extreme Ergebnisse wie drei, vier oder siebzehn und achtzehn. Es lässt sich schon jetzt eine Annäherung an die Normalverteilung beobachten, von Gleichverteilung keine Spur mehr. Und je mehr Würfel Sie nehmen und je häufiger Sie würfeln, desto stärker wird sich die Verteilung der Augensumme einer Normalverteilung nähern.

 Viele psychologisch relevante Variable sind von einer Reihe unterschiedlicher Faktoren bedingt. Je mehr Faktoren das sind und je mehr Versuchspersonen Sie untersuchen, desto enger passt sich die Verteilung der Messwerte an die Normalverteilung an.

Wenn also in der Psychologie von einem Merkmal wie Aggressionsneigung oder Extraversion gesprochen wird, denken Sie bitte gleich die Normalverteilung mit.

Der Ausdruck »hohe oder niedrige Aggressionsneigung«

✔ bezieht sich **nicht** auf eine Zweiteilung (auch *Dichotomie* genannt).

✔ bedeutet vielmehr, dass sich der Messwert in einem konkreten Fall in der rechten beziehungsweise linken Hälfte der Normalverteilung wiederfindet, während sich die Ausprägungen der meisten anderen Menschen um den Mittelwert der Verteilung herum gruppieren.

Es gibt also auch nicht die Extra- und die Introvertierten, wie das Beispiel von Linda und Luise nahegelegt haben mag, weil sie unterschiedlich auf eine Einladung zur Party reagiert haben. Es ist dagegen so, dass die meisten durchschnittlich extravertiert sind und sich nur wenige finden, die bei diesem Merkmal eine besonders hohe (Linda freut sich auf die Party) oder besonders niedrige (Luise möchte am liebsten absagen) Ausprägung aufweisen. Behalten Sie bitte diesen Sachverhalt im Sinn, wenn Sie in den folgenden Kapiteln etwas von Merkmalen wie Bedürfnis nach Kognition (siehe Kapitel 5), Bedürfnis nach Einzigartigkeit (siehe Kapitel 10), Aggressionsneigung (siehe Kapitel 12) und so weiter erfahren.

Ein letzter Gedanke:

 Alles Wissen ist vorläufig.

Es gab Zeiten, zu denen allgemein anerkannt war, dass die Erde flach ist. Heute herrscht Konsens darüber, dass sie eher einer Kugel gleicht, wenngleich auch keiner perfekten. Diese Erkenntnis beruht einerseits auf theoretischen Überlegungen der Art, dass alle Planeten im Sonnensystem eine runde Form aufweisen und eine Kugel besondere physikalische Eigenschaften aufweist, andererseits auf empirischen Belegen wie Fotos von der Erde, die vom Weltraum aus aufgenommen wurden. Dasselbe Problem stellt sich für sozialpsychologische Theorien. Die Wissenschaft lebt vom Zweifel und der Einsicht, dass jede Erkenntnis unter Umständen revidiert werden muss. Die Forschenden arbeiten daran, Theorien zu verbessern und sie gegebenenfalls gegen bessere auszutauschen, indem sie neue Überlegungen anstellen und empirische Belege sammeln, die für oder gegen die theoretischen Annahmen sprechen. Sie dürfen also gern kritisch sein gegenüber allem, was Sie in diesem Buch zu lesen bekommen.

> **IN DIESEM KAPITEL**
>
> Die Computeranalogie der modernen Sozialpsychologie
>
> Die begrenzten Ressourcen zur Verarbeitung von Information
>
> Die Organisation des menschlichen Gedächtnisses
>
> Die Software des Computers auf zwei Beinen

Kapitel 3
Der Computer auf zwei Beinen

Computer verarbeiten Informationen. Ein Mausklick oder ein Tastendruck auf der Tastatur liefern ihnen den Input. Ein solches Eingangssignal löst Verarbeitungsschritte aus. Dabei greift der Prozessor auf Information zurück, die auf der Festplatte gespeichert ist. Daraus ergibt sich etwas Neues, möglichst auch Sinnvolles: Zahlen erscheinen in einer Tabellenkalkulation oder eine E-Mail wird gesendet. Das Resultat der Informationsverarbeitung produziert einen Output, der auf dem Bildschirm dargestellt oder über den Drucker ausgegeben wird. Lässt sich diese zugegebenermaßen stark vereinfachte Vorstellung von modernen Rechenmaschinen als Metapher nutzen, um menschliche Informationsverarbeitung zu beschreiben, zu verstehen und vorherzusagen? Die zeitgenössische Psychologie sagt ja:

Menschen sehen ein Objekt, hören ein Geräusch, nehmen einen Geruch wahr und so weiter. Das dient ihnen als Eingangssignal von außen. Input kann auch von innen kommen: Man fühlt sich unwohl (schlechte Stimmung, siehe Kapitel 4), spürt sein eigenes Lächeln beim Betrachten von Cartoons (siehe Kapitel 5) oder erinnert sich spontan an den fantastischen Trip nach New York City.

Im Prozessor, bei Menschen oft *Arbeitsspeicher* genannt, erfolgt der Abgleich des augenblicklichen Inputs mit dem Wissen, das das Individuum über die Welt bereits erworben hat. Die Kapazität des Arbeitsspeichers ist begrenzt:

- ✔ Nicht jedes ankommende Detail kann verarbeitet werden. Filter sorgen dafür, dass Unwichtiges ausgeblendet bleibt.

- ✔ Bewusstes Denken konzentriert sich meist auf einen einzigen Gegenstand. Beim Multitasking fallen die Leistungen in beiden Denkprozessen deutlich ab, wie Studien eindeutig gezeigt haben. Und selbst wenn Sie – wie viele Menschen – für sich selbst glauben, mehrere Aufgaben gleichzeitig erfolgreich bearbeiten zu können, addieren Sie einfach weitere Betätigungen, und Sie merken bald, wie Sie an Ihre Grenzen stoßen.

Das Weltwissen ist auf der Festplatte, dem *Langzeitgedächtnis*, abgelegt. Das Langzeitgedächtnis

- ✔ ist in seiner Kapazität praktisch unbegrenzt,

- ✔ erhält seine Inhalte durch Speicherung einer Information, etwa wenn Sie lernen, wie die Hauptstadt von Frankreich heißt.

- ✔ Das dort gespeicherte Wissen wird bei einer passenden Gelegenheit aufgerufen. Sicherlich haben Sie gerade eben »Paris« gedacht, das heißt, im Sinne der Computermetapher, diese Information aus dem Langzeitgedächtnis in den Arbeitsspeicher geladen.

- ✔ Das Wissen im Langzeitgedächtnis ist miteinander vernetzt. Zusammen mit »Paris« sind Ihnen möglicherweise »Eiffelturm« oder Gedanken an eine Reise in die französische Hauptstadt in den Sinn gekommen. Wieso, erfahren Sie weiter hinten in diesem Kapitel.

Im Arbeitsspeicher erfolgt der Abgleich von Input mit gespeicherter Information. Dieser Vorgang verleiht dem Input seine Bedeutung: Das Objekt, das Sie gerade sehen, ist ein Stück Käse im Kühlregal, das Geräusch stammt vom Bellen eines Hundes und den Duft verströmt ein Strauß frisch geschnittener Nelken. Die schlechte Stimmung signalisiert von innen kommend, dass augenblicklich etwas nicht in Ordnung zu sein scheint, und das eigene Lächeln weist darauf hin, dass die Cartoons in dem Buch vor Ihnen lustig sind. Dazu ist es notwendig, dass im Langzeitgedächtnis Information darüber zu finden ist, wie ein Käse aussieht, sich Hundegebell anhört, Nelken riechen, schlechte Stimmung sich anfühlt und was das eigene Lächeln bedeutet.

Schließlich erfolgt der Output. Der Käse wandert in den Einkaufswagen, ein Fenster wird geschlossen, weil das Bellen stört, und die Nase nähert sich den Nelken, um den Duft noch intensiver zu genießen. Die Umwelt suchen Sie nach Auslösern Ihrer schlechten Stimmung ab und im Band mit den Cartoons blättern Sie mit Spannung weiter.

Wie diese Vorgänge konkret erfolgen und welche Faktoren auf sie einwirken, untersucht die Psychologie unter dem Stichwort *Kognition*. Dabei geht es darum, zu erforschen, wie Denkprozesse ablaufen. Das ist keine leichte Aufgabe, denn

- ✔ in den Kopf der Menschen kann man nicht direkt schauen,

- ✔ Dateien auf der Festplatte lassen sich nicht einfach löschen oder ergänzen,

- ✔ der Quellcode der Software ist irgendwo verborgen abgelegt,

- ✔ Menschen sind einzigartig und unterscheiden sich deshalb viel stärker voneinander als verschiedene Computer.

Glücklicherweise lassen sich Inputs gezielt präsentieren und die Reaktionen darauf, also die »Outputs«, beobachten. Das geschieht in (sozial-)psychologischen Experimenten (siehe Kapitel 2). Aus den Reaktionen der am Experiment teilnehmenden Versuchspersonen ergeben sich Rückschlüsse dazu, wie ein Denkprozess im konkreten Fall erfolgt ist oder zumindest abgelaufen sein könnte.

Der Computer im sozialen Kontext

In der Sozialpsychologie hat man die Grundannahmen der Kognitionsforschung übernommen, dabei aber Input wie Käse und so weiter gegen sozial relevante Inhalte ausgetauscht. Sozial relevant ist alles, was mit anderen Menschen zu tun hat, zum Beispiel

✔ die neue Kollegin, der Sie zum ersten Mal begegnen,

✔ das Lob Ihres Chefs zu einem erfolgreichen Verkaufsabschluss,

✔ eine Ungerechtigkeit, die Sie beobachten oder selbst erleben müssen,

✔ Hilfe, die Ihnen jemand in einer Notsituation gewährt, oder

✔ eine misslungene Prüfung.

Ihr *Sozialpsychologie für Dummies* ist voll mit weiteren Beispielen. Und selbst Käse, Hundegebell und Nelken können im passenden Kontext leicht soziale Relevanz erlangen. Vielleicht wird Ihnen der Käse bei einem formellen Abendessen angeboten und Sie trauen sich nicht abzuwinken, obwohl Sie ihn gar nicht mögen. Der Hund des Nachbarn hat die ganze Nacht über gebellt und Sie fragen sich, ob Sie sich beschweren sollten. Und die Nelken bringt jemand als Geschenk zu Ihrer Geburtstagsparty mit, weshalb Sie sich herzlich bedanken und überlegen, was Sie dem Überbringer zu dessen Geburtstag schenken sollten (Reziprozität, siehe Kapitel 4).

Aus Kognition ist somit Kognition im sozialen Kontext geworden. In der sozialpsychologischen Literatur finden Sie dazu den englischen Begriff *Social Cognition*. Seine Übersetzung ins Deutsche wirkt mit *soziale Kognition* ein wenig unglücklich, denn das Denken ist nicht in dem Sinn *sozial*, als es sich für Schwache einsetzen oder Geld spenden würde, um den Hunger in der Welt zu bekämpfen.

Social Cognition, also Informationsverarbeitung im sozialen Kontext, bezieht sich auf soziale Situationen und hat somit sozial relevante Inhalte zum Gegenstand. In Kapitel 1 wird erklärt, wie der Begriff »sozial« in diesem Zusammenhang zu verstehen ist: Es geht um das Zusammenleben der Menschen, wie sie sich gegenseitig beeinflussen, mögen oder unerträglich finden, helfen oder verletzen und so weiter.

Social Cognition ist weit mehr als reine Kognition, weil sich Gedankenabläufe im sozialen Kontext von Kognition ohne soziale Bedeutung unterscheiden können. Schauen Sie dazu das Beispiel der *Wason-Selection-Task* in Abbildung 3.1 an, die auf den Psychologen Peter Cathcart Wason zurückgeht und seit ihrer Veröffentlichung im Jahr 1966 eine Vielzahl von psychologischen Studien initiiert hat.

> Vor Ihnen liegen vier Karten.
> Welche Karte(n) müssen Sie umdrehen – nicht mehr,
> aber auch nicht weniger –,
> um folgende Regel zu bestätigen:

> Wenn auf der einen Seite der Karte ein Vokal steht,
> dann ist auf der Rückseite eine gerade Zahl.

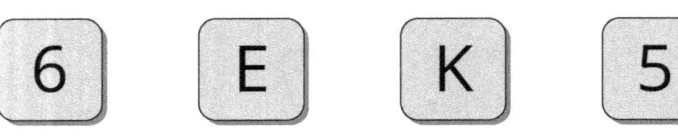

Abbildung 3.1: Die Wason-Selection-Task

Die Aufgabe ist nicht einfach zu lösen, denn die allermeisten Menschen, denen sie präsentiert wird, liegen mit ihrer Antwort daneben. Versuchen Sie es unbedingt selbst, bevor Sie weiterlesen!

Typische Antworten lauten »E und 6« oder auch nur »E«, richtig ist aber »E und 5«. Auf »E« ist schnell zu kommen, aber dass auf der Rückseite von »5« kein Vokal stehen darf, ist intuitiv nicht so leicht einsichtig. Warum viele nicht die korrekte Lösung finden, interessiert hier nicht weiter. Das ist Gegenstand der Kognitionsforschung. Betrachten Sie lieber die logisch exakt gleiche Aufgabe, wenn sie in einen sozial relevanten Kontext, in diesem Fall Betrug oder Trittbrettfahren, eingebettet ist (siehe Abbildung 3.2).

> Stellen Sie sich vor, Sie müssen überprüfen, ob jede Person,
> die im Kino sitzt, auch eine Eintrittskarte hat.
> Die Karten unten repräsentieren nun Personen,
> von denen Sie entweder wissen,
> ob sie eine Eintrittskarte haben oder ob sie im Kino sitzen.
>
> Welche Karte(n) müssen Sie umdrehen – nicht mehr, aber auch nicht weniger –,
> um folgende Regel zu bestätigen:

> Wer im Kino sitzt, braucht eine Eintrittskarte.

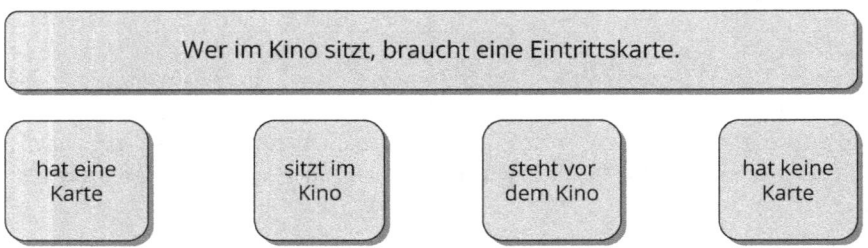

Abbildung 3.2: Die Wason-Selection-Task im sozialen Kontext

Hier fällt die Lösung deutlich leichter, wie Sie sicherlich selbst festgestellt haben. Wer eine Eintrittskarte besitzt, darf gern auch vorm Kino stehen (im abstrakten Beispiel die »6«). Aber selbstverständlich muss ich prüfen, ob jemand, der keine Eintrittskarte hat (im abstrakten Beispiel die »5«), nicht doch im Vorführraum sitzt.

Was ist das denn?
Die Kategorisierung des Inputs

Ein »Eingangssignal« von außen erreicht ein Individuum über einen Sinneskanal wie Sehen, Hören, Riechen und so weiter oder von innen aus dem Langzeitgedächtnis. Die Bedeutung dieses Inputs ergibt sich aus der Analyse seiner Merkmale. Sehen Sie beispielsweise einen Stuhl, dann ergibt sich die Bedeutung dieses Objekts daraus, dass ein Abgleich mit Ihrem Wissen über Stühle erfolgt. Dieser Vorgang heißt *Kategorisierung*.

Kategorisierung bedeutet, ein wahrgenommenes Objekt als Mitglied einer Kategorie zu erkennen. So wird ein Stuhl für ein Individuum erst dann zu einem Stuhl, wenn es ihn als Exemplar der Kategorie »Stühle« identifiziert. Kategorisierung beinhaltet den Vorgang, bei dem ein Objekt in eine »mentale Schublade« abgelegt wird.

Betrachten Sie bitte folgende Liste mit Hauptwörtern:

Buche, Eiche, Stuhl, Tanne, Tisch, Schrank, Kiefer, Platane, Couch, Bett.

Wahrscheinlich konnten Sie sich gar nicht dagegen wehren: Sie haben die genannten Exemplare ganz spontan in zwei Kategorien eingeteilt, nämlich Bäume und Möbelstücke. Ihre unvermittelte Reaktion weist darauf hin, dass Kategorisierung meist ein *automatischer Prozess* ist, gegen den man sich kaum wehren kann. Das liegt daran, dass Menschen täglich Tausende Kategorisierungen vornehmen, ohne dass es Anstrengung erfordern und ihnen bewusst werden würde. Vielleicht sitzen Sie selbst in diesem Augenblick auf einem Stuhl. Dass Sie nicht auf einem Tisch sitzen, verdanken Sie einem *Kategorisierungsurteil* über das Objekt, auf dem Sie Platz genommen haben. Mit großer Wahrscheinlichkeit erinnern Sie sich in diesem Fall nicht daran, das Objekt, auf dem Sie sitzen, bewusst als Exemplar der Kategorie »Stühle« kategorisiert zu haben.

Hinter jeder Kategorisierung verbirgt sich ein Urteil, selbst wenn man es gar nicht bemerkt.

Das lässt sich leicht erkennen, wenn die Kategorisierung so schwierig wird, dass sie nicht mehr spontan erfolgt. So manches moderne Designermöbel mag Sie ein wenig ratlos werden lassen: Ist das jetzt ein Stuhl oder ein Tisch oder womöglich weder das eine noch das andere? Überlegen Sie auch gern die Antworten auf folgende Fragen:

✔ Gehören Wetten auf der Pferderennbahn zur Kategorie Spiele?

✔ Lässt sich eine Gehhilfe als Kleidungsstück bezeichnen?

✔ Ist ein Kamel ein Transportmittel?

Es gibt unterschiedliche Grundlagen für solche Urteile:

✔ **Definition:** Am einfachsten lassen sich Kategorisierungsurteile fällen, wenn es für die Kategorie eine klare Definition gibt. So ist die geometrische Figur »Dreieck« dadurch festgelegt, dass sie drei Ecken hat. Die Anzahl der Ecken lässt sich abzählen. Ergibt die Summe genau drei, handelt es sich um ein Dreieck; zählen Sie mehr oder weniger Ecken, liegt kein Dreieck vor. Im sozialen Kontext finden sich allerdings nur selten Kategorien, die so exakt definiert sind. Reicht es aus, einen Pass zu besitzen, um Mitglied einer Nation zu werden? In rechtlichen Belangen sicherlich, aber auch in jeder anderen Hinsicht?

- ✔ **Abstrakte Repräsentation durch Prototypen:** Haben Sie eine Vorstellung davon, was alles zu einem Spiel gehört? Zeitvertreib und Wettkampf könnten dazu passen. Aus solchen Merkmalen besteht eine abstrakte Vorstellung davon, wie ein prototypisches Spiel auszusehen hat. Das Urteil darüber, ob etwa Pferdewetten zu den Spielen gehören oder nicht, erfolgt in einem Abgleich dazu, wie gut die Pferdewette zu dieser abstrakten Repräsentation, oft auch *Prototyp* genannt, passt. Zeitvertreib steht vielleicht außer Zweifel, aber ob bei Pferdewetten ein Wettkampf vorliegt und mit wem, lässt sich diskutieren.

- ✔ **Typisches Beispiel:** Es gibt Exemplare einer Kategorie, die für besonders typisch angesehen werden. Bei der Kategorie Spiel könnte das zum Beispiel Schach sein. Wohl kaum jemand wird bestreiten, dass es sich beim Schach um ein Spiel handelt. Um zu entscheiden, ob Pferdewetten zu den Spielen gehören, vergleichen Sie sie einfach mit Schach. Worin bestehen die Übereinstimmungen und worin die Unterschiede? Überwiegen die Gemeinsamkeiten, können Wetten auf Rennpferde als eine Art Spiel angesehen werden; lassen sich zu viele Differenzen erkennen, werden sie nicht als Spiel kategorisiert.

Kategorisierung im sozialen Kontext bezieht sich auf sozial relevante Inhalte. Das zu kategorisierende Objekt hat demnach etwas mit dem Zusammenleben der Menschen zu tun. Beispiele sind:

- ✔ **eine Person**, die als junge Mutter, Skinhead, Lehrerin, Polizist und so weiter kategorisiert wird,

- ✔ **eine Äußerung**, die so mehrdeutig ist, dass sie zum Beispiel als Lob oder als ironische Anspielung verstanden werden kann,

- ✔ **eine Frage** wie »Warum hat sich Hendrik seit drei Monaten nicht mehr gemeldet?«; Kategorien dazu könnten sein: Unhöflichkeit, Oberflächlichkeit, Trennung, persönliche Probleme bei Hendrik, eigenes Fehlverhalten im Umgang mit ihm und so weiter,

- ✔ **ein beobachtetes oder eigenes Verhalten** wie Schwarzfahren im Bus, Hupen im Straßenverkehr, Abschreiben lassen in einer Prüfung und so weiter, die durch Kategorisierung als unsozial oder entschuldbar, als Beleidigung oder Warnung und als Täuschungsversuch oder Hilfeleistung sozial relevant werden.

Alles gut aufgehoben: Die Festplatte

Zur Kategorisierung benötigt das Individuum Wissen, das auf der »Festplatte«, also im Langzeitgedächtnis, gespeichert ist und bei Bedarf abgerufen werden kann.

Das Langzeitgedächtnis enthält spezifische Information wie

- ✔ **konkrete Fakten**, zum Beispiel das eigene Geburtsdatum, den Namen der Hauptstadt Frankreichs, Ihre Telefonnummer und so weiter,
- ✔ **episodische Inhalte**, wie Erinnerungen an den letzten Urlaub oder den Ablauf der Feier zu Lauras Einschulung,
- ✔ **prozedurales Wissen**, etwa wie eine Linsensuppe gekocht oder ein Auto gestartet wird.

Semantische Netzwerke: Verknüpftes Wissen im Langzeitgedächtnis

Wie Sie schon aus dem Beispiel »Paris – Eiffelturm« wissen, stehen die Inhalte des Langzeitgedächtnisses nicht für sich allein, sondern sind miteinander verbunden. Eine einfache Modellvorstellung dazu beruft sich auf die Analogie zu einem Fischernetz. Ein konkreter Inhalt entspricht einem Knoten im Netz und die Verbindungen zwischen den einzelnen Knoten sind die Fäden des Netzes.

Bei all dem Wissen, das ein Einzelner im Lauf seines Lebens erwirbt, kann man sich leicht ein riesiges Netz mit schier unendlich vielen Knoten vorstellen. Ein solches Netz wird *semantisches Netzwerk* genannt – semantisch deshalb, weil die einzelnen Knoten konkrete Inhalte, also semantische Information, repräsentieren. Es ist hierarchisch organisiert, sodass Überbegriffe wie »Möbel« oder »Werkzeuge« mit Unterbegriffen wie »Tisch« und »Stuhl« oder »Hammer« und »Schraubendreher« über die Fäden miteinander verknüpft sind. Es hat darüber hinaus insbesondere die Eigenschaft, dass die Aktivierung eines Knotens andere Knoten ebenfalls aktiviert, sofern sie in seiner Nähe liegen.

Semantische Spielchen im Alltag

Versuchen Sie es gern selbst und geben Sie für sich an, was Ihnen in Reaktion auf den semantischen Inhalt »Tisch« als Erstes einfällt. Wenn das »Stuhl« war, hat das kleine Selbstexperiment funktioniert. Na schön, vielleicht kein Wunder, denn »Tisch« und »Stuhl« waren gerade eben im Text gemeinsam genannt worden. Versuchen Sie es deshalb auch einmal mit Butter und Brot, Apfel und Birne oder Werkzeug und Hammer – nicht nur bei sich selbst, sondern auch bei einem Ihrer Lieben. Und wie oft antwortet jemand im Vergleich spontan mit »Stuhl«, wenn Sie zuvor bei ihr oder ihm den Knoten »Brille« aktiviert haben? So gut wie nie, denn »Stuhl« und »Brille« sind weit voneinander entfernt im Langzeitgedächtnis abgelegt – zu viele andere Knoten befinden sich dazwischen und der Faden zwischen beiden ist sehr viel länger als der zwischen »Tisch« und »Stuhl«.

Selbstverständlich unterscheiden sich die Netzwerke zwischen den Menschen. Ist jemandem gerade heute ein Tischbein abgebrochen, antwortet diese Person vielleicht eher mit »Reparatur« als mit »Stuhl«. Und einer Obsthändlerin fällt zu »Apfel« möglicherweise der augenblickliche Kilopreis ein, also nicht unbedingt gleich »Birne«.

Aktivierung ist ansteckend: Priming

Die Aktivierung eines Inhalts im Langzeitgedächtnis durch einen anderen ist ein so bedeutsames Phänomen, dass es einen eigenen Namen trägt, nämlich *Priming*. Die Übersetzung ins Deutsche mit »Bahnung« wird im Fachjargon nur selten verwendet.

Priming beinhaltet die Aktivierung eines Gedächtnisinhalts (zum Beispiel »Stuhl« oder »Brot«) durch einen Reiz, häufig *Prime* genannt (in den Beispielen »Tisch« oder »Butter«). Voraussetzung ist, dass die entsprechenden Knoten im semantischen Netzwerk eng beieinanderliegen und sich gegenseitig aktivieren können. Die Aktivierung durch Priming wird selten bewusst und äußert sich darin, dass der »geprimte« Inhalt leichter im Gedächtnis aufgefunden werden kann.

Die erhöhte Zugänglichkeit von Gedächtnisinhalten in Reaktion auf ein Priming kann ganz unterschiedliche Konsequenzen nach sich ziehen. Achten Sie doch einmal auf mögliche Beispiele aus Ihrem eigenen Alltag. Am Nachmittag haben Sie vielleicht den Begriff »Rio« gehört, weil eine Arbeitskollegin von dieser Stadt berichtet hat. Am Abend wählen Sie aus einem vielfältigen Angebot »ganz zufällig« einen gleichnamigen Film. Erfährt eine junge Studentin, dass ihre Kommilitonin Elfriede heißt, wundert sie sich wahrscheinlich. In ihrem Netzwerk dient der Name Elfriede als Prime für »ältere Generation«. Eine Lisa hingegen hätte sie hingegen nicht überrascht. Als ein gutes Beispiel für Priming mag auch das Experiment zum »abenteuerlustigen Donald« dienen, das Sie in Kapitel 7 ausführlich beschrieben finden.

Ist Kudiz ein sinnvolles Wort? Lexikalische Entscheidungen

Der Nachweis, dass Verknüpfungen im semantischen Netzwerk existieren und dass Priming wirkt, erlaubt ein ganz klein wenig in den Kopf eines Menschen zu schauen. Dazu gibt es psychologische Experimente, deren Grundlage ein Verfahren bildet, das man *lexikalische Entscheidungsaufgabe* nennt.

Entscheiden Sie lexikalisch!

Stellen Sie sich vor, Ihnen werden auf einem Bildschirm Buchstabenkombinationen gezeigt. Ihre Aufgabe ist es zu entscheiden, ob es sich bei einer gegebenen Kombination um ein sinnvolles Wort mit semantischer Bedeutung handelt (zum Beispiel STUHL) oder um eine sinnfreie Abfolge von Buchstaben (zum Beispiel KUDIZ). Während Sie Ihre Entscheidungen treffen, indem Sie so schnell wie möglich eine Ja- oder Nein-Taste drücken, registriert

> der Computer die Zeit, die Sie jeweils benötigen. Angenommen, Sie erhalten vor dem Wort STUHL das Wort TISCH, dann sollte Ihre Reaktion auf STUHL schneller erfolgen, als wenn zuvor das Wort BRILLE dargeboten worden war. TISCH (nicht aber BRILLE) dient als Prime für STUHL und verkürzt so die Reaktionszeit.

Die lexikalische Entscheidungsaufgabe lässt sich selbstverständlich auch verwenden, wenn es um sozial relevante Inhalte geht. Denken Sie zum Beispiel an stereotype Vorstellungen von Angehörigen einer Berufsgruppe. Sind Professoren zerstreut und Handwerker geschickt? Existiert der Zusammenhang zwischen »zerstreut« und »Professor« tatsächlich, werden Menschen auf die Buchstabenkombination ZERSTREUT in der lexikalischen Entscheidungsaufgabe schneller mit Ja reagieren, wenn zuvor PROFESSOR dargeboten wurde, als in einer Vergleichsbedingung, bei der das Wort HANDWERKER dem Wort ZERSTREUT vorausging. Mit dem Wort GESCHICKT wird es genau umgekehrt sein, weil Geschicklichkeit eher dem Handwerker als dem Professor zugeschrieben wird – oder in anderen Worten, weil der Knoten mit »geschickt« näher beim Knoten »Handwerker« liegt als beim Knoten »Professor«.

Schablonen im Gedächtnis: Schemata

Eine weitere Modellvorstellung vom Langzeitgedächtnis beinhaltet die Annahme, dass dort sogenannte *übergeordnete Wissensstrukturen* gespeichert sind, die unter dem Begriff *Schemata* zusammengefasst werden.

 Ein *Schema* entspricht einer organisierten Ansammlung von Wissen über eine Kategorie von Objekten. Es entwickelt sich durch Erfahrungen mit Exemplaren dieser Kategorie, hilft dem Individuum, diese Erfahrungen zu organisieren und das einzelne Exemplar zu verstehen. Schemata sind eine Art »kognitive Werkzeuge«, die den Umgang mit den Exemplaren der entsprechenden Kategorie vereinfachen.

Wir alle »wissen«, was ein Baum oder ein Möbelstück ist. Das Schema »Baum« ruft jetzt in diesem Augenblick auch bei Ihnen eine Vorstellung auf, erlaubt die Annahmen, dass es sich bei diesem Objekt um eine Pflanze handelt, die im Sommer Schatten spenden kann, Blätter oder Nadeln hat und vieles mehr.

In der Sozialpsychologie bedeutsame Schemata sind insbesondere:

- ✔ **Stereotype:** Annahmen über die Eigenschaften von Menschen, die einer bestimmten sozialen Gruppe zugehören, zum Beispiel die Gruppe der Vegetarier, Friseure, Deutschen, Handwerker, älteren Damen, Professorinnen, Motorradfahrer und so weiter. Mehr zu Stereotypen bietet Ihnen Ihr *Sozialpsychologie für Dummies* in Kapitel 11.

- ✔ **Rollen:** Annahmen über das Verhalten einer Person, die eine gesellschaftlich definierte Funktion übernommen hat, zum Beispiel als Mutter, Gefängniswärter, Lehrerin oder Kellner. Den Begriff der Rolle finden Sie in Kapitel 10 genauer erklärt.

- ✔ **Ereignisse:** Annahmen über den typischen Ablauf von Ereignissen, etwa bei einem Besuch im Restaurant oder beim Einchecken am Flughafen. Ereignisschemata werden auch »Skripts« genannt, wohl in Anlehnung an Drehbücher bei Film und Fernsehen.
- ✔ **Das Selbst:** Annahmen über die eigene Person wie Eigenschaften, Fähigkeiten, Schwächen und Vorlieben. Dem Selbstschema, meist *Selbstkonzept* genannt, ist in diesem Buch das gesamte Kapitel 6 gewidmet.

Da solcherart Schemata weitgehend geteilt werden, erleichtern sie die Kommunikation. Erzählt Ihnen Kollege Müller, dass er am Tag zuvor im Restaurant gegessen hat, ruft das bei Ihnen ein Skript über Restaurantbesuche auf: Ankommen, Platz nehmen, Speisekarte studieren, bestellen und so weiter. Nach dem Essen geriet er in eine Verkehrskontrolle: Unmittelbar ergibt sich aus dem Rollenschema über Polizisten eine Vorstellung davon, wie sich die Beamten verhalten haben.

Verletzungen eines Schemas erregen Aufmerksamkeit. Beobachten Sie sich dazu gern selbst in folgenden Beispielen:

- ✔ An der Tankstelle fährt ein schweres Motorrad mit röhrendem Auspuff vor. Nachdem sie ihren Helm abgenommen hat, erkennen Sie eine ältere Dame als Fahrerin. Die Stereotype über Motorradfahrer und ältere Damen passen irgendwie nicht zusammen.
- ✔ Eine junge Mutter raucht Kette auf dem Spielplatz und wirft die Stummel achtlos in den Sandkasten. Ihr Verhalten verletzt das Rollenschema über Mütter.
- ✔ Im Restaurant bringt die Kellnerin die Rechnung, noch bevor Sie das Essen bestellt haben. Der vom Skript festgelegte Ablauf stimmt so nicht.
- ✔ Judith weiß von sich selbst, dass sie nicht gut einparken kann. Gerade ist es ihr aber gelungen, ihr Auto in einer vergleichsweise engen Lücke am Straßenrand abzustellen.

Ein erster Blick in den Quellcode

Die »Software« des Computers auf zwei Beinen bestimmt, wie Input und Gedächtnisinhalte in Beziehung zueinander gesetzt werden und was sich daraus ergibt. Betrachten Sie dazu zunächst folgendes Beispiel:

1. Theo hat seine Mitschülerin Emily in einer Prüfung abschreiben lassen. Das bildet den Eingang in Ihr Informationsverarbeitungssystem.
2. Sie können diesen Sachverhalt mit unterschiedlichem Hintergrundwissen in Verbindung bringen. Vielleicht halten Sie Theo grundsätzlich für einen unehrlichen Menschen und Sie sehen das, was er getan hat, als Betrug. Andererseits könnten Sie gerade an »Freundschaft« gedacht haben und Theos Verhalten als »hilfsbereit« bewerten.
3. Aus Ihrer Schlussfolgerung ergeben sich Konsequenzen für Ihre Bewertung des Verhaltens, für Ihre Urteile über Theo und sogar über Emily. Sie könnten künftigen Kontakt mit dem unehrlichen Theo vermeiden oder ihn bei nächster Gelegenheit um Unterstützung bitten, weil Sie ihn für hilfsbereit halten.

Jeder dieser Schritte ist im Social Cognition von Interesse.

Was ins Auge sticht: Salienz

Mit Blick auf den Beginn einer Informationsverarbeitungssequenz stellt sich die Frage, welcher Input überhaupt Schritte der Verarbeitung auslöst. Die Anzahl möglicher Reize, egal ob von innen oder von außen, scheint unbegrenzt.

Auf was achten Sie alles, wenn Sie zum Beispiel den Bäckerladen betreten? Auf die Auslage, weil Sie auf Laugenbrötchen hoffen, es aber schon spät am Nachmittag ist und sie vielleicht schon ausverkauft sind? Auf die im Laden angebrachte Uhr, weil Sie früh morgens Brötchen kaufen wollen, aber nicht sicher sind, ob Sie Ihre Arbeitsstelle noch pünktlich erreichen? In beiden Fällen beachten Sie nicht den Bodenbelag im Ladengeschäft, und zwar einfach deshalb, weil er keine Bedeutung für Sie hat. Hand aufs Herz: Können Sie sich spontan daran erinnern, wie der Fußboden bei Ihrem Lieblingsbäcker aussieht? Wenn Sie kein Vertreter für Ladenausstattungen oder eine Händlerin für Fußböden sind, sehr wahrscheinlich nicht. Aber vielleicht schauen Sie sich den Boden im Bäckerladen bei Ihrem nächsten Besuch bewusst an, weil Sie Ihr *Sozialpsychologie für Dummies* gerade eben auf dieses Detail aufmerksam gemacht hat.

Menschen beachten einen spezifischen Input, auch als Reiz oder Stimulus bezeichnet, wenn er für sie eine Bedeutung hat. Das Verhältnis zwischen einem Reiz und der Bedeutung für die ihn wahrnehmende Person nennt man in der Psychologie *Salienz*.

Salienz bezeichnet die Auffälligkeit eines Stimulus für eine bestimmte Person. Manche Reize sind für viele oder praktisch alle Menschen salient, zum Beispiel ein lilafarbenes Krokodil, das im Café um die Ecke sein Unwesen treibt. Andere Reize werden für sehr wenige oder auch nur für einen einzelnen Menschen salient. Wie salient ist etwa die perfekte Kopie Ihres eigenen Verlobungsrings, den Sie in der Auslage eines Juweliergeschäfts entdecken müssen?

Hoch salient können Inputs auf unterschiedliche Weise werden. Dazu einige Beispiele:

✔ **Ungewöhnliches:** Kommt der Professor mit einem Irokesenschnitt zur nächsten Vorlesung oder tanzt die Lehrerin Hula Hoop auf ihrem Pult, bevor sie den Unterricht beginnt, erregt das wohl bei allen Anwesenden Aufmerksamkeit und wird so für alle hoch salient. Die Grundlage dafür ist, dass das Ereignis ein Schema darüber verletzt, wie ein Professor aussieht oder sich eine Lehrerin verhält.

✔ **Kontext:** Eine Kuh mag für sich genommen nicht sonderlich auffällig sein. Schlendert sie aber über eine viel befahrene Straße, wird sie hoch salient, weil der Stimulus »Kuh« und der Kontext »Straße« nicht zusammenpassen. Ein anderes Beispiel: Welches Hauptwort erhält in der folgenden Aufzählung hohe Salienz?

Hut, Kamera, Tür, ZEITUNG, Fisch, Hose.

Selbstverständlich Zeitung, weil es sich durch die Schreibweise in Großbuchstaben von den anderen Wörtern unterscheidet. Ebenso verhält es sich mit Reizen, die sich vor einem statischen Hintergrund bewegen, wie zum Beispiel einem Tänzer vor staunendem Publikum. Und ein einziger Mann wird salient im Kontext einer großen Runde mit sonst lauter Frauen.

- ✔ **Intensität:** Ein greller Lichtblitz, entsetzlicher Gestank oder ein lautes Geräusch sind hoch salient.

- ✔ **Neuheit:** Zum Beispiel erregen das neue Mitglied im Sportverein und die frisch eingestellte Kollegin bei der Arbeit Aufmerksamkeit und werden für eine Weile genauer beobachtet. Die meisten Menschen haben ein Gespür dafür und verhalten sich als Neuling in einer Gruppe eher zurückhaltend.

- ✔ **Bezug zur eigenen Person:** Stellen Sie sich eine Liste mit Vornamen vor, in der auch Ihr eigener Vorname genannt wird. Für Judith ist die Nennung von »Judith« ein hoch salienter Reiz, nicht aber für Willi. Dasselbe gilt für Zahlenkombinationen, die an das eigene Geburtsdatum, die eigene Telefonnummer und so weiter erinnern. Auf einer Party fällt der Vorname Willi in einer entfernten Gesprächsrunde. Bisher hat Willi das Gespräch dort ausgeblendet, weil er sich mit anderen Gästen unterhalten hat. Jetzt wird er aber hellhörig und lauscht, was es mit der Nennung von »Willi« auf sich hat. Das Phänomen, dass Umgebungsgeräusche unbewusst verarbeitet werden, dann aber ins Bewusstsein treten, wenn sie salient werden, wird unter dem Begriff *Cocktailparty-Effekt* beforscht. Bezüge zur eigenen Person können sich darüber hinaus auf vielfältige Weise ergeben: Für eine Schachspielerin wird ein besonders schönes altes Schachbrett im Antiquitätenladen eher salient als für eine Cellospielerin.

- ✔ **Motive und Ziele:** Für eine Person, die zum Abnehmen fasstet, kann alles, was mit Essen und Nahrung zu tun hat, hoch salient sein: der Prospekt des Lieferdienstes für Sushi, die Auslage im Schaufester einer Konditorei, der Duft frisch gerösteter Mandeln und so weiter. Jemand, der knapp bei Kasse ist und das Ziel verfolgt, Geld zu sparen, achtet an der Imbissbude zuerst auf die Preisliste. Selbst Merkmale ein und desselben Gegenstands können wegen unterschiedlicher Ziele mehr oder weniger salient sein. Benötigen Sie einen besonders großen Koffer, ist für Sie die Größe eines spezifischen Exemplars im Kaufhaus hoch salient. Soll das Reisegepäck auf dem Fließband am Flughafen möglichst leicht erkannt werden, ist es vielleicht die Farbe. Und betrachten Sie den Koffer als Statussymbol (siehe Kapitel 10), sind Preis und Markenzeichen dieses Exemplars die salienten Merkmale.

Vom Autopiloten zum naiven Wissenschaftler: Automatische und kontrollierte Informationsverarbeitung

Hat sich ein salienter Reiz ins Bewusstsein eines Individuums geschlichen, verlangt er danach, ihm eine Bedeutung zu verleihen. Soll ich die Polizei oder lieber die Feuerwehr anrufen, wenn zwei Tiger in der Tiefgarage Tango tanzen? Deuten ein lautes Geräusch oder Rauchschwaden auf eine Gefahr hin (siehe Kapitel 12)? Sehr wahrscheinlich wird Willi wissen wollen, was auf der Party wohl über ihn getratscht wird.

Bedeutung erhält der saliente Reiz dadurch, dass er irgendwie verarbeitet wird. Wie diese Informationsverarbeitung erfolgt, bestimmt, welche Schlussfolgerungen das Individuum jeweils zieht, wie er beurteilt wird und welches Verhalten sich daraus ergibt. Eine wichtige Unterscheidung ist die zwischen automatischer und kontrollierter Informationsverarbeitung.

 Die Sozialpsychologie unterscheidet, ob die Informationsverarbeitung *automatisch* oder *kontrolliert* abläuft.

Denken Sie zur Illustration an Sven, der seinen Führerschein erst seit zwei Tagen in Händen hält. Nach einer halben Stunde Fahrt merkt er allein schon an den Schweißtropfen auf seiner Stirn, wie anstrengend das Autofahren sein kann. Thea fährt beruflich seit über 20 Jahren täglich zu ihren Kundengesprächen. Nach zwei Stunden Fahrt steigt sie entspannt und mit Elan für den nächsten Termin aus ihrem Wagen. Bei Sven ist das Autofahren stark kontrolliert, bei Thea hoch automatisiert.

Drei Merkmale unterscheiden automatische und kontrollierte Denkprozesse voneinander, wie Abbildung 3.3 zeigt.

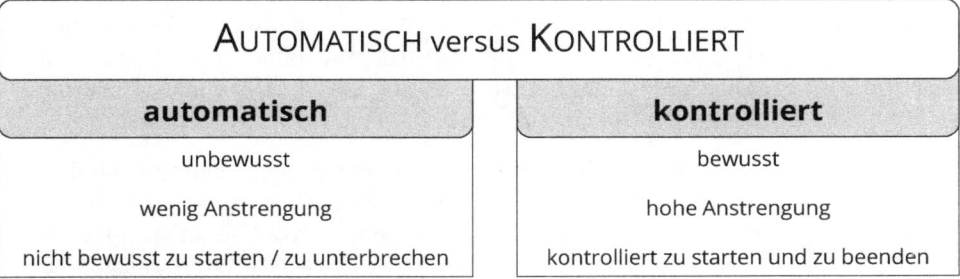

Abbildung 3.3: Merkmale automatischer und kontrollierter Denkprozesse

✔ **Ein automatischer Prozess läuft unbewusst ab, ein kontrollierter hingegen bewusst.** Sven beobachtet die Verkehrssituation aufmerksam, schaltet mit Überlegung in einen der für ihn viel zu vielen Gänge und denkt darüber nach, ob er den Blinker setzen muss oder nicht. Thea dagegen weiß gar nicht, dass sie gerade geschaltet oder geblinkt hat, und schon gar nicht, warum. Bei ihr sind die Gedanken zum Verkehr automatisiert und die geübten Handgriffe in den »Hinterkopf« verbannt. Ihr Kopf ist frei, um an das nächste Kundengespräch zu denken oder die spannende Sendung im Radio zu verfolgen.

✔ **Automatische und kontrollierte Prozesse unterscheiden sich darin, wie anstrengend sie sind**, also im Umfang der benötigten *kognitiven Kapazität*. Ein automatischer Prozess benötigt vergleichsweise viel weniger Kapazitäten als ein kontrollierter und kommt mit geringer Anstrengung aus. Eine Person als »zerstreut« oder »geschickt« zu bewerten, weil man ihren Beruf kennt, ist vergleichsweise wenig aufwendig. Bei einem kontrollierten Vorgang merken Sie hingegen sehr wohl, wie sehr Sie sich konzentrieren. Was müssen Sie nicht alles unternehmen, um sicherzustellen, ob eine Person tatsächlich zerstreut oder geschickt ist? Vergleichen Sie dazu gern das Modell rationaler Urteile in Kapitel 4.

Ein anderes Beispiel für einen automatischen Prozess ist das Gehen eines erwachsenen Menschen. Niemand denkt darüber nach, dass zunächst der eine und dann der andere Fuß vorgesetzt werden muss, und auch nicht daran, das Gleichgewicht mit den Armenbewegungen zu halten. Wir Menschen gehen langsam oder schnell, bleiben stehen und führen all diese Bewegungen aus, ohne einen Gedanken daran zu verschwenden. Während solcher Tätigkeiten sind die kognitiven Kapazitäten frei. Sie können sich also mit etwas beschäftigen, das gar nichts mit dem Gehen zu tun hat.

Darin liegt der große Vorteil der Automatismen: Sie helfen, kognitive Ressourcen zu sparen und sie für Wichtigeres frei zu halten, etwa für das anregende Gespräch mit Ihrer besten Freundin, die Sie beim Spaziergang begleitet.

Thea darf also ruhig den für sie gerade unwichtigen Handwerker für geschickt halten, um ihre freien kognitiven Kapazitäten auf das anstehende Kundengespräch zu fokussieren.

Bei einem kontrollierten Prozess können kognitive Ressourcen dagegen nicht eingespart werden. Wer zum Beispiel eine schwierige Rechenaufgabe zu lösen hat, merkt genau, wann er damit anfängt und wann er damit wieder aufhört. Die gesamten kognitiven Kapazitäten sind darauf ausgerichtet, die vorliegende Aufgabe zu lösen. Dabei ist es nicht oder zumindest kaum möglich, an etwas anderes zu denken, ohne das Rechnen zu unterbrechen. Auch Ablenkungen durch Ansprache oder das Klingeln des Handys ziehen die Aufmerksamkeit vom kontrollierten Prozess ab – es geht gar nicht anders.

✔ **Einen Prozess zu kontrollieren bedeutet, ihn bewusst zu beginnen und wieder abzuschalten.** Diese Unterscheidung bedarf etwas mehr Erklärung als die beiden ersten, weil Menschen in der Lage sind, je nach Anforderungen der Situation von einem automatischen in einen kontrollierten Prozess und wieder zurück zu wechseln. Das Autofahren ist auch hierfür ein gutes Beispiel, denn es lässt sich sowohl durch Übung automatisieren als auch im Bedarfsfall gut kontrollieren. In einer Gefahrensituation löst sich Thea von ihren Automatismen, wird hellwach und reagiert bewusst. Ist es aus irgendeinem Grund besonders wichtig zu wissen, ob eine andere Person geschickt ist, werden Sie sich nicht nur auf die Berufsbezeichnung verlassen.

Anders verhält es sich zum Beispiel mit dem Grübeln. Die Gedanken kreisen dabei immer wieder um ein und dasselbe Thema und können einfach nicht verdrängt werden. Sorgen und Ängste lassen sich nur sehr schwer einfach »abschalten«. Ebenso unkontrolliert setzen sich sogenannte Ohrwürmer im Kopf fest, wenn eine Melodie einfach nicht aus dem Sinn gehen will. Trotzdem ist den Menschen bewusst, wenn sie grübeln oder von einem Ohrwurm genervt sind. Das deutet darauf hin, dass nicht für jeden Gedankenvorgang eine strenge Unterscheidung entlang der im Schaubild genannten Merkmale möglich ist.

Wie nützlich die Unterscheidung zwischen automatischen und kontrollierten Prozessen ist, verdeutlichen die folgenden Beispiele:

✔ **Kategorisierung:** Ein rein gedanklicher Vorgang oder auch kognitiver Prozess, der die Unterscheidung automatisch versus kontrolliert besonders anschaulich demonstriert, ist die Ihnen schon bekannte Kategorisierung. Wenn Menschen kategorisieren, ordnen sie ein Objekt einer bestimmten Kategorie zu. Sie betreiben Kategorisierung immer dann, wenn Sie ein Objekt wahrnehmen und »identifizieren«, also praktisch den ganzen Tag über. Und sicherlich auch nachts, wenn Ihnen im Traum etwas als bedrohlich oder erfreulich erscheint.

Alltägliche Kategorisierung läuft meist automatisch ab: Sie betreten einen Raum, werden aufgefordert, Platz zu nehmen, und kategorisieren ein Objekt aus Holz und mit vier Beinen ohne weitere Mühe als Stuhl. Kontrolliert wird die Kategorisierung, wenn die Grenzen der Kategorie unscharf sind, wie bei »Spiel«, und nicht eindeutig ist, ob ein Exemplar wie »Pferdewette« zu dieser Kategorie gehört oder nicht.

- **Stereotype:** Im sozialen Kontext werden stereotype Vorstellungen sehr häufig automatisch aufgerufen (siehe Kapitel 11). Vielleicht denken auch Sie an einen älteren, etwas weltfremden und zerstreuten Mann mit Bart und ungepflegter Frisur, wenn Sie von dem Beruf eines »Universitätsprofessors« hören – und sind überrascht, wenn es sich bei einem konkreten Beispiel um eine eloquente Frau Ende dreißig handelt.

- **Spontane Schlussfolgerungen:** Oft gelangen Schlussfolgerungen durch unkontrollierte Gedankengänge in den Arbeitsspeicher. Ein Beispiel dafür ist die Tendenz, Verhalten, das Menschen bei anderen beobachten, automatisch auf deren Persönlichkeitseigenschaften zurückzuführen (siehe Kapitel 8, fundamentaler Attributionsfehler). Wenn Sie erfahren, dass ein Student eine Prüfung nicht bestanden hat, ist Ihre automatische Reaktion mit großer Wahrscheinlichkeit die Annahme, dass es sich um einen leistungsschwachen Kandidaten handelt, der eher unbegabt oder wenig motiviert ist. Erst wenn zusätzliche Information der automatischen Reaktion widerspricht, dringt dieses automatisch generierte Urteil ins Bewusstsein und fordert kontrollierte Korrektur: Hören Sie zusätzlich, dass die Durchfallquote in dieser Prüfung bei mehr als 80 Prozent lag, sollten die Ursachen für das Versagen vielleicht eher bei der Prüferin als beim Studenten zu suchen sein.

- **Zahlen und Fakten:** In kontrollierten Prozessen sind Menschen empfänglich für Zahlen, Fakten und stichhaltige Argumente. Laufen hingegen automatische Prozesse ab, liegt das Ergebnis des unbewussten Denkens oft schon im Voraus fest, weil der »Autopilot« eine schematische Reaktion aufruft und abspult. Zum Beispiel scheuen sich Leute, spontan ein Tombola-Los für einen guten Zweck zu kaufen, wenn sie darum gebeten werden. Die automatische Reaktion ist, eine solche Bitte mit »Nein« zu beantworten. Was aber, wenn der automatische Prozess unterbrochen wird? Dies könnte etwa dadurch geschehen, dass der Preis für das Los nicht wie üblich in Euro, sondern in Cent angegeben ist. Durch die ungewöhnliche Art, den Kaufbetrag zu nennen, wird die automatische Reaktion »Nein« unterbrochen. Auf diese Weise gehen bei 250 Cent viel mehr Lose über den Tresen als bei 2,50 Euro. Das Überraschende in der Situation bewirkt, dass die Angesprochenen eher in ein kontrolliertes Nachdenken über den guten Zweck der Lotterie eintreten. Wer also etwas Ungewöhnliches in die Situation einbringt, unterbricht den automatischen Gedankengang eines anderen Menschen, schaltet dessen »Autopiloten« aus und provoziert in der Folge eine ungewöhnliche Reaktion. Versuchen Sie es gern selbst mit Ihren eigenen kreativen Ideen dazu, Ausgefallenes in eine Alltagssituation einzubringen und die Reaktionen Ihrer Mitmenschen daraufhin zu beobachten!

Motive und andere Störfaktoren

Social Cognition beinhaltet die wissenschaftliche Unternehmung, das soziale Erleben und Verhalten von Menschen aus einem besonderen Blickwinkel zu betrachten. Zwei Charakteristika dieser Perspektive haben Sie bereits kennengelernt:

✔ **Computeranalogie:** Das Individuum nimmt sozial relevante Information auf, bringt sie mit im Gedächtnis gespeicherter Information in Verbindung und verleiht ihr auf diese Weise ihre soziale Bedeutung. Der »Output« besteht in einem Urteil, einer Entscheidung, einem Verhalten und so weiter.

✔ **Beschränkung kognitiver Kapazitäten:** Menschen sind nicht in der Lage, jeden Reiz ausführlich zu verarbeiten. Sie nutzen automatische Prozesse so lange wie möglich, achten insbesondere auf Input, der hoch salient für sie ist, und rufen Schemata aus ihrem Gedächtnis ab – alles nur, um ihre kognitiven Ressourcen zu schonen.

Einen Überblick über die Computermetapher im Social Cognition bietet Abbildung 3.4.

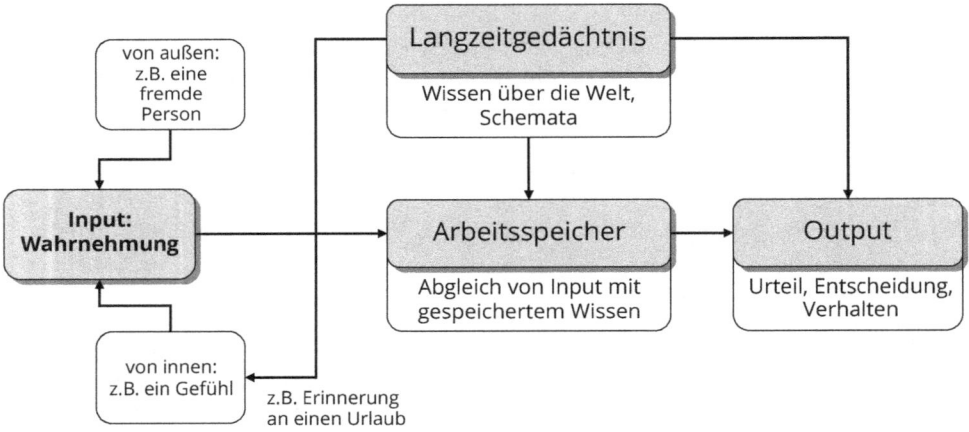

Abbildung 3.4: Der Computer auf zwei Beinen

Ein weiteres bedeutsames Merkmal des Social Cognition besteht darin, den möglichen Einfluss von individuellen *Motiven* auf die Informationsverarbeitung zu bedenken und wissenschaftlich zu untersuchen.

Ein *Motiv* bewegt ein Individuum zu einem Urteil, einer Entscheidung oder einem Verhalten. Ein vergleichsweise einfaches Beispiel für ein Motiv ist der Hunger. Er veranlasst Menschen dazu, eine Pizza zu bestellen oder zum Kühlschrank zu gehen, um den Hunger zu stillen. Motive richten den Menschen auf ein bestimmtes Ziel aus und liefern die notwendige Energie, um dieses Ziel zu erreichen. Ist der Magen wieder voll, ist das Motiv befriedigt, jedenfalls fürs Erste. Der Hunger hat eine *biologische Grundlage*, ebenso wie die Motive Durst, Neugier oder Sexualität. Ein Motiv, das sich aus einer sozialen Quelle speist, ist zum

Beispiel das *Anschlussmotiv*, das Menschen dazu veranlasst, den Kontakt zu ihren Mitmenschen zu suchen, oder das *Bedürfnis nach Einzigartigkeit*. Zu beiden erfahren Sie mehr in Kapitel 10.

Im Social Cognition unterscheidet man zwischen zwei Motivklassen:

- **Motive, die dazu führen, kognitiven Aufwand zu betreiben:** In den Alltag übertragen lässt sich das gut mit »Jetzt will ich es aber genauer wissen« übersetzen. Der Denkprozess erfolgt dabei ergebnisoffen. Ein Beispiel dafür finden Sie in Kapitel 5 unter dem Stichwort »Need for Cognition«.

- **Motive, die das Ergebnis des Denkens im Voraus festlegen:** Ein Urteil über die eigene Person und Nahestehende (siehe Kapitel 6) oder über die eigene Gruppe, zum Beispiel »wir Deutsche« (siehe Kapitel 11), *soll* möglichst günstig ausfallen. Eine Partnerin in einem Spiel *soll* positiver erscheinen als eine Kontrahentin im selben Spiel (siehe Kapitel 7). Ihr *Sozialpsychologie für Dummies* ist voller weiterer Beispiele. So das Motiv, kognitive Dissonanzen zu vermeiden (siehe Kapitel 5), das Motiv, konsistent zu erscheinen (siehe Kapitel 4) oder das Motiv, eingeschränkte Wahlfreiheit wiederzuerlangen (siehe Kapitel 4).

Neben den Motiven spielen im Social Cognition auch die Stimmungslagen der Menschen eine Rolle. Ob gut oder schlecht gelaunt nimmt in vielerlei Weise Einfluss auf die Informationsverarbeitung. Ausführliches zu Stimmungen finden Sie in Kapitel 4.

Ein tieferer Blick in den Quellcode

Einige Merkmale der menschlichen Informationsverarbeitung im sozialen Kontext sind von grundlegender Bedeutung. Sie zu kennen, erleichtert das Verständnis sozialer Phänomene enorm. Besonders wichtige Aspekte präsentiert Ihnen die folgende Aufzählung.

Halb voll oder halb leer: Framing

Framing beinhaltet die Möglichkeit, einer sprachlichen Äußerung einen »Rahmen« (englisch *frame*) zu verleihen, der die psychologische Reaktion auf diese Aussage in eine bestimmte Richtung lenkt. Bekannt ist wohl das Beispiel mit dem Trinkglas, das die Optimistin als halb voll und die Pessimistin als halb leer bezeichnet.

Beim Framing geht es also um die Frage, wie etwas kommuniziert wird. Identische Inhalte können zum Beispiel als Gewinn oder als Verlust dargestellt werden. Urteilen Sie selbst, was schlimmer ist: Wenn bei einer Katastrophe 5 Prozent der Betroffenen sterben oder 95 Prozent gerettet werden. Ist ein Nahrungsmittel wertvoller, wenn es 10 Prozent Fett enthält oder als zu 90 Prozent fettfrei angepriesen wird? Eine Aktie erscheint als weniger riskante Anlage, wenn ihr Kurs um 5 Prozent »korrigiert« und nicht um 5 Prozent »abstürzt«. Und haben auch Sie sich schon gefragt, worin der Mehrwert bei der Mehrwertsteuer besteht, wieso ein Sondervermögen besser ist als Staatsverschuldung und wer beim Solidaritätszuschlag zugeschlagen hat?

Der rasche Zugriff: Verfügbarkeit

Urteile und Entscheidungen erfolgen insbesondere auf der Grundlage leicht zugänglicher Information. Ist das Schema »Hilfsbereitschaft« im Gedächtnis hochverfügbar, bewerten Sie das Verhalten Theos, der seine Mitschülerin Emily in einer Prüfung hat abschreiben lassen, mit Milde. Liegt das Schema »Betrug« obenauf, wie vielleicht bei der Lehrerin, die die beiden erwischt hat, ergibt sich eine andere Schlussfolgerung. Das Ergebnis können ganz unterschiedliche »soziale Realitäten« sein, die erklären, warum unterschiedliche Menschen verschiedenartig auf ein und denselben Input reagieren.

Außerdem spielt es eine Rolle, wann Sie eine Information erhalten haben:

- ✔ **Primacy-Effekt:** Besonders leicht verfügbar ist Information, die Sie früh erreicht, denn »der erste Eindruck zählt«, egal ob es sich um die Bewertung einer anderen Person (siehe Kapitel 7), den Geschmack einer fremden Speise aus Madagaskar oder das Hochzeitskleid im Schaufenster handelt. Im Social Cognition spricht man vom *Primacy-Effekt*.

- ✔ **Recency-Effekt:** Information, die sich vor Kurzem noch im Arbeitsspeicher befand, wirkt sich ebenfalls stark auf die Informationsverarbeitung aus. Hat sich der Nachbar gestern mit einer Bemerkung über das Unkraut in Ihrem Garten unbeliebt gemacht, beeinflusst das Ihre Bewertung stärker als andere Gelegenheiten in der Vergangenheit, bei denen er sich als angenehmer Zeitgenossen gezeigt hat – insgesamt aber nicht so sehr wie der erste Eindruck, den er beim Kennenlernen hinterlassen hat, denn der Recency-Effekt fällt meist weniger bedeutsam aus als der Primacy-Effekt.

Auf und nieder, immer wieder: Top-down und Bottom-up

Die Unterscheidung von *Top-down* versus *Bottom-up* bezieht sich auf die Art und Weise, wie Menschen den Input an Information mit den im Gedächtnis gespeicherten Inhalten in Verbindung bringen.

- ✔ **Top-down** bedeutet, dass der größere Einfluss auf die Informationsverarbeitung vom Gedächtnis ausgeht. Während Sie diesen Text lesen, erfassen Sie die Bedeutung der einzelnen Buchstaben und Wörter ganz unmittelbar, weil Sie über ein Konzept für jedes Wort und ganze Wortgruppen verfügen. Der Sinn der Gesamtaussage steht im Vordergrund. Deshalb ist es oft auch schwierig, Tippfehler zu finden, wie Lektorinnen zu berichten wissen. Und selbst wenn die Vokale fehlen wie in »Gdchtns«, erschließt sich die Bedeutung ohne allzu große Mühe. »Normales« Lesen erfolgt also »konzeptgesteuert« mit einem Schwerpunkt auf der Top-down-Verarbeitung.

  Im sozialen Kontext ist die Bewertung eines Menschen auf der Grundlage eines Stereotyps (siehe Kapitel 11) ein Beispiel für einen wenig aufwendigen Top-down-Prozess: »Professorin, also weltfremd« oder »Handwerkerin, also geschickt«.

- ✔ **Bottom-up:** Beim Lesen eines Ihnen bislang unbekannten Wortes – wie vielleicht dem oben eingeführten Adjektiv »salient« – verhält es sich anders. Sie bemerken das leicht, wenn es ohne Vokale geschrieben wird (»slnt«). Oder denken Sie an ein Wort in uNgEwÖhNlIcHeR Schreibweise. Jetzt ist die Verarbeitung stärker vom Input selbst abhängig, insofern also eher »datengetrieben«, also Bottom-up, und erfolgt mit hohem kognitivem Aufwand.

Im Kontext der Bewertung eines Menschen bedeutet Bottom-up, auf die besonderen Merkmale dieser Person zu achten: Wie genau verhalten sich die Professorin und die Handwerkerin in einer Reihe unterschiedlicher Situationen? Weltfremd und geschickt?

Die Unterscheidung zwischen Top-down und Bottom-up vernachlässigt *nicht* die Tatsache, dass einerseits immer Daten im Spiel sind und andererseits immer Konzepte aufgerufen werden müssen, um dem Input eine Bedeutung zu verleihen. Die Frage ist vielmehr, worin gerade der Schwerpunkt besteht: Verläuft die Verarbeitung eher von oben nach unten, also von den Konzepten zu den Daten, oder umgekehrt von unten nach oben.

Positives Hypothesentesten – die Macht des ersten Gedankens

Versuchen Sie Folgendes gern selbst: Gegeben ist die Zahlenfolge »2, 4, 6 und 8«. Ihre Aufgabe besteht jetzt darin, herauszufinden, mit welcher Regel sich die Folge korrekt vorsetzen lässt. Dazu können Sie selbst die nächste und weitere Zahlen nennen und erhalten eine Rückmeldung darüber, ob Ihr Vorschlag der Bildungsvorschrift entspricht oder nicht. Sobald Sie sich sicher sind, nennen Sie bitte die Regel, die Ihrer Vermutung nach der Bildung der Zahlenfolge zugrunde liegt.

Gehen Sie wie die meisten Menschen vor, nennen Sie 10, 12, 14 und so weiter, erhalten Sie jedes Mal die Antwort, dass die Zahl korrekt ist. Jetzt sind Sie sich ganz sicher und sagen: »Die folgende Zahl muss um zwei größer sein als die vorherige.« Dass das aber gar nicht die Bildungsvorschrift für die Folge ist, lässt Sie zunächst ratlos zurück. Waren die Ja-Antworten auf 10, 12, und 14 nicht eindeutig?

Tatsächlich lautet die Regel: »Die nächste Zahl muss größer sein als die vorherige.« Auch 11, 47, und 82 wären mit Ja beantwortet worden, nicht aber 3 oder 7. Wie ist es zu Ihrem Fehlurteil gekommen? Bei dem Versuch, die Regel zu erkennen, hatten Sie sofort eine eigene Hypothese im Sinn und haben bestätigende Beispiele vorgebracht. Diese Vorgehensweise nennt die Psychologie *positives Hypothesentesten*. Viel hilfreicher wäre es gewesen, auch Zahlen vorzuschlagen, die Ihrer ersten Hypothese nicht entsprechen. Sie hätten auf 7 eine Nein-, auf 13 aber eine Ja-Antwort erhalten und wären so mit großer Wahrscheinlichkeit leichter auf die korrekte Lösung gekommen.

Im sozialen Kontext kann zum Beispiel die Hypothese, dass ein Professor weltfremd oder eine Handwerkerin geschickt ist, dazu führen, dass bevorzugt Information gesammelt und beachtet wird, die diese Hypothese bestätigt. Auf diese Weise »verhärten« sich stereotype Vorstellungen und Klischees (siehe Kapitel 11).

Teil II
Einschätzen, bewerten, handeln

IN DIESEM TEIL ...

erhalten Sie einen Überblick darüber,

- ✔ wie Menschen beliebige Objekte beurteilen und bewerten,
- ✔ welchen Einflüssen sie dabei ausgesetzt sind,
- ✔ auf welche Weise Urteile und Einstellungen Entscheidungen und konkretes Verhalten begründen,
- ✔ wie Denkprozesse, Motive und Stimmungslagen auf Bewertungen aller Art einwirken.

> **IN DIESEM KAPITEL**
>
> Das Verständnis von Urteilen im sozialpsychologischen Sinn
>
> Die Rationalität von Urteilen, die selten erreicht wird
>
> Mentale Abkürzungen auf dem Weg zu einem Urteil
>
> Faktoren, die die Urteilsbildung von Menschen beeinflussen

Kapitel 4
Unser tägliches Brot: Urteile, Urteile, Urteile

Vielleicht denken Sie beim Stichwort »Urteile« zuerst an die Justiz. Gerichte fällen Urteile und verhängen dabei Haftstrafen oder billigen Schmerzensgeld zu. Dahinter verbirgt sich ein Vorgang, in dem einzelne Aspekte teils bis ins kleinste Detail erwogen, teils aber auch nur oberflächlich behandelt werden. Am Ende steht ein Gesamturteil. Und weil Richterinnen und Richter auch »nur« Menschen sind, ähnelt dieser Ablauf dem, der alltäglich auch bei allen anderen zu finden ist, wenn sie ein beliebiges Objekt beurteilen – sei es die Frische eines Kohlkopfs im Sonderangebot, einen Versicherungsvertrag, die Nachbarin oder gar sich selbst.

Alltägliche Urteile können ebenso wie Gerichtsurteile gravierende Folgen haben.

- ✔ **Urteile begründen Entscheidungen und Verhalten.** Bleibt der Kohlkopf trotz perfekter Frische im Regal liegen, ist das nicht weiter schlimm. Wenn Sie aber die Geschwindigkeit eines nahenden Autos fehlbeurteilen und sich entscheiden, die Straße doch noch rasch zu überqueren, landen Sie womöglich im Krankenhaus.

- ✔ **Urteile schaffen soziale Realitäten.** Ihr Urteil über die Nachbarin bestimmt, ob Sie sich mit ihr zum Kaffee treffen oder ihr lieber aus dem Wege gehen. Haben Sie sich je mit Ihrem Ehepartner über die Beurteilung des Verhaltens Ihrer Schwiegermutter gestritten?

- ✔ **Urteile lösen Gefühle aus**, und sei es nur Ärger über das Geburtstagsgeschenk, das Ihrem Urteil nach dieses Jahr viel zu mickrig ausgefallen ist.

Ein Modell rationaler Urteile, dem sowieso niemand folgt

Menschen sind motiviert, zutreffende Urteile zu fällen. Wem das gelingt, isst frischen Kohl, landet selten im Krankenhaus und vielleicht am Ende am Kaffeetisch der hochsympathischen Nachbarin. Gute Urteile passen also irgendwie zur »Realität«. Und weil sich insbesondere soziale Realitäten zwischen den Menschen unterscheiden, ist es oft genug gar nicht so einfach zu entscheiden, ob ein Urteil gut oder schlecht ausgefallen ist: Simon ist ein sympathischer Kollege. Die Farbe des Lippenstifts passt nicht zum neuen Kleid. Brokkoli schmeckt besser als Blumenkohl. Wer traut sich zu, bei solchen Urteilen das Machtwort zu sprechen?

Bei anderen Gelegenheiten gibt es objektive Kriterien zur Bewertung von Urteilen. Schätzen Sie beispielsweise die Anzahl sozialpsychologischer Fachzeitschriften in deutscher Sprache auf zehn oder zwanzig, liegt Ihr Urteil ziemlich weit daneben. Man kann sie einfach abzählen und hat damit nicht nur ein objektives Maß, sondern auch wenig Arbeit: Es gibt keine einzige; die Wissenschaftssprache der Sozialpsychologie ist Englisch. Oder denken Sie an das Wetter, wenn Sie morgens entscheiden, was Sie anziehen mögen und ob Sie den Regenschirm mitnehmen sollten. Am Abend werden Sie klüger sein. Ja, Sie haben gerade den richtigen Gedanken: Auch hinter Prognosen verbergen sich subjektive Urteile, in diesem Fall solche über die Zukunft.

Urteilsgegenstände, zu denen ein objektives Maß existiert, sind für die Psychologie von besonderem Interesse. Finden sich wiederholt und bei vielen Menschen übereinstimmend Abweichungen der subjektiven Urteile von diesen Kriterien, weist dies darauf hin, dass Urteilsmechanismen am Werke sind, die sich als Gesetzmäßigkeiten beschreiben und erforschen lassen.

Ein Widerspruch zwischen einem objektiven Kriterium und den subjektiven Urteilen wird als *Urteilsverzerrung*, im Fachjargon mit dem englischen *Bias* bezeichnet.

Ein in Unternehmen und Organisationen im Zusammenhang mit Verzerrungen häufig anzutreffender Begriff ist der des *Unconscious Bias*, übersetzt ins Deutsche etwa »unbewusste Voreingenommenheit«. Darunter versteht man einen ganzen Katalog von möglichen Einflüssen auf Urteile über andere Menschen, die allgemein als unerwünscht gelten, weil sie der Gleichbehandlung entgegenstehen und damit eine Form der Diskriminierung (siehe Kapitel 11) darstellen.

Wer unbewussten Verzerrungen unterliegt, beurteilt Menschen auf der Grundlage ungerechtfertigter Vorurteile (siehe Kapitel 11), zum Beispiel Frauen anders als Männer, Teilzeitbeschäftigte anders als Vollzeitkräfte, Personen, die einem ähnlich sind anders als unähnliche Personen (Similar-to-me-Effekt, siehe Kapitel 7), physisch Attraktive anders als weniger Attraktive (siehe Kapitel 9) und so weiter. Da diese Verzerrungen den Urteilern nicht bewusst werden, bleiben sie oft unentdeckt. Sie schädigen nicht nur die diskriminierten Personen, sondern auch die gesamte Organisation, weil die so verursachten Fehlurteile dazu führen können, dass die falschen Personen eingestellt oder für eine Weiterbildung vorgeschlagen werden.

In der Psychologie gibt es Modelle dazu, wie man Biases vermeiden und zu möglichst zutreffenden Urteilen gelangen kann. Sie stammen meist aus der psychologischen Diagnostik und helfen dabei, Fragen zu beantworten, die etwa so lauten: »Wie geeignet ist die Bewerberin X für die ausgeschriebene Stelle?« oder »Wie wahrscheinlich wird der Straftäter Y rückfällig?« Die Vorgehensweisen sind oft sehr komplex und beinhalten ausgeklügelte statistische Verfahren.

Das Prinzip lässt sich aber auch an einem einfachen Beispiel veranschaulichen: Für die meisten Menschen (nicht aber in der Landwirtschaft) ist die Beurteilung des Wetters an einem bestimmten Tag nicht von allzu großer Bedeutung. Beobachten Sie, wie Profis bei diesem Beispiel vorgehen würden, wenn sie Urteilsverzerrungen vermeiden wollen.

Fünf Schritte zu einem unverzerrten Urteil

Doch wie lassen sich Biases umgehen? Folgen Sie dazu den im Folgenden aufgezählten Schritten.

- ✔ **Was genau soll beurteilt werden?** Na schön, das Wetter. Aber sind der Luftdruck und die Windgeschwindigkeit ebenso wichtig wie die Temperatur oder die Regenwahrscheinlichkeit, wenn es um die passende Kleidung und den Regenschirm geht? In diesem ersten Schritt legen Sie sich also möglichst genau auf den Urteilsgegenstand fest. Vielleicht wollen Sie nur wissen, ob es tagsüber regnen wird. Andere Aspekte sind dann völlig unbedeutend und werden gezielt aus dem Modell ausgeschlossen.

- ✔ **Welche Kriterien sollen für das Urteil herangezogen werden?** Reicht ein Blick zum Himmel am frühen Morgen? Sollten Sie die Wettervorhersage beachten? Wie wäre es mit dem Wetter am Vortag, denn allzu schnell wechselt die Wetterlage in unseren Breiten nicht? Der zweite Schritt besteht also darin, die Urteilskriterien in einer Liste zu sammeln.

- ✔ **Wie sind die ausgewählten Kriterien ausgeprägt?** Erscheint der Himmel beim Blick nach oben klar oder verhangen? Wie hoch ist die Regenwahrscheinlichkeit dem Wetterbericht nach? Hat es gestern auch geregnet? Den einzelnen Kriterien ordnen Sie in diesem Schritt die jeweils konkrete Ausprägung zu.

- ✔ **Wie sind die Kriterien zu gewichten?** Ist die Wettervorhersage verlässlicher als der Blick zum Himmel oder ist es genau umgekehrt? Nehmen Sie es ganz genau, erhalten die Kriterien unterschiedliche mathematische Gewichte. Zum Beispiel, weil sich aus der Erfahrung ergeben hat, dass Wetterumschwünge doch häufiger auftreten, als ursprünglich angenommen, geht die Ausprägung der vortäglichen Wetterlage nur mit einer Gewichtung von 0,6 in die Gleichung ein. Der Blick zum Himmel muss dagegen stärker beachtet werden und erhält ein Gewicht von 1,4. Selbstverständlich ist das alles von den jeweiligen örtlichen Bedingungen abhängig: Die Regenwahrscheinlichkeit für einen Sommertag in London zu prognostizieren, erfordert andere Gewichtungen als für einen Wintertag in Los Angeles.

- ✔ **Anwendung der Kriterien auf den Urteilsgegenstand:** Jetzt müssen Sie nur noch alles zusammenfassen und auf den Urteilsgegenstand anwenden. Die Berechnung liefert am Ende eine Zahl, die Ihnen sagt, was Sie anziehen sollen. Das hört sich trivial an, ist es aber nicht. Was, wenn das Urteil dazu führt, dass Sie Ihren Regenmantel mitnehmen sollten, der aber gut verstaut auf dem Dachboden hängt und Sie ihn sowieso nicht gern tragen? Gerade in Kommissionen und Ausschüssen, in denen mehrere Menschen ein Urteil fällen sollen (siehe Kapitel 10), kommt es oft genug dazu, dass zwar die objektiven Kriterien für die Bewerberin X sprechen, aber niemand die gute Frau einstellen mag, weil sie »irgendwie unsympathisch rüberkam«.

In Wahrheit folgt niemand im Alltag einem solchen Modell, schon gar nicht vorm Regal mit den Reinigungsmitteln im Supermarkt. Das Urteil über »Sauberplus« ist nicht wichtig genug, und eine darauf basierende Fehlentscheidung lässt sich leicht korrigieren. Doch sind es gerade die alltäglichen Urteile der Menschen, die aus sozialpsychologischer Sicht interessant sind. Wieso? Lassen Sie sich dazu gern im weiteren Verlauf dieses Kapitels überraschen.

Kurz, knapp, schnell und manchmal auch daneben: Urteilsheuristiken

Der Begriff der *Heuristik* in der Psychologie geht zurück auf Herbert Simon in den 1950er-Jahren.

Heuristiken bezeichnen mentale Abkürzungen, die Menschen nutzen, um rasch und ohne großen Aufwand zu einem Urteil zu gelangen. Eine Heuristik bietet eine Art Faustregel, die meist unbewusst angewendet wird. Voraussetzung ist, dass eine gewisse Unsicherheit über den Urteilsgegenstand herrscht: Um anzugeben, wie alt Sie sind, benötigen Sie keine Heuristik, um spontan die Höhe des Eiffelturms zu schätzen, vielleicht aber doch.

Als Gegenteil von Heuristiken gelten *Algorithmen*. In einem Algorithmus werden eindeutige Vorschriften festgelegt, wie ein Problem anzugehen und zu lösen ist. Ihr Computer folgt beispielsweise stur einem Algorithmus, wenn Sie mit der Maus einen Klick absenden. Sonst finden Sie Algorithmen bei Kochrezepten und Bauanleitungen für Möbelstücke aus Schweden. Wollen Sie ohne Taschenrechner die Zahl 32.245 durch 711 dividieren, folgen Sie dem Algorithmus, den Sie vor langer Zeit in der Schule dazu gelernt haben.

Alltägliche Leitplanken

Heuristiken begleiten den Alltag der Menschen. Sie geben Hinweise dazu, wie Probleme zu lösen sind, die eine Beurteilung erfordern.

Jemanden fragen, der sich damit auskennt: Die Expertenheuristik

Sollten Sie einen Prozess gegen die Nachbarin anstrengen, weil ihr Hund nächtelang bellt und sie das einfach nicht abstellen mag? Lässt sich Ihr geliebter Schuh noch reparieren, auch wenn die Sohle abhängt? Was können Sie von der Steuer absetzen? Bei solchen und vergleichbaren Fragen herrscht bei vielen Menschen Unsicherheit. Was tun? Mit einem Klebestift die Sohle wieder anpappen oder Steuerrecht studieren? Das kommt in den seltensten

Fällen infrage. Glücklicherweise gibt es in arbeitsteiligen Gesellschaften Menschen, die auf ihrem Gebiet Expertise erworben haben: Anwälte, Schuhmacher und Steuerberaterinnen, auch Ärztinnen, Optikerinnen, Kfz-Meister und so weiter zählen dazu. Auf welchem Gebiet haben Sie selbst besondere Kenntnisse und Fähigkeiten erworben?

Folgen Sie einem Expertenrat, nutzen Sie etwas, das die Sozialpsychologie die *Expertenheuristik* nennt. Das Urteil wird auf diese Weise vereinfacht und Sie dürfen – tatsächliche Expertise vorausgesetzt – auf eine vernünftige Lösung Ihres Problems hoffen.

Mehr zum Thema Expertenheuristik erfahren Sie in Kapitel 5 unter dem Stichwort *Persuasion*.

Dem positiven Eindruck folgen: Die Sympathieheuristik

Eine andere Leitplanke, die Leuten hilft, durch die Klippen des Lebens zu navigieren, beruht auf der Annahme, dass sympathische Menschen besonders vertrauenswürdig sind.

Sympathie bezeichnet scheinbar grundlose Zuneigung. Sie beinhaltet eine Einstellung (siehe Kapitel 5) gegenüber einer anderen Person, bei der eine Art »positives Gefühl« im Spiel ist. Sicherlich wissen Sie genau, wer Ihnen sympathisch ist, aber die Gründe dafür können Sie nicht unbedingt immer benennen. Dasselbe gilt spiegelbildlich auch für die mit negativen Gefühlen verknüpften unsympathischen Zeitgenossen.

Die *Sympathieheuristik* wenden Sie an, wenn Sie zum Beispiel die Hausratsversicherung zwar im Detail gar nicht verstehen, aber Ihre Unterschrift trotzdem leisten, weil die Versicherungsvertreterin so sympathisch wirkt. Das erscheint weniger sinnvoll, als dem Expertenrat zu folgen, denn Sympathie hat nichts mit dem Kleingedruckten zu tun. Ein freundlicher Bankberater ist schon bald aus Ihrem Leben verschwunden, die private Altersvorsorge verfolgt Sie dagegen über Jahrzehnte. Und weil Sympathie vergleichsweise leicht hergestellt (und ausgenutzt) werden kann, lohnt sich ein etwas ausführlicherer Blick auf diese Heuristik.

Sympathie entsteht allgemein durch

- ✔ **Verknüpfung** der Person mit etwas anderem positiv Bewertetem. Zeigt sich ein Politiker mit einem Sportstar oder einer anderen weitgeschätzten Persönlichkeit des öffentlichen Lebens, entsteht eine Assoziation, die den Politiker sympathisch erscheinen lässt. Und vielleicht verblüffend: Die Sympathiewerte einer Moderatorin der Wettervorhersage gehen regelmäßig in den Keller, wenn sie Kälte und Nieselregen prognostizieren muss. Und das, obwohl allen bewusst ist, dass die Ärmste gar keinen Einfluss auf das Wetter nehmen kann.

- ✔ **Vertrautheit** mit der Person. Hierzu reicht schon die Wiederholung flüchtiger Begegnungen am Kopierer oder an der Bushaltestelle. Erfahren Sie mehr dazu in Kapitel 5 unter dem Stichwort *Mere-Exposure-Effekt*.

- ✔ **Physische Attraktivität** der Person. Warum es die Schönen leichter haben, sympathisch zu wirken, als die weniger Hübschen, erfahren Sie in Kapitel 9 dieses Buches.

Wie schon erwähnt: Sympathie lässt sich auch gezielt herstellen. Teils bewusst, teils unbewusst nutzen Menschen diese Strategien nicht nur in Verkaufsgesprächen, um die Sympathieheuristik aufzurufen. Sie wirken sympathisch, wenn Sie

- ✔ **Aufmerksamkeit zeigen**, indem Sie Rückfragen stellen, sich den Namen Ihres Gegenübers gemerkt haben, das Smartphone in der Tasche lassen, Augenkontakt halten und lächeln.

- ✔ **Komplimente aussprechen** – aber Vorsicht: Allzu plumpe Schmeicheleien werden leicht erkannt und bewirken das Gegenteil von Sympathie.

- ✔ **Bestätigung signalisieren**, Ansichten teilen und derselben Meinung über die Pünktlichkeit der Bahn sind wie Ihr Gegenüber.

- ✔ **Ähnlichkeit betonen**, etwa dasselbe Hobby zu teilen, am selben Ort den Urlaub verbracht zu haben, aus derselben Gegend zu stammen, oder das alles auch nur vortäuschen.

- ✔ **kleine Gefälligkeiten erbitten.** Wer Ihnen einen Gefallen getan hat, muss Sie mögen, weil sonst der Aufwand der Gefälligkeit nicht gerechtfertigt wäre. Das lässt sich mit dem Prinzip der kognitiven Dissonanz erklären, zu dem Sie in Kapitel 5 mehr erfahren.

Was sich sozial bewährt hat: Die Konsensheuristik

Eine weitere Orientierungshilfe im Alltag bietet die *Konsensheuristik*.

Mit *Konsens* ist das Ausmaß der Meinungsübereinstimmung gemeint, die zu einem bestimmten Urteilsgegenstand herrscht. Nutzen Sie die Konsensheuristik, richten Sie Ihr Urteil am Grad der Meinungsübereinstimmung aus, ganz nach dem Motto: Was viele tun, sagen oder für richtig halten, kann gar nicht verkehrt sein.

Konsens ist ein wichtiges Prinzip im Zusammenleben der Menschen.

- ✔ Die Clique stimmt darüber ab, ob man lieber gemeinsam ins Kino oder zum Italiener geht.

- ✔ Der »Herdentrieb« lässt Sie zielsicher den Ausgang auch eines völlig unbekannten Bahnhofs finden, indem Sie einfach denen folgen, die mit Ihnen aus dem Zug gestiegen sind. Die Ausschilderung ist sowieso nur verwirrend.

- ✔ Demokratische Ordnungen beruhen auf Konsens: Wer im Parlament die meisten Stimmen hinter sich vereinigt, übernimmt die Regierungsgeschäfte. Und selbst der beste Gesetzentwurf scheitert, wenn nicht genügend Jastimmen zusammenkommen.

Sie nutzen die Konsensheuristik, wenn Sie

- ✔ auf der Grundlage der Likes entscheiden, welches Video Sie sich anschauen wollen,

- ✔ im Buchladen nach einem »Bestseller« Ausschau halten,

- ✔ glauben, dass die Sonne tagsüber am Himmel entlangwandert und nachts schlafen geht, weil Sie im Mittelalter leben und alle anderen diese Annahme teilen,

- ✔ Bewertungen von Hotels, Arztpraxen und Handwerksbetrieben im Internet studieren,

- ✔ ein Produkt wählen, weil ein riesiger Stapel im Supermarkt hohe Nachfrage suggeriert,

- ✔ die Scheibe »Elvis' Golden Records Vol. 2« kaufen, weil auf der Hülle der Slogan: »50.000.000 Elvis Fans Can't Be Wrong« gedruckt ist, und die Gesichtscreme wählen, auf deren Tube steht, dass 98 Prozent der Nutzerinnen zufrieden sind,

- ✔ in einer fremden Stadt ein Restaurant fürs Dinner aussuchen, in dem schon viele einheimisch aussehende Leute sitzen. Nach dem Essen besuchen Sie den Club, vor dessen Eingang die Türsteher in voller Absicht eine lange Schlange haben entstehen lassen. Das Signal »bei vielen anderen sehr beliebt« verfehlt seine Wirkung auf Sie nicht.

Und jetzt, da Sie die Konsensheuristik kennen, fallen Ihnen sicherlich auch noch mehr Beispiele dazu ein.

Nobelpreisverdächtig: Die drei Heuristikklassiker nach Daniel Kahneman

Der Psychologe Daniel Kahneman wurde im Jahr 2002 mit dem Nobelpreis ausgezeichnet. Nicht für Psychologie, denn für dieses Fach gibt es keinen Nobelpreis, sondern für Wirtschaftswissenschaften. Er erhielt diese Auszeichnung für seine Einsicht, dass Menschen nicht immer rational urteilen und auch im wirtschaftlichen Kontext häufig genug »unvernünftig« agieren. Das Bild des »Homo oeconomicus«, also des Menschen, der so handelt, dass er immer den größtmöglichen wirtschaftlichen Nutzen für sich realisiert, erhielt durch Kahnemans Forschung erhebliche Kratzer.

Kahneman, verstorben im März 2024 im Alter von 90 Jahren, näherte sich wirtschaftlichem Handeln aus der psychologischen Perspektive und verwendete anders als viele andere auf diesem Gebiet experimentelle Forschung (siehe Kapitel 2), um seine Theorien zu prüfen. Einen Teil seines beachtlichen wissenschaftlichen Erfolgs verdankt Kahneman der gemeinsamen Arbeit mit seinem Kollegen Amos Tversky an einem Forschungsprogramm, das sich »heuristics and biases« nennt. Die Bedeutung dieser Begriffe ist Ihnen ja schon bekannt: Heuristiken und Verzerrungen. Teil dieses Programms sind drei Heuristiken, die gewissermaßen die »Klassiker« unter den Heuristiken darstellen. Sie zu kennen, ist ein Muss!

Das sieht doch aus wie ...: Die Repräsentativitätsheuristik

Lassen Sie sich bitte nicht von dem zugegeben etwas sperrigen Namen *Repräsentativitätsheuristik* abschrecken! Stellen Sie sich viel lieber vor, Sie hätten zu schätzen, welche Abfolge von Geburten im Kreissaal eines Krankenhauses innerhalb eines Tages wahrscheinlicher ist. Dabei bedeutet M, dass ein männliches Baby zur Welt kam, W steht für ein weibliches Baby.

1. M M M M M

2. M M M W W W

3. M W W M W M

Schreiben Sie Ihre Schätzungen gern auf, bevor Sie weiterlesen.

Welches Geschlecht ein Baby hat, das in einem Kreissaal geboren wird, müsste irgendwie zufällig sein. Dass von sechs Babys alle männlich sein sollen, widerspricht aber unser aller Vorstellung von zufälligen Ereignissen.

Die Abfolge (1.) erscheint demnach nicht sonderlich wahrscheinlich. Abfolge (2.) kommt irgendwie »sortiert« daher – erst drei Jungs, dann drei Mädchen. Das scheint zwar wahrscheinlicher zu sein, als dass alle sechs Babys männlich sind, ist aber noch weit entfernt von dem Hauch des Zufalls, der Abfolge (3.) innewohnt. Hier geht es richtig durcheinander, ganz so, wie es von einer zufälligen Reihenfolge zu erwarten ist. Entsprechend urteilen viele Menschen, vielleicht ebenso wie Sie, dass die Wahrscheinlichkeit für (1.) am niedrigsten und für (3.) am höchsten ausfällt.

Dem »psychologisch« wohlbegründeten Urteil widerspricht allerdings die Wahrscheinlichkeitsrechnung, die hier als rationales Modell dient, um die subjektiven Urteile zu bewerten. Der Einfachheit halber sei angenommen, die Wahrscheinlichkeit, dass ein Baby männlich oder weiblich ist, betrage 0,5, im Alltag sagt man auch »fifty-fifty« (tatsächlich kommen in Deutschland aber ein wenig mehr Jungs als Mädchen zur Welt). Daraus ergibt sich für jede der drei genannten Abfolgen eine Wahrscheinlichkeit von $0{,}5^6 = 0{,}015625$, oder anders ausgedrückt von gut 1,5 Prozent. Entspricht das Ihrer Schätzung oder sind Sie erstaunt, dass alle drei Wahrscheinlichkeiten gleich (und übrigens im Vergleich zu Ihrer Schätzung auch ziemlich niedrig) sind?

Doch wie kann es in einem solchen Beispiel zu Fehlurteilen, den sogenannten Biases, kommen? Die Antwort lautet: Sie haben – statt Stochastik anzuwenden und den Taschenrechner zu bemühen – die Repräsentativitätsheuristik benutzt. Noch klarer wird das Beispiel vielleicht, wenn Sie bedenken, dass sich kein Baby sein eigenes Geschlecht danach aussucht, welches Geschlecht das Baby hat, das direkt vor ihm auf die Welt gekommen ist.

 Urteile auf der Grundlage der *Repräsentativitätsheuristik* beruhen auf der subjektiven Einschätzung, wie typisch ein Exemplar für eine Kategorie ist (siehe Kapitel 3). Exemplare sind im vorliegenden Beispiel die einzelnen unterschiedlichen Geburtenfolgen, die Kategorie ist die Vorstellung davon, wie zufällige Abfolgen typischerweise aussehen. Nur die Reihenfolge (3.) passt sehr gut zur Kategorie »zufällige Abfolge«, die beiden anderen fallen aus dem Bild.

Seien Sie nicht zu streng mit sich, wenn Sie mit Ihren Schätzungen danebenlagen. Kahneman und Tversky haben Sie bewusst aufs Glatteis geführt, um die Wirkung der Repräsentativitätsheuristik zu demonstrieren. Dass solche Urteilsverzerrungen nicht nur im psychologischen Labor, sondern auch im Alltag auftreten, mag folgende kleine Anekdote belegen.

 Am 12. April 1999 titelte eine große Boulevardzeitung auf der ersten Seite: »War Fortuna besoffen?« Die Schlagzeile bezog sich auf eine Ausspielung im Lotto, bei der die Zahlen 2, 3, 4, 5 und 6 gezogen worden waren. Wahrscheinlich kannten weder die Redaktion noch die geneigte Leserschaft die Forschung von Kahneman und Tversky, sonst hätten sie begriffen, dass sie der Repräsentativitätsheuristik auf den Leim gegangen sind. Wie bei den Babys ist auch beim Lotto jede beliebige Kombination gleich wahrscheinlich, oder besser gesagt gleich

unwahrscheinlich. Bei 4, 7, 12, 21, 23 und 34 hätte allerdings niemand Fortuna für besoffen gehalten. Das Exemplar in diesem Beispiel ist die Reihe 2, 3, 4, 5 und 6, die Kategorie die subjektive Vorstellung davon, was für Zahlen eine Ziehung der Lottozahlen typischerweise hervorbringt, also eher ein hübsches Durcheinander als eine scheinbare Ordnung.

Bei der Repräsentativitätsheuristik muss es aber nicht unbedingt immer um Zahlen gehen. Stellen Sie sich vor, Sie treffen an der Bushaltestelle auf einen älteren Herrn mit zerzauster Frisur. Er trägt eine Brille, einen ungepflegten Bart und ein leicht abgewetztes graues Jackett, das vor Langem einmal bessere Zeiten gesehen hat. Er fragt Sie, wie er ein Ticket kaufen kann und wie spät es ist. Halten Sie es für wahrscheinlicher, dass dieser Mann Universitätsprofessor oder Verkäufer von Beruf ist? Offensichtlich erscheint er ein wenig weltfremd und zerstreut. Das passt perfekt zur Vorstellung (auch Stereotyp, siehe Kapitel 11) von einem Professor.

Sind Sie sich ganz sicher, dass er kein Verkäufer ist? Wenn ja, haben Sie schon wieder die Repräsentativitätsheuristik genutzt. Das Exemplar ist der versonnen wirkende ältere Herr, die Kategorie die Gruppe der Professoren, zu der die Beschreibung des Exemplars besser passt als zur Gruppe der Verkäufer. Sie haben bei Ihrem Urteil allerdings völlig außer Acht gelassen, dass es in Deutschland nur gut 37.000 männliche Professoren, aber weit mehr als eine Million Verkäufer gibt. Die Wahrscheinlichkeit, dass ein Mann, der Ihnen zufällig begegnet, ein Verkäufer ist, ist demnach vergleichsweise groß, für einen Professor aber um ein Vielfaches kleiner. Für Ihr Urteil haben Sie diese wichtige Information, man nennt sie auch die *Basisrate*, nicht genutzt. Die sich daraus ergebende Verzerrung wird im Fachjargon *Base Rate Neglect* oder *Basisratenfehler* genannt.

Statistik ist nicht jedermanns Sache, das Denken in Wahrscheinlichkeiten im Alltag weitgehend unbeliebt. Wie gut, dass es stattdessen die Repräsentativitätsheuristik gibt und das Urteilen auf so angenehme Weise vereinfacht.

Das Spiel mit den Zahlen: Die Ankerheuristik

Ist der Eiffelturm in Paris höher oder niedriger als 180 Meter? War Willy Brandt älter oder jünger als 62 Jahre als er Bundeskanzler wurde? Und wie hoch genau ist der Eiffelturm? Und wie alt war Willy Brandt tatsächlich am 21. Oktober 1969? Haben Sie diese Fragen spontan für sich beantwortet? Dann machen Sie sich bitte mit dem Gedanken vertraut, dass Ihre Schätzungen anders ausgefallen wären, hätte man Sie gefragt, ob der Eiffelturm höher oder niedriger als 380 Meter ist, und Willy Brandt jünger oder älter als 54 Jahre war, als er das Amt des Bundeskanzlers antrat.

Die numerischen Werte in der Vorlauffrage, konkret 180 Meter oder 380 Meter beim Eiffelturm und 62 Jahre gegenüber 54 Jahre bei Willy Brandt, beeinflussen die absoluten Urteile. Natürlich nur, insofern Unsicherheit über die jeweils korrekte Antwort herrscht – wie Sie wissen, eine Voraussetzung für die Anwendung jeder Heuristik –, nutzen Individuen diese numerischen Werte als »Anker« für ihre absoluten Schätzungen. Sie folgen so der *Ankerheuristik*.

 Orientieren sich Urteiler an einem vorgegebenen numerischen Wert, um eine absolute Schätzung abzugeben, nutzen sie die *Ankerheuristik*.

Experimentelle Zahlenspiele

Bei der experimentellen Untersuchung der Ankerheuristik geht man analog zu den oben eingeführten Beispielen vor. In einer Vorlauffrage, auch *komparative Frage* genannt, wird ein Zahlenwert, der Anker, vorgegeben. Zum Beispiel: »Ist die Jahresdurchschnittstemperatur in der Türkei höher oder niedriger als ANKER Grad Celsius?« Zwischen zwei Gruppen von Versuchspersonen variieren die Experimentatoren, ob ein hoher Wert, zum Beispiel 22 Grad, oder ein niedriger Wert, zum Beispiel 9 Grad als Anker dient. Diese Frage ist mit »höher« oder »niedriger« zu beantworten. Darauf folgt die *absolute Frage*: »Bitte schätzen Sie die Jahresdurchschnittstemperatur der Türkei in Grad Celsius«, und die Versuchspersonen geben ihre Urteile ab. Empirisch zeigt sich, dass die Schätzungen in der hohen Ankerbedingung höher ausfallen als in der Bedingung mit dem niedrigen Anker. Diesen Unterschied bezeichnet man als *Ankereffekt*. Der Ankereffekt zeigt, dass die Probanden die Ankerheuristik für ihre Urteile genutzt haben.

Der Ankereffekt ist extrem robust und tritt unter allen möglichen Bedingungen auf:

- ✔ Menschen mit hoher Expertise nutzen die Ankerwerte ebenso wie ausgewiesene Laien. Erfahrene Richterinnen und Richter lassen sich bei der Festsetzung von Strafmaßen und Schmerzensgeld ebenso von Ankern beeinflussen wie Broker bei einer Prognose zum Dollarkurs oder Ölpreis in der Zukunft.

- ✔ Explizite Hinweise auf die Ankerheuristik im Sinne von »Vorsicht, lassen Sie sich nicht von diesem numerischen Wert beeinflussen« vor der Abgabe der absoluten Schätzungen ergeben geringe bis gar keine Unterschiede zum Standardvorgehen. Der Ankereffekt bleibt erhalten.

- ✔ Eine Belohnung für die richtige Lösung mit dem Versprechen »Sie erhalten 20 Euro, wenn Sie die Höhe des Eiffelturms korrekt schätzen« motiviert dazu, ausführlicher nachzudenken. Allerdings finden sich unter dieser Bedingung oft noch stärkere Ankereffekte.

- ✔ Ein Wechsel des Urteilsobjekts zwischen komparativer und absoluter Frage kann noch immer einen Ankereffekt produzieren. Präsentiert man Ihnen einen Anker zum Eiffelturm, kann das auch Ihr Urteil über die Höhe des Empire State Building beeinflussen.

- ✔ Anker müssen nicht einmal immer numerisch sein. In einer Studie von Oppenheimer und Kollegen (veröffentlicht 2008) zeichneten die Versuchspersonen kurze oder lange Linien auf ein Blatt Papier und schätzten danach die Länge des Mississippis entsprechend kürzer oder länger.

- ✔ Selbst völlig unplausible Werte produzieren einen Ankereffekt. »Starb Otto von Bismarck im Alter von 3 beziehungsweise 265 Jahren?« »Wie alt wurde Otto von Bismarck?«

Nutzen Sie den Ankereffekt gern in Ihrem Alltag, zum Beispiel beim Großeinkauf auf dem Flohmarkt. Dazu müssen Sie unbedingt immer das erste Gebot abgeben, also den Anker setzen: »Ist das Ding da noch mehr oder weniger als 50 Cent wert?«, bringt Sie weiter, als zu fragen: »Was möchten Sie dafür haben?« Bekanntermaßen fällt das vielen Leuten schwer, weshalb sie denen, die dieses Kapitel hier gelesen haben, oft mehr bezahlen, als notwendig gewesen wäre.

Wie kommt der Ankereffekt zustande? Oder anders ausgedrückt, was geht in den Köpfen von Menschen vor, wenn sie die Ankerheuristik nutzen? Die Antwort auf die Frage fällt mal wieder wissenschaftlich eindeutig aus: Man weiß es nicht genau. Immerhin gibt es einige Vorstellungen dazu, die ganz nebenbei auch noch einen Einblick in die Denkweise von Psychologinnen und Psychologen gewähren.

- ✔ **Die Logik alltäglicher Kommunikation:** Die vielleicht einfachste Erklärung beruht auf der Annahme, dass die Frage von einer Person gestellt wird, die die korrekte Lösung kennt. Denken Sie an die Quizshow im Fernsehen, in der der Quizmaster am Ende immer als der Schlauste von allen dasteht. Fragt mich also jemand ernsthaft, ob die Durchschnittstemperatur in der Türkei höher oder niedriger als 9 Grad Celsius beträgt, darf ich davon ausgehen, dass diese Person die Antwort kennt und mich nicht auf eine völlig falsche Fährte setzen will. So erscheint es durchaus sinnvoll, wenn ich mich an den 9 Grad für meine absolute Schätzung orientiere. Dieser Gedankengang lässt sich ausschließen, wenn man die Ankerwerte augenscheinlich per Zufall generiert. Die Versuchspersonen können dazu zum Beispiel ein Glücksrad drehen, das »zufällig« bei der Zahl 9 stehen bleibt. Sie selbst kennen die Robustheit des Ankereffekts und wundern sich jetzt bitte nicht, dass er auch dann entsteht, wenn die Relevanz der Ankerwerte für die Urteile auf diese Weise diskreditiert wird.

- ✔ **Anchoring and Adjustment:** Kahneman und Tversky haben selbst ein Modell vorgeschlagen, um den von ihnen entdeckten Ankereffekt zu erklären. Die Autoren gehen davon aus, dass der hohe Anker (380 Meter) als zu hoch und der niedrige Anker (180 Meter) als zu niedrig erscheint. Folglich werden die Werte schrittweise nach unten beziehungsweise nach oben adjustiert. In der hohen Ankerbedingung mag ein Urteiler denken: »380 Meter kommen mir ziemlich viel vor. 360 Meter? Nein, immer noch zu hoch. 340 Meter? Ja, das erscheint mir schlüssig.« Beim niedrigen Anker geht die Adjustierung nach oben: »180 Meter? Nein, das ist zu wenig. 200 Meter? Nein, immer noch nicht hoch genug. 220 Meter sind aber durchaus plausibel.« Die Differenz zwischen den geschätzten 340 Metern in der hohen und den 220 Metern in der niedrigen Ankerbedingung entspricht dem Ankereffekt. Dem Modell nach gibt es also eine mehr oder weniger große Spanne subjektiv plausibler Antworten auf die absolute Frage. Die angenommene Adjustierung der Ankerwerte brechen die Urteiler ab, sobald die gedachte Antwort in diesen Bereich fällt, bei hohem Anker am oberen Ende, bei niedrigem Anker am unteren Ende. Das Modell ist unter dem Namen *Anchoring and Adjustment* bekannt. In Abbildung 4.1 ist dieser Mechanismus dargestellt.

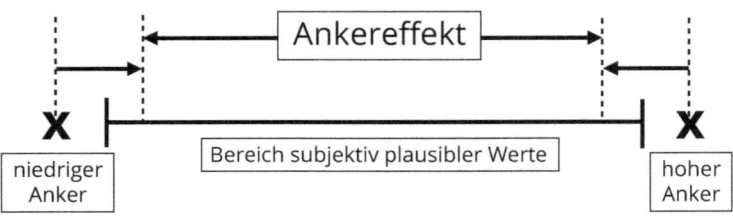

Abbildung 4.1: Anchoring and Adjustment nach Tversky und Kahneman

✔ **Modell der selektiven Verfügbarkeit ankerkonsistenter Information:** Die Beantwortung der komparativen Frage kann auch Information im Gedächtnis aufrufen, die für den gegebenen Ankerwert spricht. Voraussetzung dafür ist, dass die Befragten den Ankerwert zunächst einmal zumindest hypothetisch für die korrekte Lösung ansehen. Im Gedächtnis suchen sie nun gezielt nach Information, die den Anker bestätigt. Dem Modell der *selektiven Verfügbarkeit ankerkonsistenter Information* von Mussweiler und Strack (veröffentlicht 1997) nach betreiben die Urteiler also »positives Hypothesentesten« (genauer in Kapitel 3 erklärt). Was gegen den Ankerwert sprechen würde, bleibt dagegen außen vor. Im Türkei-Beispiel könnten die Befragten bei einem hohen Anker an die blauen Strände denken, an Badehosen und Sonnencreme. Der niedrige Anker ruft dagegen Bilder verschneiter Berge im Taurusgebirge während des Winters auf und lässt an Skier und Wollmützen denken. Entsprechend fallen die Urteile auf die absolute Frage aus. Wer gerade ans sommerliche Badevergnügen denkt, schätzt höher als jemand, der schneeweiße Gebirgsgipfel im Sinn hat. Wieso es aber bei unplausiblen Ankern (»Starb Otto von Bismarck im Alter von 3 beziehungsweise 265 Jahren?«) zum Ankereffekt kommt, kann das Modell nicht erklären. Eine positive Teststrategie findet in solchen Fällen nachgewiesenermaßen nicht statt, weil kein vernünftiger Mensch auf den Gedanken kommt, Bismarck könnte tatsächlich im Alter von 3 oder 265 Jahren gestorben sein.

✔ **Magnitude Priming:** Mit den unplausiblen Ankern kommt ein Modell von Oppenheimer und Kollegen besser zurecht. Was im Kopf der Menschen vorgeht, nennen diese Autoren *Magnitude Priming* (zum Begriff Priming mehr in Kapitel 3). Demnach ruft eine niedrige Zahl beim Eiffelturm die Vorstellung »klein« im Gedächtnis auf, bei Bismarcks 265 Jahren das Konzept »alt«. Wer gerade an »klein« gedacht hat, schätzt folglich den Eiffelturm vergleichsweise niedrig, und wer »alt« im Sinn hat, das Sterbealter Bismarcks entsprechend hoch.

Diese Liste möglicher Erklärungen für den Ankereffekt ließe sich problemlos fortsetzen, aber die wichtigsten Ansätze haben Sie erst einmal kennengelernt. Da der Ankereffekt so stabil ist, scheint es, als könnten unterschiedliche Urteilsmechanismen gleichzeitig zu seiner Entstehung beitragen.

Um Sie schließlich von bohrenden Fragen zu erlösen: Der Eiffelturm ist genau 300 Meter hoch. Hinzu kommen noch 24 Meter für die oben angebrachten Antennen. Das Empire State Building inklusive der installierten Antennen weist eine Höhe von 443 Metern auf. Willy Brandt wurde vom Bundestag im Alter von 59 Jahren zum vierten Bundeskanzler der Bundesrepublik Deutschland gewählt. Die Jahresdurchschnittstemperatur in der Türkei schwankt zwischen unterschiedlichen Regionen recht stark; am Mittelmeer und in

Südostanatolien ist es mit durchschnittlich etwa 16,5 Grad am wärmsten, in Zentralanatolien mit 10,5 Grad am kältesten. Zum Vergleich: Die Durchschnittstemperatur in Deutschland betrug im Jahr 2022 ebenfalls 10,5 Grad. Der Mississippi ist 3778 Kilometer lang. Und Bismarck starb im Alter von 83 Jahren. Zu Dollarkurs und Ölpreis in drei Monaten ließen sich auch nach ausführlicher Recherche (leider) keine verbindlichen Angaben finden.

Wenn's leicht einfällt: Die Verfügbarkeitsheuristik

Stellen Sie sich vor, Sie sollten die Scheidungsrate in Deutschland schätzen: Wie viel Prozent der Ehen in Deutschland werden geschieden? Sie wissen die Antwort nicht und das Internet steht Ihnen im Augenblick auch nicht zur Verfügung. Vielleicht gehen Sie so vor, dass Sie Ihr Gedächtnis nach Beispielen für geschiedene Ehen durchforsten. Fallen Ihnen leicht Beispiele ein, weil Ihre Eltern, Sie selbst und sogar Ihr ehemaliger Ehepartner geschieden sind, Tante Erika gerade ihre Scheidung eingereicht hat und so weiter, schätzen Sie die Scheidungsrate hoch ein. Haben Sie dagegen Mühe, solche Beispiele im Gedächtnis aufzurufen, fällt Ihr Urteil niedriger aus. Um Rätselraten schon im Voraus zu vermeiden: Die Scheidungsrate in Deutschland liegt bei knapp 40 Prozent.

 Nutzen Menschen die Leichtigkeit, mit der sie passende Beispiele im Gedächtnis auffinden können, um ein Urteil abzugeben, folgen sie der *Verfügbarkeitsheuristik*.

Tversky und Kahneman ließen in einer 1973 veröffentlichten Studie Versuchspersonen schätzen, ob es im Englischen mehr Wörter mit einem K als erstem Buchstaben oder mehr Wörter mit K an dritter Stelle im Wort gibt. Eine schwierige Aufgabe. Wie gehen Menschen vor, um sie zu lösen? Sie suchen im Gedächtnis nach Wörtern mit K und merken, dass ihnen Wörter mit K an erster Stelle leichter einfallen als Wörter mit K als drittem Buchstaben. Dummerweise liegt das aber nicht an der Häufigkeit solcher Wörter, sondern daran, dass das menschliche Gedächtnis für Wörter so organisiert ist, dass es den ersten Buchstaben als Ordnungskriterium dem dritten Buchstaben gegenüber bevorzugt. Versuchen Sie es gern selbst und spielen Sie spaßeshalber Stadt-Land-Fluss mit Wörtern, bei denen der gewünschte Buchstabe an dritter Stelle auftaucht – ob auf Englisch oder Deutsch ist dabei egal. Indem sie die Verfügbarkeitsheuristik nutzen, kommen Tversky und Kahnemans Versuchspersonen allerdings zu einem Fehlurteil, denn Wörter mit K an dritter Stelle sind im Englischen häufiger als Wörter mit K an erster Stelle (wer auch immer das ausgezählt haben mag).

Die Leichtigkeit der Erinnerung und die Häufigkeit der Beispiele sind im Alltag eng miteinander verknüpft (im Psycho-Slang: »konfundiert«): Was häufig auftritt, kann mit großer Wahrscheinlichkeit auch leichter erinnert werden. Denken Sie an Autos, fällt Ihnen der graue VW-Golf leichter ein als der pinkfarbene BMW Z3. Im Beispiel mit der Scheidungsrate könnte die schiere Anzahl von Beispielen oder aber das Gefühl der Leichtigkeit der Erinnerung die Urteilsgrundlage bilden. Das Gleiche gilt für die Wörter mit K, denn die Anzahl der aufgerufenen Beispiele und die Leichtigkeit, mit der sie aufgerufen werden konnten, führen zum selben Urteil. Um den Effekt der puren Anzahl von dem der gefühlten Verfügbarkeit auf das abschließende Urteil voneinander zu trennen, führte ein Autorenteam um den Sozialpsychologen Norbert Schwarz ein aufschlussreiches Experiment durch, das es 1991 veröffentlichte.

Belege für Selbstsicherheit: Je weniger, desto besser

Versuchspersonen wurden gebeten, Beispiele aus ihrem Alltag zu erinnern, in denen sie selbstsicheres Verhalten gezeigt hatten. Die Experimentatoren variierten dabei die Anzahl der geforderten Belege für selbstsicheres Verhalten: Eine Hälfte der Probanden sollte sechs Beispiele nennen, die andere Hälfte zwölf (unabhängige Variable, siehe Kapitel 2). Danach gaben sie ein Urteil zu ihrer eigenen Selbstsicherheit ab (abhängige Variable, siehe ebenfalls Kapitel 2).

Ist das Urteil über die eigene Selbstsicherheit abhängig von der Anzahl der generierten Beispiele, sollte es bei zwölf Beispielen höher ausfallen als bei sechs. Tatsächlich war aber genau das Umgekehrte der Fall. Es fällt viel leichter, die erbetenen sechs Beispiele zu erinnern als deren zwölf. Probanden in der Bedingung mit sechs Beispielen schätzten sich folglich selbstsicherer ein als Versuchspersonen in der Zwölfer-Bedingung. Dahinter verbirgt sich eine Überlegung wie: »Fällt es mir leicht, die gewünschten Beispiele zu erinnern, muss ich selbstsicher sein; fällt es mir schwer, bin ich wohl nicht so wirklich selbstsicher.«

In einer Kontrollbedingung fragten Schwarz und Kollegen nach unsicherem Verhalten, und es zeigte sich dasselbe Ergebnis: Je leichter es fiel, Beispiele für unsicheres Verhalten zu erinnern, als desto weniger selbstsicher schätzten sich die Probanden ein.

Fazit: Grundlage für das Urteil ist das subjektive Gefühl der Verfügbarkeit, nicht aber die Anzahl der erinnerten Beispiele.

Die Verfügbarkeit von Information ist generell ein wichtiger Aspekt, wenn es um menschliche Urteile im Alltag geht. Vergegenwärtigen Sie den Skandal eines Politikers, fällt Ihr Urteil über ihn wahrscheinlich negativer aus als das einer anderen Person, die sich an diesen Eklat nicht erinnert. Für Sie ist der Skandal im Gedächtnis leicht zugänglich, für die andere Person nicht. Legt Ihnen ein Ankerwert nahe, an verschneite Berge zu denken, schätzen Sie eine Durchschnittstemperatur niedriger, als wenn Ihnen Badestrände gerade hochverfügbar sind. Ein anderes Beispiel für die Wirkung leicht zugänglicher Information finden Sie in Kapitel 7 bei dem dort beschriebenen Experiment zum »abenteuerlustigen Donald« und eine generelle Erläuterung zum Thema Verfügbarkeit in Kapitel 3 im Abschnitt »Der rasche Zugriff: Verfügbarkeit«.

Sind das Beispiele für die Anwendung der Verfügbarkeitsheuristik? Nein, keinesfalls, auch wenn die Verwechslung wegen des Begriffs »Verfügbarkeit« recht naheliegt. Die Urteilsgrundlage für den Politiker ist Ihre Erinnerung an den Eklat selbst und für die Durchschnittstemperatur das, was Sie gerade im Sinn haben, nicht aber die Leichtigkeit, mit der Sie sich an den Skandal erinnert haben oder mit der Sie Schneemänner oder Sonnenschirme aus dem Gedächtnis abrufen konnten.

Die Verfügbarkeitsheuristik beschreibt nicht, dass hochverfügbare Information für das Urteil genutzt wird. Bei der Verfügbarkeitsheuristik bildet die Urteilsgrundlage nicht die verfügbare Information selbst, sondern die Verfügbarkeit der Information und damit die Leichtigkeit, mit der sie aus dem Gedächtnis abgerufen wird. Die Verfügbarkeit einer Information im Gedächtnis ist grundsätzlich unabhängig von ihrem konkreten Inhalt.

Eine weitere Verwechslung stellt sich leicht mit einem Urteilsmechanismus ein, der *Rekognitionsheuristik* genannt wird. Die Rekognitionsheuristik nutzen Urteiler, um Fragen der folgenden Art zu beantworten: »Ist Bielefeld größer als Erkenschwick?« Von Bielefeld werden die meisten Menschen im Verlauf ihres Lebens schon gehört haben, selbst wenn manche bestreiten, dass diese Stadt überhaupt existiert. Die Stadt Erkenschwick ist dagegen weit weniger bekannt (dafür aber mit Sicherheit existent). Das Wort Bielefeld ist demnach im Gedächtnis vieler Menschen leicht verfügbar, Erkenschwick – Leute aus dieser Stadt mögen es bitte verzeihen – viel seltener. Dasselbe gilt übrigens für das Textverarbeitungsprogramm: Es unterkringelt Erkenschwick rot, nicht aber Bielefeld. Erinnert sich jemand an Bielefeld, nicht aber an Erkenschwick, liegt das Urteil nahe, dass Bielefeld größer sein muss als Erkenschwick. In diesem Fall stimmt das sogar.

Wenn von zwei Objekten das eine wiedererkannt wird (im Psycho-Slang »rekogniziert« wird), das andere aber nicht und Menschen deshalb dem wiedererkannten Objekt die höhere Ausprägung auf dem Zielkriterium (hier Größe der Stadt) zuweisen, haben sie auf der Grundlage der Rekognitionsheuristik geurteilt.

Ein anderes Beispiel erwünscht? Warum nicht? »Welche Aktiengesellschaft ist wertvoller, Heidelberg Materials oder Brille Fielmann?« Haben Sie schon mal was von Heidelberg Materials gehört, weil Sie regelmäßig Zement, Beton und andere Baustoffe in großem Umfang beziehen? Wahrscheinlich eher nicht. Aber Fielmann ist Ihnen aus der Werbung und den zahlreichen Filialen in Deutschlands Fußgängerzonen her gut bekannt. Nutzen Sie gern die Rekognitionsheuristik und kommen Sie zu dem bedauerlicherweise falschen Urteil, dass Fielmann die höhere Marktkapitalisierung aufweist. Abhängig vom Tageskurs der Aktie ist Heidelberg Materials gut 17 Milliarden Euro wert und damit mehr als viermal wertvoller als Fielmann mit nur knapp 4 Milliarden (Stand Herbst 2024).

Was aber, wenn Sie sich an Bielefeld und Fielmann leicht erinnern, Ihnen aber auch Erkenschwick und Heidelberg Materials nach einiger Anstrengung in den Sinn kommen? Sie ahnen es schon: Für Ihr Urteil haben Sie die Verfügbarkeitsheuristik genutzt. Und was, wenn Sie sich erinnern, dass die Fahrt durch Bielefeld mehr als doppelt so lange gedauert hat wie die Fahrt durch Erkenschwick? Dann haben Sie auf der Grundlage einer Ihnen verfügbaren Information geurteilt und keine der beiden Heuristiken angewendet. So einfach ist das!

Gut gelaunt und schlecht gelaunt: Der Einfluss der Stimmungslage

Bis hierher haben Sie schon viel über menschliche Urteile im Alltag gelernt: Die Urteile der Menschen weichen oft genug von rationalen Modellen ab und erfolgen »aus dem Bauch heraus«. Die Art, wie Menschen denken, beeinflusst ihre Urteile. Sei es, dass sie positives Hypothesentesten bevorzugen, hochverfügbare Information nutzen oder Heuristiken anwenden. Neben kognitiven Einflüssen auf Urteile gibt es einen weiteren Faktor, den die Sozialpsychologie identifiziert und ausführlich untersucht hat: *Stimmungslagen.*

Stimmung (in der englischsprachigen Literatur *mood*) bezeichnet einen Gefühlszustand, der sich als angenehm (gute Stimmung) oder als unangenehm (schlechte Stimmung) äußert. Ihre eigenen Stimmungslagen werden den Menschen häufig nicht bewusst, weil sie geringe Intensität aufweisen und ihre Auslöser unerkannt bleiben.

Stimmungen unterscheiden sich von handfesten Emotionen. Selbstverständlich weiß ich, wenn ich mich gerade über den Kollegen Müller ärgere und auch weshalb. Diese Emotion heißt Ärger. Oder ich freue mich über eine unerwartete Gehaltserhöhung. Ich erlebe bewusst die Emotion Freude und weiß auch warum. Dass ich aber heute in vergleichsweise guter Stimmung durch die Welt laufe, weil das Wetter so angenehm ist oder ich mit Gedanken an einen tollen Urlaub aufgestanden bin, entzieht sich meist bewusster Wahrnehmung.

Stimmungen bleiben im Vergleich zu Emotionen wie Ärger, Freude, Trauer oder Wut diffus, vage und unbestimmt.

Die Kongruenz von Stimmungen mit Urteilen nutzen

Die Stimmung nimmt Einfluss auf alle möglichen alltäglichen Urteile und, wie Sie gleich erfahren werden, sogar auf ein so bedeutsames Urteil wie das über die Zufriedenheit mit dem eigenen Leben. Wie das funktionieren kann, ist in Abbildung 4.2 zusammenfasst dargestellt: eine direkte Wirkung der Stimmung auf das Urteil sowie zwei indirekte Wirkungen über (1) die aufgerufenen Gedächtnisinhalte und (2) den Stil der Informationsverarbeitung. Im Folgenden werden Sie diese Möglichkeiten genauer kennenlernen.

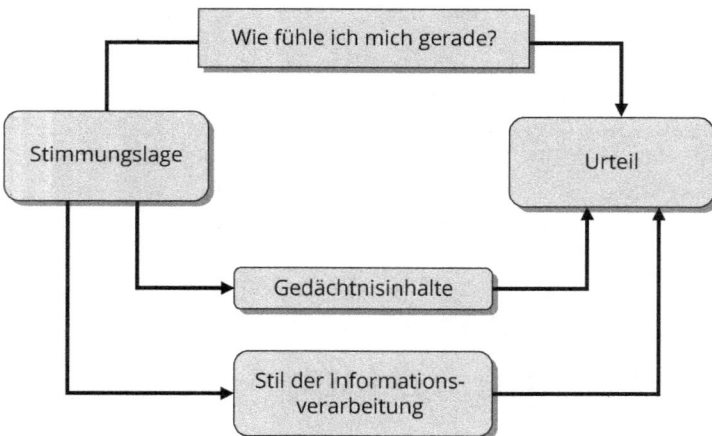

Abbildung 4.2: Der direkte Effekt der Stimmung auf Urteile über die Gefühlsheuristik oben und die über Gedächtnisinhalte und Verarbeitungsstil vermittelte Wirkung der Stimmung auf Urteile unten

Sonnenschein und allgemeine Lebenszufriedenheit

In einer häufig zitierten Studie, veröffentlicht 1986, ließen Norbert Schwarz und Gerald L. Clore Probanden am Telefon nach ihrer allgemeinen Lebenszufriedenheit befragen. Sie variierten dabei, ob das Telefonat an einem Tag mit schönem Wetter oder bei schlechter Witterung stattfand. Das Lebensglück hängt sicherlich ab von Faktoren wie der Gesundheit, dem Job, der finanziellen Situation, der Zufriedenheit mit einer intimen Partnerschaft oder anderen sozialen Kontakten und so weiter. Ob es gerade schüttet oder der Himmel strahlt, dürfte beim Urteil über die Zufriedenheit mit dem Leben als Ganzem doch wohl keine Rolle spielen, oder?

Wie die Ergebnisse der Studie jedoch zeigten, fühlten sich die Befragten bei gutem Wetter mit ihrem Leben zufriedener als bei schlechtem. Diesen Befund erklärten die Forscher damit, dass sich das Wetter auf die Stimmung auswirkt und Sonnenschein eine bessere Stimmung verursacht als Regen. Die augenblickliche Stimmung dient als eine zusätzliche Urteilsgrundlage und die Versuchspersonen schätzen ihre allgemeine Lebenszufriedenheit so ein, wie sie sich gerade fühlen. Wie sich in Nachfolgestudien herausgestellt hat, benötigt der Wettereffekt einen Umschwung in der Wetterlage. Sonnenschein verursacht besonders nach einer Regenperiode eine gute Stimmung; nach einer längeren Phase mit gutem Wetter verfliegt seine Wirkung. Analoges gilt für schlechtes Wetter. Offensichtlich wirkt auch hier der Kontrasteffekt, den Sie weiter hinten in diesem Kapitel beschrieben finden.

Wenn das Wetter schon das Urteil über die Lebenszufriedenheit beeinflussen kann, dann verwundert es nicht, dass der Versuch, die Stimmung von Konsumenten in Fachgeschäften, Supermärkten und Restaurants etwa durch angenehme Hintergrundmusik zum Positiven hin zu beeinflussen, seine Wirkung auf die Beurteilung von Cornflakes, Kohlköpfen und Pizzen nicht verfehlt. Tatsächlich ist der verkaufsfördernde Effekt von »Stimmungsaufhellern« empirisch gut nachgewiesen. Aber wie kann das funktionieren?

✓ **Gefühlsheuristik:** Menschen können bei der Beurteilung beliebiger Objekte eine Art *Gefühlsheuristik* (englisch *How do I feel about it?*) nutzen. Ohne dass es ihnen bewusst wird, fragen sie sich, wie sie sich gerade fühlen. Das Gefühl, es mag vom Wetter kommen, von den Gedanken an den Urlaub oder von angenehmer Hintergrundmusik, wird in ungerechtfertigter Weise mit dem Urteilsobjekt in Verbindung gebracht. Soll ich beurteilen, ob die Cornflakes in der Packung in meiner Hand lecker schmecken oder die Pizzeria empfehlenswert erscheint, gibt mir die augenblickliche Stimmung einen nützlichen Hinweis. Selbstverständlich gilt das auch für schlechte Stimmungslagen. Wer statt an den Urlaub an die letzte Zahnwurzelbehandlung gedacht hat oder wen die Hintergrundmusik nervt, legt die Cornflakes zurück ins Regal und findet die Pizzeria eher nicht so berauschend.

✓ **Stimmungskongruenz:** Gedächtnisinhalte, die derselben Stimmungslage entsprechen, sind enger miteinander verknüpft als Gedanken, die unterschiedliche Stimmungen aufrufen. Denken Sie an den tollen Urlaub, fallen Ihnen die Gehaltserhöhung oder der Lottogewinn viel eher ein als die Wurzelbehandlung oder die misslungene Führerscheinprüfung. Umgekehrt gilt das natürlich auch für die über schlechte Stimmung miteinander vernetzten Gedächtnisinhalte. Steht nun ein Urteil über ein beliebiges Objekt an, egal ob Cornflakes, Pizzeria oder sonst etwas, springen die Aspekte, die Ihrer Stimmungslage entsprechen, eher ins Auge als diejenigen, die nicht mit Ihrer Stimmung übereinstimmen. In guter Stimmung tragen Sie die »rosarote Brille«, bemerken bevorzugt das Positive am Urteilsobjekt, zum Beispiel die Freundlichkeit der Kellnerin, und urteilen entsprechend mit Zustimmung. In schlechter Stimmung sind dagegen die negativen Aspekte des Urteilsobjekts im Gedächtnis leichter verfügbar – es könnten die unübersichtliche Speisekarte oder die viel zu kalten Antipasti sein – mit der Folge, dass Sie eher zu einem ablehnenden Urteil tendieren.

Die Kongruenz von Stimmungen mit den Urteilen nutzen Menschen teils bewusst, teils unbewusst in ihrem Alltag. Der Teenager weiß genau, wann die richtige Gelegenheit dafür ist, die Eltern darum zu bitten, länger als sonst auszugehen, weil die Party am Wochenende erst ab Mitternacht so richtig in Gang kommt: sicher nicht, wenn die Stimmung der Eltern schlecht ist, weil gerade die Waschmaschine ihren Geist aufgegeben hat. Und eine missmutige Chefin bittet man nicht um einen Sonderurlaub, sondern wartet lieber den nächsten Tag ab.

Detailliert oder global – Stile der Informationsverarbeitung

Schließlich ist ein weiterer Aspekt zu nennen, wie die Stimmung auf Urteile wirken kann: Stimmungen bestimmen unterschiedliche *Stile der Informationsverarbeitung*. Dazu unterscheidet man zwischen zwei Stilen, die guter und schlechter Stimmung zugeordnet werden:

- ✔ **Detailorientierte Verarbeitung:** Menschen folgen diesem Verarbeitungsstil eher unter schlechter Stimmung. Dabei fokussieren sie ihre Aufmerksamkeit auf die Details in einer Situation, arbeiten sorgfältig und prüfen genau. Die Anwendung von allgemeinen und deshalb oft ungenauen Vorgehensweisen, wie sie zum Beispiel Urteilsheuristiken bieten, passt ebenso wenig zu diesem Verarbeitungsstil wie ein kreativer Gedanke. Tendenziell sieht man unter schlechter Stimmung eher die einzelnen Bäume als den ganzen Wald. In schlechter Stimmung lassen sich demnach gut komplizierte Rechenaufgaben lösen oder (was noch schwieriger ist) Bilanzen fälschen.

- ✔ **Global orientierte Verarbeitung:** Gute Stimmung führt dazu, dass Details der Situation eher vernachlässigt werden. Schematisches Vorgehen geht zulasten der Genauigkeit. Heuristiken und sonstige mentale Abkürzungen wie Stereotype (siehe Kapitel 11) beeinflussen die Urteilsbildung stärker als unter schlechter Stimmung. Andererseits fördert die Art der Informationsverarbeitung unter guter Stimmung den kreativen Umgang mit dem vorliegenden Urteilsproblem. Der Fokus liegt auf dem Großen und Ganzen: Man sieht den Wald, vernachlässigt dabei aber die einzelnen Bäume. Folglich hilft gute Stimmung bei Aufgaben, die Kreativität erfordern: Wollen Sie einen Ihrer Lieben mit einem kleinen Gedicht zum Geburtstag überraschen oder überlegen Sie, wie Ihr Wohnzimmer hübscher werden könnte, schaffen Sie das besser in guter als in schlechter Stimmung.

Diese Verarbeitungsstile entsprechen in etwa der Unterscheidung zwischen *Top-down-* und *Bottom-up-Verarbeitung* aus Kapitel 3 und der zwischen *peripherer* und *zentraler Informationsverarbeitung*, wie sie in Kapitel 5 unter dem Stichwort »Zwei-Prozess-Modelle der Persuasion« zu finden sind. Wie aber kommt es dazu, dass die Stimmungslage den Stil der Informationsverarbeitung beeinflusst?

Die Stimmung selbst ist eine Information. Dem Sozialpsychologen Norbert Schwarz zufolge dient die Stimmung einem Individuum als Signal. In guter Stimmungslage erscheint die Welt als perfekt in Ordnung. Alles im grünen Bereich – sogar die allgemeine Lebenszufriedenheit fällt positiv aus, wie Sie bereits wissen. Warum sich also mit Details herumschlagen, zumal die mit komplizierten Sachverhalten verbundene Anstrengung die Stimmung auch verhageln könnte? Schlechte Stimmung signalisiert dagegen, dass irgendetwas gerade problematisch sein muss. Aber was genau könnte das sein? Es lohnt sich ein ausführlicher Blick auf die augenblickliche Situation. Darüber hinaus ist schlechte Stimmung ein unangenehmer Zustand und motiviert das Individuum dazu, die Gemütslage zu verbessern.

Über unterschiedliche Verarbeitungsstile vermittelt nimmt die Stimmung indirekt Einfluss auf die Urteile. Sprechen die Details, vielleicht das Kleingedruckte auf der Rückseite der Packung mit den Cornflakes, für das Urteilsobjekt, fällt das Urteil unter schlechter Stimmung zustimmender aus als unter guter Stimmung. Schreckt dagegen der hohe Zuckergehalt die schlecht gelaunte Kundin ab, wandert der Karton zurück ins Verkaufsregal. Umgekehrt wirkt der Gesamteindruck der Packung unter guter Stimmung: Farben und Design sprechen an, hinein damit in den Einkaufswagen; sieht alles aber irgendwie seltsam aus, lieber nicht.

Urteile ergaunern: Die Tricks der Überredungskünstler

Ein besonders spannendes Forschungsfeld der Sozialpsychologie ist mit dem Namen Robert B. Cialdini eng verbunden. Cialdini interessierte sich für die Tricks der Verkaufsprofis und ließ sich »undercover« in Verkaufstrainings ausbilden. Die dort gelehrten gezielten Einflusstechniken brachte er mit zurück ins sozialpsychologische Forschungslabor, um sie genauer zu untersuchen. Sie verraten viel über das Denken und Fühlen von Menschen. Sie zu kennen, ermöglicht darüber hinaus, einerseits sie einzusetzen, um eine gewünschte Wirkung zu erzielen, andererseits aber auch, sich vor ihnen zu schützen, um nicht zum Opfer geschickter Manipulatoren zu werden.

Das Konsistenzbedürfnis ausnutzen: Foot-in-the-Door

Den »Fuß in der Tür« kennen vielleicht die Älteren noch aus der Zeit, als Hausierer in einer Straße von Tür zu Tür gingen, um Frau Schmidt und Herrn Schulze einen »kostbaren« Teppich, zehn Gläser Kunsthonig oder eine hundertbändige Enzyklopädie anzudrehen. Um einem abrupten Ende des Verkaufsgesprächs vorzubeugen, schoben sie gern einen Fuß in die Haustür, nachdem sie ihre Opfer unvorsichtigerweise geöffnet hatten. Zwar gibt es zu Zeiten des Internets kein Klinkenputzen mehr, doch das tut dem Phänomen des *Foot-in-the-Door* keinen Abbruch. Die Haustür ist der Zugang zum Denken und Fühlen der Opfer geworden, der Fuß, wie Sie sogleich sehen werden, eine klitzekleine Bitte.

Das folgende Beispiel zeigt dazu eine mögliche Vorgehensweise. Stellen Sie sich vor, Sie leben in einer Neubausiedlung gemeinsam mit anderen Familien, deren Kindern und Haustieren. Eines Tages steht ein junger Mann vor Ihrer Tür. Er ist Mitglied des »Komitees für sicheres Fahren« und hat einen überdimensionierten und absolut hässlichen Aufkleber für Ihr Auto mitgebracht, auf dem die mahnenden Worte »Sicher fahren!« gedruckt sind. Er bittet Sie, diese Plakette an Ihrem Auto anzubringen, um die Verkehrssicherheit in Ihrer Nachbarschaft zu erhöhen. Sie nehmen den Aufkleber gern entgegen, er kostet ja nichts. Aber wie groß ist Ihre Bereitschaft, sich das schauderhafte Ding tatsächlich auf den Kofferraumdeckel zu pappen? Wie sich später auszählen lässt, klebt jedenfalls kaum jemand.

Ein leicht abgewandeltes Vorgehen ist deutlich erfolgreicher: Wieder steht ein junger Mann an Ihrer Haustür. Als Vertreter des »Komitees für sicheres Fahren« sammelt er Unterschriften für rücksichtsvolles Autofahren in Ihrer Nachbarschaft. Sie denken an Ihre Kinder, an Mäxchen, den allzu lebhaften Kater, den Lärm, den die Raser verursachen, und so weiter und sehen keinen Grund, Ihre Unterschrift zu verweigern. So weit, so gut. Schon ist der Fuß in der Tür.

Zwei Wochen später steht wieder ein Vertreter des Komitees vor Ihrer Haustür. Dieses Mal aber mit der schon erwähnten hässlichen Plakette und der identischen Bitte, sie an Ihrem Wagen anzubringen. Dass vielleicht so mancher auf die Idee gekommen ist, das abstoßende Ding nicht auf seinem eigenen Wagen, sondern auf dem des sympathischen Nachbarn anzubringen, mag bei der Auszählung zu vernachlässigen sein. Die Zustimmungsrate fällt mit vorheriger Unterschriftensammlung jedenfalls viel höher aus als ohne. In Abwandlung der konkreten Bitten und Vorgehensweisen ist dieses Prinzip der Beeinflussung von Urteilen und den daraus folgenden Verhaltensweisen in unterschiedlichen Studien untersucht und vielfach bestätigt worden.

Gewährt Ihnen jemand eine kleine Gefälligkeit, steigt die Wahrscheinlichkeit, dass diese Person Ihnen später auch einen großen Gefallen erweist. Diesen Sachverhalt auszunutzen, bedeutet, die *Foot-in-the-Door-Technik* anzuwenden, um sich Zustimmung zu erschleichen.

Versuchen Sie es gern selbst. Bitten Sie Ihren Kollegen darum, Ihnen eine Cola aus der Kantine mitzubringen, bevor Sie fragen, ob er am nächsten Wochenende Ihren Bereitschaftsdienst übernehmen kann. Hat der Chef Ihnen eine Stunde freigegeben, um beim Arzt ein Rezept abzuholen, wird er auch bei einem ganzen Tag Sonderurlaub eher mit dem Kopf nicken.

Dahinter verbirgt sich das *Konsistenzbedürfnis* der Menschen. Wer sich schon als Unterstützer des »Komitees für sicheres Fahren«, als hilfsbereiter Kollege oder verständnisvoller Chef festgelegt hat, bleibt dabei und tut so manches nur, um nicht das eigene Selbstbild (siehe Kapitel 6) korrigieren zu müssen.

Mit der Tür ins Haus fallen: Door-in-the-Face

Statt den Fuß in die mentale Tür zu stellen, lässt sich so manches auch damit erreichen, dass man seinem Opfer die Tür ins Gesicht schlägt – ebenfalls mental, versteht sich. Versetzen Sie sich wiederum in die Situation, dass junge Leute an Ihrer Haustür klingeln. Um der

Umweltverschmutzung Herr zu werden, schlagen sie Ihnen vor, in der kommenden Woche jeden Morgen zwischen 4 und 5:30 Uhr an einer Müllsammelaktion entlang einer viel befahrenen Straße teilzunehmen. Keine Sorge, nach halb sechs sollte Ihnen noch genügend Zeit bleiben, pünktlich bei der Arbeit zu erscheinen. Und die benötigten Müllsäcke werden sogar kostenfrei gestellt. Wie wahrscheinlich stimmen Sie zu?

Besonders attraktiv erscheint das Mitmachangebot nicht wirklich, und Sie finden jede Menge Gründe, es abzulehnen. Das scheint den Fragenden aber gar nichts auszumachen. Ihre Absage leuchtet ihnen perfekt ein. Freundlich fragen sie weiter, ob Sie nicht einen kleinen Geldbetrag spenden möchten, vielleicht 1 oder 2 Euro für den Erwerb der Müllsäcke, um die Aktion auf diese Weise zu unterstützen. Wie groß ist Ihre Bereitschaft in dieser Situation, der Bitte um eine Geldspende nachzukommen?

Der Forschung zu diesem Phänomen zufolge erweist sich das Spendensammeln als deutlich erfolgreicher, wenn zuvor auf die beschriebene Weise eine Bitte geäußert wurde, die praktisch alle ablehnen.

Door-in-the-Face beschreibt ein Vorgehen, um die Wahrscheinlichkeit einer Zustimmung zu erhöhen. Es beinhaltet, dass vor der eigentlichen Bitte (hier Spende eines kleinen Geldbetrags) ein viel weitergehendes Ansinnen (eine Woche Müllsammeln) vorgetragen wird, bei dem man davon ausgehen kann, dass es sehr wahrscheinlich abgelehnt wird.

Hinter diesem Phänomen verbirgt sich zum einen der Vergleich der beiden erbetenen Gefallen miteinander: Der Aufwand für eine Woche Müllsammeln zu unchristlicher Tageszeit erscheint riesig, der kleine Geldbetrag vergleichsweise gering. Zu dieser Art *Kontrasteffekt* erfahren Sie unter der nächsten Überschrift gleich mehr. Zum anderen wirkt ein Prinzip, das *Reziprozität* genannt wird. Es beinhaltet die soziale Norm (siehe Kapitel 10), dass erwiesene Gefälligkeiten »zurückgezahlt« werden sollten. Immerhin haben Sie die Möglichkeit erhalten, sich mit einem kleinen Geldbetrag vom Müllsammeln freizukaufen, und dieses Entgegenkommen der Müllsammler sollten Sie erwidern. Dazu gleich mehr im übernächsten Abschnitt. Empirische Befunde belegen, dass beide Mechanismen auf die Opfer wirken:

✔ Die Zustimmungsrate fällt bei der kleinen Bitte um die Spende am geringsten aus.

✔ Werden beide Möglichkeiten, im Beispiel Müllsammeln und Geldbetrag, gleichzeitig vorgetragen, steigt die Zustimmung wegen des Kontrasteffekts.

✔ Am meisten Spendengeld kommt zusammen, wenn zuerst die große und erst nach deren Ablehnung die kleine Bitte vorgetragen werden. Hierbei wirkt neben dem Kontrasteffekt zusätzlich, dass die jungen Leute an der Haustür ein Entgegenkommen zeigen, das reziprok erwidert werden muss.

Im Alltag können Sie Ihr Wissen über den Door-in-the-Face-Mechanismus gut selbst ausnutzen. Sie möchten sich 1 Euro von einem unbekannten Passanten borgen? Kein Problem, fragen Sie zunächst nach 20 Euro. Und die Chefin bitten Sie um eine Woche Sonderurlaub, weil Sie einen halben Tag benötigen. Umgekehrt gehen bei Ihnen die Warnlichter an, wenn jemand mit einer unmöglichen Bitte auf Sie zukommt, nur um das eigentliche Ansinnen nachzuschieben.

Den Teufel an die Wand malen: Kontrasteffekte

Wie sauer reagiert Ihr Ehepartner, wenn Sie beim Abendbrot berichten müssen, dass Ihnen ein kleines Malheur passiert ist? Graut es Ihnen vor der Beichte? Dann versuchen Sie es vielleicht auf diese Weise:

»Du, ich muss dir etwas Schreckliches mitteilen. Nein, nein, ich will mich nicht scheiden lassen. Ganz sicher nicht, wir lieben uns doch. Auch unser Schuppen im Schrebergarten ist nicht abgebrannt, und einen Einbruch hat es dort auch nicht gegeben. Es ist auch nicht so, dass ich meine Arbeitsstelle verloren hätte. Nein, auch der Opa ist nicht schon wieder ins Krankenhaus eingeliefert worden. Aber in der Tiefgarage habe ich nicht richtig aufgepasst, jetzt haben wir einen kleinen Kratzer in der Fahrertür.«

Ob das funktioniert und den Ärger in Grenzen hält? Der Forschung zufolge ja. Im Kontrast zu einer Scheidung oder einem abgebrannten Gartenschuppen erscheint der Kratzer als minimaler Unglücksfall. Dazu sollten Sie Folgendes beherzigen:

 Jedes Urteil verlangt nach einem Vergleichsstandard.

Sind 10.000 Euro viel oder wenig? Ist das Ihr Bruttojahreseinkommen, erscheint diese Summe im Vergleich zu dem, was andere Leute verdienen, recht gering. Hauen Sie die »zehn Mille« in einer einzigen feuchtfröhlichen Nacht auf Hamburgs Reeperbahn auf den Kopf, dürfte der Betrag für die allermeisten von uns eine beträchtliche Summe darstellen. Wie attraktiv erscheint Ihnen der Kollege Krüger – verglichen mit George Clooney oder Anton Hofreiter?

Kontrast ist auch in der Wahrnehmung ein wichtiges Prinzip. So erscheint ein und derselbe Grauton vor weißem Hintergrund viel dunkler als vor einem schwarzen. Oder versuchen Sie das Folgende gern selbst.

Kontrasteffekt im Wasserschälchen

Bereiten Sie drei Schälchen mit Wasser vor. Die linke Schale enthält heißes Wasser, das Wasser in der mittleren entspricht der Raumtemperatur und ganz rechts ist das Wasser mit Eiswürfeln recht kalt. Stecken Sie für eine Weile die linke Hand in das linke Gefäß mit dem heißen Wasser und die rechte Hand in das rechte mit dem Eiswasser, und zwar so lange, bis sich Ihre Finger an die jeweilige Temperatur gewöhnt haben. Das dauert vielleicht eine oder zwei Minuten.

Jetzt tauchen Sie beide Hände in das mittlere Schälchen. In der linken Hand erscheint das Wasser der mittleren Schale kühl, in der rechten dagegen warm. Die unterschiedlichen Empfindungen sind verblüffend, weil Sie doch ganz sicher sind, dass die Temperatur für beide Hände dieselbe sein muss. Fühlen und Wissen stehen in krassem Widerspruch zueinander. Entsprechend empfinden Menschen auch 14 Grad Lufttemperatur im Hochsommer als kalt und im Winter als warm.

Das Gegenteil von Kontrast nennt man in der Forschung zur Urteilsbildung *Assimilation*. Wie hohe Verkaufszahlen zeigen, assimiliert das positive Urteil über einen bekannten Sportwagenbauer auf Kaffeemaschinen, Sonnenbrillen und Armbanduhren derselben Marke. Auf dem gemeinsamen Foto mit drei bekannten Persönlichkeiten, kommt sich Onkel Oskar besonders wichtig vor (Assimilation) und zeigt es bei allen passenden und unpassenden Gelegenheiten herum. Dass er im Vergleich zu den Prominenten als vergleichsweise unbedeutende Person gelten muss (Kontrast), kommt ihm dagegen nicht in den Sinn.

Unter welchen Bedingungen bei der Beurteilung eines beliebigen Objekts andere Objekte Kontrast oder Assimilation verursachen, ist eine letztlich noch nicht vollständig geklärte Frage der Urteilsforschung. Zu Assimilation kommt es wohl am ehesten, wenn alle Objekte mental in dieselbe Kategorie fallen (»Wir auf diesem Bild«, siehe Kapitel 3 unter dem Stichwort »Kategorisierung«). Kontrast entsteht, wenn die anderen Objekte als Vergleichsstandard dienen (George Clooney als Vergleichsobjekt für Ihren Kollegen Krüger).

Was können Sie aus dem Wissen um Kontrasteffekte für Schlüsse ziehen? Eine Flasche Wein für 6,90 Euro kostet 6,90 Euro. Das Urteil, ob das teuer oder günstig ist, sollte völlig unabhängig davon sein, ob sie neben einer anderen Flasche für 19,90 Euro oder einer für 2,90 Euro im Verkaufsregal steht. Ein Gürtel für 89,90 Euro wird nicht dadurch günstiger, dass Sie zuvor einen Anzug für 800 Euro gekauft haben. Und ein Zug ist nicht deswegen pünktlich, weil er nur eine halbe Stunde später kommt, Sie aber mit einer vollen Stunde Verspätung gerechnet haben.

Wie du mir, so ich dir: Reziprozität

Der Kollege Mayer hat Ihnen dieses Jahr überraschend zum Geburtstag ein kleines Geschenk überreicht. Nun erkundigen Sie sich nach seinem Geburtstag, damit Sie sich revanchieren können. Ihre Nachbarin hat sich während Ihrer Urlaubsreise um die Zimmerpflanzen gekümmert. Sie bedanken sich mit einer Schachtel Pralinen oder einer Flasche Sekt. Sie erfahren zufällig, dass eine andere Person Sie offensichtlich mag und für sympathisch hält (in Kapitel 9 unter »reziproker Zuneigung« genauer erklärt). Ihre Beurteilung dieser Person wird folglich positiver ausfallen als ohne diese Information. Hinter solchen Phänomenen steckt die hochwirksame soziale Regel der Reziprozität. Weitere Erklärungen dazu finden Sie auch in Kapitel 9 unter dem Stichwort »Equity-Theorie« und in Kapitel 13, wenn es darum geht, sich gegenseitig zu helfen.

Reziprozität ist eine starke soziale Norm (siehe Kapitel 10), die das Urteilen und Handeln der Menschen maßgeblich beeinflusst. Sie besagt, dass sich Geben und Nehmen in sozialen Beziehungen die Waage halten sollten. Menschen lernen diese Norm von ihrer sozialen Umwelt und ihre Verankerung ist schon im Kleinkindalter festzustellen. Ein wahrgenommenes Ungleichgewicht im gegenseitigen Austausch führt zu der impliziten Verpflichtung, das Gleichgewicht wiederherzustellen.

Der psychologische Druck zum Gleichgewicht im Geben und Nehmen erlaubt es, etwas wegzugeben und es gleichzeitig doch, vielleicht in anderer Form, wiederzubekommen. Reziprozität dient so als »sozialer Kitt« und bringt die Menschen enger zusammen, als es ohne diese Verhaltensregel der Fall wäre. Auf der negativen Seite kann die Reziprozitätsnorm aber auch ausgenutzt werden. Dass dies möglich ist, beweisen schon die strengen gesetzlichen Regelungen in der Politik und der öffentlichen Verwaltung zu »Spenden« und »kleinen Gefälligkeiten«, um Korruption einzudämmen. Geschickte Verhandlungsführer bereiten sich mit bewusst überzogenen Forderungen darauf vor, Entgegenkommen zu zeigen, in der Gewissheit, dass der Verhandlungspartner so eher zu Zugeständnissen seinerseits bereit sein wird. Das vielleicht simpelste Beispiel dazu ist die kostenlose Probe an der Käsetheke im Supermarkt. Wer bedient sich schon ausgiebig daran, ohne danach auch ein Stück Emmentaler zu kaufen?

Reziprozität wirkt so stark, dass Menschen oft genug darauf verzichten, einen Gefallen oder Hilfsbereitschaft von anderen entgegenzunehmen. Sie antizipieren, dass daraus eine Verpflichtung entsteht, der sie aber nicht nachkommen wollen. Deshalb ist es gar nicht so einfach, einer wildfremden Person im Einkaufszentrum einen 10-Euro-Schein zu schenken.

Jetzt, da Sie das Phänomen kennen, nehmen Sie von der Nachbarin gern den funktionierenden Rasenmäher am Sonnabend und ein frisches Ei am Sonntag entgegen. Aber weigern Sie sich unbedingt, ihr bei nächster Gelegenheit mit einem Schraubendreher auszuhelfen, damit Sie sich nicht als Opfer der Reziprozitätsregel fühlen müssen. Geben Sie lieber dem Installateur einen Kaffee aus, damit er den Wasserschaden im Keller vielleicht doch schon nächsten Monat und nicht erst in einem halben Jahr repariert.

Den Ball flach halten: Low Balling

Stellen Sie sich vor, Sie sind Professor für Sozialpsychologie und erhalten das Angebot, über Einflusstechniken wie Foot-in-the-Door, Door-in-the-Face und so weiter einen Vortrag zu halten. Das Thema finden Sie spannend, die Vergütung ist okay und zur Vorbereitung benötigen Sie vergleichsweise wenig Zeit. Nachdem Sie zugesagt haben, erfahren Sie, dass die Veranstaltung am kommenden Sonntagmorgen um 8 Uhr und ausgerechnet am entgegengesetzten Ende der schönen Stadt Hamburg stattfinden soll. Hätten Sie im Voraus von diesen Mankos gewusst, wäre Ihr Urteil über das Angebot sicherlich deutlich weniger positiv ausgefallen und Sie hätten sich die Zusage mehr als dreimal überlegt. Wie wahrscheinlich ist es aber, dass Sie im Nachhinein absagen?

Beim *Low Balling* erhalten die Opfer von Einflusstechniken ein mehr oder weniger günstiges Angebot. Nachteile, die damit verbunden sind, werden aber zunächst verschwiegen. Erst nachdem die Zusage erfolgt ist, lernen die Opfer die Kehrseiten kennen. Vergleichsweise selten wird die bereits getroffene Entscheidung revidiert.

Nur für Frühaufsteher

Studierende der Psychologie sind im Rahmen ihrer Ausbildung verpflichtet, in gewissem Umfang selbst als Versuchspersonen in psychologischen Studien teilzunehmen. Sie lernen auf diese Weise psychologische Forschung gewissermaßen auch »von der anderen Seite« kennen. Wann und in welchen Experimenten sie dem nachkommen, entscheiden sie selbst. Cialdini und

> seine Kollegen nutzten in einer 1978 veröffentlichten Studie diese Regelung, um die Wirkung von Low Balling eindrücklich zu demonstrieren.
>
> Die Experimentatoren kontaktierten telefonisch Studierende der Psychologie mit der Bitte, an einer Studie zu »Denkprozessen« teilzunehmen. Eine Hälfte erfuhr dabei sofort, dass die Untersuchung morgens um 7 Uhr stattfinden würde. Das ist nicht für alle die angenehmste Uhrzeit. Die Zustimmungsrate fiel entsprechend mit 24 Prozent eher niedrig aus. Bei der anderen Hälfte der Kontaktierten wartete man am Telefon die Zu- oder Absage ab und informierte über die vorgesehene Uhrzeit erst danach. Die Zustimmung fiel mit 56 Prozent deutlich höher aus. Alle Studierenden, die spontan zugesagt hatten, blieben bei ihrer Zusage auch nachdem ihnen der Nachteil mitgeteilt worden war. Selbst der explizite Hinweis darauf, dass sie ihre Entscheidung revidieren konnten, brachte niemanden dazu, nachträglich abzusagen. Tatsächlich erschienen sie auch fast ausnahmslos pünktlich um sieben im Labor.

Der Grund dafür, warum Low Balling funktioniert, ist in der Verpflichtung zu sehen, konsistent zu sein. *Konsistenz* erwartet man nicht nur von anderen. Die Chefin, die heute eine Anweisung widerruft, die sie gestern gegeben hat, erscheint inkompetent und im Umgang recht schwierig. Berühmt ist das dem ehemaligen Bundeskanzler Konrad Adenauer zugeschriebene Zitat: »Was kümmert mich mein Geschwätz von gestern?«, als er auf Inkonsistenzen in seiner Politik hingewiesen wurde. Nein, Konsistenz fordern die Menschen auch von sich selbst. Ein Weg, der einmal eingeschlagen wurde, ein gefälltes Urteil oder eine getroffene Entscheidung zu verändern, fällt allemal schwer. Das führt auch zu einem Phänomen, das in der Sozialpsychologie und der Betriebswirtschaftslehre *Sunk Cost* genannt wird.

 Die *Sunk-Cost-Verzerrung* tritt auf, wenn eine einmal getroffene Entscheidung nur wegen des Bedürfnisses nach Konsistenz aufrechterhalten wird, obwohl sie sich längst als falsch erwiesen hat.

»Wir haben jetzt schon so viel investiert ...«, haben Sie vielleicht auch schon einmal als Argument dafür gehört, weitere Anstrengungen und finanzielle Mittel in ein unprofitables Projekt zu stecken. Nach 15 Jahren Ehe und drei gemeinsamen Kindern fällt es schwer sich einzugestehen, dass man den falschen Mann geheiratet hat. Wer A sagt, muss auch B sagen, und liest ein langweiliges Buch nur deshalb zu Ende, weil er oder sie sich schon bis Seite 72 vorgekämpft hat. Gegen diese Verzerrung hilft nur, sich über das Phänomen bewusst zu werden und zu fragen: »Würde ich das Projekt heute erneut starten, denselben Mann wieder heiraten oder das Buch noch einmal anfangen zu lesen?« Wenn nicht, ziehen Sie lieber einen Schlussstrich.

Und das ist längst noch nicht alles ...

Das menschliche Gehirn jubelt, wenn es etwas geschenkt bekommt. Die »Glückshormone« rotieren auch bei der Schnäppchenjagd, selbst wenn das erbeutete Stück am Ende doch ungebraucht im Kleiderschrank versinkt. 100 Euro gespart, hört sich doch auch viel besser an als 200 ausgegeben.

Darüber hinaus lässt sich mit kleinen Geschenken ein ursprüngliches Angebot nachträglich verbessern. In einer Serie von sieben Experimenten hat J. M. Burger, veröffentlicht 1986, nachgewiesen, dass das zusätzliche Geschenk, die Beurteilung des Angebots seitens der Opfer nachträglich verbessert. Entscheiden Sie selbst, was besser ist: ein Stück Kuchen und zwei Kekse für 75 Cent oder ein Stück Kuchen für 75 Cent und dann noch zwei Kekse kostenlos obendrauf? Bei Burger verdoppelten die beiden geschenkten Kekse die Zustimmungsrate nahezu. Den Preis des ursprünglichen Angebots nachträglich zu reduzieren, erwies sich dagegen als viel weniger effektiv.

Bei der *That's-not-all-Technik* verbessern gewiefte Verkaufsstrategen ein ursprüngliches Angebot durch ein zusätzliches »Geschenk«, das – Sie ahnen es sicherlich schon – im Voraus bereits einkalkuliert war.

Der größte deutsche Autobauer bot im Herbst 2024 seinen Kundinnen und Kunden an, drei Winterräder zu erwerben und das vierte dazu geschenkt zu bekommen. Um diesen Trick zu durchschauen, muss man nicht einmal *Sozialpsychologie für Dummies* gelesen haben. Es reicht der Gedanke, dass wohl kaum jemand genau drei Winterräder kauft, denn Autos sind für gewöhnlich mit vier Rädern ausgestattet. Wahrscheinlich hat's trotzdem funktioniert.

Die Wirkung solcher Angebote beruht nicht nur auf dem Gefühl, etwas kostenlos zu erhalten, sondern auch auf der Reziprozitätsnorm: Man kommt Ihnen entgegen, also müssen auch Sie Wohlwollen zeigen und das Angebot annehmen, wenn Sie gerade Winterräder benötigen.

Wenn's gar zu heftig kommt: Reaktanz

Menschen genießen häufig Wahlfreiheit bei ihren alltäglichen Entscheidungen. Das gilt vor den üppig bestellten Regalen mit Marmeladen und Joghurtbechern im Supermarkt ebenso wie bei den vielen Links, die die Suchmaschine schon nach Sekundenbruchteilen als mögliche Informationsquellen im Internet anbietet. Die Vielzahl von Angeboten überfordert oft genug. Wer hat noch nicht den halben Abend damit verbracht, den »besten« Film im Streamingdienst auszuwählen, nur um dann festzustellen, dass es schon zu spät ist, sich überhaupt noch einen anzuschauen? Wie Studien zeigen, sind Menschen mit ihrer Entscheidung meist glücklicher, wenn das Angebot von vornherein klein und somit überschaubar war. Paradox dazu erscheint, was geschieht, wenn eine gegebene Auswahl nachträglich eingeschränkt wird.

Die Einschränkung von Wahlfreiheit verursacht einen Zustand, den der Psychologe Jack Brehm in einer Veröffentlichung aus dem Jahr 1966 *Reaktanz* genannt hat. Dieses Motiv führt dazu, dass die eingeschränkte Wahloption besonders attraktiv erscheint und Individuen Anstrengungen unternehmen, ihre Unabhängigkeit wiederzuerlangen.

Denken Sie noch einmal an die Marmelade im Supermarkt. Einige Zeit stehen Sie unentschlossen vor dem Verkaufsregal und können sich nicht entscheiden. Währenddessen kommt eine andere Kundin vorbei und greift sich zielsicher das letzte Glas Waldbeerenmarmelade. Waldbeeren, das wär's gewesen! Die verfügbaren anderen Sorten erscheinen jetzt deutlich weniger verlockend. Vielleicht besuchen Sie auf dem Heimweg ein zweites Geschäft, um dort das Gewünschte zu besorgen.

Reaktanz entsteht nicht nur bei ausverkauften Marmeladegläsern und Joghurtbechern. Auch explizite Verbote und die allzu fordernd vorgetragenen Überredungsversuche (Persuasion, siehe Kapitel 5) eines Verkäufers fördern das »Jetzt erst recht (nicht)«. Wird zum Beispiel in einem Bundesstaat der USA ein Produkt verboten, weil es als umweltschädlich eingestuft wurde, fahren die Konsumenten über die Grenze, um es im Nachbarstaat zu kaufen – sogar diejenigen, die es vor dem Verbot gar nicht selbst verwendet haben.

Graffiti-Verbot

In einer Studie von Pennebaker und Sanders, veröffentlicht im Jahr 1976, brachten die Experimentatoren in den öffentlichen Toiletten ihrer Universität zwei unterschiedliche Schilder an. Auf einem wurde das Beschriften der Toilettenwände »strengstens verboten«. Auf dem anderen die höfliche Bitte formuliert, möglichst nichts an die Wände zu schreiben. Sie selbst kennen schon die Reaktanztheorie von Brehm und wissen, in welcher Toilette sich zwei Wochen später die meisten Beschriftungen fanden: Das strenge Verbot hat seine psychologische Wirkung nicht verfehlt, die Wände waren stärker vollgeschmiert als in den Toiletten mit der freundlichen Bitte.

Ähnlich mögen Romeo und Julia in Shakespeares Drama empfunden haben, als ihre Familien ihre Liebe boykottierten. Das Phänomen, dass sich Liebesgefühle verstärken, wenn von außen Anstrengungen unternommen werden, sie zu unterbinden, ist als der *Romeo-und-Julia-Effekt* in der sozialpsychologischen Literatur bekannt.

Wie aber lässt sich Reaktanz ausnutzen, um Urteile und Entscheidungen zu beeinflussen? Ganz einfach: Eine eingeschränkte Option wird nachträglich wieder zugänglich gemacht.

Stellen Sie sich dazu Folgendes vor: Sie haben an einer psychologischen Studie als Versuchsperson teilgenommen. Als Belohnung dürfen Sie sich einen von mehreren Schreibstiften unterschiedlicher Farbe auswählen. Die Stifte liegen auf einem Tisch vor Ihnen, aber es fällt Ihnen nicht leicht, sich auf Anhieb für einen zu entscheiden. Die Versuchsleiterin weist Sie plötzlich darauf hin, dass Sie den blauen leider nicht nehmen können, weil sie den nicht mehr herausgeben darf. Während Sie weiter überlegen, entschuldigt sie sich dafür, dass sie sich gerade geirrt hat. Sie korrigiert sich mit: »Klar dürfen Sie auch den blauen nehmen, wenn Sie mögen.« Und Sie mögen! Die Einschränkung der Wahlfreiheit hat das Motiv der Reaktanz ausgelöst und die eingeschränkte Option als besonders attraktiv erscheinen lassen. Dem geben Sie nach und wählen den blauen Stift, zu dem die clevere Versuchsleiterin angewiesen war, ihn bevorzugt »an den Mann beziehungsweise die Frau zu bringen«.

Ihr dreijähriger Cornelius mag sich nicht die Zähne putzen? Kein Problem! Um dem alltäglichen Drama ein Ende zu bereiten, verbieten Sie ihm einfach das Zähneputzen bei passender Gelegenheit. Der Kleine wird mit Sicherheit das Motiv entwickeln, die durch das Verbot eingeschränkte Wahlfreiheit wiederzuerlangen. Nach einigem Betteln seinerseits zeigen Sie sich großzügig und erlauben das Zähneputzen wieder. Wie günstig für die Zahngesundheit der Kinder, wenn Mama und Papa *Sozialpsychologie für Dummies* gelesen haben!

Spontane Einsichten auf der Überholspur: Intuitive Urteile

Kognitive Mechanismen, Bedürfnisse und Stimmungslagen wirken ebenso auf Urteile wie der gezielte Einfluss von jenen, die die Urteile ihrer Opfer in eine bestimmte Richtung lenken wollen. Vielleicht ergibt sich daraus der Eindruck, dass wir Menschen irrationale Wesen und Spielball unserer eigenen psychischen Grundausstattung und der Tricks geschickter Manipulatoren sind. Die Frage, inwieweit Individuen über den freien Willen verfügen, eigenständig Urteile zu fällen, Handlungsentscheidungen zu treffen und schließlich auch für deren Konsequenzen verantwortlich sind, stellt sich in Disziplinen wie Religion, Philosophie oder Jurisprudenz.

Die Sozialpsychologie beschränkt sich darauf, psychologische Abläufe zu beschreiben und zu erklären. Solche Urteilsprozesse treten insbesondere dann hervor, wenn sie Abweichungen von formalen Modellen wie zum Beispiel der Wahrscheinlichkeitsrechnung verursachen. Nur deshalb werden solche Situationen bevorzugt wissenschaftlich untersucht. Das bedeutet keinesfalls, dass subjektive Urteilsprozesse weitgehend Fehlurteile liefern würden. In vielen Anwendungsfällen werden etwa Heuristiken zu zumindest brauchbaren oder auch guten Urteilen führen. Die mentalen Abkürzungen und alltäglichen Leitplanken, deren sich Individuen regelmäßig bedienen, wären längst aus dem *kognitiven Werkzeugkasten* verschwunden, wenn sie grundsätzlich in fehlerhaften Urteilen, schlechten Entscheidungen und folglich unpassenden Verhaltensweisen resultieren würden. In diesem Zusammenhang mag auch die Frage nach der Qualität von Urteilen aufkommen, die auf Intuition beruhen.

> Der *Intuition* folgen bedeutet, ohne bewussten Gebrauch des Verstands zu einem Urteil oder einer Entscheidung zu gelangen. Das intuitive Urteil gründet auf einem »Gefühl für die Situation«. Als ihr Gegenteil bezeichnet man rationales Vorgehen, das durch sorgfältiges Abwägen von Vor- und Nachteilen, dem Vergleich unterschiedlicher Optionen und deren Konsequenzen gekennzeichnet ist.

Was Sie über intuitiv getroffene Urteile wissen sollten:

- ✔ **Intuitive Urteile kommen »aus dem Bauch heraus« und sind deshalb in einer »rational« ausgerichteten Gesellschaft wenig akzeptiert.** Die Vertriebschefin eines Handelsunternehmens mag rein intuitiv die Marktchancen eines Produkts hoch einschätzen und es in ihr Sortiment aufnehmen. Vor ihrem Team und der Unternehmensleitung wird sie aber wohl kaum auf ihre Intuition verweisen, sondern ihr Urteil mit notfalls nachträglich »erfundenen« rationalen Gründen rechtfertigen. Am Ende glaubt sie diese Begründungen sogar selbst.

- ✔ **Die Intuition liefert gute Ergebnisse, wenn die urteilende Person über viel Erfahrung im gegebenen Kontext verfügt.** Der Leiter eines Feuerwehreinsatzes ruft unvermittelt alle Kräfte aus der Nähe eines brennenden Gebäudes zurück. Zwei Minuten danach explodiert dort ein Treibstofftank. Den Feuerwehrleuten, die ihm ihr Leben verdanken, kann er sein Verhalten zunächst nur damit erklären, dass er »irgendwie so ein ungutes Gefühl« hatte. Erst nach einigem Nachdenken fallen ihm rationale Gründe dafür ein, dass bestimmte Hinweise die drohende Gefahr angedeutet haben. Fühlen Sie sich selbst sicher und erfahren auf Ihrem Spezialgebiet, hören Sie gern auf Ihren Bauch und gestehen sich das auch ein. Auf unbekanntem Terrain gibt es dagegen bessere Methoden, um zu einem Urteil zu gelangen.

- **Menschen unterscheiden sich darin, inwieweit sie ihrer eigenen Intuition vertrauen** – ganz unabhängig davon, wie gerechtfertigt das intuitive Urteil auch sein mag. Folgen Sie Ihrer Intuition an der nächsten Straßenkreuzung, wenn Sie sich in einer fremden Stadt verlaufen haben, oder fragen Sie lieber eine Passantin nach dem rechten Weg? Wie sehr Menschen sich auf ihre intuitiven Urteile verlassen, ist eine Persönlichkeitseigenschaft und kann mithilfe von Fragebogen gemessen werden. Der Fachbegriff dazu lautet *Faith in Intuition*.

- **Häufig lässt sich ein flexibler Wechsel zwischen intuitivem und rationalem Vorgehen beobachten.** Eine geübte Schachspielerin grenzt den Suchbereich für den nächsten Zug auf einer intuitiven Beurteilung der Stellung ein und berechnet danach aufwendig »rational« die Konsequenzen, die sich aus den einzelnen Zugkandidaten ergeben.

- **Die sprichwörtliche »weibliche Intuition« gibt es nicht.** Die Qualität intuitiver Urteile unterscheidet sich zwischen Frau und Mann grundsätzlich nicht, allerdings mit einer einzigen Ausnahme: Frauen sind im Durchschnitt besser als Männer in der Lage, Gefühlszustände bei anderen Menschen intuitiv zu beurteilen. Das hängt damit zusammen, dass ihnen soziale Beziehungen besonders wichtig sind und sie somit in sozialen Kontakten eher als Männer viel Erfahrung gesammelt haben.

> **IN DIESEM KAPITEL**
>
> Was mit dem Begriff Einstellung gemeint ist
>
> Wie Einstellungen entstehen und verändert werden können
>
> Warum das Konzept Einstellung nicht nur in der Sozialpsychologie, sondern auch im Alltag eine zentrale Bedeutung einnimmt

Kapitel 5
Mag ich's oder mag ich's nicht: Einstellungen

Lisa kauft im Supermarkt ein. In der Getränkeabteilung ist das Angebot bekanntermaßen vielfältig. Trotzdem greift Lisa zielsicher zur Limonade einer bestimmten Marke, denn sie weiß genau, welche Limonade sie am liebsten mag. Im Sinne der Sozialpsychologie hält Lisa eine *Einstellung* gegenüber dieser Limonade.

Definition und Komponenten

Eine *Einstellung* bezeichnet die Tendenz, auf ein bestimmtes Objekt positiv oder negativ zu reagieren. Positive Reaktionen umfassen Wohlwollen, Sympathie und Zuneigung, negative Reaktionen Missbilligung, Abneigung, Zurückweisung und so weiter. Kurz: Ein Individuum »weiß« aufgrund seiner Einstellung, ob es dieses Objekt mag oder nicht.

Einstellungen beziehen sich auf vielerlei Objekte, *Einstellungsobjekte* genannt. Praktisch alles kann zum Einstellungsobjekt werden:

- ✔ **Konsumgüter** wie Lisas Lieblingslimonade und andere konkrete Dinge wie ein Smartphone, Blumenkohl oder eine Kaffeetasse,

- ✔ **Menschen** wie eine Politikerin, der Nachbar oder die eigene Person,

- ✔ **Gruppen von Menschen** wie der Fanclub von Bayern München oder die Dänen,

- ✔ **Organisationen** wie die UNO, der Mossad und die Europäische Union,

- ✔ **Situationen** wie die letzte Teambesprechung oder ein Zahnarztbesuch und
- ✔ **abstrakte Konzepte** wie Sozialismus, Imperialismus und der Hinduismus

sind mögliche Einstellungsobjekte.

Denken Sie einfach an etwas, das Sie entweder gar nicht oder ganz besonders mögen, und Sie haben für sich selbst ein perfektes Beispiel für ein Einstellungsobjekt gefunden!

Und sicherlich haben Sie auch schon eine Einstellung gegenüber dem Buch entwickelt, das Sie augenblicklich in der Hand halten. Da Sie weiterlesen, wird es wohl eine positive sein – hoffentlich jedenfalls.

Einstellungen lassen sich messen. Die einfachste Variante besteht darin, ein Einstellungsobjekt vorzugeben und Menschen zu bitten, auf einer Skala anzugeben, wie sie dem Objekt gegenüber eingestellt sind. Einstellungen können sein:

- ✔ **Negativ:** Auf einer Skala von -3 (mag ich überhaupt nicht) bis +3 (mag ich ganz besonders) entsprechen Werte von -3, -2 oder -1 einer negativen Einstellung.
- ✔ **Positiv:** Wählt die Testperson eine 1, 2 oder 3 auf der Skala, hat sie eine eher positive Einstellung zum Einstellungsobjekt.
- ✔ **Indifferent:** Antworten in der exakten Mitte der Skala können zeigen, dass einer Person das genannte Objekt nur wenig oder überhaupt nicht bekannt ist oder sie ihm gleichgültig gegenübersteht. Die Null in der Mitte der Skala repräsentiert dann eine *indifferente Einstellung*, also eine Antwort, die sich vielleicht am besten mit »weiß nicht so recht« übersetzen lässt.
- ✔ **Ambivalent:** Wenn das Einstellungsobjekt gleichzeitig sowohl mit positiven als auch mit negativen Aspekten verknüpft ist, kann das Gesamturteil ebenfalls in der Mitte der Skala landen. Die Antwort lautet demnach in etwa »einerseits gut, andererseits aber auch schlecht«. Die Skalenmitte zeigt in diesem Fall eine *ambivalente Einstellung* an.

Komplexere Messungen enthalten mehrere Skalen zu ein und demselben Einstellungsobjekt und Aspekten, die mit ihm verbunden sind. Nicht immer sind Menschen jedoch gewillt, ihre wahre Einstellung preiszugeben, weil sie sie zum Beispiel für politisch inkorrekt oder als gesellschaftlich inakzeptabel ansehen. Das Individuum gibt in solchen Fällen meist eine vermeintlich erwünschte Antwort. Die Sozialpsychologie spricht von *sozialer Erwünschtheit*. Um jedoch auf die tatsächliche Einstellung zu schließen, lässt sich zum Beispiel messen, wie schnell Menschen auf die Darbietung des Einstellungsobjekts reagieren. Ihre spontane Reaktion können sie schnell zeigen, um jedoch zu überlegen, welche Antwort sozial erwünscht ist, benötigen sie zusätzlich Zeit.

Drei Komponenten einer Einstellung lassen sich unterscheiden:

- ✔ **Affektive Komponente:** Eine gefühlsmäßige Reaktion auf das Einstellungsobjekt. Wie fühle ich mich, wenn ich mit dem Objekt zu tun habe? Weckt die Europäische Union positive oder negative Gefühle? Fühle ich mich zum Banknachbarn im Bus hingezogen, von ihm abgestoßen oder ist er mir völlig egal? Lisa wird sich darauf freuen, die Lieblingslimonade zum Abendessen zu genießen.

✔ **Kognitive Komponente:** Alles, was mit vermeintlichem oder tatsächlichem Wissen über das Einstellungsobjekt zu tun hat. Falls nötig, können Menschen dieses Wissen aus dem Gedächtnis abrufen und durch neue Information ergänzen. Sicherlich weiß Lisa, welches Unternehmen ihre Lieblingslimonade herstellt, vielleicht kennt sie sogar den Zuckergehalt und so weiter.

✔ **Konkretes Verhalten**, das mit dem Einstellungsobjekt verbunden ist: Menschen verhalten sich gegenüber einem Objekt, zu dem sie eine Einstellung entwickelt haben, und zwar mit

- **Annäherung**, wenn die Einstellung positiv ist, oder
- **Abwendung** bei einer negativen Einstellung.

Sie kaufen das Produkt, das ihnen gefällt, oder verweigern bei der nächsten Wahl einer Partei ihre Stimme, weil sie deren Spitzenkandidatin nicht mögen.

Einstellung – die Tendenz, auf ein Objekt negativ oder positiv zu reagieren.

Mögen Sie *Sozialpsychologie für Dummies*?

| überhaupt nicht | −3 | −2 | −1 | 0 | +1 | +2 | +3 | ganz besonders |

Affektive Komponente: Sie freuen sich auf das nächste Kapitel in diesem Buch.

Kognitive Komponente: Sie haben aus diesem Buch Nützliches lernen können.

Verhaltenskomponente: Sie schenken ein Exemplar bei nächster Gelegenheit Ihrer besten Freundin.

Einstellungen und Verhalten

Ganz so einfach ist das Verhältnis zwischen einer Einstellung und dem korrespondierenden Verhalten aber auch nicht. Einerseits erscheint es selbstverständlich, dass Menschen vorzugsweise im Zug sitzen und nicht im Auto, wenn sie die Eisenbahn positiver bewerten als die Autobahn. Tatsächlich klaffen aber zwischen gemessener Einstellung und beobachteten Handlungen häufig genug große Lücken. Auch können ambivalente und indifferente Einstellungen konkretes Verhalten oft nicht vorhersagen.

Mangelnde Korrespondenz zwischen Einstellung und Verhalten erscheint aus wissenschaftlicher Perspektive unbefriedigend, denn das Konzept der Einstellung erhält insbesondere dadurch seine Bedeutung, dass es ermöglichen soll vorherzusehen, wie ein Mensch in einer konkreten Situation handeln wird. Was nützt eine positive Einstellung gegenüber der Spitzenkandidatin einer Partei, wenn am Wahlsonntag das Kreuzchen bei einer anderen Partei landet? Deshalb wurde in der Sozialpsychologie recht viel Aufwand betrieben, das Verhältnis zwischen Einstellungen und Verhalten möglichst genau aufzuklären.

Die Theorie des geplanten Verhaltens

Sie wünschen sich eine goldene Armbanduhr oder einen schnittigen Sportwagen? In der vom Sozialpsychologen Izek Ajzen formulierten *Theorie des geplanten Verhaltens* bestimmen drei Faktoren Ihre *Intention*, sich der eigenen Einstellung gemäß auch zu verhalten:

- ✔ **Einstellung gegenüber dem Verhalten:** Auch das Verhalten selbst kann zum Einstellungsobjekt werden – was Sie jetzt wenig verwundert, weil Sie längst wissen, dass praktisch alles zum Einstellungsobjekt taugt. Dazu mag sich das Individuum fragen: »Wie fühle ich mich, wenn ich das Verhalten zeige?«, im Beispiel also beim Juwelier oder beim Autohändler eine beträchtliche Summe Geldes auf die Ladentheke lege.

- ✔ **Subjektive Norm:** Ein zweites Hindernis, das es zu überwinden gilt, damit Einstellung und Verhalten im Einklang stehen, besteht in der wahrgenommenen Bewertung des Verhaltens durch andere. Diese Norm repräsentiert die Antwort auf Fragen wie: »Was denken sie im Büro, wenn ich mit dieser teuren Uhr am Arbeitsplatz erscheine?« oder »Ist es noch zeitgemäß, ein Auto zu fahren, das horrende Mengen Benzin verbraucht?«

- ✔ **Wahrgenommene Verhaltenskontrolle:** Häufig führt zum Beispiel eine positive Einstellung nicht zu dem erwarteten Annäherungsverhalten. Das mag ganz banale Gründe haben, zum Beispiel wenn eine Person glaubt, ob zu Recht oder zu Unrecht, sich die hochgeschätzte Luxusuhr oder den bewunderten Sportwagen einfach nicht leisten zu können. Aus Sicht des handelnden Individuums besteht nicht ausreichend Kontrolle über die mit der Einstellung korrespondierenden Handlung.

Die Theorie des geplanten Verhaltens hat viel dazu beigetragen, die Vorhersagekraft von Einstellungen für Verhalten zu verbessern, weil sie neben der eigentlichen Einstellung auch die Absicht berücksichtigt, der Einstellung entsprechend zu handeln. Abbildung 5.1 veranschaulicht die Theorie bildlich.

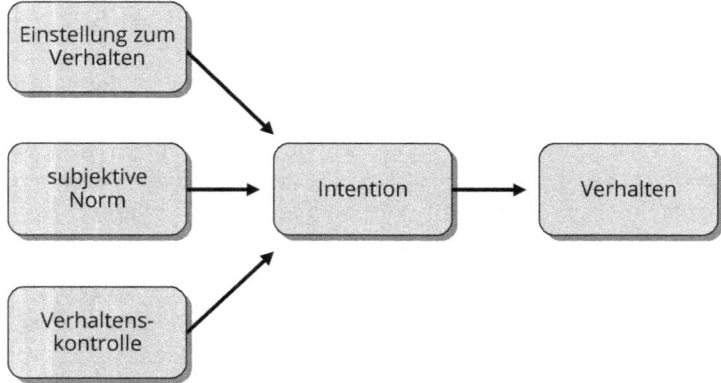

Abbildung 5.1: Theorie des geplanten Verhaltens nach Ajzen (1991) zur Vorhersage, wie eine Einstellung in tatsächliches Verhalten gegenüber dem Einstellungsobjekt mündet

Selbstwahrnehmung: Verhalten als Quelle der Einstellung

Neben der Vorstellung, dass Einstellungen konkretes Verhalten verursachen, gilt es im Verhältnis von Einstellungen zu Verhalten noch einen weiteren Aspekt zu beachten: Dem Psychologen Daryl Bem zufolge können Menschen aufgrund von *Selbstwahrnehmung* (siehe Kapitel 6) auch umgekehrt aus ihrem Verhalten ihre Einstellung erschließen.

Wenn also Lisa eine bestimmte andere Limonade noch nie gekauft hat, kann sie daraus folgern, dass ihre Einstellung zu diesem Produkt eher negativ ist.

Verhalten ist nicht nur die Folge einer Bewertung, sondern kann auch die Quelle dieser Bewertung sein. Und zwar immer dann, wenn Menschen ihr konkretes Verhalten beobachten, um auf ihre Einstellung gegenüber einem Objekt zu schließen. Mögen Sie Laugenbrötchen? Um diese Frage zu beantworten, denken Sie einfach kurz darüber nach, wann Sie zuletzt ein solches Brötchen gekauft haben.

Beispielstudie zu Selbstwahrnehmung und Einstellungen

In einer schon klassisch zu nennenden Studie aus dem Jahr 1981 haben Chaiken und Baldwin die Selbstwahrnehmung von Versuchspersonen sehr geschickt manipuliert. Im Prinzip funktionierte das so: Es wurden Häufigkeiten von Verhaltensweisen zu unterschiedlichen Aspekten des alltäglichen Lebens abgefragt, zum Beispiel »Wie häufig besuchen Sie die Kirche?«. Die Antwortskalen enthielten unterschiedliche Bezeichnungen am jeweiligen oberen Ende. In einer Bedingung (A) stand dort »sehr häufig«, in einer anderen Bedingung (B) »gelegentlich«.

Wie häufig besuchen Sie die Kirche?

Bedingung A

1	2	3	4	5	6	7	8	9
nie								sehr häufig

Bedingung B

1	2	3	4	5	6	7	8	9
nie								gelegentlich

Wie zu erwarten war, haben Versuchspersonen ihre Kreuzchen unter der Bedingung B tendenziell weiter rechts auf der Skala gesetzt als Versuchspersonen in Variante A. So weit war das Ergebnis noch nicht sonderlich interessant.

> Richtig spannend wurde es, als die Probanden im Anschluss einschätzten, für wie religiös sie sich selbst hielten. Aus ihren eigenen Antworten auf die zuvor beantworteten Fragen konnten die Befragten »ablesen«, wie religiös sie sind. Hatten sie die Skala mit »gelegentlich« beantwortet und entsprechend höhere Zahlen markiert, schätzten sie ihre Religiosität höher ein. Versuchspersonen in der Bedingung »sehr häufig« bewerteten sich selbst dagegen als weniger religiös. Wie die Antworten auf manipulierte Antwortskalen ausgefallen waren, bestimmte die Einschätzung der eigenen Religiosität.

Viel Nutzen, viel Schaden: Funktionen von Einstellungen

Einstellungen vereinfachen die Welt. Sie ersparen es, immer wieder und aufs Neue viele Fakten über ein Objekt aufzurufen und zu bewerten. Stattdessen verlassen wir Menschen uns einfach auf die Einstellung, die gemeinsam mit dem Objekt unmittelbar ins Bewusstsein tritt, und treffen entsprechend Entscheidungen.

Einstellungen sind im Alltag sehr nützlich, weil sie unsere Gedanken freihalten für anderes, oft Wichtigeres als die Limonade, eine bestimmte Sorte Nudeln oder ob wir lieber Blumenkohl oder Brokkoli kaufen sollten.

Daraus ergibt sich auch gleich die Kehrseite von Einstellungen. Vereinfachung kann mit einer Reihe unerwünschter Konsequenzen daherkommen. Vielleicht schmeckt der aus Kindertagen ungeliebte Blumenkohl doch nicht so schrecklich, wie die Erinnerung vorgaukelt.

Einstellungen

- ✔ führen zu einer Art Verengung im Fühlen, Denken und Handeln,
- ✔ behindern die Offenheit für neue Erfahrungen,
- ✔ beschränken die Anzahl möglicher Handlungsoptionen.

Die Redewendung »den Komfortbereich verlassen« spiegelt oft nichts anderes wider, als gegen die eigene Einstellung zu handeln.

Einstellungen nehmen Einfluss auf die Verarbeitung von Informationen. Eine bestimmte Einstellung kann die Verarbeitung einer neuen Information so leiten, dass die Schlussfolgerungen passend zum verknüpften Einstellungsobjekt ausfallen.

Beobachten Sie sich selbst! Bevorzugen nicht auch Sie bestimmte Seiten und Videokanäle im Internet oder eine Tageszeitung, weil Sie erwarten dürfen, dass diese Quellen Information liefern, die mit Ihrer eigenen Einstellung über politische Themen übereinstimmt?

Menschen bevorzugen alles, was ihre in der Vergangenheit gebildete Einstellung bestätigt. Sie halten oft allzu oberflächlich das, was sie schon immer gedacht und gefühlt haben, für besonders glaubwürdig und vermeiden Informationsquellen, die möglicherweise Widersprüchliches liefern könnten. Die Präferenz für Information, die bestehende Einstellungen bestätigt, wird als *Confirmation Bias* bezeichnet.

Kurz: Einstellungen führen Gefühle, Gedanken und Verhalten im Kreis herum und verhindern oft genug, dass wir Menschen etwas zuvor Unbekanntes lernen oder eine neue Sicht auf die Angelegenheiten unserer Welt gewinnen.

Konfrontation mit dem Einstellungsobjekt löst automatisch eine Bewertung aus. Ein Objekt, zu dem Sie schon eine Einstellung entwickelt haben, ruft unmittelbar den Gedanken »gut« oder »schlecht« auf.

- ✔ Dies erweist sich einerseits als recht hilfreich, wenn es zu vermeiden gilt, unnütz viele Gedanken zu verschwenden.

- ✔ Es lohnt sich aber, eine Einstellung von Zeit zu Zeit bewusst zu überprüfen, insbesondere wenn es sich bei den Einstellungsobjekten um wichtige Aspekte des Lebens handelt oder zu befürchten ist, dass die eigene Einstellung anderen Menschen Schaden zufügen kann.

Wie komme ich denn darauf: Wie Einstellungen entstehen

Einstellungen können ganz unterschiedliche Quellen haben:

- ✔ **direkte Erfahrung** mit dem Einstellungsobjekt,
- ✔ **Information** über das Einstellungsobjekt,
- ✔ **Balance** mit anderen Einstellungen und Werthaltungen,
- ✔ **Vererbung**,
- ✔ **häufige Wahrnehmung** des Einstellungsobjekts,
- ✔ **Biofeedback**

und andere mehr.

Direkte Erfahrung

Die vielleicht einfachste Quelle für eine Einstellung ist die unmittelbare Erfahrung mit dem Einstellungsobjekt. Wer an einer stark befahrenen Straße wohnt, wird eine positive Einstellung gegenüber der geplanten Umgehungsstraße entwickeln. Wen die neue Nachbarin häufig ärgert, wird sie bald nicht leiden mögen. Und sicherlich hat Lisa vor langer Zeit »lecker« gedacht, als sie ihre Lieblingslimonade zum ersten Mal probierte.

Information über das Einstellungsobjekt

Einstellungen entwickeln sich auch aus der Verarbeitung von Informationen über das entsprechende Objekt, die aus anderen Quellen kommen als der eigenen Erfahrung. Vielleicht stammt die sozial vermittelte Information aus einem Zeitungsartikel, einem Warentest oder von einer Expertin zum entsprechenden Thema.

Bei der Verarbeitung werden Vor- und Nachteile gegeneinander abgewägt, mögliche Gewinne und Verluste miteinander verrechnet und so weiter. Ein solches Vorgehen ist zu erwarten, wenn Menschen ausreichend dazu motiviert sind, den dafür erforderlichen Aufwand zu betreiben.

Dies ist zum Beispiel der Fall, wenn die Einstellung Verhalten begründet, das mit hohen (monetären) Kosten verbunden ist oder Risiken mit sich bringt. Die neue Heizungsanlage fürs Eigenheim ist teuer und will auch noch in zehn Jahren mit einem günstigen Energieträger versorgt werden. Die Frage, ob das eigene Kind gegen eine bestimmte Krankheit geimpft werden soll oder nicht, kann von weitreichender Bedeutung sein. Deshalb sollte die Einstellung zu einer bestimmten Heizungstechnik oder einem Impfstoff mit eventuellen Nebenwirkungen gut überdacht sein. Dagegen steht kaum jemand stundenlang vorm Verkaufsregal mit den Zahncremes und studiert die Produktbeschreibungen. In diesem Fall kann eine falsche Einstellung leicht korrigiert werden: Will die Zahncreme einfach nicht schmecken, landet die Tube recht bald in der Mülltonne.

Information über ein Einstellungsobjekt wird nur dann mit hohem Aufwand verarbeitet, wenn genügend Motivation vorliegt. Dies ist meist dann der Fall, wenn die Einstellung mit einer Entscheidung von weitreichender Bedeutung verbunden ist.

Wie genau die Pros und Cons beim Abwägen miteinander verrechnet werden, ist in der Forschung seit Langem umstritten. Ein bloßes Aufaddieren der positiven und negativen Aspekte beschreibt diesen Vorgang sicherlich nicht hinreichend. Zum Beispiel wird die Farbe Grün weithin ebenso positiv bewertet wie das Nahrungsmittel Brot. Beide Aspekte zusammengenommen ergeben aber keine positive Einstellung gegenüber einem grünfarbigen Brotlaib. Oder würden Sie grünes Brot kaufen? Wie so oft erweist es sich auch hier: Das Ganze ist mehr als die Summe seiner Teile.

Information aus zweiter Hand muss nicht unbedingt ausführlich verarbeitet werden. Ein Beispiel dazu stellen *Lachkonserven* dar. Sie kennen das sicher: In Sitcoms oder Sketches wird bei besonders witzigen Stellen oder vielleicht besser bei den Szenen, die die Produzenten für besonders witzig halten, das Lachen eines sicherlich nicht anwesenden Publikums von einem Tonträger eingespielt. Studien zeigen, dass das Publikum tatsächlich eine Szene mit Lachkonserven lustiger findet als dieselbe Szene ohne künstliches Lachen. Und das selbst dann, wenn es vor der Darbietung auf das künstliche Lachen hingewiesen wurde und die Menschen wissen, dass es sich nicht um echtes Lachen handelt.

Ähnlich wirkten wohl auch sogenannte Claqueure, die vor allem im 19. Jahrhundert gezielt eingesetzt wurden. Es handelte sich dabei um bezahlte Zuschauerinnen und Zuschauer, die bei öffentlichen Darbietungen zum Beispiel eines Theaterstücks an verabredeten Stellen Applaus klatschten, um so das Publikum zu animieren, selbst auch Beifall zu bezeugen.

Claqueure sind inzwischen aus der Mode gekommen, auch wenn sich das Gerücht hartnäckig hält, dass sie noch immer in TV-Shows und ähnlichen Veranstaltungen eingesetzt werden. Ihre Wirkung ist zwar nie systematisch untersucht worden, es erscheint allerdings höchst plausibel, dass die eigene Beifallsbekundung aufgrund der Selbstwahrnehmung dazu geeignet ist, eine positive Einstellung zu erzeugen, selbst wenn der Beifall »künstlich« ausgelöst wurde: »Habe ich Beifall bekundet, muss ich das Beklatschte für gut befunden haben – ganz egal, was mich zum Jubel veranlasst hat.«

Das Gleichgewicht halten

Menschen streben nach *Balance*, gerade auch in ihren Einstellungen. Wie schwierig kann es bei der nächsten Geburtstagsfeier werden, wenn sich Ihre beiden besten Freundinnen untereinander nicht leiden mögen? Wie einfach erscheint dagegen die Welt, wenn sie sich im Gleichgewicht befindet. Demnach kann eine bereits gebildete Einstellung zur Folge haben, dass die Einstellung zu einem anderen Einstellungsobjekt mehr oder weniger schon festgelegt ist. Wer zum Beispiel die abstrakten Werke des Malers Wassily Kandinsky mag, wird sich eher als der Rembrandt-Fan für den neu entdeckten Piet Mondrian begeistern können.

 Balance zwischen Einstellungen ist ein angenehmer Zustand. Menschen balancieren Einstellungen so aus, dass sie sich gegenseitig bestätigen und nicht widersprechen.

Werte und Werthaltungen

Balance ist oft auch eine Frage der Einstellung gegenüber ganzen Kategorien von Objekten und einzelnen Exemplaren (siehe Kapitel 3), die zu diesen Kategorien gehören: Mögen Sie grundsätzlich keine alkoholischen Getränke, werden Sie auch gegenüber einer Flasche Chablis keine positive Einstellung entwickeln, selbst wenn Sie diesen Wein gerade eben erst kennengelernt haben. So wirkt auch eine spezielle Art von Einstellungen, die man *Werte* oder auch *Werthaltungen* nennt.

Werte sind grundlegende, sehr allgemeine Einstellungen.

✔ Werte definieren wünschenswerte Ziele und Ideale.

✔ Werte dienen dazu, eigenes und fremdes Verhalten zu bewerten.

✔ Werte liefern Orientierung dazu, »wie man sich zu verhalten hat«.

So versteht sich beispielsweise die Europäische Union als Wertegemeinschaft und benennt Menschenwürde, Freiheit, Demokratie, Rechtsstaatlichkeit und Menschenrechte als Bestandteile ihres Wertesystems. Wenn Sie diese Werte teilen, wird Ihre Einstellung gegenüber einem Diktator, der in seinem Land Pressefreiheit und Minderheiten unterdrücken lässt, sicherlich nicht sonderlich wohlwollend ausfallen. Werte wie die der Europäischen Union

✔ werden kulturell vermittelt,

✔ von den Eltern und in der Schule explizit gelehrt,

✔ ganz nebenbei vorgelebt,

✔ subtil oder direkt in Romanen oder Filmen angesprochen,

✔ erscheinen dem Individuum als Selbstverständlichkeiten.

Wertewandel

Umso überraschender, wenn die eigenen Werte in einer fremden Kultur nicht geteilt werden und sich die eigenen »Selbstverständlichkeiten« als bestreitbar erweisen.

 Werte sind eng mit einer Vielzahl von Einstellungen zu spezifischen Einstellungsobjekten verbunden. Verändert sich das Wertesystem einer Kultur, verändern sich in der Folge auch Einstellungen zu speziellen Themen. Nur so ist am Ende wieder alles ausbalanciert.

Der Versuch, von außen her das Wertesystem einer ganzen Kultur verändern zu wollen, erweist sich schon allein deswegen als wenig aussichtsreich, weil eine Vielzahl von einzelnen Einstellungen mit den Werten verknüpft ist. Die Veränderung von Werten geht vielmehr mit dem Wandel der Kultur selbst einher – ein Vorgang, der *Wertewandel* genannt wird. Wertewandel lässt sich leicht dokumentieren und löst oft genug Diskussionen zum Beispiel zwischen unterschiedlichen Generationen aus: Einem Wert wie Pflichterfüllung, der noch vor wenigen Jahrzehnten allgemein geteilt wurde, steht heute die Selbstverwirklichung des Individuums gegenüber.

Neben dieser Kulturabhängigkeit finden sich auf noch allgemeinerer Ebene auch kulturübergreifende Werte, die von menschlichen Grundbedürfnissen abgeleitet sind. Beispiele sind

✔ **Gesundheit** und körperliche Unversehrtheit,

✔ **Sicherheit** etwa vor Gewalt oder Willkür,

✔ **Wohlwollen** im sozialen Umgang,

✔ **Freude** am eigenen Leben,

✔ **Stimulation** durch Abwechslung und Abenteuer,

✔ **Leistung**, die sich als Streben nach Erfolg oder dem Erwerb von Fähigkeiten und Kenntnissen äußert.

Vererbung

Vielleicht überrascht Sie das auf den ersten Blick: Einstellungen können auch eine genetische Komponente aufweisen. Auf den zweiten Blick verraten Einstellungen, die nahezu alle Menschen teilen, dass die biologische Ausstattung eines Individuums durchaus eine Rolle spielen kann, wenn es um Einstellungen geht.

Zum Beispiel hat die Natur jedem Einzelnen von uns eine starke Präferenz für alles Süße mitgegeben – mit all den negativen Konsequenzen, die dem Stichwort Übergewicht zugeordnet sind. In der Kunst und der Architektur findet sich sehr häufig eine Anordnung, die man den *Goldenen Schnitt* nennt. Objekte, in denen der Goldene Schnitt realisiert ist, werden kulturübergreifend als ästhetischer wahrgenommen und folglich eher gemocht als Objekte, bei denen die Ausgestaltung das harmonische Verhältnis von 1 zu 1,618 verletzt. Offensichtlich greift also auch die Biologie in das individuelle Bewertungssystem ein.

Die psychologische Forschung dazu zeigt, dass sich etwa bei eineiigen Zwillingen mit hundertprozentiger genetischer Übereinstimmung höhere Einstellungskongruenzen finden als bei zweieiigen Zwillingen oder Geschwistern mit durchschnittlich fünfzigprozentiger Übereinstimmung. Das gilt selbst dann, wenn die eineiigen früh getrennt wurden und somit unterschiedliche Lerngeschichten aufweisen.

Solche Untersuchungen beruhen auf vergleichsweise geringen Fallzahlen, weil es gar nicht so einfach ist, früh getrennte eineiige Zwillinge zu finden und sie auch noch dazu zu überreden, endlos erscheinende Fragebogen auszufüllen – oder anders ausgedrückt, eine positive Einstellung gegenüber psychologischer Forschung zu entwickeln. In Studien mit höheren Fallzahlen können Geschwister oder Eltern und ihre Kinder mit Personen verglichen werden, die nicht miteinander verwandt sind. Auch hier bestätigt sich die Annahme, dass Einstellungen vererbt sein können.

Genetisch bedingte Übereinstimmungen finden sich vor allem bei Einstellungen mit einer starken affektiven Komponente. Das betrifft nicht nur ästhetische Bewertungen von Gemälden und Bauwerken, sondern auch Musik- und Nahrungspräferenzen: Stehen Sie auf Black Sabbath, wird Ihre Zwillingsschwester Mozart eher nicht bevorzugen. Hegen Sie eine Abneigung gegenüber Blumenkohl, wird sie ihn mit großer Wahrscheinlichkeit auch nicht mögen. Übereinstimmungen finden sich ebenso bei der Wahl von Urlaubsorten.

Ererbte Einstellungen sind kaum und nur sehr mühsam zu verändern und liefern besonders gute Vorhersagen für konkretes Verhalten. Verzeihen Sie es Ihrem Ehemann bitte, wenn er sich einfach nicht für die Bergwanderung in den Dolomiten begeistern lassen will und stattdessen die Partymeile auf Mallorca ins Gespräch bringt! Seine genetische Ausstattung bestimmt seine Gehirnstrukturen, die ihrerseits seine stark affektiv basierten Einstellungen determinieren.

Häufige Wahrnehmung: Mere Exposure

Ist es möglich, dass Ihnen ein Einstellungsobjekt nur deshalb positiv erscheint, weil Sie häufig damit zu tun hatten? Der Forschung des Sozialpsychologen Bob Zajonc und anderen zufolge ist das der Fall. Das Phänomen wird in der Sozialpsychologie *Mere-Exposure-Effekt* genannt. Die Übersetzung ins Deutsche könnte etwa »bloßes Ausgesetztsein« lauten, doch erscheint das als recht sperrig; die Korrekturfunktion der Textverarbeitung hat eine negative Einstellung gegenüber »Ausgesetztsein« entwickelt und markiert das Wort mit roten Kringeln.

»Mere Exposure« beschreibt das Phänomen, dass allein schon die wiederholte Darbietung eines Objekts eine positive Einstellung schaffen kann.

Bob Zajonc und seine angeblichen chinesischen Schriftzeichen

In dem klassischen Experiment dazu von Zajonc (gesprochen etwa »Säjons«; veröffentlicht 1968) wurde Probanden ein Katalog mit angeblichen chinesischen Schriftzeichen per Diaprojektor für je 2 Sekunden gezeigt. Tatsächlich handelte es sich nicht um Schriftzeichen, sondern um erfundene Symbole, die Laien leicht für chinesische Schriftzeichen halten konnten. Dabei manipulierte Zajonc subtil, wie häufig bestimmte Zeichen im Katalog vorkamen. Die Darbietungshäufigkeit variierte von 0 bis 25. Nach der Darbietungsphase ließ er die Probanden einschätzen, ob sie glaubten, das jeweilige Schriftzeichen könnte etwas Positives wie »Liebe« oder »Freude« oder etwas negativ Bewertetes wie »Hass« oder »Wut« darstellen.

Ergebnis: Je häufiger ein Zeichen dargeboten worden war, desto eher verbanden es die Versuchspersonen mit etwas Positivem. Rein durch die wiederholte Darbietung fiktiver Symbole hatte sich eine positive Einstellung entwickelt. Dass die Zeichen unterschiedlich häufig präsentiert worden waren, konnten die Probanden nicht erinnern. Der Einfluss der Darbietungshäufigkeit auf die Einstellung blieb demnach vollständig unbewusst. Denselben Effekt fand man auch mit Fotos, sinnfreien Silben, die über einen Tonträger akustisch präsentiert wurden, und vielen anderen Objekten.

Laborexperimente mit angeblichen Schriftzeichen und sinnfreien Silben sind für die Wissenschaft sehr nützlich, weil sie es erlauben, den Mere-Exposure-Effekt unter gut kontrollierten Bedingungen zu untersuchen. Im Alltag mag das neue Design des VW Golf zunächst etwas befremdlich wirken, bis die hohe Darbietungshäufigkeit dieses in Deutschland meist verkauften Autos dazu führt, dass der Mere-Exposure-Effekt greift und es doch gemocht wird.

Sich oft blicken lassen

Ein alltagsnahes Experiment zum Mere-Exposure-Effekt berichteten Moreland und Beach (1992). In dieser Studie wurde variiert, wie häufig insgesamt vier Kommilitoninnen ähnlicher Erscheinung, in Wirklichkeit Verbündete der Versuchsleitung, in unterschiedlichen Seminaren an der Universität während des Semesters anwesend waren – konkret zwischen null und fünfzehn Mal. Sichergestellt war, dass die vermeintlichen Mitstudentinnen sich nicht mit anderen austauschten und auch sonst nicht interagierten, sodass die Bedingungen für »mere exposure« erfüllt waren.

> Am Ende des Semesters wurden den Teilnehmerinnen und Teilnehmern der Kurse Fotos der angeblichen Studentinnen mit der Bitte präsentiert, die abgebildete Person einzuschätzen. Die Bewertungen zu Eigenschaften wie Attraktivität und Ähnlichkeit mit der jeweiligen Versuchsperson erwiesen sich als abhängig von der Häufigkeit, mit der die Zielperson das Seminar besucht hatte: Je häufiger die Studentin anwesend war, desto eher wurde sie gemocht. Und das selbst dann, wenn man sich nicht an sie erinnern konnte. Ein Plädoyer dafür, sich nicht nur in universitären Lehrveranstaltungen möglichst häufig blicken zu lassen.

Nicht nur Konstrukteure von Autos nutzen – bewusst oder unbewusst – den Mere-Exposure-Effekt, indem sie das neue Modell einerseits so ähnlich gestalten, dass es wiedererkannt wird, andererseits aber denjenigen im alten Modell das Gefühl vermitteln, es wäre mal wieder Zeit für etwas Neues. Die Einstellung gegenüber Prominenten wie Nachrichtensprechern, Gastgeberinnen von Talkshows, Sportlerinnen und Sportlern profitiert von der Häufigkeit, mit der sie medial auftauchen. Deshalb eignen sie sich perfekt als Werbebotschafter.

Der Mere-Exposure-Effekt hat aber auch seine Grenzen.

- ✔ **Verstärkung der negativen Einstellung:** Besteht schon eine negative Einstellung gegenüber einem bestimmten Einstellungsobjekt, führt seine häufigere Darbietung nicht zu einer Einstellungsänderung. Im Gegenteil: Ein Häufchen Erbrochenes wird niemand nur deshalb zu schätzen lernen, weil es hundertmal präsentiert wurde. Und die an sich schon unbeliebte Politikerin wird nicht deshalb populärer, weil sie gefühlt in jeder zweiten Talkshow zu Gast ist. Im Gegenteil: Tatsächlich vermehrt sich die Abscheu vor richtig Unangenehmem durch wiederholte Darbietung.

- ✔ **Langeweile:** Wenn das Einstellungsobjekt zu häufig und ganz offensichtlich wiederholt präsentiert wird, stellt sich Langeweile ein. Ein leicht eingängiger Song gefällt zunächst richtig gut, nach einiger Zeit wiederholten Hörens erscheint er aber langweilig. Wer kennt das nicht? Umgekehrt können – meist komplexere – Musikstücke eine ganze Reihe von Wiederholungen vertragen, um letztlich auch über das Gefühl der Vertrautheit Begeisterung auszulösen.

Der Mere-Exposure-Effekt wirkt nicht

- ✔ bei Objekten, zu denen bereits eine negative Einstellung existiert;
- ✔ bei zu häufiger, offensichtlicher Präsentation, die Langeweile auslöst.

Überhaupt holt erfolgreiche Kunst ihr Publikum mit einer gewissen Anspielung auf Vertrautes dort ab, wo es sich befindet, um dann mit Neuem, bisher Unbekanntem Neugier zu wecken und Abwechslung zu schaffen. So funktionieren Genres und Stile. Das gilt nicht nur für Musikstücke, sondern auch für Bilder, Fotografien und ganz besonders für Roman- und

Fernsehserien. Die geliebte Serie bleibt einem gewissen Stil und einer Grundstruktur treu und präsentiert die immer gleichen Protagonisten. So stellt sie Vertrautheit her, aber beugt mit neuen Inhalten und Wendungen der Langeweile vor. Diese Phänomene weisen sehr anschaulich auf die Erklärung hin, warum der Mere-Exposure-Effekt überhaupt auftritt:

Das menschliche Gehirn kann bereits Bekanntes leichter verarbeiten. Daher werden zum Beispiel Filme in der eigenen Muttersprache gegenüber fremdsprachlichen bevorzugt. Die Leichtigkeit der Verarbeitung schafft ein positives Gefühl, das wir im Alltag »Vertrautheit« nennen. Ein fremder Reiz stellt dagegen höhere Anforderungen an die Verarbeitungskapazität des Gehirns.

Entsteht ein Gefühl der Vertrautheit, wird das Positive daran, konkret also die Leichtigkeit der Verarbeitung, mit dem Objekt selbst verbunden. So kommt es dazu, dass das häufig dargebotene Objekt positiver bewertet wird als das bislang unbekannte. Jedoch reagiert unser Gehirn nicht nur auf Vertrautheit positiv, sondern auch auf Stimulation durch Neues, vorausgesetzt, das Neue ist nicht zu fremdartig und stellt einen Bezug zu bereits Bekanntem her.

Biofeedback

Der Katalog von Prozessen, die zur Entstehung von Einstellung führen, ist damit längst nicht vollständig. So kann zum Beispiel auch die Rückmeldung von eigenen körperlichen Zuständen an das Gehirn, *Biofeedback* genannt, eine Einstellung schaffen.

Der Stift im Mund

In einem ausführlich diskutierten Experiment dazu, veröffentlicht 1988, ließen Fritz Strack, Lenni Martin und Sabine Stepper ihre Versuchspersonen einen Stift im Mund halten, und zwar je nach Bedingung so, dass dadurch entweder ein Lächeln ausgelöst wurde oder nicht. Unter diesen unterschiedlichen Bedingungen von *facial feedback*, also Rückmeldungen der Gesichtsmuskulatur an das Gehirn, betrachteten die Probanden Karikaturen und sollten angeben, wie witzig sie ihnen erschienen. Konform zur Idee der Forscher hielten die Urteiler, die während der Darbietung künstlich gelächelt hatten, die Cartoons für amüsanter als jene mit neutralem Gesichtsausdruck.

Interessant vielleicht am Rande: Fritz Strack erhielt für diese Forschung im Jahr 2019 den nicht ganz ernst zu nehmenden Ig-Nobelpreis, auch Anti-Nobelpreis genannt. Zu Unrecht, wie sich später herausstellte: Misslungene Replikationsversuche ließen sich darauf zurückführen, dass die Versuchspersonen während der gescheiterten Experimente gefilmt worden waren. Die hohe Selbstaufmerksamkeit vor laufender Kamera überlagert die Bedeutung des künstlichen Lächelns für die Bewertung der Karikaturen. Mehr zu Selbstaufmerksamkeit erfahren Sie in Kapitel 6.

Überzeugen, überreden, Propaganda: Veränderung von Einstellungen

Wer es schaffen will, eine Einstellung zu verändern, steht vor einer schwierigen Aufgabe:

- ✔ Wie muss die Werbebotschaft gestaltet sein, damit jemand von den Kartoffelchips einer Marke zu einer neuen wechselt?
- ✔ Wie können Sie Ihren Schatz überreden, nicht schon wieder beim Italiener um die Ecke Pizza zu bestellen und stattdessen das neue syrische Restaurant auszuprobieren?
- ✔ Wie schafft es der Teenager, seine Eltern davon zu überzeugen, dass die Party des Jahres frühestens ab Mitternacht so richtig in Schwung kommt?
- ✔ Oder das Gesundheitsministerium die Bevölkerung, sich gesünder zu ernähren?

Klar: Wem es gelingt, Einstellungen zu verändern, darf mit außerordentlichen Vorteilen und Gewinnen rechnen. Insofern verwundert es wenig, dass sich die sozialpsychologische Forschung schon seit vielen Jahrzehnten mit Fragen zur Einstellungsänderung beschäftigt. Erfahren Sie auf den nächsten Seiten, wie!

Wenn's innerlich wehtut: Kognitive Dissonanz

Der Begriff der *kognitiven Dissonanz* geht auf den einflussreichen amerikanischen Sozialpsychologen Leon Festinger zurück.

Kognitive Dissonanz stellt sich dann ein, wenn entweder zwei Einstellungen oder eine Einstellung und das Wissen über das eigene Verhalten zueinander in Widerspruch stehen. Kognitive Dissonanz stört die innere Balance, wird als unangenehm erlebt und motiviert dazu, Konsonanz herzustellen.

Zum Beispiel könnte eine Person denken (oder im Psycho-Slang ausgedrückt »kognizieren«), dass Tabakrauchen die eigene Gesundheit schädigt, andere Menschen plagt und als Suchtverhalten verpönt ist. Kognitive Dissonanz stellt sich dann ein, wenn dieselbe Person ebenso »kogniziert«, dass sie selbst täglich 20 Zigaretten oder mehr raucht. Laut Festinger verursacht die Dissonanz zwischen zwei Kognitionen einen als unangenehm erlebten inneren Konflikt. Studien zeigten, dass sich kognitive Dissonanz auch körperlich bemerkbar macht und Erregung auslöst.

Daraus folgt das Bestreben, das Gleichgewicht zwischen den Kognitionen, hier der negativen Einstellung zum Rauchen und dem eigenen Verhalten, wiederherzustellen. So weit die Grundidee hinter kognitiver Dissonanz.

Das Beispiel mit dem Rauchen wurde in der frühen Forschung zu kognitiver Dissonanz häufig verwendet. Bei über 20 Prozent Raucherinnen und Rauchern in der deutschen Bevölkerung passt es auch in die heutige Zeit. Aber auch weitere Beispiele lassen sich problemlos generieren.

Vielleicht erkennen Sie sich selbst in dem einen oder anderen wieder:

✔ Die Eintrittskarte für das Konzert im Stadtpark war unverschämt teuer – ich stehe gefühlt einen Kilometer von der Bühne entfernt und die Musiker performen recht unmotiviert.

✔ Ich bin unsterblich in Hansi verliebt – er meldet sich oft tagelang nicht.

✔ Unsere natürliche Umwelt muss unbedingt geschützt werden – ich fliege zweimal im Jahr in den Urlaub.

✔ Mein Job ist sehr abwechslungsreich und richtig gut bezahlt – die Firma nutzt zweifelhafte Tierversuche bei der Entwicklung von Kosmetikprodukten.

✔ Hier gilt ein Tempolimit von 50 km/h – der Tempomesser am Straßenrand zeigt 69 km/h.

Tatsächlich taucht kognitive Dissonanz im Alltag häufig auf, und wer das Phänomen kennt, entwickelt rasch empfindliche Antennen, es bei sich und anderen zu beobachten.

Weil kognitive Dissonanz ein unangenehmer Zustand ist, verlangt sie eine Reaktion:

✔ **Die Einstellung verändern:** Rauchen ist gar nicht so schädlich und hat auch seine positiven Aspekte. Die Sache mit der »Flugscham« wird gemeinhin maßlos übertrieben. Und eigentlich ist Hansi gar nicht so attraktiv, wie er mir immer erschien. Schon im Altertum war dieser Mechanismus bekannt, auch ohne den Begriff der kognitiven Dissonanz: Dem Fuchs in Äsops Fabel erscheinen die unerreichbaren Trauben als viel zu sauer.

✔ **Das Verhalten anpassen:** Das Rauchen aufgeben, auf Fernreisen verzichten oder auf das Bremspedal treten, sind gangbare Möglichkeiten.

✔ **Die Dissonanz »schönreden«:** Der ehemalige Bundeskanzler und Kettenraucher Helmut Schmidt ist 92 Jahre alt geworden. Ohne mich wäre das Flugzeug auch geflogen. Trockene Straße, keine Kurven, weit und breit kein Wohngebäude – wieso muss ich hier 50 km/h fahren?

✔ **Die Erregung bekämpfen:** Und sei es nur mit einem Glas Rotwein, weil Hansi schon wieder nicht zurückgerufen hat.

Kognitive Dissonanz durch forcierte Einwilligung

Forcierte Einwilligung beschreibt eine Situation, in der Menschen dazu gebracht werden, sich so zu verhalten, dass es ihrer Einstellung widerspricht. Beispiele im Alltag umfassen etwa, die Anweisung einer Vorgesetzten oder einer Autoritätsperson auszuführen, obwohl das erzwungene Verhalten im Widerspruch zur eigenen Überzeugung steht.

Wenn du tust, was du nicht willst …

In einem klassischen Experiment dazu haben die Psychologen Leon Festinger und Merrill Carlsmith, publiziert 1959, forcierte Einwilligung dazu verwendet, Einstellungsänderung auf der Grundlage kognitiver Dissonanz zu demonstrieren.

Zunächst ließen sie ihre Probanden extrem langweilige und offensichtlich sinnlose Handlungen durchführen. Zum Beispiel bedeutungslose Buchstaben- und Zahlenreihen abschreiben, nur um die beschriebenen Blätter danach zu zerreißen und in den Papierkorb zu werfen. Versuchspersonen in einer Kontrollgruppe entwickelten entsprechend eine negative Einstellung gegenüber diesen Tätigkeiten. Für sie war das Experiment an dieser Stelle beendet.

Die Probanden der Experimentalgruppen baten die Autoren der Studie unter einem Vorwand, nachfolgenden anderen Versuchspersonen, die sich für das Experiment angemeldet hatten, es aber noch nicht kannten, die langweiligen Tätigkeiten als besonders attraktiv zu schildern. Wie sich erwies, reichte die Autorität der Experimentatoren aus, ihre Versuchspersonen davon zu überzeugen, dieses ganz offensichtlich einstellungskonträre Verhalten auszuführen und so die Bedingung forcierter Einwilligung zu realisieren.

Der Widerspruch zwischen der Einstellung zur monotonen Tätigkeit einerseits und dem Anpreisen dieser Tätigkeit andererseits produzierte die von Festinger und Carlsmith erwünschte kognitive Dissonanz. An dieser Stelle wurden zwei unterschiedliche Bedingungen realisiert:

- ✔ Ein Teil der Versuchspersonen erhielt für ihre Schilderung, das Beschreiben und Zerreisen von Blättern sei eine spannende Tätigkeit, eine hohe monetäre Vergütung, konkret $ 20.
- ✔ Die restlichen Probanden mussten mit der viel geringeren Belohnung von $ 1 vorliebnehmen.

Der Theorie der kognitiven Dissonanz nach kann die geringe Bezahlung nicht rechtfertigen, weshalb man den nachfolgenden Versuchspersonen die Tätigkeiten als interessant beschrieben hat. Entsprechend zeigte sich die vorhergesagte Einstellungsänderung gegenüber den langweiligen Aufgaben in der Bedingung mit der geringen Belohnung, nicht aber bei den Versuchspersonen, die $ 20 erhalten hatten.

Die Dissonanz zwischen den sich widersprechenden Kognitionen (a) »Die Aufgaben waren langweilig« und (b) »Ich habe anderen die Aufgaben als attraktiv verkauft« ließ sich in der Bedingung mit der geringen Belohnung von $ 1 nur dadurch reduzieren, dass die Aufgaben selbst positiver eingeschätzt wurden. »Vielleicht war es gar nicht so langweilig, denn immerhin übt man, sich auf Buchstaben- und Zahlenreihen zu konzentrieren.« Bei der hohen Vergütung von $ 20 ist diese Einstellungsänderung nicht nötig, denn die Belohnung selbst liefert eine ausreichende Begründung dafür, die nachfolgenden Versuchspersonen »ein wenig falsch informiert« zu haben.

Je höher der Aufwand, desto positiver die Einstellung

Stellen Sie sich vor, die Karten für das Konzert im Stadtpark waren teuer und schwer zu ergattern. Der Aufwand, den Sie betrieben, und die Kosten, die Sie in Kauf genommen haben, um das Konzert zu besuchen, waren also recht hoch. Das lässt sich im Nachhinein auch nicht mehr ändern. Ändern lässt sich dagegen Ihre Einstellung gegenüber dem Konzert. Selbst unter suboptimalen Bedingungen, wie »zu weit weg von der Bühne«, »unmotivierte Musiker« und so weiter, muss das Konzert gut gewesen sein, sonst beißt Sie die kognitive Dissonanz. Ähnlich halten Soldaten, die Verletzungen erlitten haben, ihren Einsatz für sinnvoller, als Soldaten, die unbeschadet zurückkehrten.

Let's Talk About Sex

In einer häufig zitierten Studie aus dem Jahr 1959 von Aronson und Mills mussten Versuchspersonen unterschiedlichen Aufwand betreiben, um in eine Diskussionsgruppe aufgenommen zu werden, in der es um Gespräche über sexuelle Themen ging. Es gab drei Gruppen von Probanden:

- ✔ Den höchsten Aufwand betrieben diejenigen Probanden, die vor der Aufnahme in die Gesprächsrunde einen obszönen Text, gespickt mit Tabuwörtern, laut vorlesen mussten.

- ✔ Eine zweite Gruppe von Versuchspersonen hatte einen leicht sexuell gefärbten Text vorzutragen.

- ✔ Einer dritten Gruppe wurde die Teilnahme ohne peinliche Aufnahmeprozedur gewährt.

Wer das Prinzip der kognitiven Dissonanz verstanden hat, wundert sich wohl kaum über das Ergebnis: Je höher der Aufwand, desto positiver die Einstellung gegenüber der Diskussionsrunde. So funktionieren auch Aufnahmerituale bei Jugendbanden, Studierendenverbindungen oder beim Militär. Hohe Anstrengungen oder Kosten dafür, dazuzugehören, steigern die Attraktivität der jeweiligen Gruppe.

Kognitive Dissonanz nach Entscheidungen

Kognitive Dissonanz kann auch nach Entscheidungen auftreten, insbesondere dann, wenn es sich um wichtige Aspekte handelt oder die Optionen, aus denen die Wahl zu treffen war, sehr ähnlich waren. Habe ich mich für die richtige Wohnung, den perfekten Arbeitgeber, das passende Auto entschieden? Hätte ich statt Hansi lieber Peter heiraten sollen? Da die Entscheidung im Nachhinein meist nicht mehr korrigiert werden kann, müssen andere Strategien herhalten, um der kognitiven Dissonanz Herr zu werden.

So ändert sich sofort nach der Entscheidung die Einstellung gegenüber den Handlungsoptionen. Lange waren Sie sich unsicher, ob Sie Ihr mühsam Erspartes lieber in Aktien von Microsoft oder von Apple investieren sollten. Nach tagelangem Hin und Her haben Sie sich für Apple entschieden. Jetzt, direkt nach der Investition, ist Ihre Einstellung gegenüber Apple-Aktien viel positiver als die gegenüber den Anteilsscheinen von Microsoft. Der Effekt der Einstellungsänderung nach Entscheidungen wurde in einer Vielzahl von Experimenten nachgewiesen, nicht nur bei Finanzinvestitionen.

Eine andere Strategie, kognitive Dissonanz nach Entscheidungen zu vermeiden, besteht darin,

✔ gezielt Information zu suchen, die die Entscheidung rechtfertigt, und

✔ die Augen vor Quellen zu verschließen, die möglicherweise Information liefern könnte, dass die Entscheidung falsch war.

Wer liest schon den Verkaufsprospekt von BMW, wenn der neu erworbene Mercedes vor der Haustür steht? Warum sollte ich mir einen Warentest anschauen, in dem mein neues Smartphone womöglich schlechter abschneidet als ein Konkurrenzprodukt?

 Geschickte Anbieter beginnen ihre Gebrauchsanweisungen mit »Herzlichen Glückwunsch, Sie haben sich mit XY für den richtigen Rasierapparat entschieden« oder liefern die Luxusuhr mit einer ausführlichen Beschreibung ihrer Vorzüge. Auf den ersten Blick mag das unnötig erscheinen, denn die Entscheidung für dieses Produkt ist doch schon gefallen. Wie Studien belegen, kann aber auf diese Weise der kognitiven Dissonanz nach Entscheidungen vorgebeugt werden. Die Kunden sind zufriedener, geben die Ware seltener zurück und sind eher bereit, das Produkt oder den Anbieter weiterzuempfehlen.

Insgesamt ist kognitive Dissonanz deshalb ein schillerndes Konstrukt der Sozialpsychologie, weil es problemlos auf eine Vielzahl alltäglicher Phänomene angewendet werden kann. Ganz sicher haben Sie sich bei den beschriebenen Beispielen das eine oder andere Mal selbst »ertappt« gefühlt und können jetzt Ihr eigenes Verhalten und das Ihrer Mitmenschen besser verstehen – und womöglich gar zum Erwünschten hin verändern. Die Sozialpsychologie zollt der brillanten Idee Leon Festingers dadurch Tribut, dass seit der ursprünglichen Formulierung der Theorie weit über tausend Studien zum Thema kognitive Dissonanz veröffentlicht wurden.

Persuasive Kommunikation

Um Einstellungen zu verändern, lassen sich gezielte Botschaften einsetzen. Vielleicht ist Ihr erster Gedanke dazu »Werbebotschaft«, und damit liegen Sie auch genau richtig. Andere Beispiele sind:

✔ die öffentliche Kampagne der Regierung, das Rauchen aufzugeben,

✔ der Flyer einer politischen Partei, der kurz vor der nächsten Wahl im Briefkasten landet.

✔ der Versuch, die Ehefrau von einem Kinobesuch am Abend zu überzeugen.

Persuasion bedeutet, eine Botschaft zu kommunizieren, die dazu dienen soll, die Einstellung eines Rezipienten – so nennt man in der Sozialpsychologie die Empfängerin beziehungsweise den Empfänger – zu verändern. Dies geschieht meist in der Absicht, über die Einstellung hinaus auch das künftige Verhalten zu beeinflussen.

Nicht unter den Begriff der Persuasion fallen:

- ✔ **Anreize zu setzen**, wie zum Beispiel den Preis eines Produkts zu senken, in der Hoffnung, den Umsatz zu steigern, oder
- ✔ **Sanktionen einzuführen**, etwa durch die Erhöhung der Tabaksteuer zum Wohle der Volksgesundheit (und der Staatskasse).

Eine erfolgreiche Persuasion bringt ihre Rezipienten mittels einer Botschaft dazu, ein bestimmtes Produkt zu kaufen, das Rauchen aufzugeben, bei der nächsten Wahl das Kreuz bei einer Partei zu setzen oder mit ins Kino zu kommen.

Damit Persuasion erfolgreich sein kann, muss eine ganze Reihe von Bedingungen erfüllt sein:

- ✔ **Aufmerksamkeit:** Selbst der beste Flyer erreicht nichts, wenn er vom Briefkasten direkt ins Altpapier wandert.
- ✔ **Verständnis:** Kommt die Botschaft bei ihren Rezipienten an, müssen diese in der Lage sein, den Inhalt zu verstehen. Botschaften in hoch abstrakter Sprache, gespickt mit Fremdwörtern und womöglich auch zu einem den Rezipienten unbekannten Thema können dieses Verstehen be- oder gar völlig verhindern.
- ✔ **Schlussfolgerungen:** Vorausgesetzt, die präsentierte Botschaft ist verständlich, sollten die Rezipienten beginnen, Schlüsse zu ziehen. Wie diese ausfallen, ob zustimmend oder ablehnend, beeinflusst die Einstellungsänderung ganz entscheidend.
- ✔ **Verhalten:** Gelingt es etwa, zustimmende Gedanken auszulösen, muss die dadurch bewirkte Einstellungsänderung so lange andauern, bis der Rezipient in die Situation kommt, das entsprechende Verhalten zu zeigen. Sei es vorm Verkaufsregal im Supermarkt oder an der Wahlurne.

Wer, was und zu wem? Propaganda und die Yale-Studien

Wer sagt was zu wem? Und welchen persuasiven Effekt löst das jeweils aus? Das sind die Fragen, die sich eine Gruppe von Sozialpsychologen um Carl Hovland schon während des Zweiten Weltkriegs stellten. Unter dem Stichwort Propaganda begannen sie insbesondere vor dem Hintergrund des Erfolgs nationalsozialistischer Propaganda im »Dritten Reich« zu untersuchen, wie gelungene Persuasion funktioniert. Die Studien wurden während der Zeit des Kalten Kriegs weitergeführt. Die Grundidee dieser Forschung bestand darin, Faktoren, von denen man glaubte, dass sie entscheidenden Einfluss auf den Persuasionserfolg nehmen, systematisch zu variieren und die Einstellungsänderung der Rezipienten zu messen.

In diesem Zusammenhang bezieht sich das »Wer« auf die Person, die die Botschaft präsentiert – egal ob weiblich oder männlich als »Kommunikator« bezeichnet. Das »Was« ist die Botschaft selbst und das »Wem« sind die Rezipienten, also diejenigen, an die die Botschaft gerichtet ist und die ihre Einstellung möglichst auch verändern sollen.

Die drei großen Fragen der Yale-Studien zur Persuasion:

Wer?	Merkmale des Kommunikators	Expertise, Sympathie, Glaubwürdigkeit etc.
Was?	Merkmale der Botschaft	Komplexität, Gegenargumente, Emotionen angesprochen etc.
Zu wem?	Merkmale der Rezipienten	abgelenkt oder konzentriert, Intelligenz, Alter, Vorwissen etc.

Entsprechend lassen sich Fragen untersuchen, wie zum Beispiel:

- ✔ **Wer?** Überzeugt eine Universitätsprofessorin der Technischen Universität Berlin mehr als ein zwölfjähriger Realschüler aus Castrop-Rauxel?
- ✔ **Was?** Ist es besser, in der Botschaft auch Einwände gegen die eigene Position anzuführen, eventuell um sie zu entkräften, oder sollte man erst gar nicht darauf hinweisen, dass es auch Gegenargumente gibt?
- ✔ **Zu wem?** Lassen sich Frauen, hochintelligente Menschen oder Jugendliche leichter oder weniger gut überzeugen als Männer, weniger Intelligente oder Senioren?

Der Katalog potenzieller Einflussgrößen scheint nur begrenzt durch die Fantasie derjenigen, die sich mit diesen Phänomenen beschäftigen. Wie so oft fällt die wissenschaftlich fundierte Antwort auf solche und ähnliche Fragen absolut eindeutig aus: »Es kommt darauf an.«

Tatsächlich wirken die Wer-Was-Wem-Variablen meist unter verschiedenen Bedingungen ganz unterschiedlich:

- ✔ **Zweiseitige Botschaften:** Die Botschaft, in der Gegenargumente angesprochen werden, auch *zweiseitige Botschaft* genannt, wirkt dann besser, wenn die Rezipienten Gegenargumente schon kennen oder sie leicht selbst generieren können. Bei Rezipienten mit vergleichsweise geringem Vorwissen sollten Kommunikatoren die möglichen Einwände besser für sich behalten.
- ✔ **Sympathische Kommunikatoren:** Etwa eine bekannte Schauspielerin oder ein erfolgreicher Sportler unterstützen die Persuasionswirkung – aber nur, wenn die Rezipienten eher abgelenkt sind oder inhaltliche Argumente keine Rolle spielen, wie bei Parfüms und sonstigen Lifestyle-Produkten.
- ✔ **Die Emotion Furcht:** Wie sie zum Beispiel mithilfe abschreckender Bilder auf Zigarettenpackungen in Kampagnen gegen das Rauchen eingesetzt wird, unterstützt die Persuasionswirkung nur dann, wenn erstens die Bilder nicht so abscheulich wirken, dass niemand mehr hinschaut, und zweitens eine mögliche Reaktion auf die Furcht mitgeliefert wird: »Wenn Sie das Rauchen aufgeben wollen, rufen Sie 0800... an!«

Die Yale-Studien erbrachten zwar zunächst viele Ergebnisse, die sich aber unter unterschiedlichen Bedingungen nicht gut replizieren ließen. Der Wer-Was-Wem-Ansatz erwies sich als zu einfach, als dass er das komplexe Phänomen der Persuasion überzeugend hätte erklären können. Viele Daten zu sammeln, ist nicht immer der beste Weg, um zu Erkenntnissen zu gelangen, und dem Yale-Ansatz fehlte eine tragfähige theoretische Grundlage.

Es verwundert wenig, dass in der Folge misslungener Replikationen und widersprüchlicher Befunde das wissenschaftliche Interesse an Persuasionsphänomenen verebbte, die Anzahl der Publikationen schwand und sich der wissenschaftliche Nachwuchs der Sozialpsychologie lieber mit anderen Themen beschäftigte.

Zwei-Prozess-Modelle der Persuasion

Das düstere Bild der Persuasionsforschung erhellte sich erst wieder ab etwa den 1980er-Jahren. Der Grund dafür liegt in der Entwicklung von *Zwei-Prozess-Modellen der Persuasion*:

✔ **Elaboration-Likelihood-Modell** von Rich Petty und John T. Cacioppo (1986)

✔ **Heuristic-Systematic-Modell** von Shelly Chaiken (1980) und ihren Mitarbeiterinnen

Im Unterschied zu den Yale-Studien liegt in beiden Modellen der Fokus nicht auf der Wirkung einzelner Variablen wie Expertise des Kommunikators, Vorwissen der Rezipienten und so weiter, sondern in der Formulierung von Prozessabläufen bei den Rezipienten. In die Vorstellungen zu diesen psychologischen Prozessen können Expertise, Vorwissen und so weiter »eingebaut« und so Hypothesen dazu formuliert werden, wie und ob sie überhaupt in konkreten Situationen wirken. Alles noch sehr abstrakt? Keine Bange, es wird gleich greifbarer.

Beide Modelle sind sich in ihren Grundannahmen recht ähnlich und unterscheiden sich meist nur in Details. Weil das Elaboration-Likelihood-Modell (kurz ELM) insgesamt prominenter ist als das Schwestermodell von Chaiken, bildet es die Grundlage für die folgende Beschreibung.

Elaboration Likelihood

Elaboration Likelihood bedeutet »Elaborationswahrscheinlichkeit«. Der Begriff bezieht sich auf die Wahrscheinlichkeit, mit der der Rezipient einer persuasiven Botschaft diese ausführlich elaboriert, heißt gedanklich verarbeitet.

Dem ELM nach findet die Verarbeitung entweder über eine zentrale oder eine periphere Route statt. Daher auch die Bezeichnung Zwei-Prozess-Modell. Die zentrale Route ist gekennzeichnet durch ausführliches Nachdenken über die Inhalte der Botschaft.

✔ Rezipienten, die den zentralen Weg einschlagen, überdenken die präsentierten Argumente gründlich, wägen ab, was sie genau bedeuten, bemerken, ob sie überzeugend oder fadenscheinig sind, und investieren dazu ausführlich kognitive Energie.

✔ Bei der peripheren Verarbeitung vernachlässigen Rezipienten die Inhalte der Botschaft. Vielmehr erfolgt die Einstellungsänderung auf der Grundlage sogenannter peripherer Hinweisreize (englisch *cues*). Diese Hinweisreize liefern mögliche Abkürzungen, um trotz niedriger Elaborationswahrscheinlichkeit am Ende mit geringem kognitivem Aufwand zu einer Einstellung zu kommen.

Während die Argumente in der eigentlichen Botschaft stecken, nehmen die Rezipienten *Hinweisreize* aus dem Kontext der Persuasionsepisode auf:

✔ die Expertise des Kommunikators,

✔ die dem Kommunikator entgegengebrachte Sympathie,

✔ die simple Anzahl der präsentierten Argumente unabhängig von deren Inhalt,

✔ die (vermeintliche) Meinungsübereinstimmung im Sinne von »Eine Mehrheit der Befragten sprach sich dafür aus, dass ...«

und viele andere.

Anders als themenspezifische Argumente sind Hinweisreize zwischen unterschiedlichen Themen austauschbar: Ein Argument, mit dem dafür plädiert wird, das Smartphone einer bestimmten Marke zu kaufen, lässt sich nicht sinnvoll auf dem Wahlplakat einer politischen Partei unterbringen. Die Expertise oder die Sympathie des Kommunikators sollten dagegen – periphere Verarbeitung vorausgesetzt – sowohl bei der Smartphone-Werbung als auch bei der Wahlkampagne ihre Wirkung entfalten.

Wie kommt es zu zentraler oder peripherer Verarbeitung? Das ELM nennt zwei Faktoren, die darüber entscheiden, wie hoch die Elaborationswahrscheinlichkeit ausfällt und damit, ob die Rezipienten die zentrale oder die periphere Route einschlagen:

1. **Ausreichend Motivation, den damit verbundenen hohen kognitiven Aufwand zu betreiben**

    Diese Motivation zur Anstrengung kann sich aus unterschiedlichen Quellen speisen:

    - **Interesse:** Die einfachste ist vielleicht ein hohes persönliches Interesse am Einstellungsobjekt. Wer selbst Goldfische züchtet, wird mit Spannung die Werbebotschaft zu einem neuen Fischfutter lesen, das verspricht, goldenen Glanz in den Gartenteich zu zaubern. Wer dagegen Karpfenzucht betreibt, wird mit dem versprochenen Goldglanz wenig anzufangen wissen und die Seite mit der Anzeige im »Fischmagazin« rasch überblättern.

    - **Verantwortung:** Eine Art, hohe Motivation zu schaffen, besteht darin, das abschließende Einstellungsurteil an hohe Verantwortung zu knüpfen: »Das Ergebnis dieser Umfrage und damit Ihr ganz persönliches Urteil bildet, eine wichtige Grundlage dafür, ob an allen Schulen in Deutschland XY eingeführt wird oder nicht.« Vergleichen Sie das mit der Instruktion: »Ihre Kreuzchen auf der Neun-Punkte-Skala dienen dazu, Daten zu generieren, mit denen Studierende im Statistikkurs grundlegende Rechenverfahren einüben. Am Ende des Semesters werden sie gelöscht.«

    - **Rechtfertigung:** Stellen Sie sich vor, Sie müssten erwarten, Ihre Einstellung später gegenüber Ihnen wichtigen Personen, etwa Ihrer Chefin oder Ihrem Ehemann, zu begründen: »Wieso finden Sie / findest du XY gut?« Sicherlich motiviert eine solche Erwartung, genau über die Inhalte der persuasiven Botschaft nachzudenken.

- **Kognitionsbedürfnis:** Einen wichtigen motivationalen Faktor bildet auch eine Persönlichkeitseigenschaft, *Need for Cognition* genannt. Menschen unterscheiden sich darin, wie häufig sie über Beliebiges nachdenken und wie viel Vergnügen ihnen das Nachdenken im Allgemeinen bereitet. Wer ein hohes Kognitionsbedürfnis besitzt, liest eher die klein gedruckte Produktbeschreibung auf einer Packung mit Waschmittel, fragt sich irgendwann einmal, was eigentlich genau passiert, wenn man im Auto das Kupplungspedal bedient, und wie es möglich ist, dass auch im 25. Stock eines Hochhauses genügend Wasserdruck herrscht, um zu duschen. Wem das egal ist, besitzt wahrscheinlich ein eher niedriges Bedürfnis, den Verstand bei allen möglichen Gelegenheiten und damit auch bei der Werbung zu Goldfischfutter einzuschalten. Das Need for Cognition lässt sich mit Fragebogen recht gut messen. Auf das ELM angewendet, ergibt sich, dass Menschen mit einem hohen Need for Cognition eher die zentrale Route der Verarbeitung einschlagen als Menschen mit einem niedrigen Kognitionsbedürfnis.

2. **Ausreichend kognitive Kapazitäten aufseiten der Rezipienten**

    Stellen Sie sich den jungen Vater vor, der die brüllende sechs Monate alte Tochter auf dem Arm hält, während die Milch auf dem Herd überkocht und die Schwiegermutter an der Haustür klingelt. Wie viel kognitive Ressourcen zum Nachdenken über die Werbebotschaft, die gerade im Radio gesendet wird, hat er übrig? Faktoren wie

    - Ablenkung,
    - Müdigkeit und Erschöpfung,
    - mangelndes Vorwissen.

    begrenzen die Elaborationswahrscheinlichkeit und führen zu peripherer Verarbeitung.

In Abbildung 5.2 sind die Grundannahmen des Elaboration-Likelihood-Modells nach Petty und Cacioppo (1986) zusammengefasst dargestellt.

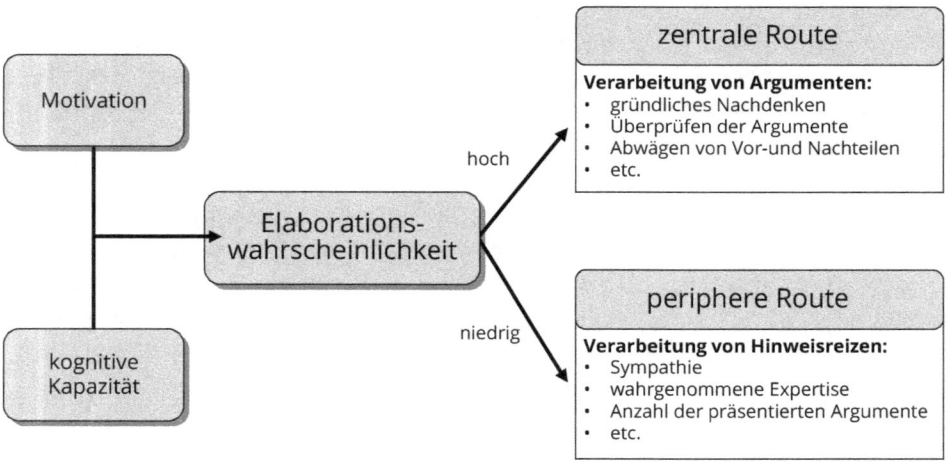

Abbildung 5.2: Das Elaboration-Likelihood-Modell von Petty und Cacioppo (1986)

Schließlich unterscheidet das ELM die periphere von der zentralen Verarbeitung auch im Hinblick auf die Wirkung der Einstellungsänderung. Einstellungen, die auf der zentralen Route gebildet wurden,

✔ erweisen sich als stabiler über die Zeit,

✔ sind resistenter gegenüber Versuchen, die Einstellung wieder zu ändern, und

✔ sagen konkretes Verhalten besser vorher als Einstellungen, die auf der peripheren Route gebildet wurden.

Insgesamt haben sich die Annahmen des ELM in einer Vielzahl von wissenschaftlichen Studien als recht tragfähig erwiesen. Das ELM wird auch in der angewandten Wissenschaft häufig genutzt, etwa um Werbebotschaften oder öffentliche Kampagnen zu gestalten und ihre Wirkungen zu untersuchen.

Kritisch ist sicherlich anzumerken, dass der Erfolg des ELM zum Teil darauf beruhen mag, dass es sehr flexible Interpretationen erlaubt. Ein Faktor, der zum Beispiel unter niedriger Motivation oder Fähigkeit auf die Einstellungen wirkt, kann leicht als peripheres Merkmal der persuasiven Kommunikation »deklariert« werden, auch wenn es dem allgemeinen Verständnis nach eher ein inhaltliches Argument darstellt. Nehmen Sie als Beispiel das simple Argument »Schokoladig gut!« für eine Süßigkeit und überlegen Sie, wie viel Anspruch es an die Elaborationswahrscheinlichkeit stellt. Insgesamt wohl eher wenig. Umgekehrt kann sich ein peripheres Merkmal nicht unmittelbar erschließen und damit hohe Elaborationswahrscheinlichkeit erfordern: Ist der präsentierte Kommunikator tatsächlich eine Expertin oder nur eine Schauspielerin im weißen Arztkittel, die in einem Werbespot für eine Zahncreme wirbt?

Wie Werbung wirkt

Für Werbung werden in Deutschland weit über 30 Milliarden Euro pro Jahr ausgegeben. Lohnen sich diese Ausgaben? Was weiß die Sozialpsychologie dazu zu sagen?

Über 30 Jahre lang gab es in dem pfälzischen Ort Haßloch einen Testmarkt. Dort wurden gezielt Werbungen zu neuen Produkten geschaltet, die es sonst nirgends zu erwerben gab, und zu den Umsätzen im lokalen Supermarkt in Beziehung gesetzt. Das »Realexperiment« wurde im Jahr 2021 eingestellt, weil sich die Werbewirtschaft inzwischen lieber auf künstliche Intelligenz verlässt, die weltweit gesammelte Daten zum Konsumverhalten auswertet. Aber das Fazit aus den in Haßloch gesammelten Erfahrungen ist eindeutig:

Werbung wirkt und über die Werbung lassen sich zusätzliche Umsätze in erheblichem Ausmaß generieren.

Sind auch Sie geneigt, das neue Reinigungsmittel zu kaufen, das im Werbespot lästige Kalkflecken in der Küche durch einfaches Einsprühen und Wegwischen entfernt? Stellt man Menschen die Frage danach, ob sie von der Werbung beeinflusst werden, erhält man im Durchschnitt die Antwort, dass bei ihnen Werbung gar nicht wirkt. Den Widerspruch zu objektiven Daten wie aus dem Haßlocher Testmarkt lösen sie dadurch auf, dass sie glauben, dass andere sehr wohl von Massenmedien stark beeinflusst werden. Dieses Phänomen nennt die Literatur den *Third-Person-Effekt*.

Der *Third-Person-Effekt*

✔ beschreibt die Tendenz, anderen Menschen zu unterstellen, dass sie von Massenmedien und der dort präsentierten Werbung stärker beeinflusst werden als man selbst,

✔ lässt sich meist bei unerwünschtem Einfluss wie dem einer Werbemaßnahme beobachten. Bei erwünschtem Einfluss, wie zum Beispiel einem Spendenaufruf nach einer Katastrophe, wird die Wirkung auf andere als geringer eingeschätzt als der Einfluss auf sich selbst,

✔ tritt bei gegenüber nicht spezifizierten »anderen« auf, nicht aber, wenn es sich bei den anderen um nahestehende Personen handelt.

Anders sieht es mit den subjektiven Theorien über die Wirkung von Werbung aus, wenn man nach unterschwellig dargebotenen Werbebotschaften fragt.

Unterschwellige Darbietung, im Psycho-Slang auch »subliminale« Darbietung genannt, bedeutet, dass ein Reiz so kurzfristig (zum Beispiel für 10 Millisekunden) oder versteckt in anderen Reizen präsentiert wird, dass eine bewusste Verarbeitung nicht möglich oder zumindest unwahrscheinlich ist, er aber durchaus eine unbewusste Wirkung erzielen kann.

In den 1950er-Jahren trat ein gewisser James Vicary mit der Behauptung auf, er hätte durch die unterschwellige Darbietung von persuasiven Botschaften wie »Iss Popcorn« während der Aufführung von Kinofilmen das Publikum dazu veranlassen können, mehr Popcorn zu kaufen. Tatsächlich erwiesen sich seine Ergebnisse später als gefälscht. Aber die Befürchtung der Menschen, dass sie auf solch perfide Weise beeinflusst werden könnten, blieb bis heute erhalten: Im Gegensatz dazu, dass sie fälschlicherweise glauben, von expliziter Werbung nicht beeinflusst zu werden, nehmen sie an, dass eine unterschwellig präsentierte Botschaft ihr Verhalten durchaus steuern kann. Aber auch diese Annahme erwies sich nach ausführlichen Studien als unrichtig.

Ein Effekt unterschwellig dargebotener persuasiver Botschaften auf das Konsumverhalten ist wissenschaftlich nicht belegt.

Trotzdem ist in vielen Ländern unterschwellige Werbung per Gesetz verboten – vielleicht, weil allein schon der Versuch als heimtückisch und niederträchtig bewertet wird.

In Ontario, Kanada, haben Verantwortliche im Jahr 2007 Spielautomaten aus dem Verkehr gezogen, bei denen zwischen den Spieldurchgängen, im Durchschnitt also alle 2 Sekunden, unterschwellig das Gewinnsymbol für den Jackpot für 50 Millisekunden eingeblendet wurde. Ob es sich um einen Fehler in der Software handelte, wie die Herstellerfirma behauptete, oder um den Versuch, die Spielerinnen und Spieler »bei der Stange zu halten«, konnte nicht abschließend aufgeklärt werden.

Wissenschaftlich betrachtet lässt sich aber nicht ausschließen, dass das Aufblitzen der Gewinnsymbole in diesem Fall einen Einfluss auf das Spielverhalten haben könnte. Zum einen enthalten die Zeichen anders als gezielte Werbung keine echte Botschaft, zum anderen treffen sie möglicherweise auf Personen, bei denen ein gewisses Potenzial für Spielsucht und damit eine hohe Bereitschaft, auf das Jackpot-Symbol zu reagieren, gegeben sein kann.

In diesem Zusammenhang muss unbedingt erwähnt werden, dass unterschwellig dargebotene Reize durchaus Effekte produzieren können. Die Voraussetzungen dafür sind aber auf gut kontrollierte Laborbedingungen begrenzt. Im Alltag lässt sich mit einem einfachen »Iss Popcorn« kein Hunger auslösen und auch niemand dazu verleiten, entgegen dem eigenen Willen, den eigenen Vorlieben oder sonstigen Eigenschaften Popcorn zu vertilgen.

Tatsächlich wirkt Werbung vielmehr so, wie aus dem Elaboration-Likelihood-Modell und anderen Persuasionsmodellen abzuleiten ist.

- ✔ Hohe Relevanz des Einstellungsobjekts lässt die Rezipienten die Inhalte der Botschaft ausführlich verarbeiten, wie im Beispiel mit der Heizungsanlage.

- ✔ Ist eine Relevanz nicht gegeben, wirkt die Werbung über periphere Hinweisreize: die sympathische Sportlerin, der vermeintliche Experte im weißen Arztkittel oder der »lebensfrohe« Kontext mit sexuell aufgeladenen Bildern wie bei einer sehr bekannten Limonadenmarke.

- ✔ Relevanz kann auch künstlich geschaffen werden, wie zum Beispiel häufig bei Hygieneartikeln. Die völlig Unbeteiligten fragen sich bei solchen Beispielen, wie die Menschheit Hunderttausende von Jahren ohne Slipeinlagen auskommen konnte.

- ✔ Produkte, die mit Gefühlen verbunden sind, erfordern Werbung, die diese Gefühle anspricht. Luxusmarken werden zu Statussymbolen über den hohen Preis und vermeintliche Luxusmarken über die Werbung, die das Produkt im luxuriösen Kontext präsentiert wie bei einem preisgünstigen SUV vor dem Jagdschloss eines Milliardärs.

Und viele Beispiele mehr.

Beobachten Sie gern selbst die Werbebotschaften, die Ihnen im Alltag begegnen, vor dem Hintergrund des in diesem Kapitel erworbenen Wissens. Untersuchen Sie an einem gegebenen Beispiel, vielleicht im Wartezimmer mit einer Illustrierten in der Hand, welche Motive angesprochen werden, wie hoch die Anforderung an den kognitiven Aufwand seitens der Rezipienten ausfällt, welche Argumente präsentiert werden und welche Hinweisreize. Aber vergessen Sie bitte nicht, dass trotz Ihrer Einsichten und dem Spaß daran, sie anzuwenden, die Werbung am Ende auch bei Ihnen ihre Wirkung nicht verfehlt.

Teil III
Das Ich und das Du

IN DIESEM TEIL ...

✔ Wie ich mich sehe und wie ich dich sehe.

✔ Die Antwort auf die Frage: »Wer bin ich?«

✔ Die Antwort auf die Frage: »Wer bist du?«

✔ Die Antwort auf die Frage: »Wie passen wir beide zusammen?«

IN DIESEM KAPITEL

Die Vorstellung davon, wer Sie selbst sind

Die enge Verbindung zwischen dem eigenen Selbst und anderen Menschen

Das Selbstwertgefühl als der bedeutsamste Inhalt des Selbstkonzepts

Quellen der Selbsterkenntnis: Introspektion, Selbstwahrnehmung und soziale Vergleiche

Wie Sie von anderen gesehen werden wollen: Impression Management

Das soziale Selbst: soziale Identität und Kultur

Kapitel 6
Das Ich: Das Selbstkonzept als Antwort auf die Frage »Wer bin ich?«

Es gibt nichts auf dieser Welt, das Ihnen näher steht als Ihre eigene Person. Jede Sekunde Ihres Lebens haben Sie notwendigerweise mit sich selbst verbracht. Beschäftigen Sie sich mit sich selbst, können Sie folglich auf einzigartiges und exklusives Wissen zurückgreifen. Dabei sind Sie sowohl das Subjekt, also die Person, die nachdenkt, als auch das Objekt, auf das Ihre Gedanken gerichtet sind – gerade so, als ob sich ein Buch selbst lesen würde. Das ist einmalig und gelingt mit keinem anderen Gegenstand und keiner anderen Person, so nahe er oder sie Ihnen auch stehen mag.

Jedes Individuum hat eine Auffassung von sich selbst. Es ist ein ganz besonderer Vorgang, reflexiv Gedanken auf den zu richten, der diese Gedanken gerade denkt. Daraus ergibt sich ein Verständnis von sich selbst, das in der Sozialpsychologie meist *Selbstkonzept* genannt wird. Es hilft, Wissen und Vorstellungen über die eigene Person zu organisieren, um sich selbst zu verstehen. Das Selbstkonzept beinhaltet insbesondere Information über

✔ Fähigkeiten,

✔ Eigenschaften,

✔ Schwächen,

✔ Hobbys,

✔ Ziele,

✔ Einstellungen und Werthaltungen,

✔ Beziehungen zu anderen Menschen,

✔ Bewertungen der eigenen Person, genannt Selbstwertgefühl,

und vieles mehr.

Versuchen Sie es gern selbst und schreiben Sie auf ein leeres Blatt je nach Lust und Laune zehn oder zwanzig Antworten auf die Frage »Wer bin ich?«. Sie finden dann auf Ihrer Liste vielleicht: »Frühaufsteherin«, »unordentlich«, »gesellig«, »manchmal verschwenderisch«, »verheiratet mit X«, »Sohn von Y«, »überzeugte Demokratin«, »Mitglied im örtlichen Sportverein«, Ihren Beruf oder angestrebten Abschluss und so weiter. Sicher ist, dass selbst dann, wenn sich sehr viele Menschen dieser Aufgabe unterziehen, keine zwei Auflistungen genau gleich ausfallen werden. Jeder Mensch ist nicht nur einzigartig (Objekt), sondern betrachtet sich selbst auch aus seinem ganz eigenen Blickwinkel (Subjekt).

Das *Selbstkonzept*, manchmal auch *Selbstbild* oder *Identität* genannt, beinhaltet die Gesamtheit der Vorstellungen und Überzeugungen, die ein Individuum von sich selbst in Bezug auf die eigenen Merkmale hat. Es beantwortet die Frage »Wer bin ich?« und schließt Eigenschaften, Fähigkeiten, Gefühle, Ziele, Bewertungen und so weiter ein. Es bestimmt, wie auf die eigene Person bezogene Information verarbeitet und bewertet wird.

Das Selbstkonzept entwickelt sich schon im Kleinkindalter und ist ab ungefähr dem 18. Lebensmonat deutlich erkennbar. Dazu erhalten die Kleinen insgeheim einen roten Farbpunkt auf Nase oder Stirn, und man beobachtet, wie sie reagieren, wenn sie sich selbst im Spiegel sehen. Greifen sie nach dem Punkt, weil das Spiegelbild offensichtlich anders aussieht als erwartet, haben sie zumindest ein rudimentäres Konzept von sich selbst entwickelt. Einigen intelligenten Menschenaffen und Delphinen, die ihr Spiegelbild gern gegen die Wasseroberfläche betrachten, bestehen ebenfalls diesen Test. Jüngere Kinder und andere Tiere reagieren jedoch nicht auf den roten Punkt. Ohne ein Selbstkonzept sieht Ihre Hauskatze im Spiegel irgendein Bild, nicht aber sich selbst. Ab dem Schulalter beschreiben sich die Kleinen mit Eigenschaften, Vorlieben und so weiter und vergleichen sich dazu mit anderen Kindern. Im Alter von etwa acht bis zehn Jahren unterscheidet sich die Struktur des Selbstkonzepts von Kindern nicht mehr bedeutsam von dem Erwachsener.

Auf den ersten Blick erscheint das Selbstkonzept als eine sehr private, vielleicht sogar intime Angelegenheit. Möglicherweise fragen Sie sich an dieser Stelle, was das mit Sozialpsychologie zu tun hat, bei der doch das Zusammenleben der Menschen im Fokus des wissenschaftlichen Interesses steht. Wie Sie in diesem Kapitel erfahren werden, ist das Selbstkonzept auf zweierlei Weise eng mit den sozialen Beziehungen zu anderen verknüpft.

1. **Das Bild von sich selbst ergibt sich aus den Beziehungen zu anderen Menschen.**

   Es finden zum Beispiel *soziale Vergleiche* mit anderen statt, die es erlauben, die eigene Person einzuordnen und zu bewerten. Und wer ausreichend befriedigende soziale Kontakte hat, nimmt sich selbst als wertgeschätztes Individuum wahr.

2. **Wie jemand sich selbst sieht, bestimmt, wie sie oder er sich anderen gegenüber verhält.**

   Glaubt Rudi Richtig, besonders kompetent zu sein – egal ob zu Recht oder zu Unrecht –, wird er in einer Diskussion ganz anders auftreten als Sarah Zaghaft, die sich bei diesem Thema als wenig versiert einschätzt. Und der Teenager, der sich selbst für besonders attraktiv hält, bewegt sich auf einer Party und im Club ganz anders als das »Mauerblümchen« ganz hinten in der dunklen Ecke.

Die enge Beziehung zwischen dem Selbstkonzept und der sozialen Umwelt vermittelt Abbildung 6.1.

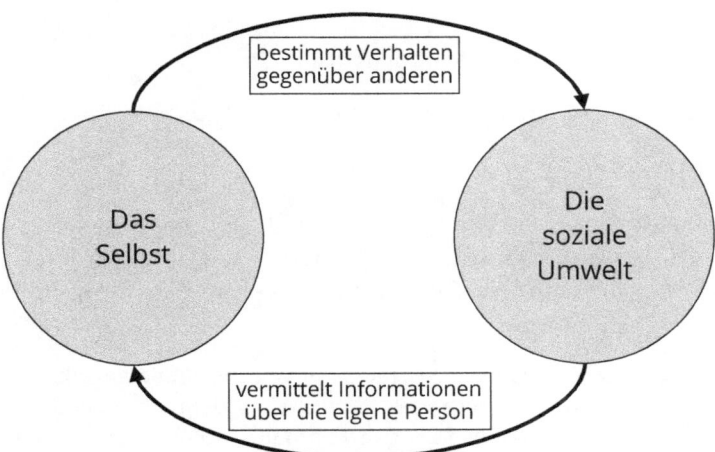

Abbildung 6.1: Die enge Beziehung zwischen dem Selbstkonzept und der sozialen Umwelt

Bin ich ein wertvoller Mensch? Das Selbstwertgefühl

Paul sieht sich selbst als wertvolle Person. Er vertraut in seine Fähigkeiten und fühlt sich auch von anderen wertgeschätzt. Indessen glaubt Jasmin, dass sie sich in vielen Aspekten ändern müsste, und ist häufiger unzufrieden mit sich selbst. Manchmal kann sie sich selbst nicht ausstehen. Paul und Jasmin unterscheiden sich in etwas, das die Psychologie das *Selbstwertgefühl* oder kurz den *Selbstwert* (in der englischen Fachliteratur *self-esteem*) nennt.

Das *Selbstwertgefühl* entspricht einer Einstellung (siehe Kapitel 5) gegenüber der eigenen Person. Es beinhaltet eine Bewertung auf der Dimension positiv-negativ. Wer sich selbst mag und wertschätzt, hat ein hohes Selbstwertgefühl; ein niedriges oder geringes Selbstwertgefühl bezeichnet eine skeptische Haltung gegenüber der eigenen Person. Der Selbstwert ist der wichtigste Inhalt des Selbstkonzepts, weil er mit einer Reihe bedeutsamer Konsequenzen einhergeht und Menschen gewöhnlich danach streben, ein positives Bild von sich zu erreichen und aufrechtzuerhalten. Im Durchschnitt haben Männer ein höheres Selbstwertgefühl als Frauen.

Der Selbstwert einer Person kann bei Paul, Jasmin und auch bei Ihnen mithilfe von Fragebogen gemessen werden. Die Befragten geben dabei Selbstauskunft darüber, wie gut vorgegebene Aussagen ihre Person beschreiben. Solche Aussagen lauten etwa:

- ✔ Ich fühle mich als wertvoller Mensch.
- ✔ Ich kann mit mir zufrieden sein.
- ✔ Ich bin froh, dass ich so bin, wie ich bin.
- ✔ Manchmal habe ich schon gedacht, ein wertloser Mensch zu sein.
- ✔ Ich hatte schon mal das Gefühl, dass ich mich selbst nicht leiden kann.
- ✔ Ich sollte viele Aspekte an mir ändern.

Diese Fragen veranschaulichen recht gut, was in der Sozialpsychologie unter dem Selbstwert verstanden wird. Bei der Auswertung werden die Antworten auf die negativ formulierten Aussagen umcodiert, sodass eine hohe Punktzahl ein hohes Selbstwertgefühl repräsentiert.

Im Ergebnis zeigt sich für die allermeisten Menschen eine positive Einstellung gegenüber sich selbst. Ein niedriges Selbstwertgefühl beim gesunden Menschen ist demnach eher über den Vergleich mit anderen definiert: Auch Jasmins Selbstwert enthält absolut gesehen noch immer die Tendenz, das Ich in positivem Licht zu sehen, selbst wenn ihr Punktwert niedriger ausfällt als bei Paul.

Ein wirklich negatives Bild von sich selbst ist oft mit einer psychischen Störung verbunden. Gefühle der eigenen Minderwertigkeit finden sich zum Beispiel häufig in Verbindung mit Depression, sodass sich ein beträchtlicher Teil psychotherapeutischer Anstrengungen darauf richtet, das Selbstwertgefühl der betroffenen Patientinnen und Patienten zu erhöhen.

Der Selbstwert ist nicht zu verwechseln mit Vorstellungen dazu, wie sehr sich eine Person zutraut, eine ganz spezifische Aufgabe zufriedenstellend zu bearbeiten oder Herausforderungen in einem bestimmten Bereich zu meistern. Das Gefühl der *Selbstwirksamkeit* bezieht sich nicht wie der Selbstwert auf eine generelle Einstellung gegenüber sich selbst, sondern auf Fähigkeiten in einzelnen Inhaltsbereichen. Denkt Jasmin: »Ich bin gut in Mathe«, bezieht sich das auf ihr Zutrauen in diesem Fach, aber nur indirekt auf ihr allgemeines Selbstwertgefühl.

Der Selbstwert ist stark von der genetischen Ausstattung eines Individuums abhängig, also zu einem erheblichen Teil erblich bedingt und weniger von der Erziehung oder frühkindlichen Erfahrungen bestimmt.

Auch Paul und Jasmin sind mit der Anlage auf die Welt gekommen, eine eher positive oder weniger positive Sicht auf sich selbst zu entwickeln. Folglich ist der Selbstwert eine recht stabile Eigenschaft eines Menschen. Trotzdem lassen sich Veränderungen im Selbstwertgefühl beobachten. Typische Beispiele dazu sind:

✔ **Bedeutsame Lebensereignisse (Major Life Events):** Der gelungene Berufsabschluss, endlich das Abitur in der Tasche, der Doktortitel vor dem eigenen Namen – das Bild von sich selbst erscheint dauerhaft günstiger. Mit Mitte fünfzig die Kündigung, finanzieller Ruin durch eine unglückliche Scheidung – der Selbstwert pendelt sich langfristig auf einem niedrigeren Niveau ein.

✔ **Pubertät:** Während der Pubertät setzt eine Phase der Selbstfindung junger Menschen ein. Die körperlichen Veränderungen und Stimmungsschwankungen verschlechtern in dieser Zeit in vielen Fällen das Selbstwertgefühl der Jugendlichen.

✔ **Lebensspanne:** Generell findet sich eine Verbesserung im Selbstwert mit zunehmendem Alter bis etwa 60 Jahre. Gestern noch als Studentin zur Uni geradelt, heute angestellte Rechtsanwältin in einer angesehenen Kanzlei und morgen vielleicht schon Notarin im eigenen Anwaltsbüro – die meisten Menschen empfinden, dass es bei ihnen im Leben auf die eine oder andere Weise aufwärtsgeht. Das ändert sich, wenn im Alter Brille und Hörgerät zu ständigen Begleitern werden, einem im Spiegel ein alter Mann entgegenblickt und überhaupt manches nicht mehr so einfach zu bewerkstelligen ist wie früher.

✔ **Kurzfristige Veränderungen:** Die Peinlichkeit, beim Lügen erwischt worden zu sein, die bestandene Führerscheinprüfung, ein verlorenes Tennismatch, die Einladung zum Neujahrsempfang des Bürgermeisters und ähnliche Ereignisse können das Selbstwertgefühl kurzfristig, aber nicht dauerhaft beeinflussen. Dasselbe bewirken retrospektive Gedanken an solche Ereignisse in der Vergangenheit.

Führt Paul mit seiner eher positiven Grundeinstellung gegenüber dem Ich ein angenehmeres Leben als Jasmin? Das liegt nahe, denn Gedanken an und über sich selbst sind bei ihm mit angenehmeren Gefühlen verbunden als bei ihr. Ein hoher Selbstwert bringt darüber hinaus auch weitere Vorteile, die Ihnen spontan vielleicht gar nicht in den Sinn gekommen sind. Die psychologische Forschung hat dazu Folgendes festgestellt:

✔ **Soziale Fähigkeiten:** Paul hat höhere soziale Fähigkeiten entwickelt als Jasmin und wirkt im Umgang mit anderen verträglicher und insgesamt sympathischer. Wer sich selbst wertschätzt, führt tendenziell auch glücklichere und stabilere Partnerschaften.

✔ **Leistungen und Erfolge:** Eine leichte Überschätzung im Selbstwert lässt Menschen Aufgaben und Herausforderungen annehmen, die realistisch betrachtet ihre Begabungen und Kompetenzen übersteigen. Paul wird vielleicht mit Glück oder mit der Hilfe anderer etwas erreichen, das sich Jasmin erst gar nicht zutraut.

✔ **Beharrlichkeit:** Paul wird von Rückschlägen nicht so schnell entmutigt wie Jasmin, die ihrerseits stärker als er auf alltägliche Misserfolge mit Enttäuschung reagiert.

- ✔ **Beeinflussbarkeit:** Bei seinen Meinungen und Entscheidungen ist sich Paul meist recht sicher, während Jasmin leichter zu beeinflussen ist und eher als Paul auf das hört, was ihr andere von außen zutragen.

- ✔ **Selbstkonzeptklarheit:** Die Inhalte seines Selbstkonzepts sind für Paul klar, eindeutig und stabil. Jasmin ist sich dagegen bei sich selbst nicht immer sicher, was genau ihre Eigenschaften sind. Die Frage »Wer bin ich?« beantwortet sie nicht immer auf die gleiche Art und Weise.

- ✔ **Immunsystem:** Vielleicht überraschend, aber tatsächlich sind Menschen mit einem hohen Selbstwert eher vor Infektionskrankheiten geschützt. Paul wird also seltener mit einer Erkältung im Bett liegen als Jasmin.

- ✔ **Psychische Erkrankungen:** Ein hoher Selbstwert erhöht die Widerstandsfähigkeit gegen psychische Erkrankungen, insbesondere Depression und Schizophrenie.

Grandiose Selbstliebe: Narzissmus

Eine leichte Selbstüberschätzung ist demnach durchaus »gesund«. Dagegen wird ein extrem positives Selbstbild häufig mit dem Begriff *Narzissmus* in Verbindung gebracht, der mit »übertriebener Selbstliebe« gleichgesetzt werden kann. Narzissmus ist ein schwer zu definierender Begriff, weil unterschiedliche Forschungsrichtungen uneinheitliche Perspektiven entwickelt haben. Darüber hinaus wird der Begriff »Narzisst« im Alltag allzu häufig auch ohne gesicherte Grundlage verwendet, um andere Menschen abzuwerten oder zu beleidigen.

In der Forschung ist man sich zumindest weitgehend darüber einig, dass Narzissmus Ausdruck eines grandiosen Selbstbilds ist, das regelmäßig an der Realität scheitert und deshalb auf wackligen Beinen steht. Wer sich für den »Schönsten« und »Begabtesten« hält, von anderen aber nicht so gesehen wird und schwache Leistungen erbringt, geht andere Wege, um das Selbstwertgefühl aufrechtzuerhalten. Die Abwertung anderer und die ständige Suche nach Anerkennung sind typische Möglichkeiten. Eine extreme Ausprägung von Narzissmus wird als »narzisstische Persönlichkeitsstörung« bezeichnet und auf der Grundlage folgender Kriterien diagnostiziert:

- ✔ **Grandioses Selbstkonzept:** unrealistische Auffassung von der eigenen Überlegenheit bei Begabungen, Leistungsvermögen, Aussehen und so weiter

- ✔ **Bewunderung:** starkes Bedürfnis nach Wertschätzung und Bestätigung durch andere

- ✔ **Fantasien:** Wunschträume von uneingeschränkter Macht und außerordentlichen Erfolgen

- ✔ **Einzigartigkeit:** die Vorstellung, etwas ganz Besonderes zu sein und sich so von den »Durchschnittsmenschen« zu unterscheiden

- ✔ **Anspruchsdenken:** hohe Erwartung, von anderen bevorzugt behandelt zu werden und besondere Ansprüche geltend machen zu dürfen

✓ **Neid:** häufige Missgunst und das Unterstellen vergleichbarer Gedanken bei anderen

✓ **Überheblichkeit:** Behandeln von Mitmenschen »von oben herab« und arrogante Verhaltensweisen

✓ **Empathie:** geringes Interesse daran, sich in andere hineinzuversetzen und deren Gefühle und Interessen zu verstehen

✓ **Ausbeutung:** Ausnutzen anderer Menschen für die eigenen Ziele

Vermessenheit und die Unfähigkeit, das eigene Unvermögen zu erkennen

Abseits von der narzisstischen Persönlichkeitsstörung findet sich ein wenig Narzissmus in praktisch allen Menschen. Das ist auch gut so, wie die oben beschriebenen wünschenswerten Konsequenzen eines »gesunden Selbstbewusstseins« nahelegen.

Selbstüberschätzung betrifft zum Beispiel auch den Beitrag, den der Einzelne zu Gruppenleistungen für sich in Anspruch nimmt. Befragt man etwa Familienmitglieder zu ihrem prozentualen Anteil an der gemeinsamen Hausarbeit, kommen schnell mehr als die mathematisch möglichen 100 Prozent zusammen. Und Umfragen zeigen, dass sich weit mehr als die Hälfte der Befragten für überdurchschnittlich gute Autofahrerinnen und Autofahrer hält. Dasselbe gilt für Dozentinnen und Dozenten an Hochschulen, die sich mehrheitlich als besonders gute Lehrkräfte einschätzen. Ein Grund dafür liegt darin, dass Menschen dazu neigen, auf Aspekte zu fokussieren, in denen sie tatsächlich überdurchschnittlich abschneiden. So kann »gutes Autofahren« ganz unterschiedlich definiert werden: schnell ans Ziel gelangen, energiesparend fahren, maximal Unfallrisiken vermeiden und so weiter. Das erklärt Aussagen wie: »Ich bin ein sehr guter Autofahrer, habe allerdings Probleme beim Einparken.«

Eine ganz eigene Spielart der Selbstüberschätzung haben die Psychologen David Dunning und Justin Kruger in einer Publikation aus dem Jahr 1999 beschrieben.

 Der *Dunning-Kruger-Effekt* beschreibt das Phänomen, dass Inkompetenz auf einem Gebiet Menschen außerstande setzt, die eigene Ahnungslosigkeit zu erkennen. Wer wenig Bescheid weiß, ist demnach nicht in der Lage, sich der eigenen Kompetenzlücken bewusst zu werden. Die Folge ist besondere, aber ungerechtfertigte Sicherheit bei den eigenen Entscheidungen und Meinungen. Dagegen lässt wahre Expertise Menschen dazu tendieren, ihre Fähigkeiten zu unterschätzen, weil sie die Komplexität vieler Fragestellungen und Probleme und damit auch die Grenzen ihrer eigenen Möglichkeiten erkennen.

Anders als in den Medien und vielen Blogbeiträgen ist der Dunning-Kruger-Effekt seit seiner Beschreibung in der Forschung vergleichsweise wenig beachtet worden und auch nicht unumstritten geblieben. Die beiden Autoren erhielten für ihren Beitrag im Jahr 2000 den Ig-Nobelpreis, eine satirische Auszeichnung für skurrile Forschung, vergeben von der amerikanischen Harvard-Universität. Trotz gewisser wissenschaftlicher Zweifel mag so manche

Beobachtung im Alltag, bei der ausgerechnet diejenigen am lautesten schreien, die offensichtlich am wenigsten Ahnung haben, den Dunning-Kruger-Effekt demonstrieren: Bei der Fernsehübertragung eines Fußballspiels der Nationalmannschaft fühlen sich Millionen als die besseren Trainer und wissen genau, welche Mannschaftsaufstellung die richtige gewesen wäre.

Sich selbst erkennen: Woher weiß ich, wer ich bin?

Das Wissen über sich selbst speist sich insbesondere aus drei Quellen:

- ✔ **Introspektion**, ein Vorgang, bei dem das Individuum die Gedanken auf sich selbst richtet, um die eigenen Gedanken, Gefühle, Motive und so weiter zu ergründen.

- ✔ **Selbstwahrnehmung**, bei der ein Individuum das eigene Verhalten beobachtet und daraus Rückschlüsse über sich selbst zieht.

- ✔ **Soziale Vergleiche** mit anderen, wenn es keinen objektiven Maßstab gibt, die eigenen Eigenschaften einzuordnen.

Wenn sich der Blick nach innen richtet: Introspektion

Von Zeit zu Zeit denkt jeder Mensch über sich selbst nach. Allerdings passiert das gar nicht so häufig, wie Sie vielleicht glauben mögen.

Was denkst du gerade?

In groß angelegten Studien statten Forschende Versuchspersonen, die sich dazu bereit erklären, mit einer App für ihr Smartphone aus. Ganz unsystematisch zu irgendeinem Zeitpunkt während des Tages erhalten die Befragten eine Nachricht. Ihre Aufgabe besteht darin, in kurzen Stichwörtern anzugeben, an was sie genau in diesem Augenblick gedacht haben. Zählt man die Antworten aus, richten sich kaum mehr als 8 Prozent aller Gedanken auf die eigene Person und damit zum Beispiel auch weniger als auf andere Menschen. Am häufigsten denken die Befragten an ihre Arbeit beziehungsweise Ausbildung. Verblüffend häufig kommt übrigens auch die Antwort »An gar nichts«.

Was in schlaflosen Nächten gedacht wird, lässt sich auf die beschriebene Weise nicht ergründen, weil man die Probanden mit Aufforderungen dieser Art ab einer gewissen Uhrzeit verschont. Hierzu ist man auf Selbstberichte aus zeitlicher Distanz angewiesen. Solche Aussagen sind allerdings weniger aussagekräftig als unmittelbare Auskünfte. Oder könnten Sie genau sagen, was Sie gestern Abend um Punkt halb zehn gerade gedacht haben?

Introspektion bezeichnet den Vorgang, bei dem sich die Gedanken auf die eigene Person richten. Menschen erkunden so ihre Eigenschaften, Gefühle, Motive, Ziele, Einstellungen und so weiter und denken über vergangene und künftige Entscheidungen und Verhaltensweisen nach.

Introspektion liefert Annahmen über die eigene Person. Wie gut diese Gedanken Tatsächliches widerspiegeln, ist jedoch eine andere Frage.

In Kapitel 4 lernen Sie Beispiele kennen, wie Urteile über beliebige Gegenstände, andere Personen und schließlich auch über sich selbst beeinflusst werden können. Wer gut gelaunt ist, kommt oft zu einem positiveren Ergebnis als eine andere Person, die gerade in schlechter Stimmung ist. Wie wahrscheinlich ist es, dass jemand, der sich beim Einkauf für ein bestimmtes Waschmittel entscheidet oder in einer Umfrage die eigene Lebenszufriedenheit hoch einschätzt (siehe Kapitel 4), sein Urteil auf die augenblickliche Stimmungslage zurückführt, die von dem freundlichen Lächeln einer Passantin im Einkaufszentrum oder vom Sonnenschein an einem strahlenden Sommertag herrührt? Könnten Sie selbst mitteilen, ob Sie eine andere Person nur deshalb für unsympathisch halten, weil es gerade wieder kalt geworden ist und regnet, weshalb Ihre Laune nicht die allerbeste ist? Typischerweise bleiben den Menschen solche Einflüsse auf ihre eigenen Gedanken und Gefühle verborgen – und zwar auch dann, wenn sie sich mit sich selbst beschäftigen.

Empfindungen, Gedankengänge, Einflüsse auf Urteile und Entscheidungen und so weiter entziehen sich häufig bewusster Wahrnehmung. Introspektiv sind sie deshalb selten zugänglich.

Ein anderes Phänomen, das die Qualität von introspektiven Gedanken vermindert, ist die Wirkung subjektiver Annahmen über psychische Vorgänge. So glauben beispielsweise viele Menschen, dass sie einen besonders angenehmen Tag erleben, wenn sie gut ausgeschlafen sind. Vielleicht teilen auch Sie diese *subjektive Theorie*. Tatsächlich gilt jedoch, dass ein leichter Schlafmangel stimmungsaufhellend wirkt und das Wohlbefinden fördert. Deshalb wird mitunter therapeutisch kontrollierter Schlafentzug bei der Behandlung von Depression eingesetzt.

Schließlich neigen Menschen dazu, ihr Verhalten nachträglich mit rationalen Überlegungen zu begründen, wenn sie introspektiv keinen Zugang zu den eigentlichen Ursachen finden können. Die Psychologen Richard E. Nisbett und Timothy D. Wilson berichten dazu eine aufschlussreiche Studie, die im Jahr 1977 veröffentlicht wurde.

Wäre Introspektion eine verlässliche Informationsquelle, bräuchte man in der Sozialpsychologie keine Experimente mehr durchzuführen. Eine Person, die den Eiffelturm nur deshalb höher schätzt, weil zuvor ein hoher Wert vorgegeben war (Ankereffekt, siehe Kapitel 4), müsste dann berichten, dass sie von diesem vorgegebenen Wert bei ihrer Schätzung beeinflusst war. Das ist nur in äußerst seltenen Fällen zu erwarten, weil es Wissen darüber voraussetzt, wie innerpsychische Vorgänge ablaufen, und (noch) nicht alle *Sozialpsychologie für Dummies* gelesen haben. Der Forschung bleibt nichts anderes übrig, als durch geschicktes Experimentieren gewissermaßen »von außen« Erkenntnisse über psychologisch relevante Abläufe zu sammeln, die Menschen »im Innern« gar nicht korrekt abbilden können.

Die perfekten Strümpfe hängen immer rechts: Der Positionseffekt

Rechtshänder aus Kulturen, in denen von links nach rechts geschrieben wird (das trifft auf die meisten von uns zu), tendieren dazu, nach rechts zu greifen, wenn sie ein Objekt aus einer beliebigen Auslage auswählen. Supermärkte nutzen diesen Positionseffekt und platzieren Waren, die bevorzugt über den Ladentisch gehen sollen, rechts im Regal. Diesen Sachverhalt nutzten Nisbett und Wilson für ihre Studie dazu, wie gut Menschen in der Lage sind, durch Introspektion zu erkennen, wie sie zu ihrem Urteil gekommen sind.

Die Experimentatoren baten Passanten in einem Einkaufszentrum aus einer in einer Reihe dargebotenen Kleidungsstücken, zum Beispiel Strümpfe, dasjenige auszuwählen, das sie für das beste hielten. Wie zu erwarten war, wählten die Befragten bevorzugt Strumpfpaare, die sich rechts in der Auslage befanden. Selbstverständlich wurde die Position der Strümpfe durchvariiert, sodass über die Durchgänge hinweg jedes Paar an jeder Stelle zu finden war. Im Resultat erwies sich der Griff nach rechts als unabhängig davon, welches Paar sich gerade an welcher Stelle befand, weil sich die Kleidungsstücke nur wenig voneinander unterschieden. Der bevorzugte Griff nach rechts produzierte einen statistisch hoch signifikanten Effekt.

Nachdem sie ihre Wahl getroffen hatten, befragte man die Probanden, warum sie sich ausgerechnet für dieses Kleidungsstück entschieden hatten. Dabei kam niemand auf den Gedanken, dass die Position einen entscheidenden Ausschlag gegeben hatte. Stattdessen führten die Befragten Gründe an, die sich auf die Qualität und das Aussehen der Stücke bezogen: »Das sind die besten Strümpfe, weil sie sich so weich anfühlen und das Muster so hübsch anzusehen ist.« Offensichtlich konnte ihnen die Introspektion die wahre Ursache für ihr Urteil nicht liefern.

An dieser Stelle gingen die Forscher noch einen Schritt weiter und wiesen ihre Versuchspersonen darauf hin, dass mehrheitlich Ware ausgewählt wurde, die rechts platziert worden war. Wie die Autoren im Studienbericht beschreiben, reagierten die Menschen darauf höchst verwundert und fast so, als hätte man ihnen gerade den größten Blödsinn erzählt. Sie blieben auch nach dieser Aufklärung dabei, dass rationale Gründe wie Qualität und Aussehen der Kleidungsstücke ihre Urteile begründet hatten – von einem Positionseffekt wollten sie nichts wissen.

Introspektion ist keine verlässliche Quelle der Selbsterkenntnis, sondern eher ein Prozess, bei dem ein Mensch eine individuelle Realität bezogen auf die eigene Person »konstruiert« (siehe Kapitel 1). Die so entwickelten subjektiven Annahmen halten objektiven Maßstäben eher selten stand. Die wichtigsten Gründe dafür sind:

- ✔ Viele psychische Vorgänge laufen unbewusst ab und bleiben den Menschen verborgen.

- ✔ Subjektive Annahmen über psychische Vorgänge entsprechen häufig nicht den tatsächlichen Gegebenheiten.

- ✔ Menschen sind geneigt, von ihnen unbekannten Faktoren beeinflusste Verhaltensweisen im Nachhinein zu rechtfertigen. Die dazu angeführten Gründe mögen zwar naheliegen, aber entsprechen oft nicht den objektiv feststellbaren Ursachen.

Selbstwahrnehmung

Um herauszufinden, wer man ist, kann man sein eigenes Verhalten beobachten, so jedenfalls der Psychologe Daryl Bem in seiner Theorie der *Selbstwahrnehmung*. Gehen Sie schon seit Jahren zweimal die Woche Volleyball spielen, können Sie daraus schließen, dass Sie diesen Sport besonders mögen.

Das setzt selbstverständlich voraus, dass Sie aus freien Stücken handeln und sich nicht dazu gezwungen fühlen. Wer alltäglich einer ungeliebten Arbeit nachgeht, wird nicht daraus schließen, dass er oder sie diesen Job mag. Oder Sie treffen einen guten Freund nur ein- oder zweimal im Jahr? Schlussfolgern Sie daraus nicht, dass er Ihnen gleichgültig ist, wenn er am anderen Ende der Republik wohnt. Entscheidend ist hierbei das »Warum?« (Attribution, siehe Kapitel 8): Der missliebige Job dient vor allem dazu, den Lebensunterhalt zu sichern, und eine Reise zu Ihrem Freund ist besonders aufwendig. In Kapitel 5 dieses Buches finden Sie eine Beispielstudie von Chaiken und Baldwin dazu, wie durch eine geschickte Manipulation der Selbstwahrnehmung Menschen dazu gebracht werden, sich selbst für mehr oder weniger religiös zu halten.

Selbstwahrnehmung taugt als Quelle der Selbsterkenntnis deutlich besser als die Introspektion. Sie basiert auf konkretem und leicht beobachtbarem Verhalten, und die Schlussfolgerungen daraus unterliegen weniger stark den Verzerrungen, die lediglich auf Überlegungen beruhen. Weil sich aber insgesamt nur weniger als 10 Prozent der Gedanken auf die eigene Person richten und davon auch nur ein gewisser Teil auf die eigenen Verhaltensweisen, trägt die Selbstwahrnehmung insgesamt gesehen nur wenig zur Selbsterkenntnis bei.

Sag du mir, wer ich bin: Soziale Vergleiche

Hat die Kollegin eine bessere Figur als ich? Fährt der Nachbar das exklusivere Auto? Was bedeutet eine Weite von 4,85 Meter im Weitsprung – beim Seniorensportfest, den Bundesjugendspielen in Klassenstufe 6 oder den Olympischen Sommerspielen? Die Antworten auf solche Fragen beziehen sich auf *soziale Vergleiche*.

Soziale Vergleiche mit anderen Menschen bieten die wichtigste Grundlage zur Selbsterkenntnis. Indem sich das Individuum mit anderen vergleicht, kann es Unsicherheiten darüber reduzieren, welche Eigenschaften es selbst besitzt. Vergleichsdimensionen betreffen häufig das Leistungsniveau, die eigenen Einstellungen und Werte, finanzielle Aspekte wie Einkommen und Vermögen, körperliche Eigenschaften wie die physische Attraktivität, das Körpergewicht oder Krankheiten.

Besonders aussagekräftig sind soziale Vergleiche mit Personen, die einem ähnlich sind. Die Kinder bei den Bundesjugendspielen vergleichen ihre Leistungen untereinander und nicht mit den Olympioniken, die bei den Spielen eine Medaille gewonnen haben. Studierende im Kurs »Sozialpsychologie« erfahren etwas dazu, wie gut sie auf die Prüfung vorbereitet sind, indem sie ihren Kenntnisstand mit dem anderer Studierenden im selben Seminar vergleichen. Ein Vergleich mit Studierenden der Geschichtswissenschaft oder dem Professor, der die Vorlesung hält, ist dagegen wenig aussagekräftig.

 Hinter diesen *Horizontalvergleichen* verbirgt sich das Bedürfnis, zu einer realistischen Einschätzung von sich selbst zu kommen und die Frage »Wo stehe ich?« zu beantworten. Es sind die Peers, die aufschlussreiche Information über die eigene Person liefern.

Das Resultat eines Horizontalvergleichs kann unterschiedlich ausfallen. Sind die Ähnlichen bei der ausgewählten Vergleichsdimension ebenfalls ähnlich, scheint alles in Ordnung zu sein: Die eigene Person befindet sich »auf Kurs«. Was aber, wenn die anderen im Seminar schon viel mehr wissen, der Nachbar sichtlich das höhere Einkommen erzielt und die Mitschülerin viel schlanker ist? Vergleiche mit ähnlichen Personen, die auf der relevanten Vergleichsdimension besser abschneiden, beeinträchtigen das Selbstwertgefühl und führen zu unguten Gefühlen. Eine bedeutsame Konsequenz ist der *Neid*.

 Fällt der soziale Vergleich zuungunsten der eigenen Person aus, entsteht häufig das Gefühl des Neids.

- ✔ *Konstruktiver Neid* motiviert dazu, sich selbst zu erarbeiten, was die Vergleichsperson schon erreicht hat, um die wahrgenommene Ungleichheit aufzulösen.

- ✔ Beim *destruktiven Neid* steht die Missgunst im Vordergrund. Die Reaktionen auf den ungünstig ausgefallenen Vergleich beziehen sich dann darauf, der Vergleichsperson Schaden zu wünschen oder gar tatsächlich zuzufügen.

Andere Möglichkeiten, mit einem ungünstigen sozialen Vergleich umzugehen, ohne an Selbstwert einzubüßen, beschrieb der Psychologe Abraham Tesser in einem Aufsatz aus dem Jahr 1988. Unproblematisch sind Vergleiche mit überlegenen anderen, wenn eine der folgenden Bedingungen erfüllt ist.

- ✔ **Domäne ist irrelevant:** Der Geigenspielerin ist es egal, wenn jemand anderes besser Trompete spielt. Wer ein hohes Einkommen anstrebt, ist nicht neidisch auf Leute mit einem großen Freundeskreis. Andere dürfen also gern auf den Gebieten besser abschneiden, die für einen selbst keine oder eine nur geringe Rolle spielen. Vergleiche auf subjektiv irrelevanten Dimensionen berühren das Selbstwertgefühl nicht.

- ✔ **Eigene Exzellenz:** Jemand, der sicher sein kann, auf seinem Gebiet hervorragende Leistungen zu erzielen, wird durch einen Vergleich mit einer noch besseren Person wenig beeindruckt. Das trifft insbesondere für Fälle zu, in denen die Vergleichsperson der eigenen Gruppe angehört, zum Beispiel in einer Sportmannschaft oder einem Team bei der Arbeit. Der vorherrschende Gedanke ist dann eher: »Wir sind super.«

- ✔ **Soziale Nähe:** Wenn der Papa irgendwann merkt, dass seine achtjährige Larissa besser Schach spielt als er selbst, beeinträchtigt das nicht sein Selbstwertgefühl. Im Gegenteil ist er wohl eher stolz auf seine Kleine. Der Grund ist, dass soziale Nähe die andere Person zu einem Teil des eigenen Selbstkonzepts werden lässt: »Wer bin ich? Unter anderem der Papa von Larissa.« Dasselbe gilt für die (meist einseitige) Nähe zu erfolgreichen Sportlerinnen, Influencern und Medienstars, mit denen sich ihre Fans identifizieren. Der Fachbegriff dazu lautet *Basking in reflected glory*. Finden Sie bitte selbst dafür eine gute Übersetzung ins Deutsche.

Ist keine dieser Voraussetzung erfüllt, hat der oder die im Vergleich Unterlegene weitere Möglichkeiten, das Selbstwertgefühl zu schützen. Tesser beschreibt dazu die folgenden Strategien:

- ✔ **Übertreiben:** Die Vergleichsperson ist auf dem relevanten Gebiet so sehr überlegen, dass sie mir gar nicht mehr ähnlich ist. Die Schachgroßmeisterin ist für mich als durchschnittlichen Clubspieler kein »Match« und fällt nicht in meine Kategorie.

- ✔ **Distanz herstellen:** Die Vergleichsperson erscheint mir irgendwie sonderlich und verdreht. Ich werde künftig den Kontakt zu der Überfliegerin Krüger aus der Verkaufsabteilung bei uns in der Firma vermeiden und schon gar nicht in der Kantine bei ihr am Tisch Platz nehmen.

- ✔ **Vergleichsdimension ändern:** Die Krüger mag zwar in beruflichen Belangen überlegen sein, aber dafür habe ich den größeren Freundeskreis, spiele besser Volleyball und habe den attraktiveren Ehepartner. Bei dieser Strategie haben jene Menschen einen Vorteil, die ihr Selbstkonzept über viele unterschiedliche Bereiche definieren: Beruf, Freundeskreis, Familie, mehrere Hobbys und so weiter – in der Sozialpsychologie als hohe *Selbstkomplexität* bezeichnet. Wer dagegen sein Ich auf wenige Bereiche oder gar nur einen einzigen fokussiert, kann weniger leicht eine relevante Vergleichsdimension mit eigener Überlegenheit finden.

- ✔ **Andere Vergleichsperson suchen:** Fällt der Vergleich mit einer Person zu eigenen Ungunsten aus, können andere Vergleichspersonen herangezogen werden: »Okay, die Verkaufszahlen der Krüger kann ich nicht erreichen, aber dafür bin ich erfolgreicher als Kollegin Mayer und Kollege Müller.«

Menschen stellen auch ganz gezielt Vergleiche mit Personen an, die ihnen schon im Voraus über- oder unterlegen erscheinen.

- ✔ **Ein aufwärtsgerichteter Vergleich** mit einer Person, die in einem bestimmten Aspekt besser dasteht als man selbst, liefert Information dazu, was auf diesem Gebiet möglicherweise zu erreichen ist.

Eine junge Tennisspielerin mag sich alte Videoaufzeichnungen von Steffi Graf anschauen, um zu ergründen, wie sie die Vorhand künftig besser schlagen kann und warum sie selbst oft die richtige Gelegenheit verpasst, ans Netz vorzurücken. Der Auszubildende vergleicht seine Ideen dazu, wie eine Elektroinstallation vorzunehmen ist, mit den Planungen seines Meisters. Vergleiche dieser Art sind häufig von der Frage motiviert: »Wo will ich hin?« Es liegt nahe, dass solche Vergleiche auch zu Gefühlen der Minderwertigkeit führen können, wenn sie ergeben, dass die hohen Standards der Vergleichspersonen nur schwer oder gar nicht zu erreichen sind. Frustration stellt sich ein, wenn sich die eigenen Ziele als aussichtslos erweisen.

✔ **Ein gezielter abwärtsgerichteter Vergleich** »nach unten« ermöglicht dagegen, die eigene Person in ein günstiges Licht zu rücken. Wer sich in einem bestimmten Bereich unterlegen oder schwach fühlt, kann eine Vergleichsperson finden, der es noch schlechter geht.

Besonders häufig finden sich abwärtsgerichtete Vergleiche im Kontext Gesundheit. Gerade im Krankenhaus drehen sich Gespräche oft um Patientinnen und Patienten, die besonders schwer erkrankt sind. In der Folge erscheint die eigene Erkrankung oder der Gesundheitszustand seiner Lieben weniger gravierend. Das Bedürfnis nach einem abwärtsgerichteten Vergleich kann sogar so weit führen, dass fiktive andere »erfunden« werden, denen es besonders schlecht geht.

Ebenso beinhaltet Trost von anderen häufig den Versuch, durch abwärtsgerichtete Vergleiche positive Gefühle zu wecken: »Okay, dir geht's gerade nicht so gut, aber denke doch mal an den kranken Onkel Erwin / die armen Kinder in Afrika / den Kollegen Meyer, der gestern seine Entlassung bekommen hat …« Sicherlich haben Sie selbst solche Sätze schon gehört und selbst ausgesprochen.

Schließlich erfüllen auch Fernsehberichte über hochverschuldete Zeitgenossen, Opfer von Unfällen oder Naturkatastrophen und so weiter den Zweck, dem Publikum abwärtsgerichtete Vergleiche zu ermöglichen: Ist das eigene Girokonto mit 10.000 Euro im Minus, erscheint das weniger bedeutsam, wenn man in einer Sendung zur Schuldenberatung erfährt, dass jemand anderes in einer vergleichbaren Situation 100.000 Euro Verbindlichkeiten angesammelt hat.

Wie ich so gern wäre

Vergleiche finden nicht nur mit anderen, sondern auch mit sich selbst statt. Dies geschieht dem Psychologen E. Tory Higgins nach nicht nur über die Lebensspanne wie oben beschrieben, sondern auch zu einem gegebenen Zeitpunkt in der Gegenwart. Die Grundidee seiner Theorie der *Selbstkonzeptdiskrepanzen* besteht darin, dass es unterschiedliche »Abteilungen« im Selbstkonzept gibt, die zeitgleich aktualisiert werden können. Demnach dienen zur Bewertung des Selbstkonzepts auch Standards der eigenen Person – der Vergleich mit anderen ist nicht unbedingt notwendig. Bei diesen Abteilungen handelt es sich um:

✔ Das **tatsächliche Selbst** (*actual self*), das die Vorstellung davon beinhaltet, wie eine Person glaubt, tatsächlich zu sein. Es beruht keinesfalls auf objektiven Einschätzungen, wie der Begriff »tatsächlich« nahelegt und sie etwa durch (psychologische) Messung festgestellt werden könnten. Vielmehr handelt es sich beim tatsächlichen Selbst um rein private, subjektive Annahmen über die eigene Person.

✔ Das **ideale Selbst** (*ideal self*) mit Vorstellungen dazu, wie die Person idealerweise gern wäre. Es ist oft mit Zielen verbunden, die das Individuum für sich bevorzugt realisieren würde, wie schlanker werden, einen Berufsabschluss erreichen und viele mehr.

✔ Das **Sollte-Selbst** (*ought self*), in dem sich Annahmen dazu finden, was die Person glaubt, was relevante andere, etwa die Eltern, die Partnerin oder der Chef, von ihr erwarten. Es enthält Ziele, die mit dem Vermeiden unerwünschter Konsequenzen verbunden sind (nicht durch die nächste Prüfung fallen, Strafen und Verluste vermeiden, sein Gesicht wahren und so weiter).

Jasmin könnte zum Beispiel denken, dass sie zu dick ist (tatsächliches Selbst – wie gesagt völlig unabhängig davon, was die Körperwaage objektiv anzeigt). Ihre Idealfigur (ideales Selbst) sieht dagegen viel schlanker aus. Daraus ergibt sich für sie ein Missverhältnis zwischen tatsächlichem und idealem Selbst.

Paul weiß von sich, dass er im Studium nicht allzu fleißig ist (tatsächliches Selbst). Zeitgleich denkt er daran, dass sein Vater mehr Anstrengung von ihm erwartet, weil dieser das Studium mitfinanziert (Sollte-Selbst). Paul erlebt eine Unstimmigkeit zwischen tatsächlichem und Sollte-Selbst.

Nach Higgins sind die beiden möglichen Diskrepanzen im Selbstkonzept mit unterschiedlichen emotionalen Reaktionen verknüpft:

✔ Auf den Widerspruch zwischen tatsächlichem und Idealselbst reagiert Jasmin mit Gefühlen der Niedergeschlagenheit. Bei ihr kommen Enttäuschung und Traurigkeit auf.

✔ Paul empfindet bei der Abweichung des tatsächlichen Selbst von den Erwartungen seines Vaters Emotionen, die mit Erregung einhergehen. Konkrete Reaktionen sind Ängste, Ärger oder auch Nervosität.

Negative Gefühle erleben alle Menschen als unangenehm. Selbstkonzeptdiskrepanzen motivieren folglich dazu, die Widersprüche zu verkleinern, um die unerwünschten Diskrepanzen wieder loszuwerden.

Jasmin könnte mehr Sport treiben und eine Diät in Betracht ziehen. Für Paul bietet es sich an, mehr fürs Studium zu arbeiten, um sein »schlechtes Gewissen« dem Vater gegenüber zu lindern.

Manchmal führen Diskrepanzen im Selbstkonzept aber auch zu völlig irrationalen und impulsiven Verhaltensweisen, die alles andere als geeignet sind, die erlebten Widersprüche aufzulösen: So manche Jasmin greift nach dem Blick in den Spiegel zur Schokolade, und vielleicht geht der eine oder andere Paul in Reaktion auf die erlebte Diskrepanz erst einmal feiern, bevor er Gedanken an die nächste Prüfung verschwendet.

Auf sich selbst achten

Um Diskrepanzen im Selbstkonzept zu erleben, bedarf es einer gewissen *Selbstaufmerksamkeit*. Wie Sie weiter vorn in diesem Kapitel gelernt haben, richten sich nicht allzu häufig die Gedanken auf die eigene Person. Es gibt aber Gelegenheiten, die eine solche Aufmerksamkeit fast zwangsläufig auslösen. Dazu gehören:

- eine Videoaufzeichnung von sich selbst zu sehen,

- auf einer Tonaufnahme die eigene Stimme zu hören. Sie erscheint ganz fremd, weil die Aufzeichnung nicht die Schwingungen der Schädelknochen aufnehmen kann, die den Klang der Stimme mitbestimmt, wenn wir uns selbst reden hören,

- vor einem Publikum zu sprechen, etwa bei einem Referat, einem Vortrag oder einer Rede zu Tante Gertruds goldener Hochzeit, bei der die gesamte Verwandtschaft anwesend ist,

- das eigene Spiegelbild sehen, insbesondere wenn es beiläufig geschieht, weil irgendwo ein Spiegel angebracht ist.

Geringe Selbstaufmerksamkeit herrscht dagegen in Situationen, in der das Individuum »in der Masse untergeht«, etwa auf einer Demonstration oder als Mitglied der Fangemeinde in einem Fußballstadion. Zu diesem Phänomen der *Deindividuierung* erfahren Sie mehr in Kapitel 10 dieses Buches.

Situationen mit hoher Selbstaufmerksamkeit mögen die meisten Menschen nicht und empfinden sie als irgendwie unangenehm. Die Folge ist, dass sie solche Situationen möglichst vermeiden oder die Flucht ergreifen. Vielleicht kennen Sie das auch: In einem kleinen Restaurant sind Spiegel angebracht, um den Eindruck eines größeren Gastraums zu erwecken. Nachdem Sie Platz genommen haben, bemerken Sie, dass Ihnen gegenüber ein solcher Spiegel angebracht ist. Fühlen Sie sich wohl, wenn Sie sich ständig selbst betrachten müssen, oder wechseln Sie lieber den Platz?

Sich selbst regulieren

Um ein Selbstideal zu erreichen, setzen sich Menschen manchmal Ziele, im Alltag auch oft »gute Vorsätze« genannt. Die sozialpsychologische Forschung spricht dabei von *Selbstregulation*.

 Die zur Selbstregulation notwendige Willenskraft, um Ziele zu erreichen und Vorsätze zu erfüllen, arbeitet wie ein Muskel, der sowohl trainiert werden als auch ermüden kann.

- **Training:** Wer es schon geschafft hat, vom Alkohol loszukommen, hat seinen Willen so gestärkt, dass es ihm danach leichter fällt, auch das Rauchen aufzugeben.

- **Ermüdung:** Wer seine Kraft einsetzt, um eine Diät zu halten, dessen Wille ermüdet und ihm steht weniger Energie zur Verfügung, zeitgleich auch mehr Sport zu treiben.

Die Fähigkeit zur Selbstkontrolle leidet auch unter Müdigkeit, Erschöpfung und Stress. Wird es hektisch bei der Arbeit, wirft die (ehemalige) Raucherin alle guten Vorsätze über Bord und greift doch wieder zur Zigarette.

Auch wenn in neuerer Forschung die Muskelmetapher wiederholt angezweifelt wurde, lässt sich eine Empfehlung für alle diejenigen ableiten, die sich – wie vielleicht jedes Jahr aufs Neue – an Silvester vornehmen, gleichzeitig das Rauchen, Saufen und Kiffen aufzugeben und darüber hinaus mehr trainieren und weniger Süßes essen wollen:

Konzentrieren Sie all Ihre Willenskraft auf einen einzelnen, den Ihnen wichtigsten Aspekt Ihres Selbstkonzepts!

Verteilen Sie die Energie, die Sie zur Selbstregulation benötigen, keinesfalls auf mehrere Aspekte gleichzeitig, sonst geht alles schief. Aber wenn Sie das Rauchen endgültig losgeworden sind, wird es Ihnen leichter fallen, sich um das Übergewicht zu kümmern.

Die ganze Welt ist Bühne

»Die ganze Welt ist Bühne. Und alle Frauen und Männer bloße Spieler. Sie treten auf und gehen wieder ab. Sein Leben lang spielt einer manche Rollen.« (Aus William Shakespeares »Wie es euch gefällt«).

Menschen teilen miteinander Werte (siehe Kapitel 5). Unter anderem vermitteln diese Werte, welche Eigenschaften und Verhaltensweisen allgemein für gut befunden und welche missbilligt werden: Fleißig sein, ist besser als faulenzen, und Hilfe gewähren erwünschter, als sie zu verweigern. Mit großer Wahrscheinlichkeit können auch Sie dem zustimmen.

Es liegt nahe, dass Menschen sich anstrengen, positiv bewertete Eigenschaften ihrer selbst anderen gegenüber zu demonstrieren. Das eigene Selbst wird so präsentiert, dass es in einem günstigen Licht erscheint. Die Selbstdarstellung wird in der sozialpsychologischen Literatur als *Impression Management* bezeichnet.

Impression Management beschreibt das Phänomen, dass Menschen ihr Verhalten strategisch einsetzen, um einen bestimmten, meist positiv bewerteten Eindruck zu erzielen.

Die Metapher vom Theater passt also perfekt: Das Individuum wird zum »Schauspieler«, schlüpft in eine »Rolle« und »inszeniert« sie auf einer »Bühne«. »Hinter die Kulissen schauen« wird als unangenehm empfunden, zum Beispiel wenn der wichtige Besuch zu früh erscheint und in der Wohnung noch schmutzige Unterwäsche auf dem Fußboden liegt.

Impression Management

✔ verlangt Anstrengung und benötigt hohe kognitive Kapazitäten. Es gelingt weniger gut, wenn diese Kapazitäten eingeschränkt sind (siehe Kapitel 3), weil die »Schauspielerin« zum Beispiel müde und erschöpft ist.

- ✔ muss strategisch an unterschiedliche Situationen angepasst werden. Der Eindruck, den andere gewinnen sollen, unterscheidet sich zwischen einem Vorstellungsgespräch, einem Rendezvous, dem Familientreffen und anderen Gelegenheiten.
- ✔ erfordert hohe Selbstaufmerksamkeit.

Wie sehr jemand Impression Management betreibt, ist von individuellen Neigungen und der jeweiligen Situation abhängig. Menschen mit einer starken Tendenz zur Selbstdarstellung legen großen Wert auf den Eindruck, den sie bei anderen erzielen. Im Alltag erkennt man sie leicht daran, dass sie gern andere Menschen einschätzen und bewerten, zum Beispiel eine Bemerkung dazu äußern, wie der Kollege Meyer oder die Mitschülerin Lisa heute gekleidet ist. Anderen Menschen ist es dagegen weniger wichtig, welchen Eindruck sie hinterlassen, und sie betrachten auch andere weniger »judgy«.

Und zur Situation: Beim ersten Date mit Bert hat Brigitte noch Stunden vorm Spiegel verbracht, damit Frisur, Outfit und Schminke perfekt sitzen. Nach 20 Jahren Ehe hockt sie ungeschminkt, mit Lockenwicklern auf dem Kopf und in Jogginghose neben ihrem Bert auf dem Sofa vor dem Fernsehapparat – und die beiden haben sich trotzdem lieb. Der erste Tag bei der neuen Arbeit wird nicht zum »Bad-Hair-Day« deklariert, aber ein halbes Jahr später ist die nicht mehr ganz so neue Kollegin sich selbst gegenüber großzügiger, was ihr Auftreten betrifft.

Dass Aussehen, Kleidung und generell das Erscheinungsbild das Bild beeinflussen, das andere von einem gewinnen, versteht sich von selbst. Lesen Sie dazu gern in Kapitel 7 dieses Buches, welchen Gesetzmäßigkeiten die soziale Wahrnehmung bei der Eindrucksbildung unterliegt. Über die gezielte Auswahl von Kleidung und die Frequenz von Haarwäschen hinaus beschreibt die sozialpsychologische Forschung weitere Strategien, die Individuen nutzen, um Impression Management zu betreiben:

- ✔ **Sich selbst anpreisen:** Wer von seinen eigenen Erfolgen oder gar Triumphen berichtet, versucht zu erreichen, dass ihm außerordentliche Talente und Fähigkeiten zugeschrieben werden. Diese Strategie soll beim Gegenüber möglichst großen Respekt auslösen.

- ✔ **Ingratiation:** Dieses Fremdwort steht für Anbiederung und Schmeichelei. Lobsprüche und Komplimente, aber auch geheucheltes Interesse für die andere Person sollen bei ihr Gefühle der Zuneigung auslösen.

- ✔ **Als Vorbild dienen:** In der Firma am fleißigsten arbeiten, viele Überstunden leisten, die besten Quoten erzielen, immer pünktlich sein und vorbildliche Pflichterfüllung sollen hohes Engagement signalisieren. Dasselbe gilt selbstverständlich auch in anderen Kontexten wie Schule oder Vereinsleben. Es löst bei jenen, die weniger gut und viel arbeiten oder lernen, Gefühle von Schuld und Minderwertigkeit aus.

- ✔ **Einschüchterung:** Machtmittel einsetzen oder auch nur die Möglichkeit dazu andeuten, ein kurzer Hinweis auf die eigenen guten Kontakte zur Geschäftsleitung und Ähnliches erwecken den Eindruck, man selbst sei mächtig oder sogar gefährlich. Die anderen reagieren darauf mit Furcht.

✔ **Hilflosigkeit vortäuschen:** Auf den ersten Blick erscheint es vielleicht paradox: Halten Menschen jemanden für hilflos, dann löst das bei ihnen ein Gefühl von Fürsorge aus. Etwas wie »Mit dem neuen Kopierer komme ich einfach nicht zurecht« oder »Wie kontrolliert man den Reifendruck am Auto?« kann strategisch eingesetzt oder auch nur vorgetäuscht werden, um eigene Hilflosigkeit zu signalisieren.

✔ **Selbstoffenbarung:** Sich selbst offenbaren bedeutet, Information über die eigene Person direkt zu vermitteln. Wünsche, Erwartungen, die eigene Rolle im gegebenen Kontext, aber auch Banales wie der Stau an diesem Morgen auf dem Weg zur Arbeit und vieles mehr sind häufige Inhalte. Sie kennen das sicherlich auch aus eigener alltäglicher Erfahrung. Oft löst Einblicke in das eigene Selbst zu gewähren, reziprok Selbstenthüllung beim Gegenüber aus. Gegenseitige Offenbarungen bringen die Beteiligten emotional näher: Wer etwas über den anderen weiß, mag ihn meist lieber leiden. Aber nicht immer: Es besteht das Risiko, das Bild der eigenen Person bei anderen zu verschlechtern. So zum Beispiel, wenn allzu intensiv Trauer über den Verlust eines nahen Angehörigen oder gravierende Schwächen, Behinderungen und körperliche Gebrechen kommuniziert werden. Wie würden Sie reagieren, wenn Ihnen Kollegin Schmidt unvermittelt erzählt, dass sie Alkoholikerin ist oder eine Krebsdiagnose erhalten hat, wenn Sie nicht gerade ein besonders freundschaftliches Verhältnis zu ihr pflegen? Für solche Gelegenheiten bieten sich eher Selbsthilfegruppen an, in denen unter ähnlich Betroffenen Selbstoffenbarungen erwartet werden.

Erfolgreiches Impression Management erfordert hohe Aufmerksamkeit, Anstrengung und ein Gefühl für die jeweilige Situation und die andere Person. Es funktioniert am besten,

✔ **wenn es in einer Situation erwartet wird:** Selbstverständlich können und sollen berufliche Erfolge bei einem Vorstellungsgespräch vorgetragen werden; beim ersten Date wirken sie dagegen schnell prahlerisch und sollten idealerweise bestenfalls ganz nebenbei Erwähnung finden.

✔ **wenn es nicht durchschaut wird:** »Herr Professor, Ihre Vorlesung heute war ganz hervorragend. Bei der Gelegenheit: Dürfte ich Sie um ein Empfehlungsschreiben für mein Auslandsstudium bitten?« Welcher Angesprochene wird dabei nicht auf die Idee kommen, dass die Studentin die Schmeichelei rein strategisch eingesetzt hat?

✔ **wenn es den gegebenen Intimbereich zwischen den Beteiligten nicht verletzt:** Die gute Freundin darf gern von ihren Eheproblemen berichten, die Chefin sollte sich damit nicht an eine ihrer Mitarbeiterinnen wenden. Ausnahmen finden sich in Situationen, in denen klar ist, dass man sich nie wiedersehen wird und eine Selbstoffenbarung keine langfristigen Konsequenzen mit sich bringt. So ist schon manches vertrauliche Gespräch auf einer Reise im Zug oder Flugzeug mit völlig Fremden geführt worden.

Das soziale Selbst

Auf die Frage »Wer bin ich?« finden sich neben individuellen Eigenschaft wie »ehrgeizig« oder »gesellig« auch viele Antworten, die sich auf die sozialen Beziehungen der Befragten beziehen. In Angaben zur Mitgliedschaft in Familien, Nationalitäten, Organisationen oder Vereinen, also Gruppen (siehe Kapitel 10) im Allgemeinen, und individuellen sozialen

Verbindungen zu einzelnen anderen wie »Vater von Larissa, der Schachspielerin« oder »Freundin der hübschen Lisa« spiegelt sich das *soziale Selbst*. Diese Inhalte des Selbstkonzepts sind im Großen und Ganzen denselben psychologischen Gesetzmäßigkeiten unterworfen, die Sie im Verlauf dieses Kapitels schon kennengelernt haben. Zwei Besonderheiten des sozialen Selbst verdienen darüber hinaus eine nähere Beachtung:

✔ die soziale Identität und

✔ kulturelle Besonderheiten.

Nur gut, dass ich kein Bayer bin: Soziale Identität

Fühlt sich ein Individuum als Mitglied einer Gruppe, werden Vergleiche mit anderen Gruppen relevant. Paul aus München verbringt seinen Urlaub an der beeindruckenden Ostseeküste Mecklenburgs. Die Menschen dort sprechen ein klein wenig anders als zu Hause und pflegen ihm fremde Gewohnheiten. Paul wird in dieser Umgebung viel eher bewusst, dass er Bayer ist, als bei einem Bummel durch die Münchner Innenstadt.

Um herauszufinden, was es bedeutet, der Gruppe der Bayern anzugehören, vergleicht er sich mit den Menschen an der Ostsee. Dieser soziale Vergleich soll Paul nicht nur Auskunft darüber geben, was es bedeutet, Bayer zu sein. Er soll darüber hinaus auch möglichst zugunsten seiner eigenen Gruppe ausfallen, denn er strebt, wie die meisten von uns, ein positives Selbstbild an. Am Ende ist er froh, aus Bayern zu stammen und Weißwürste lieber zu mögen als Rügener Aalsuppe. Dasselbe gilt spiegelbildlich auch für Jasmin aus Binz, die das ein wenig Fremde bei ihrem Besuch in München zwar sehr genießt, aber letztlich doch der Ostsee mehr zugeneigt ist als der Isar.

Das Bedürfnis, eine positive soziale Identität herzustellen, wodurch die eigene Gruppe Fremdgruppen gegenüber als überlegen angesehen wird, führt leicht dazu, dass den Mitgliedern anderer Gruppen Gleichbehandlung verwehrt wird: Der deutsche Bewerber erhält in Deutschland eher einen Mietvertrag als der Mitbewerber aus Syrien. Genaueres dazu finden Sie in Kapitel 11 dieses Buches, in dem es um die Beziehungen zwischen Gruppen geht und Begriffe wie Vorurteil und Diskriminierung erklärt werden.

Soziales Selbst und Kultur

Das Selbst wird mitbestimmt von der Kultur, in der ein Individuum aufwächst. Grob unterscheidet die Sozialpsychologie *individualistische* und *kollektivistische* Kulturen, die sich in unterschiedlichen Ländern finden lassen. Individualistisch geprägte Länder sind insbesondere die USA und Großbritannien, kollektivistisch Länder zum Beispiel China und Korea. Deutschland tendiert zum Individualismus, enthält aber auch kollektivistische Anteile.

✔ **Independentes Selbstkonzept:** In den westlichen Kulturen entwickeln Jane und John ein eher *independentes Selbstkonzept*, das individuelle Besonderheiten, Unabhängigkeit und Einmaligkeit betont. Erzogen werden sie zu Selbstbestimmung und dazu, ihre individuellen Ansichten und Meinungen frei zu vertreten.

✔ **Interdependentes Selbstkonzept:** Shixin aus Wuhan und Areum aus Seoul definieren ihr *interdependentes Selbstkonzept* stärker über ihre sozialen Beziehungen und die Zugehörigkeit zu Gruppen. Selbstinteresse und Individualität genießen in kollektivistischen Gesellschaften geringes Ansehen, viel mehr dagegen Harmonie, Respekt und Konformität.

So hat Areum in der Schule das kleine Einmaleins im Chor gemeinsam mit allen anderen Kindern eingeübt: »Der hervorstehende Nagel wird eingeschlagen«, ist ein bekanntes Sprichwort aus Ostasien. Dagegen wurde Jane dafür gelobt, dass sie schneller als die anderen im Klassenzimmer auf »Wie viel ist 6 mal 7?« antworten konnte. Allerdings ist zu bemerken, dass sich die kulturellen Unterschiede mit zunehmender Globalisierung mehr und mehr verwischen.

Auch innerhalb der Kulturen finden sich bedeutsame Unterschiede in der Selbstkonstruktion einzelner Individuen oder auch ganzer Gruppen. So definieren sich zum Beispiel auch in individualistischen Kulturen Frauen im Durchschnitt stärker interdependent als Männer: Das Gemeinsame und die sozialen Verhältnisse sind ihnen besonders wichtig. Sie reden mehr über Beziehungen und schaffen es sogar – die Männer wundert es –, im Garten Fußball zu kicken, ohne Tore aufzustellen, weil für sie die gemeinsame Unternehmung und nicht der Wettkampf im Vordergrund steht. Beobachten Sie auch gern selbst, wie häufig Frauen im Alltag Gespräche über soziale Beziehungen führen – fremde oder ihre eigenen. Männer sprechen untereinander dagegen eher über Sachthemen.

Es ist auch möglich, kurzfristig inter- und independente Anteile im Selbstkonzept zu aktivieren. In Experimenten dazu beschäftigen sich Versuchspersonen zum Beispiel unter einem Vorwand mit Pronomina wie »ich«, »mir«, »mein« und so weiter, die das independente Selbst aufrufen (Priming, siehe Kapitel 3). Sie bewerten Werte der individualistischen Kulturen wie »Freiheit« oder »Abenteuer« positiver als andere Versuchspersonen in einer Vergleichsbedingung, bei denen mit Pronomina wie »wir«, »uns« und »unser« interdependente Anteile im Selbstkonzept geprimt wurden.

> **IN DIESEM KAPITEL**
>
> Warum der erste Eindruck besonders wichtig ist
>
> Die Merkmale, die bei der Zielperson den Eindruck bestimmen
>
> Der Eindruck »im Auge des Betrachters«

Kapitel 7
Soziale Wahrnehmung

Die neue Chefin, die Fahrerin des Taxis zum Kölner Hauptbahnhof, der neue Freund Ihrer besten Freundin – täglich und überall treffen Sie auf Ihnen zuvor unbekannte Personen. Begegnungen können flüchtig sein wie beim Kassierer an der Tankstelle. Manchmal sind sie der Beginn einer lang andauernden Beziehung, sei es gezwungenermaßen wie beim neuen Kollegen oder freiwillig, weil vielleicht Amor einen seiner Pfeile verschossen hat. Überlegen Sie selbst, auf welche Ihnen zuvor unbekannten Leute Sie die letzten Tage gestoßen sind!

All diese Menschen, sie sollen ab jetzt *Zielpersonen* heißen, haben einen Eindruck hinterlassen. Manche Eindrücke waren ebenso kurzlebig wie das Zusammentreffen selbst. Das müssen Polizei und Gerichte oft genug bedauern, wenn es um Personenbeschreibungen in Zeugenaussagen geht. Andere Begegnungen haben eine bleibende Wirkung hinterlassen. Und weil für Menschen ihre Mitmenschen etwas ganz Besonderes sind, untersucht die Sozialpsychologie Urteile über andere Personen unter der gesonderten Überschrift *soziale Wahrnehmung*.

Neue Bekanntschaften: Der erste Eindruck

Ein erster Eindruck entsteht unmittelbar und in weniger als einer Sekunde. Das ist sicherlich erstaunlich, denn viel Information über eine Zielperson lässt sich in so kurzer Zeit nicht sammeln und schon gar nicht zu einem informierten Urteil »verrechnen«. Diese Oberflächlichkeit steht auch in krassem Widerspruch zu der Tatsache, dass ein Mensch mit all seinen Eigenschaften, Vorlieben, Verdiensten, Schwächen und so weiter ein sehr komplexes und einzigartiges Wesen ist. Auch professionelle Beurteiler, namentlich geschulte Psychologinnen und Psychologen, schaffen es nicht, ein einzelnes Individuum vollständig zu beschreiben und zu verstehen. Umso überraschender mag es erscheinen, wie bereitwillig Menschen sich im Alltag schon auf der Grundlage sehr begrenzter Information ein Urteil über andere Menschen erlauben.

Der Begriff *erster Eindruck* steht für das spontane Urteil über eine zuvor unbekannte Person.

Das Erste zuerst: Frühe Information

Allen, die ein Referat oder eine Rede zu halten haben, lässt sich nur raten, dem Anfang der Darbietung besonders viel Aufmerksamkeit zu schenken. Zu Beginn lassen sich die meisten Pluspunkte sammeln. Hoffen Sie dagegen nicht auf die Wirkung einer Leistungssteigerung während Ihres Vortrags.

 Den starken Einfluss früher Information auf Urteile nennt die Sozialpsychologie *Primacy-Effekt*.

Für den ersten Eindruck gibt es oft keine zweite Chance. Das gilt insbesondere, aber nicht nur, für Situationen, in denen der erste Eindruck darüber entscheidet, ob die Beziehung zur Zielperson aufrechterhalten oder beendet wird. Der neue Lehrer erscheint missmutig und die gestern eingezogene Nachbarin unfreundlich. Doch werden beide auf Dauer einen ersten Eindruck korrigieren können, weil der Kontakt über eine vergleichsweise lange Zeit bestehen bleibt. Für die flüchtige Begegnung mit einer übellaunigen Taxifahrerin oder dem ungehobelten Macker im Club gilt das nicht.

Tatsächlich: Der erste Eindruck zählt!

In einem simplen Test von Edward E. Jones und Kollegen, publiziert 1968, zur Wirkung früher Information beobachteten Versuchspersonen eine Zielperson bei der Bearbeitung eines Intelligenztests. Die Forscher realisierten (unter anderem) zwei experimentelle Bedingungen:

- ✔ Bei der einen Hälfte der Probanden schnitt die Zielperson zu Beginn besser ab und verschlechterte sich im weiteren Verlauf.

- ✔ Für die andere Hälfte war es umgekehrt. In dieser Bedingung fiel die Leistung der Zielperson zum Ende hin besser aus als zu Beginn des Tests.

Wichtig: Die Gesamtleistung war in beiden Bedingungen dieselbe. Die Versuchspersonen schrieben der Zielperson trotzdem mehr Kompetenz zu, wenn sie am Anfang und nicht am Ende die besseren Ergebnisse erzielt hatte. Die Leistung zu Beginn des Tests war von größerer Bedeutung für die Beurteilungen als die Tatsache, dass sich die Zielperson im Verlauf gesteigert beziehungsweise verschlechtert hatte.

Selbst Kleinkinder, spätestens ab etwa drei Jahren, bilden sich unverzüglich einen ersten Eindruck über fremde Personen und teilen diese grob in »mag ich« oder »mag ich nicht«

ein. Noch erstaunlicher erscheint es vielleicht, dass erste Eindrücke oft eine recht hohe Übereinstimmung mit Urteilen von Personen aufweisen, die die Zielperson schon länger kennen. Das muss nicht unbedingt auf die Qualität des ersten Eindrucks hinweisen, sondern ist wohl eher der Tatsache geschuldet, dass der erste Eindruck auch ein bleibender ist und einen signifikanten Einfluss auf nachfolgende Bewertungen der Zielpersonen nimmt.

Die Reihenfolge zählt

Der Sozialpsychologe Solomon Asch hat schon im Jahr 1946 eine Arbeit publiziert, die den Primacy-Effekt nachdrücklich demonstriert. Versuchen Sie es selbst mit den folgenden beiden Zielpersonen, die ganz neutral mit A und B gekennzeichnet sind. Sie werden Ihnen hier gleichzeitig mit einigen wenigen Adjektiven vorgestellt. Im Originalexperiment beurteilte eine Hälfte der Versuchspersonen Person A, die andere Hälfte Person B.

- ✔ Person A ist intelligent, fleißig, impulsiv, kritisch, hartnäckig, neidisch.
- ✔ Person B ist neidisch, hartnäckig, kritisch, impulsiv, fleißig, intelligent.

Vielleicht beurteilen auch Sie Person A als »irgendwie sympathischer« und treffen am Ende somit dasselbe Urteil wie die Versuchspersonen bei Asch. Und nun überprüfen Sie die Inhalte, die mit den Eigenschaftswörtern angesprochen wurden. Sie sind identisch; die unterschiedlichen Eindrücke kamen nur durch die veränderte Reihenfolge zustande. Ebenso verblüffend: Schon auf der Grundlage sehr begrenzter Information wie einer Handvoll Adjektive, die ein Experimentator präsentiert, bilden sich Leute einen Eindruck über ihre Mitmenschen.

Im Alltag entstehen Eindrücke selten auf der Grundlage von Adjektivlisten. Das Erste bei der Wahrnehmung einer Zielperson ist dagegen meist die äußere Erscheinung.

Zur äußeren Erscheinung einer Zielperson zählen insbesondere

- ✔ Alter,
- ✔ Geschlecht,
- ✔ ethnische Zugehörigkeit.

Beim Alter, dem Geschlecht und der ethnischen Zugehörigkeit geht die Schublade automatisch auf und die Zielperson wird spontan und ohne langes Nachdenken mit typischen Eigenschaften dieser Gruppen in Verbindung gebracht. Verantwortlich dafür sind Stereotype über Mitglieder von Gruppen. Erfahren Sie dazu mehr in Kapitel 11.

Zu den Äußerlichkeiten zählen weiter:

- ✔ **Physische Attraktivität:** Die Hübschen kommen dabei meist besser weg als die weniger Attraktiven. Warum das so ist, erfahren Sie in Kapitel 9.

✔ **Kleidung:** Einem Mann im Anzug folgen mehr Passanten über eine rote Ampel als einem Mann in schmutziger Kleidung. Im Anzug erscheint er Beobachtern auch größer als derselbe Mann in Freizeitkleidung. Und Frauen in roter Garderobe haben bessere Chancen, als Anhalterin mitgenommen zu werden, als dieselben Frauen in Kleidung anderer Farbe. Ein nützlicher Tipp für Sie, falls Sie Ihren nächsten Trip als Anhalterin planen: Am wenigsten erfolgreich beim Trampen erwies sich die Farbe Grün.

✔ **Augenkontakt** signalisiert Interesse, je nach Kontext auch ein romantisches Anliegen. Ununterbrochener Augenkontakt, auch Starren genannt, wirkt dagegen eher feindselig. Der einsame Starrer im Club ist fast schon legendär.

✔ **Körpersprache**, wozu Mimik und Gestik ebenso gehören wie der Ausdruck von Emotionen wie Freude oder Trauer. Wer in angemessenem Rahmen seine Gefühle stärker ausdrückt als andere, hinterlässt meist den besseren ersten Eindruck.

✔ **Gegenstände**, die die Zielperson in der Hand hält oder mit ihr assoziiert sind: Ein Gitarrenkoffer in der Hand eines jungen Mannes wirkt ansprechender als eine Sporttasche.

✔ **Räumliche Nähe**, denn einer fremden Person sollte man nicht zu nahe kommen. Wie unangenehm allzu große Nähe zu anderen sein kann, kennen Sie sicherlich aus dem engen Fahrstuhl oder dem überfüllten Bus. Andererseits signalisiert zu großer Abstand Missfallen, insbesondere dann, wenn sich die Personen während des Umgangs voneinander entfernen.

Und viele andere mehr.

 Aber Vorsicht, diese Effekte sind stark kontextabhängig. Sie gelten für viele Gelegenheiten in unserer Kultur, jedoch längst nicht immer und überall.

✔ **Expressivität** in Mimik und Gestik, wie sie vielleicht in südlichen Ländern als normal empfunden wird, kann in Mittel- und Nordeuropa schnell übertrieben wirken. Und die Geste, bei der Zeigefinger und Daumen einen Kreis formen, versteht man in Amerika als ein Okay, in vielen anderen Ländern aber als obszönen Hinweis auf eine rückseitige Körperöffnung.

✔ **Formelle Kleidung** wie der Anzug oder das Kostüm ist oft genug auch unangebracht, zum Beispiel beim geselligen Kegelabend. Aber kommen Sie bitte nicht im Kegel-Outfit zu einem Geschäftsessen mit einer wichtigen Kundin oder zum Vorstellungsgespräch.

✔ **Augenkontakt** signalisiert in vielen ostasiatischen Kulturen nicht Sympathie, sondern mangelnden Respekt.

✔ **Der optimale räumliche Abstand** zwischen zwei Menschen ist unter arabischen Männern deutlich geringer als in westlichen Kulturen. Und US-amerikanische Touristen in Deutschland berichten gern darüber, wie oft man sich in Deutschland gegenseitig anrempelt. Dem amerikanischen Gefühl nach kommen sich die Deutschen im öffentlichen Raum viel zu nahe. Und selbst innerhalb Deutschlands gibt es Unterschiede: In den neuen Bundesländern ist der als angemessen empfundene Abstand zu einem Fremden um ein paar Zentimeter kleiner als in den alten Bundesländern.

Warum ist der erste Eindruck so wichtig?

✔ Er entsteht unmittelbar auf der Grundlage sehr weniger Hinweise und entscheidet oft darüber, ob die Beziehung aufrechterhalten oder abgebrochen wird.

✔ Bleibt die Beziehung bestehen, bestimmt der erste Eindruck das Verhalten gegenüber der Zielperson, die ihrerseits dazu tendiert, so zu reagieren, wie es von ihr erwartet wird. Dieses Phänomen ist unter dem Stichwort *sich selbst erfüllende Prophezeiung* ausführlich untersucht und viele Male bestätigt worden. Beobachten Sie sich dazu selbst: Sieht die Zielperson irgendwie »freundlich« aus, werden Sie sie auch in gefälligem Ton ansprechen. Und am Ende reagiert sie tatsächlich so, wie Sie es erwartet haben, nämlich »freundlich«. Erwarten Sie von einer fremden Person immer nur das Beste – Sie werden es in der Mehrzahl der Fälle nicht bereuen!

✔ Der erste Eindruck bestimmt, wie nachfolgende Information über die Zielperson interpretiert und zu einem Urteil zusammengefasst wird. Bei einer Zielperson, die einen feindseligen ersten Eindruck hinterlassen hat, wirkt selbst das joviale Schupsen einer anderen Person leicht als aggressiver Akt. Eine Vielzahl von Studien hat immer wieder belegt: Menschen tendieren stark dazu, auf ihren ursprünglichen Überzeugungen zu beharren, selbst wenn sich die Widersprüche häufen (*positives Hypothesentesten*, siehe Kapitel 3, und *Konsistenzbedürfnis*, siehe Kapitel 4). Das gilt vor allem für den nachteiligen ersten Eindruck.

Ein misslungener erster Eindruck lässt sich auch bei lang andauernden Kontakten nur sehr schwer korrigieren: Die ablehnende Haltung wird aufseiten der Zielperson ebenso wenig Zuneigung auslösen – entsprechend entwickelt sich der gemeinsame Umgang. Und alles, was die Zielperson sagt oder tut, erscheint unter einem negativen Vorzeichen: »Warum ist der unsympathische Kollege plötzlich so freundlich? Was er damit wohl bezweckt?«

Haben Sie dagegen einen positiven ersten Eindruck hinterlassen, ist er ungleich leichter zu korrigieren: Sie müssen nur jemandem die Geldbörse entwenden und sich dabei erwischen lassen oder das Neugeborene einer jungen Mutter als besonders hässlich bezeichnen.

Ein Heiligenschein: Der Halo-Effekt

Wie Solomon Asch ebenfalls festgestellt hat, gibt es Eigenschaften, denen eine besondere Bedeutung zukommt, weil sie eine starke Wirkung auf die soziale Wahrnehmung ausüben. Vergleichen Sie dazu wiederum zwei Adjektivlisten zu den Zielpersonen A und B.

Das »Ausstrahlen« zentraler Eigenschaften auf andere Merkmale erfolgt auf der Grundlage von Annahmen dazu, wie einzelne Eigenschaften zusammenhängen. Eine kaltherzige Person mag die ihr zugeschriebene Intelligenz eher zu ihrem eigenen Vorteil nutzen als eine warmherzige. So verändert die Unterscheidung warmherzig – kaltherzig die Bedeutung des Adjektivs »intelligent«. Das Paar höflich – unhöflich entfaltet keine vergleichbare Wirkung. Wie so oft: Das Ganze ist mehr als die Summe seiner Teile.

Zentrale und periphere Eigenschaften

In den Studien von Asch (1946) erhielten Probanden eine von zwei Beschreibungen der folgenden Art:

✔ Person A: intelligent, fleißig, warmherzig, entschlossen

✔ Person B: intelligent, fleißig, kaltherzig, entschlossen

Wenig verwunderlich: Person A wurde positiver eingeschätzt als Person B. Dagegen war interessant zu beobachten, dass die Unterschiede in den Bewertungen von A und B viel geringer ausfielen, wenn Asch das Paar warmherzig – kaltherzig gegen höflich – unhöflich ausgetauscht hatte. Bei warmherzig – kaltherzig handelt es sich offensichtlich um zentrale Eigenschaften, die auf die Wirkung der anderen Adjektive »ausstrahlen«. Dagegen ist die Höflichkeit einer Person eher eine periphere Eigenschaft von untergeordneter Bedeutung.

Außerhalb des sozialpsychologischen Labors schließen Menschen zum Beispiel voreilig von der Kleidung auf bestimmte Eigenschaften einer Person. Und das obwohl den meisten durchaus bewusst ist, dass dieser Schluss nicht immer korrekt sein muss. Die Kleidung des Gegenübers hilft dabei, rasch einige wichtige Fragen zu beantworten:

✔ Mit wem habe ich es gerade zu tun?

✔ Wie muss ich auf diese Person reagieren?

✔ Sollte ich Anweisungen dieser Person entgegennehmen oder ist das jemand, dem ich selbst etwas zu sagen habe?

Hinter den Antworten auf diese Fragen verbergen sich Annahmen, die die Forschung *implizite Persönlichkeitstheorien* nennt. In diesem Beispiel beschreiben sie die unausgesprochenen und oft unbewusst angewendeten Zusammenhänge zwischen Kleidung einerseits und Vermögen, Status, Macht und so weiter andererseits. Die impliziten Persönlichkeitstheorien hierzu lauten etwa: »Wer teuer gekleidet ist, erzielt ein hohes Einkommen« oder »Menschen in schlechter Kleidung verfügen über wenig soziale Macht.« Fragen Sie sich gern selbst, ob auch Sie diese Annahmen teilen!

Implizite Persönlichkeitstheorien ergänzen den Eindruck über eine Zielperson durch Annahmen dazu, wie einzelne Eigenschaften mit anderen Merkmalen zusammenhängen. Auf diese Weise ergibt sich ein Gesamtbild über die Zielperson, das viel detaillierter ausfällt, als es die wenigen bekannten Einzelheiten eigentlich erlauben würden. Die Tendenz zu solchen »Ergänzungen« erklärt auch, warum sich die Probanden in Aschs Experimenten auf der Grundlage sehr begrenzter Adjektivlisten einen zumindest für sie selbst schlüssigen Gesamteindruck von den Zielpersonen bilden konnten.

Implizite Persönlichkeitstheorien wirken insbesondere bei zentralen Eigenschaften wie der Unterscheidung zwischen kaltherzig und warmherzig. Die Wirksamkeit zentraler Eigenschaften auf den Gesamteindruck nennt die Sozialpsychologie den *Halo-Effekt*.

Der *Halo-Effekt* beschreibt die Tendenz, dass bei der Beurteilung einer Zielperson eine zentrale Eigenschaft dieser Person auf andere Merkmale »ausstrahlt« (englisch *halo* bedeutet Heiligenschein). Der Gesamteindruck ist damit durch ein dominantes Merkmal bestimmt.

Der Halo-Effekt wurde besonders gut beim Merkmal »physische Attraktivität« untersucht. Treffen Sie auf einen Schönling oder ein Topmodel, tendieren Sie dazu, dieser Person auch weitere positive Eigenschaften zuzuschreiben. Der Halo-Effekt der zentralen Eigenschaft hoher körperlicher Attraktivität übermittelt den Eindruck, die Zielperson sei auch

- besonders intelligent,
- sehr beliebt,
- ausgesprochen sympathisch.

Selbstverständlich stimmt das nicht, denn die Schönen sind von Natur aus im Durchschnitt nicht mehr oder weniger intelligent, nicht beliebter oder unbeliebter und auch nicht sympathischer oder unsympathischer als die weniger Attraktiven. Da sie aber von Kindesbeinen an meist freundlicher behandelt werden, entwickeln sie im Laufe ihres Lebens überdurchschnittlich gute soziale Fähigkeiten. Mehr zum Thema physische Attraktivität erfahren Sie in Kapitel 9.

Was die Zielperson tut: Konkretes Verhalten und Eindrucksbildung

Neben den Merkmalen einer Zielperson wie Kleidung, Körpergröße, Mimik, physische Attraktivität und so weiter nutzen Menschen zur Eindrucksbildung insbesondere auch das Verhalten, das sie bei anderen beobachten. Sehen Sie, wie Ihr Nachbar einer älteren Dame hilft, die Straße zu überqueren und ihr die Einkaufstüte in den vierten Stock trägt, fällt Ihnen sicherlich unmittelbar das Attribut »hilfsbereit« ein. Tatsächlich mündet beobachtetes Verhalten sehr häufig in die Zuschreibung einer Eigenschaft. Wie es zum Urteil »Der Nachbar ist hilfsbereit« gekommen ist, können Sie danach getrost wieder vergessen.

Eigenschaften vereinfachen die Informationsverarbeitung: Statt sich einzelne Verhaltensweisen zu merken, reicht es, sich die der Zielperson zugeschriebene Eigenschaft ins Gedächtnis zu rufen. Und wenn Sie mit einer dritten Person über den Nachbarn sprechen, erzählen Sie, er sei hilfsbereit. Auch wenn Sie sich längst nicht mehr an die Episode mit der älteren Dame erinnern können.

Wie Menschen aus konkretem Verhalten auf zugrunde liegende Eigenschaften schließen, ist eine Frage des »Warum«: Warum hat der Nachbar der älteren Dame geholfen? Spontan liegt die Schlussfolgerung »hilfsbereit« nahe. Mit großer Wahrscheinlichkeit haben Sie auch selbst diesen Schluss aus der kurzen Beschreibung gezogen. Stimmt's?

Jedoch könnte es auch andere Gründe, also ein anderes »Warum«, für sein Tun gegeben haben. Vielleicht spekuliert der Nachbar darauf, im Testament der älteren Dame bedacht zu werden. Und schon sieht der Eindruck über ihn ganz anders aus.

Wie Menschen Warum-Fragen beantworten, ist ein in der Sozialpsychologie sehr ausführlich beforschtes Thema. In diesem Buch ist folglich ein ganzes Kapitel der Warum-Frage gewidmet. Sie erfahren mehr dazu, wie aus beobachtetem Verhalten auf Eigenschaften geschlossen wird, unter dem Stichwort *Attribution* in Kapitel 8.

Schlussfolgerungen seitens der Beurteilenden

Aus den Merkmalen, die eine Zielperson mit in die Situation bringt, ziehen diejenigen, die sich den Eindruck bilden, ihre Schlussfolgerungen. Wie die Einschätzung am Ende ausfällt, ist demnach nicht nur von den Merkmalen und Verhaltensweisen der Zielperson, sondern ganz besonders auch von den Beurteilenden selbst abhängig.

Stellen Sie sich dazu vor, Sie lernen auf einer Party einen Mann mit Namen Thomas kennen. Er teilt nicht nur den Vornamen mit einem gewissen anderen Thomas, sondern auch die Tatsache, dass beide ursprünglich aus Dresden stammen. Mit dem anderen Thomas haben Sie über zehn Jahre eine eher unglückliche Ehe geführt und eine extrem unerfreuliche Scheidung hinter sich gebracht. Wie groß ist die Chance, dass der neue Thomas bei Ihnen einen guten Eindruck hinterlässt? Und wie hoch sind seine Erfolgsaussichten bei Sybille, der zu einem Thomas und der Stadt Dresden gar nichts einfällt?

Merkmale und Verhaltensweisen einer Zielperson können an andere Personen erinnern und so den Eindruck bestimmen. Das gilt auch für vergleichsweise unbedeutende Attribute wie Vorname, Herkunft, Haarfarbe, Körpergestalt und so weiter.

Gleich und Gleich gesellt sich gern: Der Similar-to-me-Effekt

Vergessen Sie also Thomas und wenden Sie sich Paula zu, der Sie auf derselben Party zum ersten Mal begegnen. Paula stammt genau wie Sie aus dem Schwarzwald und hat dieselbe Berufsausbildung absolviert wie Sie. Im Übrigen ist sie ebenfalls geschieden und weiß so einiges über ihren ehemaligen Ehemann zu berichten, auch wenn der nicht Thomas heißt. Wie groß ist Paulas Chance auf einen guten Eindruck?

Zielpersonen mit Ähnlichkeiten zum Beurteiler hinterlassen oft einen guten Eindruck.

Der *Similar-to-me-Effekt* beschreibt die Tendenz, Menschen, die einem ähnlich sind, in wohlwollendem Licht zu sehen. Das gilt für Ähnlichkeiten in Einstellungen, Werten, Berufen, bei Alter und Geschlecht ebenso wie für Unbedeutendes wie zum Beispiel dasselbe Sternzeichen oder derselbe Geburtsort.

Ähnliche Menschen

✔ bestätigen die eigene Person wie zum Beispiel die Entscheidung für einen Beruf oder die politische Einstellung,

✔ legen den Schluss nahe, umgekehrt auch vom Gegenüber gemocht zu werden,

✔ ermöglichen es, sich leichter in sie hineinzuversetzen,

✔ erleichtern es, sich mit ihnen zu unterhalten.

Das Ziel im Blick: Motivierte Eindrucksbildung

Mit einem Eindruck über eine zuvor fremde Person verfolgen Menschen auch bestimmte Ziele. In der Sozialpsychologie nennt man das *motivierte Eindrucksbildung*. Vergleichen Sie dazu, welches Urteil über Felix wichtig ist, wenn Sie entweder

✔ Felix, dem Automechaniker, Ihren Wagen zur Reparatur überlassen wollen oder

✔ in Felix einen potenziellen Freund für künftige Freizeitaktivitäten vermuten.

Bei der Autoreparatur spielt die Einschätzung etwa zu warm- oder kaltherzig wohl eher eine geringe Rolle, denn Sie suchen einen kompetenten Experten. Dagegen ist es beim gemeinsamen Sonntagsspaziergang ziemlich egal, ob Felix gut darin ist, ein defektes Automatikgetriebe zu tauschen. Nur als kaltherzig möchten Sie Ihre Freizeitbegleitung nicht empfinden müssen.

Kompetente Partner, inkompetente Konkurrenten

In einer Studie stellten Klein und Kunda (1992) Versuchspersonen eine Zielperson vor.

✔ Eine Hälfte der Probanden bildete sich einen Eindruck vor dem Hintergrund, dass die Zielperson später ihr Partner in einem Spiel sein sollte.

✔ Die andere Hälfte erwartete dagegen, dass die Zielperson im selben Spiel als ihr Gegner auftreten würde.

Die Urteile über den vermeintlichen Partner fielen signifikant wohlwollender aus als die Urteile über den zukünftigen Kontrahenten. Dies betraf insbesondere Eigenschaften, die sich auf die Fähigkeit bezogen, in dem erwarteten Spiel eine gute Leistung zu erbringen. Offensichtlich waren die Versuchspersonen motiviert, dem Mitspieler mehr Kompetenzen zuzuschreiben als dem Gegenspieler. Und das, obwohl sich die Personenbeschreibung zwischen den Bedingungen gar nicht unterschied.

Motive richten die Eindrucksbildung auf ein bestimmtes Ziel aus. Individuen sind sich typischerweise darüber bewusst, zu welchem Zweck sie eine Zielperson beurteilen. Geht es darum, den geeigneten Partner fürs Tennisdoppel zu finden oder eine kompetente Steuerberaterin?

Liegt die Entscheidung schon fest, weil vielleicht der Doppelpartner zugelost wurde, folgen die Eindrücke motiviertem »Wunschdenken«. So im Experiment von Klein und Kunda, in dem die Rolle der Zielperson als Gegen- oder Mitspieler gezielt variiert wurde. Dahinter verbirgt sich das Motiv, dass das Urteil die Zielperson in möglichst positivem oder negativem Licht erscheinen lassen soll. Ist Ihre beste Freundin neidisch auf Ihren neuen Verehrer oder freut sie sich mit Ihnen? Davon hängt ab, ob sie ihn als prima oder abschreckend einschätzt. Solche Einflüsse auf die Richtung, in die die Eindrucksbildung gelenkt wird, sind den Menschen nur selten bewusst.

Kognitive Ausrichtung

Ebenso unbewusst bleiben Einflüsse, die zwar ebenfalls die Eindrucksbildung steuern, mit Motiven aber gar nichts zu tun haben. Es geht dabei um Abläufe, die darauf beruhen, wie Menschen typischerweise denken und ihre Urteile bilden. Oder im Psycho-Slang ausgedrückt, wie der »kognitive Apparat« der Menschen funktioniert. Halten Sie es für möglich, dass Ihr Urteil über eine Zielperson davon abhängt, an was Sie kurz vor dem Kennenlernen mehr oder weniger zufällig gedacht haben? Wenn nicht, überzeugen Sie vielleicht die Ergebnisse aus dem im Folgenden beschriebenen Experiment.

Ist Donald abenteuerlustig oder verantwortungslos?

E. Tory Higgins, William S. Rholes und Carl R. Jones (1977) baten ihre Versuchspersonen an zwei angeblich unabhängigen Studien teilzunehmen. Tatsächlich diente aber die »erste Studie« dazu, Kategorien ins Gedächtnis zu rufen, die für die spätere Bewertung einer Zielperson in der »zweiten Studie« von Bedeutung sein konnten (Priming, siehe Kapitel 3).

Dazu beschäftigten sich die Probanden unter einem Vorwand zum Beispiel mit einem Begriff wie »abenteuerlustig« oder in einer anderen Bedingung mit »leichtsinnig«. In der vermeintlichen »zweiten Studie« erhielten sie die Beschreibung eines gewissen »Donald«, von dem unter anderem berichtet wurde, er habe vor, mit einem Segelboot den Atlantik zu überqueren. Der geplante Segeltrip ist insofern mehrdeutig, als er sowohl positiv bewertete Unternehmungslust als auch negativ bewertete Verantwortungslosigkeit signalisieren kann. Entsprechend fielen die Urteile über Donald unterschiedlich aus: Die Probanden, bei denen die Kategorie »abenteuerlustig« aktiviert worden war, schätzten Donald positiver ein als jene, die sich zuvor mit dem Begriff »leichtsinnig« beschäftigt hatten.

Vielleicht fällt Ihnen an dieser Stelle ein, dass Abenteuerlust unabhängig von der Personenbeschreibung generell positiver bewertet wird als Leichtsinn. Haben die Probanden Donald einfach nur deshalb unterschiedlich eingeschätzt, weil sie zuvor etwas Positives oder Negatives im Sinn hatten, und nicht, weil sie die beabsichtigte Atlantiküberquerung unterschiedlich bewertet haben? Nein. Wie Higgins und Kollegen in Vergleichsbedingungen zeigen konnten, funktioniert die Voraktivierung nur dann, wenn die Konzepte auch anwendbar sind. Tauschten sie abenteuerlustig und leichtsinnig gegen Begriffe wie ordentlich (positiv) und ungeschickt (negativ) aus, ergab sich kein Effekt der Voraktivierung.

Fazit: Was gerade im Gedächtnis aktiv ist, kann die Bewertung einer Zielperson beeinflussen. Voraussetzung ist, dass diese Gedächtnisinhalte dazu dienen, ein mehr oder weniger mehrdeutiges Verhalten der Zielperson einzuordnen und zu bewerten.

Beurteilende nehmen also Merkmale einer Zielperson wahr und bilden sich auf der Grundlage ihrer Motive und ihrer kognitiven Ausrichtung einen Eindruck, wie Abbildung 7.1 zeigt.

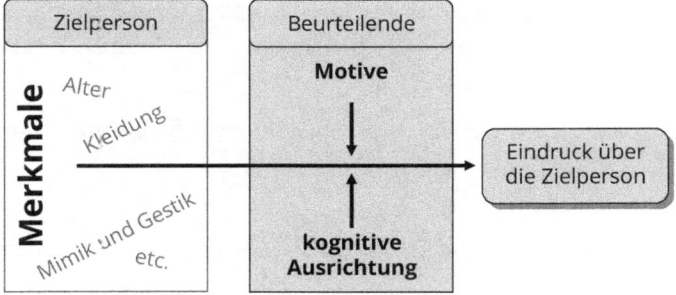

Abbildung 7.1: Schematische Darstellung einer Eindrucksbildung

Eindrucksbildung für Profis

Merkmale der Zielperson und die Reihenfolge, in der diese Merkmale wahrgenommen werden, üben ebenso einen Einfluss auf Urteile über Zielpersonen aus, wie Motive und Charakteristiken der Informationsverarbeitung aufseiten der Beurteilenden. Drängt sich dazu nicht die Frage auf, wie gut alltägliche Eindrücke über andere Menschen tatsächlich sind? Wie oft stimmen sie und wie oft liegt man mit seiner Einschätzung daneben?

Die Frage nach der Qualität von Urteilen lässt sich nur dann beantworten, wenn es ein objektives Kriterium gibt, mit dem man zweifelsfrei festlegen kann, wie hilfsbereit, abenteuerlustig oder unfreundlich eine Zielperson tatsächlich ist.

Das ist gar nicht so einfach, wie es vielleicht auf den ersten Blick erscheinen mag.

- ✔ Eine psychologisch relevante Eigenschaft kann einer Zielperson oft nur dann zuverlässig attestiert werden, wenn eine ausführliche psychologische Diagnostik stattgefunden hat. Dazu dienen ausgereifte Testverfahren, strukturiert geführte Interviews und so weiter. Psychologische Diagnostik ist eine Wissenschaft für sich und weit entfernt von den sozialpsychologisch relevanten Phänomenen alltäglicher Eindrucksbildung.

- ✔ Einige Eigenschaften lassen sich nicht gut objektivieren, weil sie »im Auge des Betrachters« liegen. Eine Zielperson mag der einen sympathisch, langweilig oder charismatisch erscheinen, bei einer anderen Beurteilerin aber genau den gegenteiligen Eindruck auslösen. Denken Sie dazu an eine bekannte Persönlichkeit zum Beispiel aus der Politik und vergleichen Sie Ihr eigenes Urteil mit dem anderer Leute.

Trotzdem gibt es einige Hinweise dazu, dass die subjektiven Eindrücke über Zielpersonen eher falsch- als richtigliegen. Dazu kann man zum Beispiel Videoclips von rechtskräftig verurteilten Betrügern vorführen und das Publikum die Glaubwürdigkeit der Protagonisten einschätzen lassen. Oder man kennt die Intelligenzquotienten von Zielpersonen aus einer ausführlichen Diagnostik und vergleicht dieses objektive Maß mit den Beurteilungen von Versuchspersonen. Die Übereinstimmungen zwischen objektiven Maßen und subjektiven Urteilen fallen in beiden Fällen überraschend niedrig aus.

 Das Fazit lautet: Wir Menschen selbst stellen kein objektives Messinstrument dar, schon gar nicht, wenn es um unsere Mitmenschen geht. Das gilt trotz der Tatsache, dass viele sich selbst eine gute »Menschenkenntnis« zuschreiben. Aber bitte täuschen Sie sich nicht!

Dass Ihnen Ihre Urteile subjektiv besser erscheinen, als sie objektiv tatsächlich sind, liegt daran, dass

- ✔ erste Eindrücke oft darüber entscheiden, ob überhaupt weitergehende Information über die Zielperson gesammelt oder der Kontakt abgebrochen wird.

- ✔ die Bewertung von Verhaltensweisen und Eigenschaften der Zielperson im Licht des bereits gefällten Urteils erfolgt und folglich auch ein freundliches Lächeln des als verzogen beurteilten Kinds als freches Grinsen gewertet wird.

- ✔ Urteile bestimmen, wie sich der Umgang mit der Zielperson im Sinne einer sich selbst erfüllenden Prophezeiung gestaltet und folglich der als unhöflich bewertete Verkäufer im Verlauf des Gesprächs tatsächlich mehr und mehr unfreundlich reagiert.

- ✔ Eindrücke oft Wünschen und Bedürfnissen entsprechen, die zu ändern Menschen noch weniger bereit sind als ihre Urteile.

Psychologen und Psychologinnen, auch angehende im Studium, sehen sich häufig mit der Frage konfrontiert: »Analysierst du mich jetzt?«, wenn ihr Gegenüber von ihrem Beruf oder Studienfach erfährt. Die seriöse Antwort darauf kann eigentlich nur lauten: »Weniger als jemand anderes es tun würde« oder vielleicht auch: »Weniger als du mich.« Wer die vielen Fallstricke kennt, die sich in alltäglichen »Analysen« von Mitmenschen auftun, hält sich zurück, weiß um die Vorläufigkeit erster Eindrücke, die Effekte sich selbst erfüllender Prophezeiungen und so weiter. Nichtsdestotrotz werden auch die »Profis« die Kategorie »mag ich oder mag ich nicht« öffnen, denn auch sie verbringen ihre Zeit lieber mit ihnen angenehmen Leuten als in unerfreulicher Gesellschaft.

IN DIESEM KAPITEL

Attributionen als Antworten auf die allgegenwärtigen Warum-Fragen

Warum das Warum den Menschen so wichtig ist

Wie Menschen Attributionen vornehmen

Attributionen steuern Gefühle

Erwünschte Attributionen, die ins vorgefasste Bild passen

Kapitel 8
»Warum nur, warum?« – Attribution

Nachdem die kleine Wilma als Zweijährige mit den Antworten auf ihre vielen Was- und Wie-Fragen die Dinge in ihrer Umgebung kennengelernt und auf diese Weise ihren Wortschatz erweitert hat, beginnt sie ab etwa dem dritten oder vierten Lebensjahr auch Warum-Fragen zu stellen. »Warum muss Papa morgens zur Arbeit?«, »Warum ist der Himmel blau?« und die vielleicht wichtigste von allen: »Warum ist die Banane krumm?«

Kausalität hilft:
Verstehen, vorhersehen, Einfluss nehmen

Antworten auf Warum-Fragen liefern nicht nur Kleinkindern, sondern auch Erwachsenen wichtige Erkenntnisse. Einblicke in die kausalen Zusammenhänge zwischen Ursachen und Wirkungen in der Welt erlauben, Beobachtungen

- ✔ zu verstehen,
- ✔ vorherzusehen,
- ✔ gezielt zu beeinflussen.

Mit Blick auf soziale Beziehungen spielen Erklärungen dazu, warum andere Menschen bestimmte Verhaltensweisen gezeigt haben, eine herausragende Rolle. Häufig werden anderen auf der Grundlage beobachteten Verhaltens *Attribute* zugeschrieben.

Zum Beispiel denken Sie vielleicht an die Eigenschaft »hilfsbereit« bei der Lehrerin, die sich im ausgedehnten Einzelgespräch darum bemüht, einem ihrer Schüler den Satz des Pythagoras gegen alle Hindernisse nahezubringen. Den Schüler könnten Sie in der gleichen Situation mit dem Attribut »unbegabt« belegen, um zu erklären, warum er sich schwertut und Nachhilfe benötigt.

Wie Menschen dazu kommen, Eigenschaften der Beteiligten wie »hilfsbereit« oder »unbegabt« als Ursachen einer Beobachtung zu sehen, war der Ausgangspunkt dessen, was die Sozialpsychologie *Attributionsforschung* nennt. Im weiteren Verlauf dieser Forschung bezeichnete der Begriff *Attribution* mehr und mehr auch generell die Antwort auf beliebige Warum-Fragen – unabhängig davon, ob es sich um die Zuschreibung einer Persönlichkeitseigenschaft wie »hilfsbereit« oder »unbegabt« oder um Fragen wie »Warum hat die deutsche Fußballnationalmannschaft ihr letztes Spiel verloren?« oder »Warum ist das Haus in der Nachbarschaft abgebrannt?« handelt.

Mit *Attribution* bezeichnet die Sozialpsychologie die Antwort auf eine Warum-Frage. Eine Attribution gibt dem Individuum Auskunft über eine oder mehrere Ursachen eines Ereignisses. Attributionen beziehen sich auf die Erklärung beobachteten Verhaltens von anderen, eigener Handlungen oder beliebiger Vorgänge.

Attributionen sind Rückschlüsse, die Beziehungen zwischen Ursachen und Wirkungen herstellen. Wie alle subjektiven Schlussfolgerungen können auch sie fehlerhaft sein. Die Forschung spricht von *Fehlattribution* oder *Misattribution*, wenn jemand eine Wirkung einer eindeutig falschen Ursache zuschreibt. Den Vorgang, eine Attribution vorzunehmen, bezeichnet die Sozialpsychologie mit dem Verb *attribuieren*. Wie Menschen konkret attribuieren, ist Forschungsgegenstand unterschiedlicher *Attributionstheorien*.

Meist sind es unerwartete und negative Ereignisse, die die Warum-Frage auslösen. »Warum ist unser Haus letzte Nacht nicht abgebrannt?«, ist selten eine Frage, die spontan in den Sinn kommt, warum es Feuer gefangen hat, mit Sicherheit aber schon.

Konsequenzen von Attributionen

Die Forschung zu Attributionen ist eines der größten Gebiete der Sozialpsychologie. Der Grund dafür liegt darin, dass Attributionen einen entscheidenden Beitrag dazu leisten, wie Menschen ihre soziale Realität konstruieren (siehe Kapitel 3). Aus unterschiedlichen Attributionen ergeben sich bedeutsame Konsequenzen für Urteile, Entscheidungen und künftiges Verhalten. Dazu nur zwei Beispiele:

✔ Leon studiert Psychologie, ist aber bei der Statistikprüfung durchgefallen. Er könnte sich seinen Misserfolg damit erklären, dass er für sein Studienfach nicht genügend Begabung mitbringt. In der Folge wird Leon vielleicht erwägen, das Fach zu wechseln. Bei einer Attribution auf seine mangelhafte Vorbereitung oder eine Ungerechtigkeit seitens der Prüferin könnten mehr Anstrengung beim nächsten Versuch oder eine Beschwerde die für ihn jeweils passenden Vorgehensweisen sein.

✔ Warum reagiert der Ehemann schon seit einiger Zeit immer so missmutig? Glaubt die Ehefrau, dass er von der Arbeit stark gestresst ist, wird sie ihm vielleicht mehr Unterstützung und Zuwendung zukommen lassen. Erklärt sie sein Verhalten damit, dass er eine Affäre mit einer anderen angefangen hat, fällt ihre Reaktion wahrscheinlich ganz anders aus.

Manche Menschen tendieren dazu, Warum-Fragen in bestimmten Kontexten wie bei eigenem Versagen, in der Partnerschaft oder bei mehrdeutigem Verhalten anderer immer wieder auf ein und dieselbe Art zu beantworten. Die Sozialpsychologie spricht dann davon, dass diese Person einen *Attributionsstil* entwickelt hat. Das führt zu uniformen Reaktionen und wiederkehrenden Konsequenzen, wie die folgenden Beispiele verdeutlichen:

✔ Eine Form von Attributionsstil ist unter dem Namen *erlernte Hilflosigkeit* bekannt. Grundlage ist das subjektive Gefühl einer Person, dass das eigene Verhalten ineffektiv ist und sie nicht beeinflussen kann, was um sie herum geschieht: »Ich habe keine Kontrolle über das, was mit mir passiert«, ist die bevorzugte und immer wiederkehrende Attribution.

Erlernte Hilflosigkeit entsteht zum Beispiel aus der Erfahrung mit gewalttätigen Eltern im Sinne von »Ich bin ihnen ausgeliefert und kann nicht ändern, was sie mit mir tun«. Generalisiert dieser Blick auf die Welt auf andere Situationen, kommt es später dazu, dass negative Rückmeldungen wie schwache Zensuren in der Schule oder ein Tadel bei der Arbeit Passivität auslösen. Die Betroffenen unternehmen folglich keine eigenen Anstrengungen, um ihre Situation zu verbessern.

Erlernte Hilflosigkeit wird auch mit der Entstehung von Depressionen in Zusammenhang gebracht, wenn die sich hilflos fühlende Person negative Ereignisse wie das Ende einer Partnerschaft oder einen Unfall mit eigenem Unvermögen erklärt.

✔ Ausführlich untersucht sind Attributionsstile, die sich in engen Partnerschaften (siehe Kapitel 9) entwickeln können. In glücklichen Beziehungen attribuieren die Beteiligten negative Ereignisse gewöhnlich auf besondere Umstände: »Er hat viel Stress bei der Arbeit«, und Positives auf die Persönlichkeit des Partners oder der Partnerin: »Sie hat mich unterstützt, weil sie so ein liebenswerter Mensch ist.« In unglücklichen Beziehungen erfolgen Attributionen immer wieder genau umgekehrt: »Wahrscheinlich hat er eine Affäre angefangen« und »Sie hat mich unterstützt, weil es die Schwiegereltern von ihr verlangt haben.« In der Paartherapie liegt folglich ein Schwerpunkt darauf, solche Attributionsstile zu erkennen, um sie zum Wohl der Beziehung aufzubrechen.

✔ Ein *feindseliger Attributionsstil* führt dazu, dass mehrdeutige Ereignisse leicht als Angriff auf die eigene Person gedeutet werden. Eine nicht sonderlich höflich vorgebrachte Bitte, eine Lichthupe im Straßenverkehr oder ein Rempeln auf dem überfüllten Volksfest fassen Menschen mit diesem Attributionsstil leicht als Provokation auf. Dabei vernachlässigen sie mögliche Gründe, die in der Situation gegeben sind, zum Beispiel das Gedränge auf dem Festplatz. Sie unterstellen, dass sie jemand absichtlich angefeindet hat. In der Folge reagieren sie schnell aggressiv (siehe Kapitel 12).

Klassifikation von Antworten auf die Warum-Frage

Der Begriff »Attribution« geht zurück auf den österreichischen Sozialpsychologen Fritz Heider. Er prägte die Vorstellung vom Menschen als »naivem Wissenschaftler«, der beobachtete Ereignisse auf zugrunde liegende Ursachen zurückführt, um die Vorgänge in der Welt »vernünftig« zu erklären.

Aller guten Dinge sind drei: Wichtige Dimensionen von Attributionen

Eine bedeutsame Unterscheidung bei Attributionen findet sich schon in Heiders klassischem Werk *The Psychology of Interpersonal Relations* aus dem Jahr 1958:

- ✔ **Internale Attribution:** Sie beantwortet die Warum-Frage mit einer Ursache, die in der Person des Handelnden zu suchen ist. Warum hat Leon aus dem Beispiel von oben die Statistikprüfung nicht bestanden? Eine internale Attribution könnte lauten, dass er unbegabt oder faul ist.

- ✔ **Externale Attribution:** Die Antwort auf die Warum-Frage bezieht sich auf etwas, das außerhalb der handelnden Person liegt: Hat die Prüferin zu hohe Anforderungen gestellt?

Später hat die Forschung die Unterscheidung internal – external um weitere Dimensionen ergänzt. Die wichtigsten sind stabil – variabel und kontrollierbar – unkontrollierbar.

Attributionen werden häufig auf drei Dimensionen beschrieben:

- ✔ **Internal oder external:** Internal, wenn die Ursache für eine Beobachtung beim Handelnden liegt, external, wenn die Gründe unabhängig vom Handelnden gesehen werden.

- ✔ **Stabil oder variabel:** Stabile Gründe lassen sich nicht oder nur sehr schwer verändern, variable Ursachen können je nach Situation unterschiedlich ausfallen.

- ✔ **Kontrollierbar oder unkontrollierbar:** Kontrollierbare Verursachungen lassen sich gezielt beeinflussen, unkontrollierbare nicht.

Mithilfe dieser drei Unterscheidungen lassen sich Attributionen klassifizieren. Im Beispiel mit der missglückten Prüfung könnte eine Antwort auf das Warum etwa lauten: »Leon hat sich schlecht vorbereitet.« Diese Attribution ist internal, weil die Ursache im Studenten zu finden ist; sie ist variabel, weil er nicht grundsätzlich die Prüfungsvorbereitungen vernachlässigen muss; und sie ist kontrollierbar, weil Leon selbst entscheidet, wie gut er sich auf eine Prüfung vorbereitet.

Weitere Beispiele:

- ✔ Die Dozentin hat Stoff geprüft, der in der Vorlesung nicht besprochen wurde: external, variabel, unkontrollierbar.
- ✔ Leon ist während der Prüfung schlecht geworden: internal, variabel, unkontrollierbar.
- ✔ Statistik ist besonders schwierig: external, stabil, unkontrollierbar.
- ✔ Leon ist für sein Fach unbegabt: internal, stabil, unkontrollierbar.
- ✔ In der Nacht vor der Prüfung hat Leon bis 4 Uhr früh gefeiert: internal, variabel, kontrollierbar.

Die Unterscheidungen nach internal – external, stabil – variabel und kontrollierbar – unkontrollierbar haben sich in der Forschung als besonders nützlich erwiesen, weil die Reaktionen von Menschen und eine ganze Reihe sozialer Phänomene damit erklärt werden können. Dazu einige Beispiele:

- ✔ Der Student, der während der Prüfung plötzliche Übelkeit verspürte (variabel), wird mit einer anderen Erwartung zum Zweitversuch antreten als sein Kommilitone, der an seiner Intelligenz zweifelt (stabil).
- ✔ Wer zu spät zur Arbeit erschienen ist, bevorzugt eine externale und unkontrollierbare Ursache, um sich zu entschuldigen: »Der Bus hatte Verspätung«, gegenüber einer internalen und kontrollierbaren: »Ich habe nach dem Frühstück noch mit meiner Freundin telefoniert.«
- ✔ Führt die forensische Gutachterin das Gewaltverbrechen eines Haftinsassen auf dessen Persönlichkeitseigenschaften zurück (»Er neigt sehr stark zu Gewaltausbrüchen«: internal, stabil, unkontrollierbar), wird sie eine vorzeitige Entlassung nicht befürworten; attribuiert sie sein Fehlverhalten auf situative Ursachen (»Er wurde in der Situation stark provoziert«: external, variabel, eventuell kontrollierbar), räumt sie ihm deutlich bessere Chancen auf Bewährung ein.

Jetzt weiß ich, warum: Wie Menschen zu ihren Attributionen kommen

Die Antwort auf die Frage, wie Menschen Attributionen vornehmen, ist Gegenstand der Attributionstheorien, die Sozialpsychologinnen und Sozialpsychologen seit den 1950er-Jahren entwickelt haben. Auf der Suche nach den Faktoren, die dafür verantwortlich sind, wie Menschen die Warum-Frage beantworten, sammelten sie eine Vielzahl von Erkenntnissen. Sie wurden in Modellvorstellungen theoretisch zusammengefasst und schließlich auch mit Studien auf ihre empirische Tragfähigkeit untersucht. Alle Attributionstheorien unterstellen den Menschen, dass sie motiviert sind, die Ursachen für Vorgänge in ihrer Umgebung zu verstehen, um sie vorherzusehen und möglichst auch gezielt auf sie einzuwirken.

Leon und die Statistik:
Das Kovariations- oder ANOVA-Modell nach Kelley

In seinem *Kovariationsmodell*, auch ANOVA-Modell genannt (ANOVA steht für das englische »Analysis of Variance«, ein statistisches Verfahren zur Prüfung von Hypothesen), ging der Sozialpsychologe Harold H. Kelley von Ereignissen aus, zu denen mehrere Beobachtungen zu unterschiedlichen Zeitpunkten vorliegen. Auch Kelley zufolge ist der Mensch im Alltag eine Art »naiver Wissenschaftler«, der Ursache und Wirkung auf gemeinsames Auftreten hin überprüft. Dasselbe gilt selbstverständlich auch für die »naive Wissenschaftlerin«.

Die Grundlage einer möglichen Attribution besteht darin,

✔ dass der Effekt eintritt, wenn die Ursache vorliegt, und

✔ dass der Effekt ausbleibt, wenn die Ursache nicht gegeben ist.

Das gemeinsame Auftreten von Ursache und Wirkung nennt die Forschung *Kovariation*.

Ein Beispiel für Kovariation: Drücken Sie den Klingelschalter, läutet es an der Haustür, drücken Sie ihn nicht, ertönt auch kein Klingeln. Als Antwort auf die Frage, warum es klingelt, liegt demnach die Antwort nahe, dass Sie den Schalter bedient haben. Das Beispiel erscheint Ihnen trivial? Prima! Warum es den Anschein von Banalität erweckt, erfahren Sie weiter hinten in diesem Kapitel. Doch zunächst weiter mit Kelleys Kovariationsmodell.

Im Kovariationsmodell spielen drei Arten von Information die entscheidenden Rollen:

✔ **Konsensusinformation:** Information über den Konsensus liefert eine Aussage dazu, wie sich andere handelnde Personen gegenüber einem Objekt der Handlung verhalten: Hat Leon die Statistikprüfung nicht bestanden, fragen Sie sich, wie viele andere Studierende ebenfalls durchgefallen sind.

✔ **Distinktheitsinformation:** Distinktheit beschreibt, ob das Verhalten der handelnden Person auch gegenüber anderen vergleichbaren Objekten der Handlung auftritt: Ist Leon nur in Statistik gescheitert oder auch bei anderen Klausuren?

✔ **Konsistenzinformation:** Konsistenz gibt Auskunft darüber, ob der Zusammenhang zwischen Ursache und Effekt bei unterschiedlichen Gelegenheiten zu beobachten ist: Ist Leon wiederholt durch Prüfungen gefallen?

Je nachdem, ob eine der Informationsarten hoch oder niedrig ausgeprägt ist, erfolgen unterschiedliche Attributionen.

Das erscheint Ihnen bis dahin alles sehr abstrakt? Vielleicht beantwortet das die Frage, warum Dozentinnen und Dozenten der Sozialpsychologie dieses Modell gern in ihren Prüfungen abfragen. Attribuieren Sie eine mögliche Verwirrung aber bitte nicht auf sich selbst (internal)! Wie Sie schon wissen, könnte eine internale Attribution in diesem Fall dazu führen, dass Sie nicht ausreichend motiviert sind weiterzulesen. Nur Mut, das Modell ist mit einem konkreten Beispiel schließlich doch leicht zu verstehen, wie Sie sofort sehen werden.

Eine beispielhafte Beobachtung könnte etwa sein: Leon langweilt sich in der Statistikvorlesung. Die Ausgangsfrage »Warum langweilt sich Leon in der Statistikvorlesung?« leitet den Attributionsprozess ein. Leon ist in diesem Beispiel die handelnde Person, die Vorlesung das Objekt der Handlung.

- ✔ **Konsensus** gibt Auskunft darüber, ob die meisten anderen oder womöglich gar alle sich langweilen oder nur wenige, im Extremfall nur Leon. Bei hohem Konsensus langweilen sich viele oder alle Studierenden. Eine Attribution auf die Vorlesung liegt schon nahe: Sie ist monoton und einschläfernd. Langweilt sich nur Leon, ist der Konsensus niedrig und die Ursache eher bei ihm selbst zu suchen.

- ✔ **Distinktheit** beschreibt, wie Leon auf andere Vorlesungen reagiert. Langweilt sich Leon auch in vielen oder allen anderen Fächern, ist die Distinktheit niedrig. Eine Attribution auf Leon bietet sich an. Empfindet Leon dagegen nur Statistik eintönig, ist die Distinktheit hoch und der Grund für Leons Langeweile eher bei der Vorlesung zu vermuten.

- ✔ **Konsistenz** liefert Information dazu, ob der Vorgang bei unterschiedlichen Gelegenheiten zu beobachten war, im Beispiel also bei mehreren oder allen Lehrveranstaltungen in der Vergangenheit. Die Konsistenz ist hoch, wenn sich Leon meistens oder sogar immer langweilt. Handelt es sich dagegen um eine einmalige Beobachtung, ist die Konsistenz niedrig: Leon langweilt sich nur heute, bei anderen Gelegenheiten fand er die Vorlesung spannend.

Aus bestimmten Ausprägungen von Konsensus, Distinktheit und Konsistenz resultieren *idealtypische Attributionen*.

- ✔ **Eine Attribution auf den Handelnden**, also Leon, ergibt sich bei niedrigem Konsensus (nur Leon langweilt sich), niedriger Distinktheit (Leon langweilt sich auch in anderen Vorlesungen) und hoher Konsistenz (Leon langweilt sich immer). Folglich ist Leon ein gelangweilter Student.

- ✔ **Eine Attribution auf das Objekt der Handlung**, also die Vorlesung, ergibt sich bei hohem Konsensus (alle finden die Vorlesung langweilig), hoher Distinktheit (Leon langweilt sich nur in Statistik) und hoher Konsistenz (Leon langweilt sich immer in Statistik). Es liegt nahe, die Statistikvorlesung generell für langweilig zu halten. Vielleicht sollte die Dozentin ihr didaktisches Konzept überdenken.

Für gewöhnlich sind die Ursachen in der Situation zu suchen, wenn die Konsistenz niedrig ausfällt. Ohne zusätzliche Information bleiben die tatsächlichen Gründe im Verborgenen, denn aus »Leon findet die Statistikvorlesung nur heute langweilig« lässt sich nicht ablesen, ob ihm zum Beispiel der Stoff der heutigen Sitzung schon bekannt ist.

Die Ausprägungen von Konsensus und Distinktheit können auch unter niedriger Konsistenz unterschiedliche Antworten auf die Warum-Frage nahelegen. Sind zum Beispiel alle drei Informationen niedrig ausgeprägt, also Leon langweilt sich als einziger nur an diesem Tag in Statistik und er findet auch nur heute alle anderen Lehrveranstaltungen einschläfernd, liegt eine Attribution auf Leon in dieser Situation nahe: Heute ist er besonders schlecht drauf oder abgelenkt.

Bei hoher Ausprägung von Konsensus und Distinktheit und niedriger Konsistenz, langweilen sich alle in Statistik, Leon langweilt sich nur in Statistik, aber auch nur heute. Der Grund dafür liegt in der Situation, in der die Vorlesung gehalten wird. Ist die Lehrkraft an diesem Tag von Sorgen abgelenkt oder hat sie schlecht geschlafen?

Wie wäre es mit einem weiteren Beispiel? Nehmen Sie »Onty mag die Pizza nicht«.

- ✔ Alle mögen die Pizza nicht (Konsensus hoch), mit den Salaten ist man aber allgemein sehr zufrieden (Distinktheit hoch) und das gilt für alle Besuche in diesem Restaurant (Konsistenz hoch). Im »Mama Mia« sollte man besser Salat bestellen, die Pizzen sind nicht empfehlenswert. Bei niedriger Konsistenz rätseln die Gäste, ob heute vielleicht etwas mit dem Pizzaofen nicht stimmt.

- ✔ Außer Onty mögen alle ihre Pizzen (Konsensus niedrig), Onty schmeckt auch der Salat im »Mama Mia« nicht (Distinktheit niedrig) und das ist immer so. Dass Onty die Pizza nicht mag, liegt also an ihr selbst und ihrer Vorliebe für Sushi oder Currywurst. Hat sie ihre Clique dazu überredet, mit zum Italiener zu kommen? Bei niedriger Konsistenz liegt eine variable Ursache bei Onty nahe: Hat sie heute vielleicht Bauchschmerzen?

Zur Überprüfung, ob Menschen tatsächlich Attributionen so vornehmen, wie das ANOVA-Modell vorhersagt, hat die Forschung in diversen Studien Ereignisse wie »John lacht über den Komödianten« oder »Hans tritt Elsa beim Tanzen auf die Füße« vorgegeben und die Ausprägungen von Konsensus, Distinktheit und Konsistenz in Beschreibungen der Sachverhalte durchvariiert. Versuchspersonen, die solche Vignetten gelesen hatten, wurden gebeten anzugeben, worin sie den Grund für das Ereignis sahen. Das Modell sagt diese Antworten der Probanden einigermaßen gut vorher, insbesondere bei den oben beschriebenen idealtypischen Attributionen. Allerdings fanden sich auch systematische Abweichungen und Probleme:

- ✔ Versuchspersonen kommen möglicherweise spontan gar nicht auf die Idee, eine Warum-Frage zu stellen, wenn sie von einem Ereignis wie »Leon langweilt sich in der Statistikvorlesung« erfahren. Sie im Experiment dazu aufzufordern, produziert vielleicht eine künstliche Situation, die Bedingungen im Alltag gar nicht entspricht.

- ✔ Ebenso alltagsfern erscheint die Variation der drei Informationsklassen. Liegen solche Informationen immer vor oder suchen Menschen tatsächlich solche Informationen, falls sie sie nicht kennen? Wann haben Sie zuletzt über Distinktheit nachgedacht? Anders ausgedrückt: Sind wir wirklich alle naive Wissenschaftler? Vielleicht hatten auch Sie den Eindruck, dass die Beispiele oben mit Leon und Onty recht künstlich wirken.

- ✔ Passen die Antworten der Versuchspersonen zu den Vorhersagen des Modells, muss das nicht notwendigerweise darauf beruhen, dass sie das erwartete Verfahren auch angewandt haben. Vielleicht sind sie auf ganz andere Weise zu einer modellkonformen Attribution gekommen, und ihre Antworten sehen nur so aus, als hätten sie Konsensus-, Distinktheits- und Konsistenzinformation genutzt. Viele Wege führen nach ... in diesem Fall nicht Rom, sondern zu modellkonformen Attributionen.

- ✔ Bei den Probanden herrscht eine Tendenz dazu, Ursachen in der Person des Handelnden zu sehen, oft genug unabhängig davon, wie der Konsensus ausgeprägt ist. Liegt der Grund für das Ereignis im Handelnden, ist es vergleichsweise egal, was andere tun. Schon Heider hatte darauf hingewiesen, dass Individuen dazu neigen, die Gründe für beobachtetes Verhalten bei stabilen Eigenschaften der Handelnden zu suchen. Dahinter verbirgt sich ein Phänomen, das die Sozialpsychologie den *fundamentalen Attributionsfehler* nennt. Mehr dazu erfahren Sie weiter hinten in diesem Kapitel.

✔ Ist die Konsistenz niedrig ausgeprägt, tendieren viele Probanden dazu, mit »Keine Ahnung, warum sich Leon ausgerechnet heute in Statistik langweilt« zu antworten. Konsistenz scheint demnach eine Variable zu sein, die unterscheidet, ob es zu einer Attribution auf den Handelnden beziehungsweise auf das Objekt kommt oder nicht. Als notwendige Bedingung für eine eindeutige Attribution unterscheidet sich Konsistenz von Konsensus und Distinktheit, die ihrerseits keine notwendigen Bedingungen darstellen. Das stört die innere Logik des Modells, nach der alle drei Variablen als gleichbedeutend angesehen werden.

Fazit: Menschen können Attributionen so vornehmen, wie es die »Mathematik« des ANOVA-Modells vorhersagt. Das betrifft insbesondere idealtypische Attributionen bei hoher Konsistenz. Ob Attribution in alltäglichen Situationen tatsächlich dem ANOVA-Schema folgen und wie oft, bleibt allerdings offen.

Hinzu kommt: Nicht immer liegen mehrfache Beobachtungen vor. Nehmen Sie als Beispiel: »Tabea wählt die Universität Mannheim für ihr Psychologiestudium.« Warum hat sich Tabea für Mannheim entschieden? Nach Konsensus, Distinktheit und Konsistenz zu fragen, ergibt in diesem Beispiel keinen Sinn. Eine mögliche Ursache für Tabeas Wahl mag darin liegen, dass sie glaubt, die Ausbildung in Mannheim sei ausgezeichnet. Für wie zutreffend diese Attribution gehalten wird, hängt Kelley zufolge davon ab, ob andere plausible Gründe für oder gegen Mannheim als Studienort sprechen. Er formulierte dazu zwei Prinzipien:

✔ **Abwertungsprinzip** (englisch *discounting*): Eine mögliche Erklärung, hier »ausgezeichnete Ausbildung an der Universität Mannheim«, wird abgewertet, wenn andere Ursachen ebenfalls den Effekt, hier »Entscheidung für Mannheim als Studienort«, hervorrufen könnten. Die Attribution auf die Qualität des Studiums in Mannheim erscheint weniger plausibel, wenn man erfährt, dass Tabea aus Mannheim stammt, künftig weiterhin bei ihren Eltern wohnen kann und auch ihr Freund in Mannheim lebt.

✔ **Aufwertungsprinzip** (englisch *augmentation*): Die mögliche Erklärung »ausgezeichnete Ausbildung« wird aufgewertet, wenn hinderliche Ursachen vorliegen. Sie erscheint besonders stichhaltig, wenn Tabea aus Hannover stammt, in Mannheim jetzt mühsam ein bezahlbares WG-Zimmer sucht und mit ihrem Freund künftig nur noch an Wochenenden und in den Ferien Zeit verbringen kann.

Wenn das Verhalten zum Handelnden passt: Korrespondierende Schlussfolgerungen

Die Attribution einer Handlung auf eine stabile Eigenschaft des Handelnden ist die bevorzugte Antwort auf die Warum-Frage: Wenn Leon sich in Statistik langweilt, ist er ein unaufmerksamer Student, wenn Onty die Pizza nicht mag, liegt es an ihrer Vorliebe für Sushi, und wenn Leon am Ende durch die Statistikprüfung fällt, erscheint er zumindest spontan als unbegabt. Stabile Eigenschaften anderer Menschen erlauben leichtes Verstehen und damit auch zutreffende Prognosen: Der untalentierte Leon wird sich auch bei anderen Prüfungen schwertun und Onty sollte man niemals zu einer Pizza einladen.

Ein in der Sozialpsychologie beliebtes Modell von Jones und Davis aus den 1960er-Jahren formuliert, dass Menschen Überlegungen anstellen, die über die Konfiguration von Konsensus, Distinktheit und Konsistenz hinausgehen, wenn sie aus ihren Beobachtungen auf eine Eigenschaft der handelnden Person schließen. Das Modell begegnet uns unter der Überschrift *Theorie der korrespondierenden Schlussfolgerungen*.

Mit »korrespondierend« ist gemeint, dass das beobachtete Verhalten zur Eigenschaft der Person »passt«: Durch die Prüfung zu fallen, korrespondiert mit der Eigenschaft geringer Begabung.

Der Theorie der korrespondierenden Schlussfolgerungen nach lässt sich aus dem Verhalten von Personen nicht notwendigerweise auf eine zugrunde liegende Eigenschaft schließen, denn die Handelnden könnten in der gegebenen Situation zu diesem Verhalten »gezwungen« gewesen sein. Der Theorie nach folgen Menschen bei ihren Überlegungen zwei Stufen der Informationsverarbeitung:

1. Menschen überlegen, ob das Verhalten der Absicht der Handelnden entspricht und überhaupt Wahlfreiheit vorlag. Rempelt Sie jemand im vollen Bus an oder tritt Ihnen beim überfüllten Open-Air-Konzert auf die Füße, muss nicht unbedingt die Zuschreibung »aggressiver Zeitgenosse« naheliegen; ob Absicht vorlag, muss erst noch geklärt werden. Der Befehl ihrer Vorgesetzten, den eine Polizistin ausführt, eröffnet die Frage, ob sie sich aussuchen konnte, das beobachtete Verhalten zu zeigen oder durch die Befehlshierarchie mehr oder weniger dazu gezwungen war.

2. Wenn Wahlfreiheit und Absicht gegeben sind, werden zwei weitere Faktoren bedeutsam:

   - Die *Anzahl distinkter Merkmale* der Situation, die zu dem Verhalten führen konnten: Bei geringer Anzahl distinkter Merkmale lassen sich viele mögliche Gründe finden, um das Verhalten zu erklären. Dies behindert die Attribution auf eine einzige Eigenschaft der handelnden Person. Nehmen Sie als Beispiel Laura, die in eine neue Wohnung umgezogen ist. Das neue Zuhause ist ausreichend geräumig, lichtdurchflutet, gut ausgestattet und nicht weit von Lauras Arbeitsstelle entfernt. Warum sich Laura ausgerechnet für diese Wohnung entschieden hat, kann viele unterschiedliche Gründe haben. Erfahren Sie stattdessen, dass die Wohnung recht klein ist, im dunklen Hinterhof liegt, Ausstattungsmängel aufweist, aber gleich um die Ecke zu ihrer Firma liegt, repräsentiert die Nähe zur Arbeitsstelle ein einziges distinktes Merkmal. Es liegt nahe, Laura die Eigenschaft zu unterstellen, dass sie einen kurzen Weg zur Arbeit ganz besonders schätzt und sie sich deshalb für diesen Wohnsitz entschieden hat.

   - *Soziale Erwünschtheit* des gezeigten Verhaltens: Neben einer neuen Adresse hat Laura auch einen neuen Freund. Als sie ihren Hauke bei passender Gelegenheit ihren Eltern vorstellt, verhält er sich höflich und zurückhaltend. Daraus zu schließen, er sei ein höflicher und zurückhaltender Mensch, steht im Widerspruch zu der Überlegung, dass bei einer solchen Gelegenheit angepasstes und gesellschaftsfähiges Verhalten der Norm (siehe Kapitel 10) entspricht und gemeinhin erwartet werden darf. Nur Handlungen, die von den allgemeinen Erwartungen abweichen, ermöglichen eine internale und stabile Attribution auf die Eigenschaft der handelnden Person. Wer am Grab seiner Mutter weint, muss nicht »wehleidig« sein; wer die beste Kundin besonders zuvorkommend bedient, muss nicht unbedingt ein höflicher Mensch sein.

Weitere Attributionstheorien

Die sozialpsychologische Literatur zu Attributionen ist im Prinzip unüberschaubar. Zur Frage, wie sich Attributionen in bestimmten Situationen wie Ehekrach, depressiven Episoden, fehlerhaftes Führungsverhalten von Vorgesetzten und so weiter darauf auswirken, wie die Beteiligten ihre ganz eigene, subjektive »soziale Realität konstruieren« (siehe Kapitel 3), finden sich buchstäblich Zehntausende Forschungsarbeiten.

Die Anzahl von rein theoretisch orientierten Arbeiten zur Attribution dürfte zwar deutlich kleiner ausfallen, ist aber trotzdem nicht viel übersichtlicher. Waren noch in den 1990er-Jahren vergleichsweise viele Sozialpsychologinnen und Sozialpsychologen »auf der Jagd nach dem Grund«, so finden sich heute nur noch wenige theorieorientierte Veröffentlichungen. Wen wundert's bei den vielen potenziell relevanten Vorarbeiten?

Zwei Ergänzungen zu Attributionstheorien gibt Ihnen Ihr *Sozialpsychologie für Dummies* noch mit auf den Weg:

- ✔ **Kausale Schemata:** Für alltäglich Attributionen können Menschen vergleichsweise einfache Kausalschemata benutzen (mehr zum Schemabegriff in Kapitel 3). Darunter fällt die Vorstellung, dass die Bedienung eines Schalters einen Effekt auslöst wie in dem einfachen Beispiel von oben mit der Türklingel. Sie bemerken das zugehörige Kausalschema typischerweise erst dann, wenn die erwartete Wirkung ausbleibt, die Klingel also stumm bleibt (Ist sie defekt?), eine Billardkugel in Bewegung eine zweite Kugel beim Auftreffen nicht anschubst (Ist sie festgeklebt?), der Getränkeautomat die gewünschte Limonade nicht bereitstellt (Ist er leer?) und so weiter.

- ✔ **Abnormal Conditions Focus Model:** Der leider früh verstorbene Sozialpsychologe Denis Hilton stellte gemeinsam mit seinem Kollegen Ben Slugoski im Jahr 1986 eine Attributionstheorie vor, der nach Menschen auf die in einer Situation unnormalen Bedingungen fokussieren. Gilt es etwa zu erklären, warum das Haus in der Nachbarschaft abgebrannt ist, repräsentiert die Tatsache, dass sich Sauerstoff in der Atmosphäre befand, keine gute Erklärung. Sauerstoff in der Luft ist normal, wenngleich ohne Sauerstoff nichts brennen kann und dieser Sachverhalt somit eine notwendige Bedingung für ein Feuer darstellt. Dass die kleine Pauline unbeaufsichtigt mit Streichhölzern gespielt hat, erscheint als ein viel besserer Ausgangspunkt für eine mögliche Erklärung, denn das ist eher ungewöhnlich.

    Um das Normale vom Ungewöhnlichen zu trennen, benötigen Menschen Hintergrundwissen, zum Beispiel über die chemische Zusammensetzung der Luft und die Fähigkeiten kleiner Kinder, Streichhölzer anzuzünden und die Konsequenzen ihres Verhaltens vorherzusehen. Ändert sich das Hintergrundwissen, verändert sich auch die Attribution wie im folgenden Beispiel: Ein Hammer schlägt auf das Glas einer Armbanduhr, das daraufhin zerbricht. Spontan sehen Sie wahrscheinlich die Ursache im Hammerschlag, also dem Gegenstand, von dem die Handlung ausgeht. Erfahren Sie aber darüber hinaus, dass es sich bei diesem Vorgang um die Routine einer Prüfprozedur in einer Uhrenfabrik handelt, attribuieren Sie den Glasbruch eher auf einen Fehler an der Uhr, also dem Objekt der Handlung.

Gefühle und Attributionen

Wie Sie sicherlich schon selbst erfahren haben, gehen Emotionen mit körperlichen Veränderungen einher. Zum Beispiel sind Wut, Ärger und Freude mit Erregungszuständen wie erhöhter Frequenz des Herzschlags verknüpft.

Schachters Zwei-Faktoren-Theorie der Emotion

Ob die rein biologischen Merkmale einer emotionalen Reaktion ausreichend erklären, wie Menschen ihre Gefühle konkret erleben, ist eine seit Langem in der Psychologie diskutierte Streitfrage, zu der es bisher keine abschließende Antwort gibt. Einen Beitrag zu dieser Debatte liefert die *Zwei-Faktoren-Theorie der Emotion* nach dem Sozialpsychologen Stanley Schachter.

Der *Zwei-Faktoren-Theorie der Emotion* nach sind die körperlichen Reaktionen auf eine emotionale Situation unspezifisch und unterscheiden sich zum Beispiel nicht zwischen Euphorie und Ärger. Damit Individuen eine konkrete Emotion erleben, müssen sie der Zwei-Faktoren-Theorie nach ihre in einem ersten Schritt wahrgenommenen körperlichen Zustände, wie zum Beispiel einen erhöhten Herzschlag, in einem zweiten Schritt auf eine naheliegende Ursache attribuieren. Auf die Frage: »Warum bin ich erregt?«, folgt die Suche nach einer plausiblen Erklärung für diese Erregung. In Abhängigkeit davon, wie sich das Individuum seinen körperlichen Zustand erklärt, können bei identischen Erregungszuständen ganz unterschiedliche Emotionen erstehen.

Die Grundannahme der Zwei-Faktoren-Theorie ist in Abbildung 8.1 dargestellt.

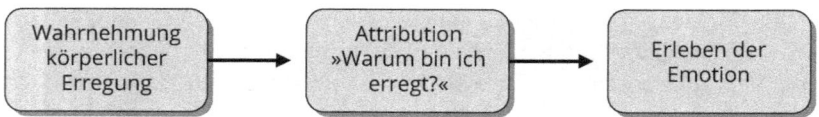

Abbildung 8.1: Die Grundannahme der Zwei-Faktoren-Theorie der Emotion (nach Stanley Schachter)

Das Prinzip der Zwei-Faktoren-Theorie lässt sich leicht mit einem viel zitierten Experiment verstehen, das Stanley Schachter gemeinsam mit Jerome E. Singer im Jahr 1962 veröffentlicht hat. Es ist im Kasten »**Warum bin ich so erregt – Ärger oder Euphorie**« mit dem Fokus auf seine grundlegende Botschaft unter Vernachlässigung weiterer Variationen vereinfacht dargestellt.

Nach seiner Veröffentlichung wurde Schachter und Singers Experiment aus unterschiedlichen Gründen kritisiert, insbesondere deshalb, weil sich die Ergebnisse in Nachfolgestudien nicht gut replizieren ließen. Ein anderer Kritikpunkt besteht darin, dass informierte Versuchspersonen wissen, was mit ihnen geschieht – warum sollten sie die Erregung durch Adrenalin überhaupt mit irgendeiner Emotion in Verbindung bringen? Die nicht informierten werden dagegen von der Erregung überrascht, weshalb es für sie viel näherliegt, nach einer Ursache zu suchen. Offensichtlich sind körperliche Erregungszustände und die Auslöser der Ursachenzuschreibung in Experimenten nur schwer voneinander zu trennen.

Allgemein werden die Schlussfolgerungen aus dem Experiment von Schachter und Singer heute als insgesamt zu weitreichend angesehen.

Warum bin ich so erregt – Ärger oder Euphorie?

Versuchspersonen erhielten eine Adrenalininjektion, die Erregungszustände wie Herzklopfen und Händezittern auslöste. Eine Gruppe informierten Schachter und Singer über die Wirkung des gespritzten Präparats; diese Probanden konnten ihre Erregung korrekt auf das Adrenalin zurückführen. Die anderen Versuchspersonen wurden dagegen über den Effekt der Spritze nicht oder sogar falsch informiert; die Ursache für die auftretenden körperlichen Reaktionen blieb dieser Versuchsgruppe somit unbekannt.

Danach baten die Experimentatoren alle Versuchspersonen in einen Warteraum. Dort befand sich ein angeblich anderer Teilnehmer, in Wirklichkeit aber ein Verbündeter der Versuchsleitung. Je nach experimenteller Bedingung zeigte er bei einer Hälfte der Probanden albernes Verhalten: Er inszenierte ein lustiges Spiel, bei dem Papierknäuel in einen Abfalleimer zu werfen waren, und animierte die echte Versuchsperson zum Mitspielen. Bei der anderen Hälfte der Probanden zeigte er sich ärgerlich über einen Fragebogen mit teils unverschämten Fragen (zum Beispiel: »Mit wie viel verschiedenen Männern hatte Ihre Mutter außerehelichen Geschlechtsverkehr?«), den auch die eigentliche Versuchsperson beantworten sollte. Schließlich wurden die Probanden nach ihren emotionalen Reaktionen befragt.

Im Ergebnis zeigte sich, dass die korrekt informierten Probanden weniger positive Emotionen in der Euphorie-Bedingung und weniger negative Emotionen in der Ärger-Bedingung berichteten als jene, die über die Wirkung der Adrenalinspritze nicht Bescheid wussten. Wem nicht klar war, worin der Grund für die Erregung bestand, attribuierte den körperlichen Zustand auf die Emotion, die das Verhalten des Verbündeten ausgelöst hatte. Folglich empfand die nicht informierte Versuchsperson Euphorie, wenn sich der Verbündete amüsant verhalten, und Ärger, wenn er sich aufgebracht gezeigt hatte. Wie in der Zwei-Prozess-Theorie der Emotion behauptet, kann derselbe biologische Zustand, ausgelöst von der Adrenalininjektion, je nach Attribution zu großen Unterschieden im emotionalen Erleben führen.

Nicht nur ein Klischee: Männliche Erregung macht Frauen attraktiv

Immerhin regte Schachters Theorie die Forschung an, bei der Erklärung von Gefühlszuständen über den Tellerrand der körperlichen Zustände hinauszuschauen und kognitiven Prozessen, speziell Attributionen, Beachtung zu schenken. Zwei Beispiele sollen dies verdeutlichen.

✔ Stuart Valins ging über Schachters Theorie hinaus und stellte die Vermutung auf, dass eine körperliche Erregung gar nicht notwendig ist, um eine Emotion zu erleben. Seiner Auffassung nach genügt es, wenn ein Individuum glaubt, erregt zu sein, selbst dann, wenn das gar nicht der Fall ist.

Er veröffentlichte im Jahr 1966 dazu eine Studie, in der männliche Probanden erotisierende Fotos halb nackter Frauen betrachten sollten. Über Kopfhörer erhielten sie eine angebliche Rückmeldung über ihren Herzschlag bei jedem einzelnen Foto. In Wirklichkeit aber manipulierte der Experimentator nach einem vorher festgelegten Schema, zu welchem der Bilder eine hohe oder eine niedrige Herzschlagrate rückgemeldet wurde.

Die Männer bewerteten die Frauen auf den Fotos, die künstlich mit angeblichem Herzklopfen verknüpft waren, als besonders attraktiv, obwohl sie die Erregung gar nicht verspürt hatten. Die Fehlattribution einer nur angeblichen Erregung auf einzelne Bilder hat die Abgebildeten attraktiv erscheinen lassen. Diese Ergebnisse erwiesen sich als gut replizierbar, doch ist fraglich, ob das Attraktivitätsurteil eine Emotion widerspiegelt und nicht vielleicht eher einer Einstellung (siehe Kapitel 5) entspricht.

✔ Donald G. Dutton und Arthur P. Aron: In einem Experiment, veröffentlicht 1974, wurden männliche Probanden von einer attraktiven Versuchsleiterin gebeten, mehrdeutige Bilder zu deuten. Ein Teil der Männer interpretierte die Bilder, direkt nachdem sie eine wackelige Hängebrücke überquert hatten, also unter einem erhöhten Erregungsniveau. Der andere Teil wurde nach dem Überqueren einer sicheren Steinbrücke angesprochen.

Wie die Ergebnisse zeigten, attribuierten die Probanden die von der Hängebrücke verursachte Erregung zumindest teilweise auf die attraktive Interviewpartnerin. Sie beschrieben in ihren Interpretationen der vorgelegten Bilder mehr sexuell gefärbte Inhalte und unternahmen eher Versuche, mit der Interviewerin in Kontakt zu kommen, als jene Probanden, die die Brücke aus Stein nicht sonderlich erregt hatte.

Solche Erregungen können natürlich nicht nur durch Hängebrücken, sondern auch durch Fallschirmspringen, eine rasante Motorradfahrt oder Ähnliches verursacht werden, und eine anwesende Person attraktiv erscheinen lassen. Sandra Bullock und Keanu Reeves spielen in einer Flirtszene des Thrillers »Speed«, in dem ein Bus mit hoher Geschwindigkeit durch die Straßen von Los Angeles rast, genau auf diesen Sachverhalt an.

Attributionsverzerrungen

Attributionen im Alltag kümmern sich (leider) oft genug nicht darum, was kluge Leute aus der Sozialpsychologie ihnen in ihren Attributionstheorien unterstellen. Abweichungen von dem, was man »rein theoretisch« erwarten würde, stellen interessante Fälle dar, die viel über alltägliche Antworten auf Warum-Fragen verraten. Solche Phänomene werden gemeinhin unter dem Begriff *Attributionsverzerrungen* zusammengefasst. Sie bilden ein ausführlich untersuchtes Themenfeld der Attributionsforschung.

Eine wichtige Grundlage für diese Forschung ist die Annahme, dass Menschen mit ihren Attributionen bestimmte Zwecke verfolgen und ihre Motive befriedigen. Ein Motiv besteht darin, Vorgänge möglichst einfach zu erklären, ein anderes, mithilfe passender Attributionen, ein günstiges Bild von der eigenen Person zu erreichen und aufrechtzuerhalten (Selbstwertgefühl, siehe Kapitel 6).

Was kümmern mich die Umstände: Der fundamentale Attributionsfehler

Milan ist mit seinem Auto auf dem Weg zum Einkaufen. Vor ihm fährt ein blauer Kombi, über den sich Milan ärgert. Erst rast der Kombi auf eine längst rote Ampel zu, dann bremst er unvermittelt an einer anderen, völlig unpassenden Stelle. »Was für ein schlechter Autofahrer ...! In welcher Lotterie hat der bitte seinen Führerschein gewonnen?«, flucht Milan innerlich.

Kennen Sie Ähnliches auch aus Ihrer eigenen Erfahrung? Wer merkwürdig fährt, ist ein schlechter Fahrer, wer durch die Prüfung fällt, ist unbegabt oder faul, und wenn der Nationalstürmer aus nächster Nähe das Fußballtor verfehlt, ist er ein »Chancentod«.

Der *fundamentale Attributionsfehler* beschreibt die Tendenz, das bei anderen Personen beobachtete Verhalten bevorzugt mit deren Persönlichkeitseigenschaften (internal und stabil) zu erklären und dabei Überlegungen zu möglichen Gründen, die in der Situation gegeben sein könnten, zu vernachlässigen.

Tatsächlich fährt im blauen Kombi vor Milan ein junger Mann Richtung Krankenhaus mit seiner hochschwangeren Verlobten auf dem Beifahrersitz, bei der gerade die Fruchtblase geplatzt ist. Sind die merkwürdigen Fahrmanöver vielleicht doch auf die besonderen Umstände dieser Situation zurückzuführen? Wenn ja, ist Milan Opfer des fundamentalen Attributionsfehlers geworden.

Das Wort »Fehler« impliziert, dass es eine korrekte Antwort auf die Warum-Frage gibt. Oft genug ist aber die Ursache für ein beobachtetes Verhalten nicht eindeutig zu bestimmen – besonders in sozialen Situationen. Der junge Mann im Kombi könnte auch unter weniger widrigen Bedingungen unsicher fahren und tatsächlich ein schlechter Autofahrer sein. Aus diesem Grund gibt es in der Sozialpsychologie für die Tendenz, bevorzugt auf Persönlichkeitseigenschaften zu attribuieren, auch den Begriff der *Korrespondenzverzerrung* (englisch *correspondence bias*).

In der Forschung erspart man sich mit gut begründeter Bescheidenheit eine Festlegung auf »richtig oder falsch«, indem man das Wort »Fehler« vermeidet. Meist wird jedoch der Begriff des fundamentalen Attributionsfehlers verwendet – fragen Sie sich jetzt warum, so lautet die Antwort: »Wahrscheinlich aus Tradition.« Lassen Sie sich also bitte nicht verwirren: Die Bezeichnungen *fundamentaler Attributionsfehler* und *Korrespondenzverzerrung* werden synonym verwendet und bedeuten ein und dasselbe.

Wer sich mit dem fundamentalen Attributionsfehler beschäftigt, kommt an der klassischen Studie *The attribution of attitudes* von Edward E. Jones und Victor A. Harris aus dem Jahr 1967 nicht vorbei. Es geht darin um eine der damals in den Vereinigten Staaten am wenigsten beliebten Persönlichkeiten: Fidel Castro, den Machthaber in Cuba.

Wer mag Fidel Castro?

In insgesamt drei einzelnen Experimenten lasen Versuchspersonen einen Aufsatz oder hörten eine Rede, in dem oder der sich ein angeblicher Kommilitone zu Fidel Castro geäußert hatte. Ein Teil der Probanden erhielt einen Beitrag mit einer Pro-Castro-Haltung, ein anderer Teil eine Ausführung, in der sich der Verfasser gegen Castro ausgesprochen hatte. Die Aufgabe der Probanden bestand darin einzuschätzen, wie der Mitstudent gegenüber Castro eingestellt war. Wie zu erwarten war, schrieben sie dem Verfasser eine positive Einstellung gegenüber Castro zu, wenn er sich zustimmend geäußert hatte, und eine negative Einstellung in der Kontra-Bedingung. So weit, so gut und wenig überraschend.

Interessant wird die Studie erst durch eine weitere Variation, die Jones und Harris eingeführt hatten. In den Pro- und Kontra-Bedingungen erfuhren die Versuchspersonen zusätzlich entweder,

- ✔ dass der Verfasser freie Wahl hatte, welche Position er gegenüber Castro einnehmen wollte, oder
- ✔ dass der angebliche Kommilitone durch die Versuchsleitung angewiesen worden war, pro oder kontra zu argumentieren.

Wer bedenkt, dass eine Anordnung vorlag, eine bestimmte Argumentation vorzutragen, kann dem Verfasser nicht unterstellen, dass die präsentierte Position seiner wahren Einstellung entspricht – so weit die »Logik«, die sich sowohl aus dem oben beschriebenen Abwertungsprinzip nach Kelley als auch aus der Theorie der korrespondierenden Schlussfolgerungen ergibt.

Die Ergebnisse des Experiments zeigten jedoch, dass die Versuchspersonen dem Verfasser eine entsprechende Einstellung gegenüber Castro unterstellten, selbst dann, wenn sie wussten, dass er mehr oder weniger »gezwungen« gewesen war, eine Pro- oder Kontra-Haltung einzunehmen. Für die Anweisung der Versuchsleitung wurde das Urteil über den Verfasser nur minimal korrigiert. Mehr oder weniger unabhängig davon, dass der angebliche Kommilitone nur einer Aufforderung nachgekommen war, hielt man ihn in der Pro-Bedingung für einen Befürworter und in der Kontra-Bedingung für einen Gegner Castros. Im Psycho-Slang ausgedrückt: Unter Vernachlässigung der situativen Umstände erfolgte eine internale und stabile Attribution auf die Eigenschaft der handelnden Person.

Zur Frage, warum es zu dem Phänomen des fundamentalen Attributionsfehlers kommt, hält die Sozialpsychologie eine Reihe von Erklärungen parat:

- ✔ **Attributionen auf die jeweils handelnden Personen lässt den beobachteten Vorgang gut und leicht vorhersehbar erscheinen.** Wer grundsätzlich pro oder kontra Castro eingestellt ist, niemals Pizza mag und sich in allen Vorlesungen langweilt, besitzt eine stabile Eigenschaft. Der für unbegabt oder faul gehaltene Student wird sich bei jeder Prüfung schwertun. Überlegungen zu Einflüssen der Situation auf das, was passieren wird, erscheinen den Urteilenden so gar nicht notwendig. Attributionen auf stabile Eigenschaften befriedigen rasch und ohne großen Aufwand das Motiv, die Vorgänge in der Welt zu erklären.

- ✔ **Die Handelnden stehen im Fokus der Aufmerksamkeit.** Sie sind hoch *salient* (siehe Kapitel 3), nicht so die Umgebung, in der sie sich bewegen. Der »Chancentod«, der das Fußballtor aus nächster Nähe verfehlt, ist auffälliger als die Regenpfütze im Strafraum. Das findet auch in sprachlichen Äußerungen seinen Niederschlag, insbesondere wenn der Satzbau der strengen Regel »Subjekt-Prädikat-Objekt« folgt, wie zum Beispiel im Englischen. Der Satz »Leon performed poorly in the exam« lenkt das Interesse mehr auf Leon als auf die Prüfung.

  Bei Menschen, die grundsätzlich soziale Situationen eher beachten als andere, fällt der fundamentale Attributionsfehler entsprechend schwächer aus. Das gilt zum Beispiel für die *interdependente Selbstkonstruktion* (siehe Kapitel 6), wie sie in ostasiatischen Kulturen stärker verbreitet ist als in westlichen. Studien belegen, dass in den Vereinigten Staaten der fundamentale Attributionsfehler eher auftritt als beispielsweise in Indien.

- ✔ **Attributionen auf die Handelnden erfolgen tendenziell automatisch** (siehe Kapitel 3 zu automatischen und kontrollierten Prozessen). Das Erste, was den Beobachtern einfällt, ist demnach die Zuschreibung einer Eigenschaft. Für Erklärungen auf der Grundlage von situativen Bedingungen müssen der »Autopilot« ausgeschaltet und eine aufwendige Korrektur kontrolliert durchgeführt werden, wie es auch das Modell der korrespondierenden Schlussfolgerungen nahelegt. Die Frau in schmutziger Kleidung ist also zunächst immer erst einmal ein unsauberer Mensch. Erst in einem zweiten Schritt kann eine Korrektur dieser Schlussfolgerung erfolgen, wenn klar wird, dass sie gerade im Garten arbeitet oder ihr Auto repariert. Zur bewussten »Neuberechnung« kommt es aber oft genug gar nicht, sei es, weil die beobachtende Person abgelenkt ist und deshalb nur wenig Aufwand investieren kann oder ihr der Vorgang als nicht bedeutsam genug erscheint, um weitergehend darüber nachzudenken.

✔ **Situative Ursachen für Verhalten bleiben den Beobachtern oft verborgen.** Woher sollte man auch wissen, dass ein »schlechter Autofahrer« eine Hochschwangere auf dem Beifahrersitz hat oder gerade von einem Millionengewinn im Lotto erfahren hat?

Gönnen Sie sich das Vergnügen und beobachten Sie den fundamentalen Attributionsfehler in Ihrem Alltag. Das ist recht einfach, weil Warum-Fragen ständig auftauchen und beantwortet werden. Wie häufig wird eine Erklärung abgegeben, die sich auf eine stabile Eigenschaft der handelnden Person bezieht? Sie werden bemerken, dass der fundamentale Attributionsfehler allgegenwärtig ist und zu Recht »fundamental« genannt werden darf.

Sie wollen bei sich selbst den fundamentalen Attributionsfehler vermeiden und eine zutreffende Vorstellung von der sozialen Welt um Sie herum erlangen? Nutzen Sie dazu das Wissen, das Sie von Ihrem *Sozialpsychologie für Dummies* gelernt haben, zum Beispiel Kelleys Kovariationsmodell. Performt einer Ihrer Untergebenen, eine Schülerin oder der zugeloste Doppelpartner im Tennis schlecht, fragen Sie sich, ob andere bei der gegebenen Aufgabe ebenfalls schwache Leistungen zeigen (Konsensus), wie die oder der Betreffende bei anderen vergleichbaren Situationen abschneidet (Distinktheit) und ob die Schwächen in der Vergangenheit immer wieder zu beobachten waren (Konsistenz).

Ich mach mir die Welt, wie sie mir gefällt: Weitere Attributionsverzerrungen

Es gibt Situationen, in denen über die Situation ausreichend viel Information vorliegt. Das gilt immer dann, wenn die handelnde Person selbst die Attribution vornimmt. Wer selbst unsicher fährt, weiß um die Umstände, in denen er sich befindet – egal ob medizinischer Notfall oder Lottogewinn. Auch Leon kennt die Umstände seiner misslungenen Prüfung und attribuiert sein Scheitern vielleicht auf den Verzehr des nicht mehr ganz frischen Fischbrötchens vom Vorabend, das bei ihm Übelkeit verursacht hat.

Die *Akteur-Beobachter-Verzerrung* beschreibt die Tendenz, dass Handelnde ihr eigenes Verhalten eher auf situative Gründe zurückzuführen als das Verhalten anderer, das sie von außen beobachten. Die Wirkung des fundamentalen Attributionsfehlers ist bei der Begründung eigenen Verhaltens außer Kraft gesetzt.

Sich selbst in positives Licht setzen: Selbstwertdienliche Verzerrung

Darüber hinaus spielt es eine wichtige Rolle, ob das zu erklärende eigene Verhalten positiv oder negativ bewertet ist:

✔ Bei eigenen Errungenschaften werden bevorzugt willkommene individuelle Eigenschaften wie Begabung oder Fleiß zur Begründung herangezogen.

✔ Die Verantwortung für Fehlschläge sehen Menschen dagegen gern in den besonderen Umständen der Situation, in der sie sich befanden: der betrügerische Geschäftspartner hat die finanziellen Verhältnisse ruiniert, das gammelige Fischbrötchen die Prüfung.

Der Begriff *selbstwertdienliche Verzerrungen* beschreibt die Tendenz, Attributionen so vorzunehmen, dass sie die eigene Person in günstigem Licht erscheinen lassen. Erfolge sind bevorzugt die Folge stabiler und internaler Ursachen, also Eigenschaften wie Talente und besondere Befähigungen. Stellt sich ein Misserfolg ein, sind situative Gründe wie Pech, Hindernisse oder Komplikationen die gebräuchlichen Antworten auf die Warum-Frage.

Selbstwertdienliche Attributionen lassen sich im Alltag sehr häufig beobachten. Schauen oder lesen Sie dazu einfach die Sportnachrichten! Wie umfangreiche Studien ergeben haben, attribuieren sowohl die betroffenen Sportlerinnen und Sportler als auch die Coaches zu einem Großteil Siege internal und Niederlagen external. Nach einem Tennismatch zwischen etwa gleichstarken Spielerinnen wird die Siegerin ihren Erfolg eher auf ihr überlegenes Können zurückführen, die Unterlegene dagegen besondere Umstände für ihren Misserfolg suchen. Auf diese Weise konstruieren die beiden Beteiligten ihre jeweils eigene soziale Realität und schützen ihr Selbstwertgefühl (siehe Kapitel 6).

Es lag doch nicht an mir: Selbstbehinderung

Eng mit dem Schutz des Selbstwerts verbunden ist das Phänomen der *Selbstbehinderung*.

Selbstbehinderung beschreibt die Tendenz, schon vor einer Bewertungssituation hinderliche Bedingungen zu schaffen oder vorzutäuschen. Leon könnte zum Beispiel in der Nacht vor der Prüfung in Statistik ausgiebig feiern gehen oder sich selbst und anderen einreden, er leide unter starker Prüfungsangst. Individuen mit einem geringen Selbstwertgefühl tendieren stärker zu Selbstbehinderungen als Menschen mit einem hohen Selbstwert.

Stellt sich Misserfolg ein, erlaubt die Selbstbehinderung eine Attribution auf die selbst geschaffenen Umstände: »Kein Wunder, dass ich durchgefallen bin, denn ich habe die ganze Nacht vor der Klausur durchgefeiert.« Diese Erklärung schützt Leons Selbstwert, weil er sich nicht als untalentiert oder generell leistungsschwach einschätzen muss. Schafft er aber trotz der hinderlichen Bedingungen die Prüfung, hat er einen besonderen Grund, im Sinne Kelleys Aufwertungsprinzips seine Fähigkeiten in günstigem Licht zu sehen: »Obwohl ich die Nacht durchgefeiert hatte, habe ich die Klausur bestanden – in Statistik bin ich besonders begabt!«

Unbestritten führen Selbstbehinderungen notwendigerweise zu schwachen Leistungen. Eine brauchbare Strategie, um sich auf Leistungssituationen vorzubereiten, liefern sie nicht, auch wenn das »Schönreden« am Ende leichtfällt. Und erfundene Selbstbehinderungen werden von anderen allzu häufig als Ausreden wahrgenommen. Die Bewerberin, die ein Vorstellungsgespräch mit dem Hinweis auf die eigene Schüchternheit beginnt, hat schon verloren.

Wem Schlechtes widerfährt, ist selbst schuld: Der Glaube an eine gerechte Welt

Neben der Selbstbehinderung hilft auch der Glaube daran, dass es in der Welt gerecht zugeht, sich selbst in einem günstigen Licht zu sehen.

Der *Glaube an eine gerechte Welt* beinhaltet die Tendenz, negative Ereignisse auf die Verantwortung der betroffenen Opfer zu attribuieren: »In einer gerechten Welt widerfahren verhängnisvolle Begebenheiten nur Menschen, die zumindest eine gewisse Mitschuld tragen.« Unfälle, Hungersnöte, Opfer eines Verbrechens zu werden, schwere Krankheiten erleiden und so weiter werden dabei einem Fehlverhalten der Betroffenen zugeschrieben.

Der Gerechte-Welt-Glaube erlaubt es, sich selbst als vor unliebsamen Folgen geschützt zu betrachten. Dabei überschätzen Menschen typischerweise ihren eigenen Einfluss auf Ereignisse wie plötzliche Arbeitslosigkeit oder einen schweren Unfall. Es entsteht so eine *Illusion der Kontrolle* über das eigene Leben und Wohlbefinden. In extremen Fällen kommt es selbst bei betroffenen Opfern zu einer Täter-Opfer-Umkehr, zum Beispiel: »Wer sexualisierte Gewalt erlebt hat, muss sie durch eigene Verhaltensweisen provoziert haben.«

Solche und verwandte Mythen halten sich erstaunlich gut, obwohl eindeutig belegt ist, dass sie nicht den Tatsachen entsprechen. Die Sozialpsychologie führt diese Ignoranz gegenüber eindeutig widersprechenden Fakten auch auf die Wirkung des illusorischen Glaubens an die gerechte Welt zurück: »Solange ich mich ordentlich benehme, kann mir auch nichts passieren.« Jedoch können auch fleißige Menschen ihren Arbeitsplatz verlieren, Nichtraucher an Lungenkrebs erkranken und so weiter.

> **IN DIESEM KAPITEL**
>
> Enge soziale Beziehungen zu anderen und ihre Bedeutung
>
> Attraktivität: Wen Sie für attraktiv und wen Sie für weniger attraktiv halten
>
> Bewertung der Qualität von Beziehungen
>
> Annäherungen der Wissenschaft an den Begriff der Liebe

Kapitel 9
Das Ich und das Du: Enge soziale Beziehungen

Menschen führen enge Beziehungen zu anderen Menschen. Bei manchen Gelegenheiten sind sie ihren Verbindungen zu anderen hilflos ausgeliefert, weil sich die liebe Verwandtschaft und die strapaziöse Chemielehrerin nicht aussuchen lassen. Bei ihrem Freundeskreis sind sie dagegen viel freier. Und eine Liebesbeziehung beenden sie, weil »es nicht mehr passt«. Auch eine Arbeitsstelle lässt sich wechseln, wenn der Chef nervt.

Die Verhältnisse zwischen Eltern und Kindern oder unter Geschwistern bleiben dagegen ein Leben lang bestehen, in Gedanken oft genug auch darüber hinaus. Papa und Mama sind nicht austauschbar und für viele Menschen von besonderer Bedeutung. Und verweigert jemand dringend benötigte Hilfe, wird das bei einer entfernten Bekannten noch als verhältnismäßig, beim besten Freund aber als inakzeptabel erscheinen: Wenn zwei das Gleiche tun, ist es abhängig von den herrschenden sozialen Verhältnissen nicht immer dasselbe. Kurz: Die Beziehungen zu anderen bilden einen zentralen Aspekt im Leben eines jeden Menschen und ihre konkreten Ausgestaltungen bestimmen Gedanken und Gefühle, Urteile, Entscheidungen und letztlich auch das Verhalten.

Die Bedeutung sozialer Beziehungen

Die zwischenmenschlichen Beziehungen sind mindestens ebenso vielfältig wie die Eigenschaften der jeweils Beteiligten.

»Im Grunde sind es doch die Verbindungen mit Menschen, die dem Leben seinen Wert geben«, so jedenfalls Wilhelm von Humboldt (1767–1835). Wie recht er damit hatte, weiß die moderne Sozialpsychologie zu berichten.

Gute Beziehungen zu anderen Menschen und soziale Kontakte

✔ bieten soziale Unterstützung und das Gefühl der Zugehörigkeit,

✔ fördern das Wohlbefinden,

✔ schützen vor physischen und psychischen Krankheiten und mildern deren Folgen,

✔ erhöhen die Lebenserwartung,

✔ schützen vor dem Gefühl der *Einsamkeit*,

✔ lassen Sie glücklich werden.

Wie Langzeitstudien zeigen, sind die Beziehungen zu anderen, übrigens auch die beiläufigen zu Nachbarn und die zufälligen Begegnungen im Supermarkt, der entscheidende Faktor für das Gefühl, glücklich zu sein – noch vor Geld, Gesundheit, Anerkennung, Selbstverwirklichung und anderen. Das Schwätzchen an der Bushaltestelle erfüllt seinen guten Zweck.

Einsamkeit beschreibt das subjektive Gefühl, weniger soziale Kontakte zu haben, als man sich wünscht. Alleinsein wird von Menschen unterschiedlich bewertet. Deshalb ist die Anzahl und Intensität sozialer Kontakte ein objektives Maß, das mit der subjektiven Empfindung, sich einsam zu fühlen, zwar korreliert (siehe Kapitel 2), nicht aber identisch ist. Was für einen Menschen soziale Isolation bedeuten mag, stellt für einen anderen schon ausreichend hohe Geselligkeit dar.

Sozialer Magnetismus: Interpersonale Attraktion

Die Sozialpsychologie hat sich ausführlich mit der Frage beschäftigt, unter welchen Bedingungen sich Menschen zu anderen hingezogen fühlen. Das Stichwort im Psycho-Slang lautet *interpersonale Attraktion*. Dabei hat die Wissenschaft insbesondere vier Faktoren beschrieben, die zur Anziehung zwischen Menschen führen:

✔ räumliche Nähe

✔ Ähnlichkeit

✔ wechselseitige Zuneigung

✔ physische Attraktivität

Räumliche Nähe

Die Wirkung räumlicher Nähe lässt sich in einem einzigen Satz zusammenfassen:

> Je häufiger sich Menschen begegnen oder miteinander zu tun haben, desto wahrscheinlicher ist es, dass sie Freundschaften oder Partnerbeziehungen eingehen.

Denken Sie gern einmal an Ihren eigenen Freundeskreis oder an Ihren Crush. Inwiefern könnte geringe räumliche Distanz eine Rolle dabei gespielt haben, dass Sie sich verliebten oder sich eine Freundschaft entwickelte – und sei es nur die virtuelle Nähe in den sozialen Medien oder auf einer Datingplattform gewesen?

Der gute Freund von nebenan

Der Sozialpsychologe Leon Festinger hat gemeinsam mit Kollegen im Jahr 1950 ein Feldexperiment zum Thema räumliche Nähe veröffentlicht. Zu Beginn ihrer Studienzeit wurden Studierende per Zufall Räumen in einem Wohnheim mit mehreren Gebäuden zugewiesen. Nach einiger Zeit baten die Experimentatoren um Auskunft zu den entstandenen Freundschaftsbeziehungen, konkret darum, die drei engsten Freunde beziehungsweise Freundinnen im Wohnkomplex zu benennen. Den Angaben der Versuchspersonen zufolge lebten die so benannten Mitstudierenden zu

- ✔ 65 Prozent im selben Gebäude, obwohl die einzelnen Wohnblocks nicht weit voneinander entfernt lagen,
- ✔ 41 Prozent Tür an Tür innerhalb der Gebäude,
- ✔ 22 Prozent zwei Eingänge voneinander entfernt und
- ✔ nur noch 10 Prozent, wenn drei oder mehr Türen zwischen den Wohnungen lagen.

Die räumliche Nähe machte den Unterschied. Zur Frage, warum das so ist, gibt ein weiteres Ergebnis dieser Studie Auskunft: Personen, die nicht weit von den Treppen oder den Briefkästen wohnten, wurden besonders oft benannt. Genau dort trifft man sich und nicht am toten Ende eines Flurs. Offensichtlich steigern häufige Begegnungen die interpersonale Attraktion. Dahinter verbirgt sich ein Phänomen, das *Mere-Exposure-Effekt* genannt wird. Erfahren Sie mehr darüber in Kapitel 5. An dieser Stelle nur so viel dazu: Die häufige Begegnung schafft ein Gefühl der Vertrautheit, die das menschliche Gehirn positiv bewertet.

Gleich und Gleich gesellt sich gern

Der Volksmund kennt zwei Sprichwörter, die sich offensichtlich widersprechen: »Gleich und Gleich gesellt sich gern« und »Gegensätze ziehen sich an«. Schön, dass sich im Alltag damit jede Art von enger Beziehung erklären lässt. In der Wissenschaft sind Tautologien dieser Art aber eher geringgeschätzt. Gegensätze in sozialen Beziehungen legen nahe, dass sich die Schwächen des einen durch die Stärken des anderen ausgleichen. Sich gegenseitig zu ergänzen, etwa mit »Du übernimmst die Arbeit und ich kümmere mich um den Rest« mag durchaus reizvoll erscheinen. Wenn es aber um psychologisch relevante Merkmale geht, ist sich die Sozialpsychologie einig:

> Ähnlichkeit begünstigt interpersonale Attraktion und steigert die Qualität sozialer Beziehungen. Gegensätze stoßen sich indessen ab. Unterschiede erscheinen nur im ersten Augenblick anziehend, weil sie auf den Reiz einer ganz neuen Erfahrung hindeuten. Auf die Dauer sind Beziehungen mit wenig Gemeinsamkeiten nur sehr schwer zu führen.

Was aber sind die psychologisch relevanten Eigenschaften, bei denen Ähnlichkeit die Chance erhöht, dass sich Menschen näherkommen?

- ✔ **Persönlichkeitseigenschaften:** Wer gesellig ist, Partys liebt und gern auf andere zugeht, und damit im Sinn der Persönlichkeitspsychologie extravertiert ist, wünscht sich Beziehungen zu Menschen, die ebenfalls hohe Extraversion aufweisen – und nicht die Wochenenden bevorzugt im kleinen Kreis oder allein mit einem guten Buch verbringen. Dasselbe gilt selbstverständlich auch umgekehrt für die Introvertierten. Und darüber hinaus auch für viele weitere Merkmale: Wer neue Erfahrungen sehr zu schätzen weiß und Abenteuer liebt, ist bei jemandem schlecht aufgehoben, der jedes Jahr denselben Urlaub, im selben Ort, mit demselben Programm verbringt. Selbst chronische Unzufriedenheit wirkt auf Menschen anziehend, vorausgesetzt, sie sind selbst dauerhaft und mit allem unzufrieden.

- ✔ **Interessen:** Mit Interessen sind individuelle Vorlieben gemeint, sich mit einem Thema oder Gegenstandsbereich zu beschäftigen. Die einen installieren über Jahre auf dem Dachboden eine Modelleisenbahn, die anderen züchten Goldfische oder Orchideen und wieder andere sammeln jede Information, die über europäische Königshäuser zu finden ist. Wie wunderbar, wenn Sie auf jemanden treffen, mit dem Sie sich stundenlang über den Wirkungsgrad walisischer Windmühlen unterhalten können.

- ✔ **Erfahrungen:** Sie sind letzten Sommer durch Somalia getrampt oder haben an einem Segeltörn durch das Asowsche Meer teilgenommen? Um wie viel anziehender erscheint Ihnen eine Person, von der Sie erfahren, dass sie die gleiche Erfahrung gesammelt hat? Besteht die Beziehung schon längere Zeit, kitten gemeinsame Erinnerungen die Beteiligten nur noch enger zusammen. Wie schön ist es doch, gemeinsam die Gedanken an den letzten Urlaub wachzurufen.

- ✔ **Einstellungen**, auch Meinungen, Werthaltung und so weiter (siehe Kapitel 5): Wer streitet sich schon gern regelmäßig über die Maßnahmen der Regierung, die Frage, ob lieber Ballermann oder Bergwanderung, oder darüber, ob es okay ist, mit 70 km/h durch die Ortschaft zu brausen? Viel attraktiver erscheint es dagegen, wenn mich mein Gegenüber in dem bestätigt, was ich schon immer gedacht und geglaubt habe.

- ✔ **Äußere Erscheinung:** In einer Studie fand sich der Befund, dass Studierende, die eine Brille trugen, in der Bibliothek überzufällig häufig einen Sitzplatz in der Nähe von anderen Brillenträgern wählten. Auch die Übereinstimmung in der Haarfarbe wirkte entsprechend anziehend, ohne dass es den Beobachteten bewusst geworden wäre. Und beim Versuch, ein Date anzubahnen, wählen Männer und Frauen Personen aus, die in etwa ihrer eigenen physischen Attraktivität entsprechen, egal ob »online« oder in realen Leben. Die Hübschen suchen sich andere Hübsche, die weniger Aparten wählen aus den Übriggebliebenen aus.

✔ **Demografische und sozioökonomische Variablen:** Groß angelegte Studien zeigen, dass Freundschaften und Liebesbeziehungen überzufällig häufig unter Personen entstehen, die

- beim Einkommen (auch dem der Eltern),
- in ihrer beruflichen Orientierung,
- beim Bildungsniveau,
- im Lebensalter,
- in ihrem religiösen Bekenntnis und so weiter

Übereinstimmung oder hohe Ähnlichkeit aufweisen.

Bei Studierenden fand sich ein Effekt des Leistungsniveaus: Leistungsstarke führen bevorzugt Beziehungen mit anderen erfolgreichen Studierenden. Das Gleiche gilt für die, die weniger gute Ergebnisse erzielen; auch sie kommen sich einander leichter näher.

✔ **Mehr oder weniger Belangloses:** Ähnlichkeiten wie

- ein gemeinsames Geburtsdatum,
- dasselbe Sternzeichen,
- derselbe Herkunftsort,
- dieselbe Automarke, dasselbe Smartphone, aber bitte nicht dasselbe Kleid auf einer Party und so weiter

erhöhen ebenfalls die interpersonale Attraktion.

Sie erfahren mehr dazu, warum ähnliche Menschen einen positiven Eindruck hinterlassen, unter dem Stichwort *Similar-to-me-Effekt* in Kapitel 7 dieses Buches.

Einige Aspekte zum Thema Ähnlichkeit und Anziehungskraft müssen Sie unbedingt noch kennenlernen:

✔ **Subjektive versus objektive Ähnlichkeit:** Was eine Person als subjektiv ähnlich wahrnimmt, muss nicht unbedingt mit dem übereinstimmen, was Dritte von außen beobachten oder objektive Testverfahren messen können. Entscheidend für den Anziehungseffekt ist eindeutig die subjektiv wahrgenommene Ähnlichkeit, also das Gefühl der Übereinstimmung. Ob die Ähnlichkeit tatsächlich gegeben ist, spielt eine untergeordnete Rolle.

- ✔ **Einsicht in die Wirkung von Ähnlichkeit:** Befragt man Menschen danach, warum sie zu einer bestimmten Person ein enges Verhältnis pflegen, geben sie sehr häufig Übereinstimmungen in Einstellungen, Interessen und Persönlichkeitseigenschaften an. Die Wirkungen von Oberflächenmerkmalen wie Herkunft und Sternzeichen nennen sie dagegen ebenso selten wie Ähnlichkeiten in der physischen Erscheinung, bei demografischen oder sozioökonomischen Merkmalen. Auch Hinweise auf die räumliche Nähe finden sich selten in solchen Antworten. Unklar bleibt dabei, ob die Befragten die Effekte bei sich nicht erkennen, wie wahrscheinlich bei der äußeren Erscheinung und der räumlichen Nähe, oder für so banal halten, dass sie nicht auf die Idee kommen, sie spontan in einer Befragung zu äußern. Welche Antwort geben Sie, wenn Sie danach gefragt werden, warum ausgerechnet Fabio Ihr bester Freund ist und Sie mit Felicitas auch die intimsten Themen besprechen?

- ✔ **Ähnlichkeit und räumliche Nähe:** Eine kurze Überlegung reicht schon und es wird schnell klar, dass räumliche Nähe und Ähnlichkeit nicht völlig unabhängig voneinander sind. Menschen suchen nämlich bevorzugt Situationen auf, die ihren Einstellungen, Hobbys, beruflichen Interessen und so weiter entsprechen. Sei es der Fußballverein oder der Schachclub, die Wahlveranstaltung einer politischen Partei oder die Fachkonferenz: Kein Wunder, dass Sie bei solchen Gelegenheiten vermehrt auf Leute treffen, die Ihnen irgendwie ähnlich sind.

- ✔ **Virtuelle Ähnlichkeiten:** Auch in den sozialen Medien und auf Datingportalen spielen Ähnlichkeiten eine entscheidende Rolle, wenn es darum geht, soziale Kontakte anzubahnen. Ist ein Bild vorhanden, werden Personen ähnlichen Attraktivitätsniveaus bevorzugt adressiert: Die Schönen bleiben auch im Internet gern unter sich, die weniger Schönen ebenfalls. Dass Übereinstimmungen in Meinungen und Interessen, aber auch im Bildungsniveau und so weiter die Wahrscheinlichkeit erhöhen, dass es zur Kontaktaufnahme kommt, versteht sich fast von selbst. Aber Vorsicht: Aufwendige Studien ergaben, dass wohl mehr als 80 Prozent der Profile mindestens eine Falschangabe, oft zu Körpergröße, Gewicht, Alter, Beruf und so weiter, enthielten. Und das Foto der ach so hinreißenden Lady stammt womöglich aus dem vorigen Jahrhundert. Schließlich bietet das Internet noch eine ganz neue Dimension, in der Ähnlichkeit wirken kann: die Beliebtheit im Sinne von »Likes«, die hinterlassen werden. Und – es wundert Sie hoffentlich nicht – auch hier gilt: Gleich und Gleich gesellt sich gern. Wer viele Likes gesammelt hat, kontaktiert eher andere, die ebenso häufig gelikt wurden, während die weniger beliebten User Profile bevorzugen, auf denen sich eher spärlich Likes finden. Fazit: Virtuelle Räume haben vergleichsweise schnell neue Bedingungen und Möglichkeiten geschaffen, aber die psychologischen Prinzipien dazu, wie sich Menschen in ihnen bewegen, wandern oft unverändert von der realen in die virtuelle Welt.

Experimentelle Forschung zum Zusammenhang zwischen Ähnlichkeit und Anziehung bedient sich häufig eines Studienablaufs, den Sie im Kasten »Das Phantom im Nebenraum« beschrieben finden. Die Vorgehensweise zu kennen, ist nicht nur deshalb besonders nützlich, weil sie vielfach in der Forschung verwendet wurde, sondern auch, weil Abwandlungen dazu dienten, auch die Wirkung anderer Faktoren auf interpersonale Attraktion zu untersuchen.

Das Phantom im Nebenraum

Stellen Sie sich vor, Sie haben sich dazu bereit erklärt, als Versuchsperson an einer sozialpsychologischen Studie teilzunehmen. Sie erfahren, dass Sie in dieser Untersuchung eine andere Person kennenlernen werden, die sich gerade im Nebenraum befindet. Um das Treffen vorzubereiten, werden Sie gebeten, einen Fragebogen auszufüllen. Darin erkundigt man sich nach Ihren Vorlieben, Interessen, Einstellungen oder dem Geburtsort, dem Sternzeichen und so weiter, also nach jenen Faktoren, die als mögliche Einflussgrößen auf interpersonale Attraktion in dieser Studie untersucht werden sollen. Aber was die Experimentatoren genau wollen, entzieht sich Ihrem Kenntnisstand.

Sie erfahren weiter, dass vor dem Aufeinandertreffen die Antworten gegeneinander ausgetauscht werden, um das gegenseitige Kennenlernen zu vereinfachen. Endlich sind Sie fertig und händigen den ausgefüllten Bogen der freundlichen Versuchsleiterin aus. Sie nimmt ihn mit Dank entgegen und sagt: »Ich bin gleich mit den Antworten der Person im Nebenraum zurück.«

Draußen und ohne, dass Sie es sehen, füllt sie selbst den angeblich anderen Fragebogen nach einem vorbereiteten Schema so aus, dass je nach experimenteller Bedingung Übereinstimmungen entstehen oder nicht. Danach kommt sie zurück und händigt Ihnen den manipulierten Fragebogen aus. Beim Anschauen bemerken Sie zum Beispiel, dass die »andere Person« ebenso wie Sie in Halle an der Saale geboren ist oder, ebenfalls in Übereinstimmung mit Ihnen, sich besonders für die Zucht von Goldfischen interessiert und Laugenbrötchen mag. Sind Sie dagegen per Zufall in der »Unähnlichkeitsbedingung« gelandet, ist der Geburtsort Krefeld, das Hobby Modelleisenbahnen und die bevorzugte Wahl im Bäckerladen die Mohnstange.

Als letzten Schritt vor der Begegnung bittet Sie die Versuchsleiterin noch, Fragen dazu zu beantworten, für wie sympathisch Ihnen die »andere Person« erscheint, wie sehr Sie daran interessiert sind, sie kennenzulernen, wie sehr Sie sich auf das Treffen freuen und so weiter. Na gut, noch ein Fragebogen, diesmal mit Skalen von 0 »überhaupt nicht« bis 10 »ganz besonders«. Glücklicherweise sind es diesmal weniger Fragen als zuvor.

Jetzt folgt der Augenblick der Wahrheit. Sie werden darüber aufgeklärt, dass die Studie schon beendet ist, ein wirkliches Zusammentreffen nie vorgesehen war, eine andere Person gar nicht existiert und deren angeblichen Antworten gezielt variiert wurden. Die Versuchsleiterin erklärt, warum diese Täuschung notwendig war, um die Theorie zu prüfen, dass Ähnlichkeit zu Anziehung führt. Selbstverständlich dürfen Sie nach der Aufklärung die Verwendung Ihrer Daten untersagen, die anonymisiert erhoben wurden und ausschließlich wissenschaftlichen Zwecken dienen.

> Na ja, nicht so angenehm, wenn man ins Bockshorn gejagt wird. Immerhin erhalten Sie als Vergütung 5 Euro für die investierte Viertelstunde, haben etwas über Sozialpsychologie gelernt und der Wissenschaft einen Dienst erwiesen. Am Ende haben Sie zwar nicht den hochsympathischen, aber leider frei erfundenen Goldfischzüchter aus Halle, dafür aber die nette Versuchsleiterin kennengelernt. Und soziale Kontakte, auch die beiläufigen, fördern Ihr Wohlbefinden, wie Sie längst wissen.

Magst du mich, mag ich dich: Wechselseitige Zuneigung

Stellen Sie sich vor, Sie befinden sich schon wieder als Versuchsperson in einer sozialpsychologischen Studie der Art, wie Sie sie eben kennengelernt haben. Sie erwarten wiederum ein Zusammentreffen mit einer bislang fremden Person, erfahren aber zusätzlich durch eine beiläufige Bemerkung der netten Versuchsleiterin, dass diese andere Person schon geäußert hat, dass sie Sie mag und sich darauf freut, Sie näher kennenzulernen. Wie sympathisch finden Sie sie unter dieser Bedingung und wie sehr fiebern Sie der Begegnung entgegen?

 Selbst gemocht zu werden, ist eine bedeutsame Determinante interpersonaler Attraktion. Im Psycho-Slang spricht man von *reziproker Zuneigung*.

Eine andere Möglichkeit, den Effekt reziproker Zuneigung zu untersuchen, besteht darin, ein Telefonat zwischen zwei Interaktionspartnern als Teil einer Studie zu initiieren. Beide Partner, egal ob Frau oder Mann, sind nicht durch die Versuchsleitung angewiesen worden, sich auf die eine oder andere Weise zu unterhalten. Wie sich das Gespräch entwickelt, bleibt ganz den Beteiligten selbst überlassen. Variiert wird nur, ob entweder einem der beiden mitgeteilt wird, dass die andere Person schon im Voraus geäußert hat, dass sie den anderen mag, oder keine solche Information gegeben wird. Untersucht man die Aufzeichnungen der Telefonate, lässt sich feststellen, dass der angeblich gemochte Partner von Beginn an viel freundlicher telefoniert und der andere Partner entsprechend auf angenehmere Weise reagiert. Die kleine Zusatzinformation »du wirst gemocht« für einen der beiden bewirkt eine dramatische Veränderung im Ablauf der Kommunikation. Sie führt schließlich dazu, dass beide den jeweils anderen für anziehender halten als in der Bedingung, in der die Zusatzinformation nicht gegeben wurde.

Magst du mich, bist du mir ähnlich

In einer Studienserie von Gold, Ryckman und Mosley (1984) signalisiert eine weibliche Interaktionspartnerin, in Wirklichkeit eine instruierte Verbündete der Versuchsleitung, durch Hinwendung, Augenkontakt und aufmerksames

Zuhören Sympathie gegenüber männlichen Versuchspersonen. Die Probanden mochten sie in dieser Bedingung am Ende des Zusammentreffens viel mehr als in der Kontrollbedingung, in der sie diese nonverbalen Signale nicht ausgesendet und sich neutral verhalten hatte. Und das, obwohl die junge Dame bei wichtigen Themen durchgängig Einstellungen vertrat, die denen der Probanden widersprachen. Durch die subtilen Hinweise auf »ich mag dich« erhöhten sich nicht nur die Sympathiewerte, sondern die Männer empfanden die Frau auch als ihnen ähnlicher.

Schlussfolgerungen:

✔ Reziproke Zuneigung lässt sich auch durch nonverbale Hinweise auf Sympathie auslösen.

✔ Im direkten Vergleich erwies sich die entgegengebrachte Sympathie als bedeutsamer für die interpersonale Attraktion als die (Un-)Ähnlichkeit.

Du bist ja so schön: Physische Attraktivität

Neben der räumlichen Nähe, den Ähnlichkeiten und der reziproken Zuneigung spielt das Aussehen einer Person eine bedeutsame Rolle bei der interpersonalen Attraktion. Wenig verwunderlich: Wer gut aussieht, hat doch auch bei Ihnen die besseren Chancen. Stimmt's?

Die Blind-Date-Studie: Wollen wir uns wiedersehen?

In einer häufig zitierten Studie von Elaine Walster und ihren Kolleginnen aus dem Jahr 1966 dienten insgesamt mehr als 750 Erstsemester einer amerikanischen Universität als Versuchspersonen. Zunächst bearbeiteten sie eine ganze Batterie von Eignungs- und Persönlichkeitstests, um objektive Maße zu ihrer Person zu erhalten. Danach wurden sie per Zufall einander zugelost, um als Paar bei einer Tanzveranstaltung im Rahmen der Einführungswoche teilzunehmen. Was bei dieser Party im Einzelnen geschah, wissen nur die Beteiligten selbst. Walster interessierte sich vielmehr dafür, wie groß jeweils der Wunsch war, den zugelosten Partner beziehungsweise die Partnerin wiederzusehen. Wie sich herausstellte, hatten die zuvor gemessenen Eigenschaften der Beteiligten einen deutlich geringeren Einfluss auf diesen Wunsch als die physische Attraktivität des Gegenübers: Das Aussehen machte den Unterschied. Das Ergebnis zeigte sich sowohl bei den Frauen als auch bei den Männern. Dieser Effekt der äußeren Erscheinung auf die Anziehungskraft in Blind-Date-Situationen wurde später übrigens auch bei homosexuellen Partnern gefunden.

Dass die Blind-Date-Studie praktisch keine Unterschiede zwischen Männern und Frauen ergab, verwundert Sie vielleicht, denn aus dem Alltag scheint doch bekannt zu sein, dass Männer bei Frauen mehr auf das Äußere achten als umgekehrt. Die Forschung hat sich auch mit dieser Frage beschäftigt und wichtige Erkenntnisse zutage gefördert:

✔ Wenn Einstellungen dazu gemessen werden, wie sehr auf das äußere Erscheinungsbild geachtet wird, finden sich große Unterschiede zwischen Frauen und Männern. In Bezug auf Blind-Date-Situationen geben die befragten Männer dabei an, mehr auf das Aussehen zu achten als Frauen. Kleinere oder keine Unterschiede ergeben sich dagegen, wenn das tatsächliche Verhalten erfasst wird. Möglicherweise wirkt hier die Erwartung der Gesellschaft, dass Frauen sich nicht von Äußerlichkeiten leiten lassen sollten.

✔ Männer sind sich über die körperliche Attraktivität von Frauen eher einig als Frauen über das Aussehen von Männern. Stellt Adam im Freundeskreis seine »Neue« vor, herrscht Konsens darüber, wie gut sie aussieht. Bringt Eva den Neuen mit zu ihren Freundinnen, entwickelt sich viel eher eine angeregte Diskussion darüber, ob er gut aussieht oder nicht. Hinter Evas Rücken, versteht sich.

✔ Eine bedeutsame Unterscheidung in diesem Zusammenhang ist die zwischen kurzfristigen und langfristigen Beziehungen. Beim One-Night-Stand ist die wichtigste Eigenschaft des jeweils anderen seine oder ihre physische Attraktivität und das sowohl bei Männern als auch bei Frauen. Geht es ums Heiraten, ist für Männer das Aussehen wichtiger als für Frauen, wird aber auch von den Männern nicht mehr an erster Stelle genannt. Aus diesem Befund lässt sich ein Fazit ziehen:

 Physische Attraktivität beinhaltet eine erotische Komponente und löst den Wunsch nach sexuellem Kontakt aus.

Was aber beinhaltet gutes Aussehen? Sicherlich spielt dabei die Figur eine Rolle. Köpergröße und Gewicht, Proportionen und so weiter werden als attraktiv oder weniger attraktiv empfunden. Dass diese Merkmale stark kulturabhängig sind, beweisen nicht zuletzt die Bilder beleibter Frauen des Künstlers Peter Paul Rubens (1577–1640), der in seiner Zeit wahre Schönheiten malte. Mit dem Schönheitsideal, das die legendäre »Twiggy« in den 1960er-Jahren verkörperte, bestehen augenscheinlich wenig Übereinstimmungen. Dame Lesley »Twiggy« Lawson bezeichnete übrigens später ihre Figur selbst als »eindeutig zu dünn«.

Die sozialpsychologische Forschung hat sich insbesondere mit der Schönheit von Gesichtern beschäftigt. Dazu kann man Versuchspersonen Bilder vorlegen, die physische Attraktivität der dargestellten Personen einschätzen lassen und diese Bewertungen in Zusammenhang bringen mit objektiv messbaren Merkmalen wie Augengröße, Nasenlänge, Stirnhöhe und so weiter. Es ergeben sich daraus bedeutsame Merkmale der physischen Attraktivität von Gesichtern, die Sie in Abbildung 9.1 sehen.

weiblich	männlich
große Augen	große Augen
kleines Kinn	großes Kinn
hohe Wangenknochen	hohe Wangenknochen
große Pupillen	-
starkes Lächeln	starkes Lächeln
kleine Nase	-

Abbildung 9.1: Merkmale als attraktiv empfundener weiblicher und männlicher Gesichter

Falls Ihr eigenes Gesicht nur einige dieser Merkmale aufweist, trösten Sie sich bitte damit, dass Sie auch durch ein starkes Lächeln besonders attraktiv wirken können. Und wie oft und wie stark Sie lächeln, entscheiden Sie letztlich selbst.

Die Merkmale kleines Kinn, kleine Nase und große Augen im weiblichen Schönheitsideal rufen etwas auf, das Konrad Lorenz das *Kindchenschema* genannt hat.

Das *Kindchenschema* bezeichnet eine Konfiguration von Gesichtszügen, wie sie bei Kleinkindern, aber auch im Tierreich bei Welpen, jungen Kätzchen, Löwenbabys und so weiter zu beobachten ist. Menschen empfinden es als »niedlich«, und der Biologie nach dient es als Auslöser für Brutpflegeverhalten. Merkmale des Kindchenschemas erhöhen die wahrgenommene Attraktivität von erwachsenen Gesichtern. Das gilt auch bei Männern. Prominente Beispiele dafür sind die Schauspieler Leonardo DiCaprio und Will Smith.

Interkulturelle Übereinstimmungen bei der wahrgenommenen Attraktivität von Gesichtern sind überraschend hoch. Die schöne Japanerin und den argentinischen Adonis finden auch Sie ebenso wie Leute in New York, Marrakesch oder Bangkok (erotisch) anziehend. Einzelne Ausnahmen von dieser Regel – wie die durch Tonteller vergrößerten Unterlippen der Frauen der Mursi in Äthiopien – sind oft auch Ausdruck des Status und weniger der rein physischen Attraktivität.

Moderne Bildbearbeitungssoftware erlaubt, Gesichter »künstlich« zu bearbeiten oder gar neu zu kreieren. Auch die Sozialpsychologie hat sich dieser Möglichkeiten bedient, um der physischen Attraktivität weiter auf die Schliche zu kommen. In Studien von Judith H. Langlois und ihren Kolleginnen, veröffentlicht 1990 und 1994, findet sich der Befund, dass insbesondere Gesichter, die in ihren Merkmalen dem mathematischen Durchschnitt entsprechen, als besonders attraktiv bewertet werden. Was hat es mit diesem überraschenden Ergebnis auf sich?

Das Allerweltsgesicht

Langlois und Roggman (1990) baten zunächst Versuchspersonen, die Attraktivität von Gesichtern auf Fotos einzuschätzen. Danach bestimmte eine Software einzelne Parameter der Gesichter wie Nasenlänge, Augenabstand und so weiter und errechnete aus den Werten von zwei Ausgangsfotos das arithmetische Mittel dieser Größen. Diese mittleren Ausprägungen dienten der Software in einem weiteren Schritt als Ausgangsgrößen, um künstlich erschaffene Gesichter auf »Mischfotos« zu erzeugen. Die so entstandenen Bilder legten die Autorinnen der Studie erneut Probanden zur Einschätzung der Attraktivität vor.

Das Ergebnis: Die Gesichter auf den Mischfotos wurden fast ausnahmslos als attraktiver bewertet als die der beiden Ausgangsfotos. Das arithmetische Mittel verstärkt die schon als attraktiv empfundenen Gesichtszüge und lässt die unattraktiven weniger hervortreten. Das Durchschnittsgesicht erscheint vertrauter, die einzelnen Merkmale kann das Gehirn des Betrachters deshalb leichter verarbeiten und das angenehme Gefühl der Leichtigkeit erhöht in der Folge die wahrgenommene Anziehungskraft. Demnach erfordert das weniger ansprechende Gesicht höhere Anstrengung beim Betrachten. Sehen auch Sie morgens im Spiegel ein Allerweltsgesicht? Wenn ja, herzlichen Glückwunsch!

Haben es die Schönen leichter im Leben als die weniger Attraktiven? Kurz und bündig geantwortet: Ja. Physisch attraktive Menschen

- ✔ erhalten schon als Kleinkinder mehr Aufmerksamkeit und Zuwendung,
- ✔ kommen mit milderen Strafarbeiten in der Schule davon,
- ✔ bekommen vor Gericht geringere Strafen und mehr Schmerzensgeld zugesprochen,
- ✔ dürfen sich über positivere Leistungsbeurteilungen in Schule, Studium und Beruf freuen,
- ✔ werden in Bewerbungsverfahren bevorzugt eingestellt,
- ✔ wirken überzeugender zum Beispiel als Werbebotschafter, in der Politik oder bei einem Vortrag,
- ✔ sind weniger ängstlich und seltener einsam und
- ✔ werden eher zur Teilnahme an Schönheitswettbewerben zugelassen

als weniger attraktive Personen.

Diesen vielen Vorteilen steht ein einziger Nachteil gegenüber: Auffallend schöne Menschen kommen für viele als potenzielle Partner erst gar nicht infrage. Dahinter verbirgt sich die oft fälschliche Annahme: »Die (beziehungsweise der) sieht einfach so gut aus, dass ich sowieso keine Chance habe.« Entsprechend fehlt es an Mut, auch nur Kontakt anzubahnen. Miss World lebt so gewissermaßen in ihrer eigenen Welt.

Hinter den Vorzügen physischer Attraktivität verbirgt sich etwas, das man das *Schönheitsstereotyp* nennt.

Unter einem *Stereotyp*, im Alltag auch Klischee genannt, versteht man vermeintliches Wissen darüber, welche Eigenschaften die Mitglieder einer Gruppe, in diesem Fall die Gruppe der Schönen, mit sich bringen.

Mehr zum Thema Stereotype finden Sie in Kapitel 11.

Dem Schönheitsstereotyp zufolge glauben viele Leute, ob bewusst oder unbewusst, dass physisch Attraktive mit folgenden Eigenschaftswörtern gut zu charakterisieren sind:

✔ sozial, empathisch, vertrauenswürdig, beliebt,

✔ warmherzig, freundlich, empfänglich,

✔ intelligent, extravertiert und glücklich.

Wie so oft bei einem Stereotyp gibt es neben einem Körnchen Wahrheit wenig, das sich objektiv bestätigen ließe. Die Schönen sind nicht intelligenter, extravertierter oder glücklicher. Aber sie weisen im Durchschnitt tatsächlich höhere soziale Fähigkeiten auf. Das lässt sich darauf zurückführen, dass sie durchweg und schon ab dem Kleinkindalter angenehmere soziale Kontakte erfahren. Wie das im Alltag funktionieren kann, haben Snyder, Tanke und Berscheid untersucht und 1977 publiziert.

Die Hübsche am anderen Ende der Leitung

Für die Versuchspersonen ging es, wie so oft in dieser Art Studien, darum, eine fremde Person kennenzulernen. Dazu arrangierten die Experimentatoren ein Telefonat zwischen einem Mann und einer Frau. Insgesamt wurden bei Snyder und Kollegen so über 50 Paare gebildet. Die Männer erhielten, anders als die Frauen, ein Bild von der großen Unbekannten am anderen Ende der Leitung. In einer Bedingung fand sich auf diesem Foto eine physisch hoch attraktive Frau, in der Vergleichsbedingung eine weniger hübsche Gesprächspartnerin. Was die Männer nicht wissen konnten: Die Bilder waren gezielt ausgewählt, für alle Paare dieselben und zeigten nicht wirklich, mit wem es die Männer zu tun hatten.

Die Auswertung der Bandaufnahmen ergab: Adam redete freundlicher, entgegenkommender und warmherziger mit einer angeblich attraktiven Eva. In Reaktion darauf zeigten sich auch die angeblich gut aussehenden Frauen von ihrer besseren Seite, sodass sich insgesamt ein viel angenehmeres Gespräch entwickelte als in der Vergleichssituation, in der die Partnerin als weniger attraktiv erscheinen musste. Die so verschaukelten Männer mögen sich damit trösten, dass dieser Befund später auch mit Bildern von Männern, die den Frauen vorlagen, repliziert werden konnte.

Der Grund für die höheren sozialen Fähigkeiten der physisch Attraktiven liegt in der Art und Weise, wie andere auf sie zugehen und mit ihnen kommunizieren.

Glücklich oder unglücklich: Die Bewertung von Beziehungen

Sind Sie mit Ihren eigenen Beziehungen zufrieden? Fühlen Sie sich glücklich? Erscheinen Ihnen Ihre eigenen Beziehungen als stabil? Denken Sie dazu auch gern an frühere Beziehungen und warum Sie damals auseinandergegangen sind.

Kosten und Nutzen: Die Theorie des sozialen Austauschs

Der *Theorie des sozialen Austauschs* zufolge beurteilen Menschen ihre Beziehungen danach, welchen Nutzen und welche Kosten diese mit sich bringen, was sie von einer Beziehung erwarten und inwieweit die Möglichkeit besteht, eine Beziehung zu einem anderen Menschen einzugehen. Diese Stichpunkte verlangen nach einer Erklärung:

✔ **Nutzen:** Der Nutzen einer Beziehung besteht in allen positiven Aspekten, die sie mit sich bringt. Dazu zählen insbesondere, aber nicht ausschließlich, dass

- Sie sich in Ihren Einstellungen bestätigt fühlen,
- Sie das Gefühl haben dürfen, gemocht oder geliebt zu werden (reziproke Zuneigung),
- sexuelle Attraktion und deren Befriedigung mit Ihrem Liebling verknüpft sind,
- Sie einen hohen Status, Geld und Zugang zu interessanten Aktivitäten und Erlebnissen gewinnen.

✔ **Kosten:** Zu den Kosten zählen

- die unangenehmen Eigenschaften, wenn sie einfach nicht die Mülltonne nach unten bringen will oder er immer die Schmutzwäsche im Schlafzimmer liegen lässt,
- emotionale Belastungen, weil sie immer so schnell in Rage gerät oder er sie regelmäßig vor anderen herabwürdigt,
- monetäre Kosten, etwa für das exklusive Geschenk zum Geburtstag oder die vielen Restaurantbesuche,
- Statusverlust, wenn sie als Chefärztin arbeitet und er vor anderen zugeben muss, noch nie einer beruflichen Tätigkeit nachgegangen zu sein.

Ergänzen Sie gern die Liste mit Ihren eigenen Erfahrungen!

- **Vergleichsniveau:** Welches Verhältnis zwischen Nutzen und Kosten erwarten Sie für sich? In der Theorie des sozialen Ausgleichs spricht man nicht vom Saldo, wie beim Girokonto, sondern vom *Vergleichsniveau*. Frühere Erfahrungen mit den Verhältnissen innerhalb von Beziehungen haben solche Erwartungen entstehen lassen und beeinflusst. Menschen mit einem hohen Vergleichsniveau erwarten hohen Nutzen und vergleichsweise geringe Kosten. Andere haben erfahren, dass Beziehungen kostenintensiv sein können, und sind auch mit einer weniger positiven Bilanz zufrieden.

- **Alternative Partnerschaften:** Menschen unterscheiden sich auch darin, inwieweit sie glauben, dass sie aus anderen potenziellen Partnerinnen oder Partner wählen können. Fast könnte man dies den subjektiv wahrgenommenen »Marktwert« nennen. Wer davon ausgehen kann, für viele andere attraktiv zu sein, oder dies auch nur glaubt, stellt hohe Erwartungen an das Verhältnis von Kosten zu Nutzen.

Der Theorie des sozialen Ausgleichs nach sind Sie dann am zufriedensten in Ihrer Partnerschaft, wenn hohem Nutzen nur geringe Kosten gegenüberstehen, Sie in der Vergangenheit erfahren haben, dass die Kosten-Nutzen-Rechnung durchaus auch negativ ausfallen kann und Sie ihren »Marktwert« für relativ gering erachten. Trifft das auch auf Ihren Schatz zu, ist die Verbindung stabil, wie zahlreiche Studien dazu bestätigen konnten.

Kommt Ihnen die Theorie des sozialen Ausgleichs allzu kaufmännisch oder gar »kapitalistisch« vor? Keine Bange, selbstverständlich gibt es dazu auch eine »sozialistische« Alternative.

Ausgewogen: Die Equity-Theorie

Die *Ausgleichstheorie*, im Psycho-Slang *Equity-Theorie* genannt, formuliert, dass Individuen Ausgewogenheit in ihren Beziehungen suchen und schätzen. Kosten und Nutzen, die sie selbst tragen beziehungsweise empfangen, sollen denen des jeweiligen Partners oder der Partnerin entsprechen.

- Trifft das zu, ist die Beziehung ausgeglichen und folglich auch stabil.

- Ungleichheit motiviert dagegen dazu, »Gerechtigkeit« herzustellen; und eine Möglichkeit besteht darin, die Partnerschaft zu beenden.

Das gilt sowohl für die begünstigte Seite als auch für die benachteiligte, denn »Equity« ist eine für viele Menschen wichtige Regel im gegenseitigen Austausch, nicht nur in engen Beziehungen (*Reziprozität*, siehe Kapitel 4).

Deshalb »revanchieren« Sie sich auch außerhalb enger Beziehungen zum Beispiel beim Nachbarn mit einer Flasche Sekt, wenn er während Ihres Urlaubs die Pflanzen gegossen hat. Obwohl gerade in glücklichen Beziehungen die Beteiligten wenig darauf achten, wer wann und wie welchen Beitrag geleistet hat, finden sich in der Literatur auch zur Equity-Theorie viele bestätigende Befunde.

Enge Bindungen

Wie schön es doch ist, klein Linchen im Arm zu halten, mit ihr zu kuscheln, sie zu füttern, die Windeln zu wechseln und das Erbrochene aus ihrem Bettchen zu entfernen! Selbstverständlich benötigen Kleinkinder Nahrung und Pflege, also die Befriedigung ihrer physischen Ansprüche. Zum Babysein gehört aber auch, dass die Kleinen zu ihren Bezugspersonen, meist Mutter und Vater, etwas aufbauen, das die Psychologie *Bindung* nennt und das ihre psychischen Bedürfnisse befriedigt. Unter Bedrohung, Unsicherheit oder bei Schmerzen wirken diese Bindungen so, dass sie sich ihren Bezugspersonen zuwenden. Dort finden sie Schutz und Trost, die den erlebten Stress reduzieren.

Bindungsstile in der frühen Kindheit

Die *Bindungstheorie*, maßgeblich von John Bowlby und Mary Ainsworth etwa ab den frühen 1960er-Jahren formuliert, besagt, dass sich Individuen darin unterscheiden, welche Art von *Bindungsstil* sie in der frühen Kindheit entwickeln.

Die Grundidee der Bindungstheorie lautet: Der Bindungsstil ist abhängig vom Verhalten der jeweiligen Bezugsperson. Einmal in der frühen Kindheit festgelegt, bestimmt der Bindungsstil eines Menschen, wie sich seine engen Beziehungen auch im Erwachsenalter gestalten.

Allein gelassen: Der Fremde-Situation-Test

Um den Bindungsstil von Kleinkindern zu erfassen, entwickelte Ainsworth mit ihren Mitarbeiterinnen den *Fremde-Situation-* oder *Strange-Situation-Test*. Kinder im Alter zwischen 12 und 24 Monaten kommen in einen fremden Raum begleitet von ihrer engsten Bezugsperson, meist der Mutter. Im Zimmer befinden sich attraktive Spielsachen, mit denen sich das Kind nach Lust und Laune beschäftigen kann. Nach einer Weile verlässt der Elternteil den Raum für kurze Zeit. Eine dritte Person ist ebenfalls anwesend, beaufsichtigt und beobachtet das Kleinkind. Registriert werden die Reaktionen der Kleinen, wenn die Mutter das Zimmer verlässt und wieder zurückkehrt.

Auf der Grundlage typischer Reaktionsmuster unterschied Ainsworth drei grundlegende Bindungsstile:

✔ **Sicherer Bindungsstil:** Sicher gebundene Kinder reagieren irritiert, wenn der Elternteil den Raum verlässt, teils auch mit Weinen. Umso glücklicher erscheinen sie, wenn die Mutter zurückkehrt. Das Kind sucht die Nähe der Mutter. Offensichtlich ist es erleichtert, dass die Bezugsperson wieder anwesend ist. Aber schon bald nach der herzlichen Begrüßung wendet es sich wieder den Spielsachen oder der Aufsichtsperson zu. Wie physiologische Messungen des Cortisolspiegels im Speichel zeigen, steigt das Stressniveau des Kindes nach der Trennung von der Mutter zwar stark an, doch nach der Rückkehr pendelt es sich ebenso rasch wieder ein.

Der sichere Bindungsstil entwickelt sich, wenn die Bezugsperson verlässlich auf die Bedürfnisse des Kleinkinds reagiert und allgemein positive Emotionen im Umgang mit ihm zeigt. Diese *Feinfühligkeit* im Umgang mit dem Kind ist später Gegenstand ausführlicher Forschung zu Bindungsstilen geworden.

✔ **Unsicher-vermeidender Bindungsstil:** Das unsicher-vermeidend gebundene Kind zeigt sich nach außen vergleichsweise von der Trennung wenig betroffen und reagiert auch auf die Wiederkehr scheinbar unbeeindruckt. Tatsächlich aber findet sich physiologisch gemessen eine hohe Stressreaktion, die auch nach der Wiederkehr der Bezugsperson über mehrere Stunden erhalten bleibt. Nicht durch den Kontakt zur Bezugsperson, sondern indem es sich mit dem Spielzeug oder der Aufsichtsperson beschäftigt, baut das Kind den Trennungsstress langsam ab.

Den unsicher-vermeidenden Bindungsstil entwickelt das Kind, dessen Bezugsperson oft in sich gekehrt ist, sich distanziert verhält und Intimität zurückweist.

✔ **Unsicher-ambivalenter Bindungsstil:** Die fremde Situation stresst das Kind merklich auch schon bevor die Bezugsperson das Zimmer verlässt. Auf die Trennung reagiert es überwältigt vom Trennungsschmerz. Es erscheint zumindest erbost, teils fast wütend. Nach der Rückkehr zeigt das Kind widersprüchliches Verhalten. Einerseits sucht es extreme Nähe durch Anhänglichkeit, andererseits scheint es nach wie vor ärgerlich über die Trennung zu sein. Der Aussichtsperson und den Spielsachen im Zimmer gegenüber zeigt es sich durchweg ängstlich.

Einen unsicher-ambivalenten Bindungsstil entwickelt ein Kleinkind, wenn die Bezugsperson dem Kind unberechenbar erscheint. Intime Zuwendung wechselt sich ab mit aufbrausendem, verletzendem Verhalten, ohne dass dem Kind die Gründe dafür ersichtlich wären.

Schließlich wurde in späterer Forschung auch noch ein vierter Bindungsstil identifiziert:

✔ **Desorganisierte oder auch desorientierte Bindung:** Sie entwickelt sich insbesondere dann, wenn die Bezugsperson einerseits regelmäßig selbst den kindlichen Stress auslöst, zum Beispiel durch Misshandlungen, andererseits aber die einzige Person ist, die Trost und Unterstützung spenden kann. So entsteht ein gewisses Paradox durch die Abhängigkeit von der Quelle der Bedrohung, die beim Kind in Gefühlen der Ohnmacht und Hilflosigkeit mündet. Auf diese Weise gebundene Kinder zeigen im Test sehr untypische, absonderlich wirkende Verhaltensweisen wie stilles Verharren oder monoton wiederkehrende Verhaltensabläufe. Das zeigt, dass sie keine wirksame Strategie entwickeln konnten, mit der Trennungsangst umzugehen. Glücklicherweise kommt das nicht allzu häufig vor.

Sind Sie selbst Papa oder Mama eines Kleinkinds? Verstecken Sie sich kurz in einer dem Kind fremden Situation zum Beispiel hinter einem Baum im Wald oder einer Säule im Einkaufszentrum. Beobachten Sie, wie Ihr Nachwuchs auf die Trennung und Ihr Wiedererscheinen reagiert und ahmen Sie so den Fremde-Situation-Test nach Ainsworth nach. Aber bitte nicht zu lange versteckt bleiben – Sie wissen jetzt, wie stressig das für Ihren kleinen Liebling sein kann.

Nähe oder lieber nicht? Bindungen im Erwachsenalter

So weit zu den Kleinkindern. Wie aber sieht es mit den Bindungsstilen von Erwachsenen aus? Ein Anspruch der Bindungstheorie besteht darin, aus dem früh erlernten Bindungsstil das Bindungsverhalten und -erleben im Erwachsenenalter vorherzusagen. Die Zusammenhänge erweisen sich als gegeben, allerdings auch nicht als so groß, wie es sich Bindungstheoretiker wünschen würden. Das mag zumindest zwei Ursachen haben:

- ✔ Zwischen dem Kleinkind- und dem Erwachsenenalter liegt viel Lebenszeit, in der ein Individuum vielfältige Erfahrungen in ganz unterschiedlichen engen Beziehungen sammeln kann.

- ✔ Viele Untersuchen beruhen auf den Selbstberichten der Betroffenen. Aber wer weiß schon exakt zu berichten, wie sich das Verhältnis zu den Bezugspersonen im Alter von zwei Jahren gestaltet hat? Wären Sie in der Lage, dazu Auskunft zu geben?

Erwachsene können dagegen viel besser berichten, wie sie sich aktuell in engen Bindungen fühlen, seien es Freundschaften oder Liebesbeziehungen. Erkennen Sie sich in einer der folgenden drei Beschreibungen selbst wieder?

1. Sie fühlen sich wohl, wenn Sie Nähe herstellen oder Ihr Partner oder Ihre Partnerin Ihnen nahekommt. Sie fürchten sich nicht vor Abhängigkeiten in Ihrer Beziehung oder davor, verlassen zu werden.

2. Allzu große Nähe empfinden Sie als ein wenig unangenehm. Sie mögen auch nicht vollkommen vertrauen, weil dadurch Ihre Unabhängigkeit verletzt wird. Andere erwarten dagegen von Ihnen größere Nähe, als es Ihnen wünschenswert erscheint.

3. Ihr Partner oder Ihre Partnerin mag Ihnen nicht so nahekommen, wie Sie es sich wünschen. Eigentlich möchten Sie mit ihm oder ihr eins werden. Aber das schreckt auf gewisse Weise ab. Deshalb befürchten Sie häufig, nicht wirklich geliebt oder bald verlassen zu werden.

Wo würden Sie sich einordnen?

- ✔ Finden Sie sich eher unter 1. wieder, haben Sie wahrscheinlich einen sicheren Bindungsstil entwickelt. Über die Hälfte der Erwachsenen nimmt ihr eigenes Bindungsverhalten auf diese Weise wahr. Liebesbeziehungen unter sicher Gebundenen sind stabil, Verpflichtungen werden ernst genommen und gegenseitige Abhängigkeiten schaffen nicht Frust, sondern Zufriedenheit. Die Partnerschaft empfinden sicher Gebundene als emotional unterstützend.

- ✔ Unter 2. sind Merkmale des unsicher-vermeidenden Bindungsstils zusammengefasst. So beschreiben sich etwa ein Viertel der Befragten. Sie gehen vergleichsweise schnell Beziehungen ein. Wenn die Partnerschaft aber nicht so läuft, wie erwartet, stellen sich ebenso schnell Enttäuschungen ein. Darüber hinaus lässt es ein gewisses Maß an Misstrauen in der Partnerschaft wünschenswert erscheinen, eigene Unabhängigkeiten zu bewahren.

✔ Die Charakterisierung unter 3. bezieht sich auf den unsicher-ambivalenten Bindungsstil. Bei derart gebundenen Menschen findet sich die Sorge, von anderen nicht genügend gemocht oder geliebt werden. Bei Zurückweisung steigern sie die Bemühungen um den Partner oder die Partnerin. Von außen betrachtet erscheinen sie oft als besonders ängstlich und anhänglich. Etwa ein Fünftel der Menschen fällt in diese Kategorie.

Die Bindungstheorie ist ausführlich beforscht worden und hat Fachliteratur in gigantischem Umfang hervorgebracht. Wundern Sie sich bitte nicht, wenn Sie unterschiedlichen Bezeichnungen für die Stile begegnen oder zum Beispiel statt von Bindungsstilen von Bindungstypen die Rede ist.

Stile bezeichnen die psychologisch relevanten inhaltlichen Merkmale, *Typen* die Menschen, die sich durch ihren Bindungsstil charakterisieren lassen.

Liebe

Liebe ist ein magisches Gefühl. Sie berührt die Menschen im Innersten mit all den Freuden und den Leiden, die mit ihr verbunden sind. Sollte man dem intimsten aller Gefühle überhaupt wissenschaftliche Aufmerksamkeit schenken? Oder zerstört womöglich der kühle Verstand das Mystische der Liebe? So betrachtet ist es vielleicht ganz okay, dass viele Aspekte von Liebesbeziehungen noch unergründet sind. Aber entscheiden Sie gern selbst, ob Sie jetzt mit einem rationalen Blick auf die Liebe weiterlesen möchten!

In der Psychologie finden sich eine ganze Reihe unterschiedlicher Ansätze zum Thema Liebe. Die Forschung dazu ist allerdings nicht ganz so einfach. Das liegt darin begründet,

✔ dass Liebesbeziehungen mindestens so unterschiedlich sind wie die Eigenschaften der Beteiligten;

✔ dass es ganz unterschiedliche Arten von Liebe gibt, etwa die zum Crush, zum langjährigen Lebenspartner, zu den Kindern oder Eltern und so weiter;

✔ dass sich Liebe verändern kann, denn zum Beispiel mag der ursprüngliche Schwerpunkt in der erotischen Leidenschaft über die Jahre einer eher kameradschaftlichen Liebe Platz gemacht haben;

✔ dass unterschiedliche Komponenten zur Liebe gehören, die die Beteiligten für unterschiedlich wichtig halten: Intimität, Romantik, Sexualität, Leidenschaft, Verpflichtung und so weiter;

✔ dass Begriffe wie Romantik oder Leidenschaft schwer zu operationalisieren sind (siehe Kapitel 2);

✔ dass sich die Liebe experimenteller Forschung verweigert, denn eine randomisierte Zuordnung (siehe Kapitel 2) zweier Personen zu einer Liebesbeziehung ist nicht möglich. Jedenfalls noch nicht.

Liebesstile

Eine Möglichkeit, sich der Liebe wissenschaftlich zu nähern, besteht in der Beschreibung unterschiedlicher *Liebesstile*.

Liebesstile entsprechen subjektiven Einstellungen (siehe Kapitel 5) gegenüber Partnerschaften. Sie sind vergleichsweise stabil und finden sich deshalb bei ein und derselben Person in unterschiedlichen Partnerschaften wieder. Sie beruhen auf individuellen Vorstellungen und Lernerfahrungen und bestimmen das Verhalten. Wie Studien aus unterschiedlichen Ländern zeigen, werden sie durch kulturelle Vorgaben mitbestimmt und sind demnach in Argentinien anders als in Japan oder bei uns.

Als unterschiedliche Liebesstile finden sich in der Literatur:

- ✔ Mit **Eros** ist leidenschaftliche Liebe gemeint. Eros geht einher mit hoher emotionaler Bindung und sexueller Anziehungskraft. Hohe emotionale Bindung führt zu Sehnsucht, wenn der oder die Liebste abwesend ist. Auseinandersetzungen in solchen Beziehungen erleben die Partner als besonders belastend.

- ✔ **Storge** bezeichnet eher freundschaftliche Liebe, die durch Harmonie und gegenseitiges Verständnis geprägt ist. Häufig finden sich gemeinsame Interessen oder Projekte. Allerdings fehlt oft das leidenschaftliche Moment, und allzu viel Übereinstimmung kann auch langweilig werden. Trotzdem sind Partnerschaften, die beidseitig durch Storge gekennzeichnet sind, meist besonders stabil.

- ✔ **Agape** ist der Ausdruck für einen Liebesstil, bei dem das Selbstlose im Vordergrund steht. Aufopferung und Altruismus (siehe Kapitel 13) zeigen, dass in der Agape das Wohl des Partners an erster Stelle steht. Man kümmert und bemüht sich, was aber nicht immer erwidert wird. Teils wirkt dieses Verhalten abschreckend oder wird ausgenutzt. Sind sich beide darin aber einig, sorgt dieser Liebesstil für besonders glückliche Beziehungen.

- ✔ Unter **Mania** versteht man eine Art obsessive, besitzergreifende Liebe. Diesen Liebesstil pflegen häufig Menschen mit einem niedrigen Selbstwertgefühl (siehe Kapitel 6). Die im Selbst erkannten Schwächen sollen durch die Partnerschaft ausgeglichen werden. Der Partner oder die Partnerin bietet den sicheren Zufluchtsort für die unsichere Person. Entsprechend stark sind der Wunsch nach ständiger Bestätigung der Liebe und die Eifersucht. Es kommt leicht zur »Achterbahn der Gefühle«. Zeiten ohne Partnerschaft erscheinen Menschen, die diesen Liebesstil pflegen, schwer zu »überbrücken«.

- ✔ **Ludus** bezeichnet eine Art spielerische Liebe. Ihr Kennzeichen ist die Unverbindlichkeit, weshalb häufige Partnerwechsel mit Ludus einhergehen. Vergnügen geht vor Verbindlichkeit, und Liebeskummer kommt selten auf. Beziehungen, die auf Ludus beruhen, sind eher fragil. Die mit Ludus oft zu beobachtende Untreue wirkt zerstörerisch, wenn nicht beide diesen Stil pflegen.

✔ **Pragma** oder pragmatische Liebe drückt aus, dass die Liebenden auf der Grundlage materieller oder sozialer Vorteile zusammen sind. Sie wissen genau, was sie sich wünschen, und stellen die Bedingung, dass diese Erwartungen in der Partnerschaft erfüllt werden. Passt alles, sind sie durchaus auch bereit, Anstrengungen zu unternehmen, um die Beziehung aufrechtzuerhalten. Belastend wirken weniger alltägliche Vorkommnisse als vielmehr Auseinandersetzungen über gemeinsames Eigentum, die Kinder oder Statusverlust wie zum Beispiel durch Arbeitslosigkeit eines Partners.

Lassen Sie sich nicht von den aus dem Altgriechischen stammenden Begriffen verwirren (Storge ist kein Tippfehler) und überlegen Sie gern selbst, welcher Stil Ihr eigenes Liebesleben am besten beschreibt. Selbstverständlich können sich Merkmale unterschiedlicher Stile finden, doch was überwiegt? Und wie beschreiben Sie den Liebesstil Ihres Partners oder Ihrer Partnerin? Dazu sollten Sie Folgendes wissen:

✔ Eine hohe Ähnlichkeit in den Liebesstilen der Beteiligten ist ein Merkmal stabiler Beziehungen.

✔ Starke Widersprüche zwischen den Stilen, wie etwa bei Manie und Agape, wirken besonders belastend.

✔ Ein hoher Anteil von Ludus verursacht generell Instabilität.

✔ Viel Eros hält die Beziehung auch unter schwierigen Bedingungen zusammen.

✔ Männer tendieren eher zu Ludus als Frauen.

✔ Pragma und Agape sind eher bei Frauen als bei Männern zu finden.

Macht und Ohnmacht der Gene

Ein alternativer Blick auf das Phänomen Liebe erschließt sich durch die Frage, warum die Evolution den Menschen dieses Gefühl mitgegeben hat. Dient die Liebe vielleicht dazu, den reproduktiven Erfolg der Menschen zu sichern? Aus evolutionär psychologischer Perspektive sollten sich Frauen und Männer wegen ihrer biologisch unterschiedlichen Ausstattung in ihrer Art zu lieben unterscheiden:

✔ **Frauen** bewerten ihren reproduktiven Erfolg vor dem Hintergrund, dass sie die Nachkommen zumindest bis zu deren Geschlechtsreife, in modernen Gesellschaften meist bis zum endgültigen Erwachsenwerden (Stichwort »Hotel Mama«) betreuen. Die Kosten der Aufzucht sind demnach für sie besonders hoch. Frauen paaren sich deshalb mit besonders ausgesuchten, verlässlich erscheinenden Männern. Deren Status, Macht und wirtschaftlicher Erfolg soll versprechen, auf lange Dauer genügend Ressourcen zur Verfügung zu stellen. Frauen reagieren besonders auf emotionale Untreue ihrer Partner, weil so Schutz und Versorgung des Nachwuchses gefährdet erscheinen.

✔ **Männer** messen dagegen ihren reproduktiven Erfolg an der schieren Anzahl der Nachkommen. Anders als die Frauen gehen sie nicht neun Monate mit einem Fetus schwanger und sind nicht durch den Menstruationszyklus und die Menopause eingeschränkt fruchtbar. Auch die Risiken der Entbindung bleiben ihnen erspart. Rein biologisch gesehen können sie fortlaufend Nachwuchs produzieren. Die Auswahl der

Partnerinnen erfolgt entsprechend weniger selektiv und orientiert an deren Reproduktionsfähigkeit. Signale für geeignete Partnerinnen finden sich in deren äußeren Erscheinungen, die typischerweise auf Jugend und Gesundheit hinweisen sollen. »Gute Gene« der Partnerin gewährleisten, dass die Reproduktion gelingt. Männer reagieren entsprechend weniger als Frauen auf emotionale Untreue, dafür aber umso stärker auf sexuell motivierte Seitensprünge. Nur wenn die Partnerin sexuell treu bleibt, sind Investitionen in den Nachwuchs anderer Männer ausgeschlossen.

Die Ergebnisse vieler Studien aus unterschiedlichen Kulturen zeigen, dass Frauen tatsächlich mehr als die Männer Wert auf Einkommen, Status und Fleiß ihrer potenziellen Partner legen. Vergleichen Sie dazu gern selbst die erwünschten Eigenschaften potenzieller Partnerinnen und Partner in Kontaktanzeigen und Datingprofilen. Auch die unterschiedlichen Reaktionen auf emotionale Untreue und sexuelle Untreue sind gut belegt. Allerdings passt vieles aber auch nicht so ganz ins Bild:

- ✔ Dass Männer eher auf physische Attraktivität als Frauen achten, stimmt nicht unter allen Umständen. Insbesondere bei der Auswahl für kurzfristig gedachte Beziehungen unterscheiden sich Männer nicht von Frauen. Dazu mehr oben in diesem Kapitel unter dem Stichwort »Blind-Date-Studien«.

- ✔ Die Präferenz der Männer für physische Attraktivität lässt sich ebenso plausibel als ein Lerneffekt erklären, der zum Beispiel durch die Medien in Werbespots und Filmen vermittelt wird. Für diese Annahme spricht auch der Wandel des »Schönheitsideals« innerhalb vergleichsweise kurzer Zeit. Denken Sie gern noch einmal an die fülligen Modelle von Rubens und die viel zu schlanke Twiggy.

- ✔ Frauen besitzen in den meisten Gesellschaften weniger Zugang zu Macht, Status und Geld. Verwundert es, wenn sie deshalb eine Art »kompensatorische Strategie« verfolgen und Partner wählen, die das bieten, was ihnen selbst zum großen Teil versagt bleibt? Dazu passt auch dieser Befund: Je mehr Frauen in einer Gesellschaft über wirtschaftliche Ressourcen verfügen, desto eher geben sie an, auf das Aussehen möglicher Partner zu achten.

Wie plausibel erscheinen Ihnen evolutionspsychologische Vorstellungen zur Partnerwahl? Menschliches Verhalten, zumal in einem sensiblen Bereich wie der Partnerwahl, ist sehr komplex und lässt sich – jedenfalls beim augenblicklichen Stand der Wissenschaft – nicht mit vergleichsweise einfachen biologischen Determinanten vollständig erklären. Liebe bleibt – vielleicht vorerst, vielleicht auch für immer und möglicherweise zu Recht – eines der großen Geheimnisse des menschlichen Daseins.

Teil IV
Der Mensch ist nie allein

IN DIESEM TEIL …

In diesem Teil erhalten Sie einen Überblick darüber,

- ✔ was Gruppen sind und warum sich Menschen Gruppen anschließen,
- ✔ wie sich Menschen als Teil einer Gruppe verhalten,
- ✔ wie eine Gruppe Einfluss auf ihre Mitglieder ausübt,
- ✔ warum sich unterschiedliche Gruppen oft nicht miteinander vertragen,
- ✔ wie Vorurteile entstehen und soziale Beziehungen schädigen.

IN DIESEM KAPITEL

Gruppen und wie sie aufgebaut sind

Gruppenleistungen

Gruppenentscheidungen

Sozialer Einfluss innerhalb von Gruppen

Kapitel 10
Gruppen

Wie Sie sicherlich schon aus eigener Erfahrung wissen und spätestens aus Ihrer Lektüre von *Sozialpsychologie für Dummies* gelernt haben: Der Mensch ist ein soziales Wesen. Soziale Beziehungen bestehen zu einzelnen anderen Menschen wie dem Ehepartner, der Mutter, der Arbeitskollegin oder dem Mitschüler. Solche Beziehungen werden oft als *Dyaden* bezeichnet und in der Sozialpsychologie meist unter der Überschrift »enge soziale Beziehungen« (siehe Kapitel 9) untersucht.

In einer *Dyade* nehmen beide Beteiligten notwendigerweise an allen Interaktionen teil. Das gilt nicht mehr, wenn mehr als zwei Individuen eine gemeinsame soziale Kategorie (zur Kategorisierung siehe Kapitel 3) bilden. Die Sozialpsychologie nennt eine Gemeinschaft spätestens ab drei Mitgliedern eine *soziale Gruppe* oder einfach nur *Gruppe*.

Was eine Gruppe ist

Beispiele für soziale Gruppen sind Ihre Familie und Ihr Freundeskreis, die Crew eines Flugzeugs auf dem Weg nach Helsinki, eine Volleyballmannschaft, die Schulklasse 7b, die Handwerkskammer der Automobilkaufleute, eine Fraktion im Bundestag, die Religionsgemeinschaft der römisch-katholischen Kirche, eine ganze Nation, ein Kulturkreis und viele andere mehr. Überlegen Sie gern selbst, welchen Gruppen Sie angehören.

Offensichtlich ist die sozialpsychologische Vorstellung von Gruppen recht großzügig. Im Kleinen können selbst die oben angesprochenen Dyaden Gruppencharakter aufweisen, wenn zum Beispiel zwei sich sonst eher fremde Kolleginnen ein Team bilden. Im Großen kann die Gesamtheit der Lebewesen eine Gruppe bilden, etwa im Vergleich zu Ziegelsteinen und Joghurtbechern, oder die gesamte Menschheit, wenn am Unabhängigkeitstag Außerirdische mit ihren Raumschiffen am Himmel erscheinen. Entscheidend ist letztlich der subjektive Blick der Mitglieder auf »ihre« Gruppe. Das führt zu der folgenden Definition.

Als *soziale Gruppe* gilt eine Mehrzahl von Menschen, die sich einer sozialen Kategorie zuordnen lassen. Eine Gruppe existiert, sofern sich ein Individuum selbst als Teil dieser Gruppe wahrnimmt. Sich in einer bestimmten Situation als Teil der Gruppe zu sehen, beeinflusst das Denken, Fühlen und Handeln des einzelnen Mitglieds.

Aus sozialpsychologischer Perspektive genügt also der subjektive Glaube eines Individuums, einer Gruppe zuzugehören, selbst wenn, von außen betrachtet, die Gruppe gar nicht existent erscheint. Das Gefühl, Teil einer Gruppe zu sein, die es »eigentlich gar nicht gibt«, ist allerdings ein Ausnahmefall (siehe Kapitel 11, *Minimalgruppe*). Denn typischerweise

- ✔ stehen die Gruppenmitglieder in einer gegenseitigen Beziehung zueinander, wenn sie zum Beispiel ein gemeinsames Ziel verfolgen wie in einer Firma oder einer Sportmannschaft,

- ✔ finden innerhalb einer Gruppe Interaktionen wie Gespräche, Beeinflussungen und gemeinsame Unternehmungen statt,

- ✔ teilen die Mitglieder gemeinsame Vorstellungen wie Normen, Werte (siehe Kapitel 5) und Rollenerwartungen,

- ✔ existiert eine gewisse Homogenität bezüglich der Eigenschaften der Mitglieder (Interessen, Sprache, Alter, Religion und so weiter),

- ✔ sind die Mitglieder auf gewisse Weise voneinander abhängig.

Eine rein zufällige Ansammlung von Menschen wie die Passanten in der Fußgängerzone oder eine Schlange am Geldautomaten zählt dagegen meist nicht als Gruppe, und zwar genau deshalb, weil sich die beteiligten Individuen nicht als den anderen zugehörig betrachten.

Die Übergänge zwischen einer reinen Menge von Menschen und einer Gruppe sind allerdings fließend. Das Publikum bei der öffentlichen Liveübertragung eines Sportereignisses jubelt geschlossen über den Erfolg der eigenen Mannschaft. Und Leute, die in einem defekten Fahrstuhl stecken geblieben sind, verfolgen das gemeinsame Ziel, sich möglichst bald wieder frei bewegen zu können. Sie weisen typische Merkmale von Gruppen auf, obwohl sich die Mitglieder mehr oder weniger zufällig begegnet sind, meist recht unterschiedliche Eigenschaften aufweisen und bald wieder auseinandergehen.

Wie wird eine Gruppe von außen wahrgenommen? Entitativität

Wie sehr eine Ansammlung von Menschen als »gruppenartig« charakterisiert werden kann, bezeichnet die Sozialpsychologie mit dem Begriff *Entitativität*.

Zur Bestimmung der *Entitativität* einer Gruppe dienen die typischen Merkmale von Gruppen. Je mehr dieser Merkmale erfüllt sind, desto höher die Entitativität. Eine häufig verwendete Einteilung beinhaltet vier Arten von Gruppen mit zunehmender Entitativität:

- ✔ **Lose Verbindungen:** Fans von Taylor Swift, ein Theaterpublikum
- ✔ **Soziale Kategorien:** Frauen, Deutsche, Muslime
- ✔ **Aufgabenbezogene Gruppen:** Geschworene bei Gericht, eine Sportmannschaft
- ✔ **Intime Gruppen:** Familie, Freundeskreis

Ich gehöre dazu: Selbstkategorisierung

Sich selbst als Teil einer Gruppe zu sehen, ist ein Vorgang, den die Sozialpsychologie *Selbstkategorisierung* nennt (zum Begriff der sozialen Kategorisierung siehe Kapitel 3). Abhängig vom jeweiligen Kontext rufen Menschen unterschiedliche Gruppenmitgliedschaften auf. Betritt Svenja als junge Frau einen Raum mit sonst lauter Männern, wird ihr eher bewusst, der Gruppe der Frauen anzugehören, als unter einem gemischten Publikum. Und am Münchner Stachus oder Hamburger Jungfernstieg fühlt sich Svenja weniger als Deutsche als auf dem Tian'anmen-Platz in Peking. In China sehen die Menschen etwas anders aus, sprechen eine ihr weniger gut geläufige Sprache und pflegen fremde Gewohnheiten. Die exotische Umgebung lässt die Eigenarten der eigenen Gruppe, hier die »Deutschen«, und damit die Mitgliedschaft in ihr besonders bewusst werden.

Selbstkategorisierung beschreibt den Vorgang, bei dem sich ein Individuum selbst einer Gruppe zuordnet und sich folglich als Mitglied dieser Gruppe wahrnimmt. Selbstkategorisierung erfolgt in Abhängigkeit vom sozialen Kontext, in dem sich die Person im Augenblick der Kategorisierung befindet: Im Ausland sieht sich Svenja als Deutsche, bei der Arbeit als Angehörige der Belegschaft und beim Hobby als Mitglied einer Volleyballmannschaft.

Aufgehen in der Gruppe: Deindividuierung

Unter Umständen wird die Mitgliedschaft in einer Gruppe so außerordentlich bedeutsam, dass die Betroffenen zeitweise einen Teil ihres persönlichen Selbstkonzepts (siehe Kapitel 6) verlieren können. Aus Hans Müller mit all seinen individuellen Eigenschaften, Verdiensten und Schwächen wird bei der Demonstration »ein Atomkraftgegner« und im Fußballstadion »ein Fan von Bayern München«. Es hat etwas stattgefunden, das die Sozialpsychologie *Deindividuierung* nennt.

Deindividuierung (auch *Deindividuation*) beschreibt einen Zustand, in dem ein Individuum vor allem als Mitglied einer Gruppe denkt, fühlt und handelt. Dabei wird die Gruppenmitgliedschaft derart bedeutsam, dass individuelle Vorlieben, Eigenschaften, Werte und Einstellungen (siehe Kapitel 5) zumindest teilweise außer Kraft gesetzt sind. Das Individuum »versinkt« in der Anonymität der Gruppenmitgliedschaft.

Deindividuierung wird gefördert, wenn die Gruppenmitgliedschaft durch äußerliche Merkmale wie zum Beispiel die Kleidung gut erkennbar ist. Das gemeinsame Trikot einer Sportmannschaft und der Fanschal im Fußballstadion reichen dazu schon aus. Noch wirksamer sind Trachten, Uniformen, Kriegsbemalungen oder gar Vermummungen wie beim Ku-Klux-Klan.

Im Zusammenhang mit Deindividuierung ist das Werk des französischen Arztes Gustave Le Bon zu nennen. In dem 1895 erschienen Buch *Psychologie der Massen* beschreibt er seine Idee, dass der Mensch seine individuellen Eigenschaften verliert, sobald er »in einer Masse untergeht«. Jede Vernunft werde über Bord geworfen, nur noch Gefühle seien verhaltenswirksam, so Le Bon. Sein Blick auf große Gruppen ist insgesamt sehr negativ: Menschen in größeren Mengen seien intolerant und leicht zu beeinflussen, reagierten impulsiv und tendierten zu schlichten, meist konservativen Anschauungen und Gleichförmigkeit im Denken und Handeln. Das Buch wurde in unterschiedlichen Wissenschaften wie Soziologie, Anthropologie und Politik ausführlich rezipiert.

Möglicherweise inspiriert durch diese »Massenpsychologie« herrschte in der Sozialpsychologie bis in die 1990er-Jahre eine ähnlich negative Auffassung von besonders großen Gruppen. Man glaubte, Deindividuierung führe zu einem verringerten Verantwortungsgefühl, impulsivem Verhalten, Normverletzungen und damit auch zu hoher Aggressivität. Empirische Belege dazu ließen sich genug finden: Kriegsverbrechen, Plünderungen, Brandstiftungen und Lynchmorde an Schwarzen durch Mitglieder des Ku-Klux-Klans. Und je größer der »Mob«, desto brutaler die Gewalttaten.

Der aktuelle Blick auf die Folgen von Deindividuierung ist dagegen etwas differenzierter. Das Verhalten deindividuierter Menschen ist nicht zwangsläufig aggressiv, sondern vielmehr abhängig von den in der jeweiligen Gruppe geltenden Normen. Krankenschwestern (heute Pflegefachfrau beziehungsweise Pflegefachmann) werden beispielsweise entsprechend der in dieser Gruppe geltenden Norm hilfsbereiter und keineswegs aggressiver, wenn sie ihre Tracht tragen und damit stärker deindividuiert sind als in normaler Straßenkleidung.

Warum überhaupt Gruppen?

Im Tierreich finden sich Spezies wie Wildkatzen, Blauwale oder Schildkröten, die für gewöhnlich als Einzelgänger unterwegs sind. Sie geben das Alleinsein nur zur Paarung oder gemeinsamer Aufzucht der Nachkommen vorübergehend auf. Der Mensch ist dagegen sicherlich eher ein »Rudeltier« und mit seiner komplexen Sprache, die einen intensiven und abstrakten Austausch über die Mitglieder seiner Gruppe ermöglicht, vielleicht das soziale Lebewesen schlechthin.

Das *Bedürfnis nach Zugehörigkeit* ist eine universelle menschliche Eigenschaft, die im Hirnstamm jedes Einzelnen verankert ist – dort, wo auch andere grundlegende Vorgänge wie Atmung und Verdauung gesteuert werden. Dieses Bedürfnis ist unterschiedlich stark ausgeprägt und lässt sich als Persönlichkeitseigenschaft mit Fragebogen messen. Versuchen Sie es gern selbst: Wie sehr stimmen Sie Aussagen der folgenden Art zu?

- ✔ »Ich bin nicht gern allein.«
- ✔ »Ich möchte von anderen Menschen akzeptiert werden.«
- ✔ »Für mich ist es wichtig, dass andere sich für mich interessieren.«

Schon in grauer Vorzeit waren die Menschen auf die Zusammenarbeit mit anderen angewiesen, um gemeinsam zu jagen, sich vor Feinden zu schützen, die Kinder zu versorgen und später auch Ackerbau zu betreiben. Dabei spielte der Austausch von gegenseitiger Hilfe und Unterstützung eine zentrale Rolle, weil so das Überleben auch unter widrigen Bedingungen gesichert werden konnte. Das ist bis heute so geblieben, obwohl sich inzwischen viele Umweltbedingungen grundlegend gewandelt haben.

Die Gruppenmitglieder liefern darüber hinaus auch Information – etwa dazu,

✔ wo Gefahren lauern,

✔ was die anderen denken, fühlen oder tun (alltägliche Leitplanken, siehe Kapitel 4) und

✔ wie sich eine Person selbst sieht und bewertet (Selbstkonzept und soziale Vergleiche, siehe Kapitel 6).

Dass dabei nicht immer alles glattläuft und häufig genug Konflikte auch innerhalb von Gruppen ausgetragen werden, widerspricht keineswegs dieser Einschätzung.

Auseinandersetzungen weisen darauf hin, wie bedeutsam die eigene Gruppe den Menschen ist: Würden sich die Familienmitglieder unterm Weihnachtsbaum zanken, wenn ihnen die anderen egal wären?

Dass Gruppenzugehörigkeiten den Menschen außerordentlich wichtig sind, lässt sich auch daran ablesen, wie schmerzhaft es sein kann, von einer Gruppe ausgeschlossen zu werden. Stellen Sie sich dazu vor, Sie nehmen an einem ganz einfachen Spiel teil: Die Gruppenmitglieder werfen sich gegenseitig einen Ball zu und wer ihn gefangen hat, gibt ihn an eine andere Person weiter. Zunächst läuft das Spiel unauffällig. Sie fangen den Ball immer mal wieder und werfen ihn weiter. Allerdings bemerken Sie nach einer Weile, dass Ihnen niemand mehr den Ball überlässt. Man ignoriert Sie und hat Sie offensichtlich aus dem Spiel ausgeschlossen. Wie fühlen Sie sich?

Vielleicht findet das Ganze als Teil eines sozialpsychologischen Experiments statt, bei dem an einem Computerbildschirm der Ball virtuell geworfen wird. Die anderen Gruppenmitglieder sind in Wirklichkeit Vertraute des Versuchsleiters und angewiesen, Sie ab einem vorher bestimmten Zeitpunkt auszuschließen, oder ein Computerprogramm steuert den Ablauf entsprechend. Wenn Sie schon *Sozialpsychologie für Dummies* gelesen haben, wissen Sie, dass Sie an einer Studie teilnehmen, in der *Ostrazismus* untersucht wird, und Sie müssen sich nicht weiter grämen.

Ostrazismus bezeichnet einen Vorgang, bei dem einzelne oder mehrere Mitglieder vorübergehend oder dauerhaft von einer Gruppe ausgegrenzt werden. Ostrazismus kann bewusst geschehen, zum Beispiel um Fehlverhalten zu bestrafen, oder unbewusst, wenn etwa ein Merkmal der ausgeschlossenen Person (politische Einstellung, Hautfarbe, Behinderung und so weiter) innerhalb der Gruppe als unerwünscht gilt. Durch Ostrazismus steigt gewöhnlich der Zusammenhalt zwischen den verbleibenden Gruppenmitgliedern. *Mobbing* fällt nicht unter diese Definition, weil dabei die Gruppe das betroffene Mitglied nicht ignoriert und ausschließt, sondern in herabwürdigender Weise mit ihm in Beziehung bleibt.

Ausgeschlossen werden tut weh! Haben sich Ihr Freundeskreis oder die Freizeitkicker schon einmal getroffen, ohne Ihnen Bescheid zu sagen? Den römisch-deutschen König Heinrich IV. zwang die Exkommunikation aus der Kirche zu seinem legendären Bußgang nach Canossa. Und selbst wenn der siebzigste Geburtstag von Tante Gertrud nicht verspricht, das prickelndste Erlebnis des Jahres zu werden, bekümmert es doch, nicht eingeladen worden zu sein. Im Gehirn der von Ostrazismus Betroffenen führen solche Ereignisse zu ähnlichen Konsequenzen, wie sie auch bei körperlichen Schmerzen auftreten. Sozialer Ausschluss wirkt hier wie ein fauler Zahn oder ein verknackster Fuß.

Strukturelle Merkmale von Gruppen

Zur Beschreibung von Gruppen und ihrer inneren Verhältnisse existieren in der Forschung eine Reihe von Fachbegriffen, die *Strukturmerkmale von Gruppen* beschreiben. Einige werden Ihnen fremd vorkommen. Andere haben Eingang in die Allgemeinbildung gefunden; Sie haben sie weiter vorn in diesem Kapitel schon gelesen, ohne dass sie bisher wissenschaftlich exakt definiert worden wären. Ein genauerer Blick lohnt sich, weil Sie das Verhalten von Menschen innerhalb von Gruppen verstehen wollen.

Was erwünscht, ist auch erlaubt: Soziale Normen

Soziale Normen sind Regeln dazu, welches Verhalten innerhalb einer Gruppe akzeptabel oder gar erwünscht ist. Sie bieten Handlungsanweisungen in sozialen Situationen und beinhalten Erwartungen, wie sich ein Mitglied zu verhalten hat. Normen werden von der Mehrheit der Gruppenmitglieder geteilt. Sie beschreiben, was als »normal« gilt, und verringern die Komplexität sozialer Situationen: Ohne viel nachzudenken, gelingt dem Mitglied der Gruppe der Umgang mit anderen, weil die Norm eine Richtschnur bietet, die das eigene Verhalten leitet.

An seinem ersten Arbeitstag spricht der neue Angestellte in der Bankfiliale alle Kolleginnen und Kollegen und sogar die Vorgesetzten mit Du an. Die Bäckereiverkäuferin bohrt versonnen in der Nase, während sie die Kundschaft bedient. In der Cafeteria isst jemand Spaghetti Carbonara mit den Fingern. Wie Sie an diesen *Normverletzungen* erkennen können, ist der Alltag voller Normen. Sie sind uns eher selten bewusst und fallen vor allem dann auf, wenn sie unterlaufen werden. Vielleicht würden auch Sie auf Ereignisse wie oben mit Ärger oder Entrüstung, mit Ekel oder einer Beschwerde reagieren.

Auf Verletzungen einer Norm reagieren die Gruppenmitglieder häufig mit Sanktionen. Diese können von Abwendung über einen freundlichen Hinweis bis hin zu Strafen und Ausschluss aus der Gruppe reichen.

Neue Mitglieder lernen die Normen ihrer Gruppe kennen, ganz so wie kleine Kinder in die Gesellschaft ihrer Kultur *sozialisiert* werden: In der Bank spricht man sich mit »Sie« an, nicht aber in der Kegelrunde. In Japan isst man mit Stäbchen und verbeugt sich zur Begrüßung, in Deutschland mit Messer und Gabel und schüttelt die Hand. Wer neu in eine Gruppe kommt, verhält sich meist zurückhaltend, wenn noch nicht ganz klar ist, welche Normen gelten und was genau erwartet wird.

Normen können explizit festgelegt sein, zum Beispiel in Gesetzesbüchern oder Vorschriften. Teils finden sie sich wieder als unausgesprochene moralische oder ethische Grundsätze oder in Sitten und Gebräuchen, etwa der Kleiderordnung in Banken und bei Punks. Die Sozialwissenschaften unterscheiden darüber hinaus zwischen zwei Arten von Normen:

- ✔ **Präskriptive Normen** (auch *injunktive Normen* genannt), die beinhalten, was die Gruppenmitglieder als gebotenes oder erwünschtes Verhalten betrachten. »Du sollst nicht stehlen« ist ebenso eine präskriptive Norm wie »Abfall in die Mülltonne werfen« und »in der Bibliothek leise sein«. Es geht in den präskriptiven Normen darum, wie sich die Mitglieder verhalten sollen.

- ✔ **Deskriptive Normen** beschreiben, wie sich die Mitglieder einer Gruppe tatsächlich verhalten. Sie informieren ein Individuum durch Beobachtung darüber, was die anderen Gruppenmitglieder tun beziehungsweise unterlassen.

Deskriptive Normen wirken oft stärker auf das Verhalten der Einzelnen als präskriptive Normen.

Wird allgemein zu schnell gefahren (deskriptiv), nutzt das Schild mit der Geschwindigkeitsbegrenzung (präskriptiv) recht wenig. Ein Badestrand bleibt so lange sauber, bis der erste Abfall im Sand liegt. Ab dann werfen mehr und mehr Leute ihren Müll achtlos auf die Erde – die anderen tun es ja auch.

Funktionen innerhalb der Gruppe: Soziale Rollen

Innerhalb von Gruppen übernehmen einzelne Mitglieder bestimmte Aufgaben, deren Erfüllung von anderen Mitgliedern nicht erwartet wird. Denken Sie zum Beispiel an den Kassenwart im Schachclub, die Klassensprecherin der 7b, den Protokollführer in einer Sitzung oder die Chefin eines Unternehmens.

Soziale Rollen bezeichnen Erwartungen an einzelne Gruppenmitglieder, die innerhalb ihrer Gruppe eine spezifische Funktion erfüllen. Rollen sind in Thema und Inhalt festgelegt und stehen in Bezug zu den übrigen Mitgliedern.

Rollen sind durch folgende Merkmale gekennzeichnet:

- ✔ **Rollenerwartungen richten sich anders als Normen nicht an alle Gruppenmitglieder.** So gibt es zu jeder Rolle ein Gegenstück, die *Komplementärrolle*: keine Chefin ohne Untergebene, keine Klassensprecherin ohne Mitschüler, kein Kassenwart ohne die übrigen Clubmitglieder.

- ✔ **Wer eine Rolle übernimmt, verändert seine persönliche Identität.** Die Rolle wird zumindest vorübergehend Teil des eigenen Selbstkonzepts (siehe Kapitel 6). Ralf ist zu Hause der Familienvater, besucht er seine Mutter, ist er der Sohn, in der Firma erfüllt er die Rolle des Lagerverwalters und im Shantychor singt er die Baritonstimme.

- ✔ **Rollen dienen den Gruppenzielen.** Ralf kennt die Lagerbestände in seiner Firma und kann rechtzeitig Material nachbestellen, damit es nicht zu Engpässen in der Produktion kommt.

- ✓ **Abweichungen von den mit der Rolle verknüpften Erwartungen sanktioniert die Gruppe.** Singt Ralf unvermittelt den Bass, werden sich die anderen beschweren; besteht er auf dem Bass, kommt es vielleicht zum *Rollentausch* und jemand anderes übernimmt den Bariton oder Ralf darf gar nicht mehr mitsingen und wird ausgeschlossen.

- ✓ **Soziale Rollen sind selten exakt festgelegt.** Wie eine Rolle beim Theater oder Film erlauben sie Verhaltensspielräume. Wer eine Rolle übernommen hat, kann sie bis zu einem gewissen Grad nach eigenen Vorstellungen und Vorlieben individuell interpretieren. Die Rolle »Bundeskanzler« hat die Kanzlerin Angela Merkel merklich anders interpretiert als etwa Konrad Adenauer oder Willy Brandt vor ihr.

- ✓ **Rollenkonflikte können auftreten.** Bei der Übernahme einer Rolle kann es zu einem inneren Konflikt zwischen den mit der Rolle verknüpften Erwartungen und anderen individuellen Vorstellungen kommen: Wie reagiert die Ehefrau in der Rolle als Politesse, wenn sie ihren eigenen Mann beim Falschparken erwischt? Ein klassisches Experiment zu *Rollenkonflikten* wurde von den US-amerikanischen Psychologen Craig Haney, Curtis Banks und Philip Zimbardo an der Stanford University durchgeführt und 1971 vorgestellt.

Das Stanford-Prison-Experiment

Insgesamt 24 männliche Versuchspersonen nahmen an einer Simulationsstudie teil, in der die Bedingungen eines Gefängnisses nachgebildet werden sollten. Per Zufall wurden sie in Gefangene und Wärter eingeteilt. Die Gefangenen erhielten gefängnistypische Bekleidung, die Wärter Uniformen, Sonnenbrillen und Schlagstöcke.

Es dauerte nicht lange, bis die Wärter begannen, die Gefangenen zu demütigen, zu schikanieren und zu bestrafen. Der Interpretation der Forscher nach hatten sie die Rolle als Gefängniswärter vollständig verinnerlicht und verhielten sich, wie es unter anderen Umständen nicht von ihnen zu erwarten gewesen wäre. Als die Situation eskalierte, die Wärter sadistisches Verhalten zeigten und die Gefangenen Aufstände probten, brachen die Experimentatoren die Studie ab.

Das Stanford-Prison-Experiment ist weitgehend von der Öffentlichkeit aufgenommen und diskutiert worden, unter anderem in dem Film »Das Experiment« des Regisseurs Oliver Hirschbiegel aus dem Jahr 2001 mit Moritz Bleibtreu in der Hauptrolle. Die dabei interessierende Frage war, inwiefern sich Menschen von ihrer Rolle zu Verhalten hinreißen lassen, das sie unter anderen Umständen niemals gezeigt hätten. Wissenschaftlich ist die Studie eher umstritten. Die Experimentatoren hatten mit Anweisungen an die Beteiligten, insbesondere an die Wächter zu brutalem Verhalten, in den spontanen Ablauf eingegriffen. Ohne solche Aufforderungen ließen sich die Ergebnisse nicht replizieren.

Sozialer Status: Wer ist hier der Boss?

Nicht alle Mitglieder einer Gruppe genießen das gleiche Ansehen. Oft existiert eine soziale Rangordnung, die einzelnen einen hohen oder niedrigen *Status* zuweist.

Sozialer Status bezeichnet die Position eines Individuums innerhalb einer Gruppe oder einer Gesellschaft. Der soziale Status nimmt Bezug auf das Ansehen und die zugebilligten Rechte eines Gruppenmitglieds. Unterschiede im Status bilden eine soziale Hierarchie ab, die sich in der Unterscheidung zwischen hohem und niedrigem Status niederschlägt.

Für einen hohen oder niedrigen Status gilt:

✔ **Ein hoher Status lässt sich erwerben**, etwa durch besondere Fähigkeiten oder Kenntnisse: Die Dozentin genießt allein schon aufgrund ihrer Expertise einen höheren Status im Seminar als die Studierenden.

✔ **Individuen werden in einen hohen oder einen niedrigen Status »hineingeboren«**, so zum Beispiel »normale Leute« im Vergleich zu den Angehörigen des englischen Königshauses.

Informelle Statusunterschiede entstehen durch soziale Vergleiche (siehe Kapitel 6), etwa wenn die Gruppe erkennt, dass ein Mitglied besonders kompetent oder inkompetent ist. Svenja ist die beste Spielerin in ihrer Volleyballmannschaft und genießt einen höheren Status als jene im Team, die regelmäßig die Ersatzbank drücken müssen. In einer formalisierten Organisation entstehen Statusunterschiede auch durch Ernennung oder Beförderung: Aus der Mitarbeiterin wird die Abteilungsleiterin, aus dem Lehrer der Schulleiter und so weiter.

Ein hoher Status ist an Rechte, aber auch an Erwartungen geknüpft. Statushöheren wird die Tür aufgehalten, sie dürfen als Erste das Wort ergreifen und üben meist größeren Einfluss auf die anderen Mitglieder aus als Statusniedrige. Andererseits erwartet die Gruppe von ihnen Initiative und Lösungsvorschläge, wenn sich gruppenspezifische Probleme ergeben. Die Statusniedrigeren sollen sich dagegen eher in Zurückhaltung üben.

Der Status einer Person kann spezifisch direkt mit der Aufgabe der Gruppe verbunden sein. Das gilt für Svenja im Volleyballteam oder dem erfahrenen Einsatzleiter bei der Feuerwehr. Ein *diffuser Status* generalisiert dagegen über unterschiedliche Situationen hinweg. Ein gutes Beispiel dafür ist die Reputation, die mit Berufen verbunden ist. Studien zeigen, dass Geschworene an amerikanischen Gerichten als Sprecherinnen und Sprecher gern Architektinnen, Hochschullehrer und Ärztinnen wählen, also Personen mit »angesehenen« Berufen.

Prestigeträchtig: Statussymbole

Durch Statussymbole ist das Prestige einer Person häufig von außen zu erkennen. Anderen Gruppenmitgliedern signalisieren solche Symbole Über- oder Unterlegenheit. Wie wichtig im Umgang mit Untergebenen und Geschäftspartnern ist zum Beispiel die Größe und Ausstattung des eigenen Büros? Wer stellt nicht gern sein Auto auf dem privilegierten Parkplatz direkt am Firmeneingang ab?

- ✓ **Luxusartikel**, die weithin sichtbar sind und sich nicht alle leisten können, erfüllen ebenfalls diese Funktion: das angesagteste Smartphone, die goldene Armbanduhr, die Handtasche einer unverschämt teuren Marke und das Auto der Premiumklasse. Dass solche Symbole ihre Wirkung auf andere nicht verfehlen, zeigt beispielhaft folgende Beobachtung: Eine Luxuskarosse oder ein Kleinwagen fährt bei Grün an der Verkehrsampel einfach nicht los. Gemessen wird die Zeit, die verstreicht, bis aus der Schlange der anderen Autos das erste Hupen zu vernehmen ist. Sicherlich wären Sie auch selbst darauf gekommen: Dem Porsche wird mehr Geduld entgegengebracht als dem Nissan Micra.

- ✓ **Ein akademischer Titel wie »Doktor« oder »Professorin«** signalisiert einen hohen Status. Studentischen Versuchspersonen wurde ein und dieselbe Person auf einem Foto als Mitstudent oder als Professor vorgestellt. Die Aufgabe der Probanden bestand darin, die Körpergröße der Zielperson zu schätzen. Der höhere Status des angeblichen Professors wirkte sich auf die Schätzungen der Körpermaße aus; im Durchschnitt hielt man ihn für 6 Zentimeter größer als den Studenten. Demgegenüber ist das körperliche Merkmal Übergewicht eher mit niedrigem Status verbunden.

- ✓ **Kleidung ist ein Statussymbol.** Der perfekt sitzende Maßanzug und das Businesskostüm deuten auf höheren Status hin als die Jogginghose und der Blaumann. Im Dreiteiler fällt es deutlich leichter, an der Supermarktkasse mit einem 500-Euro-Schein zu bezahlen als in Jeans und Sweatshirt. Ebenso wirkt eine Uniform. Passanten auf der Straße kommen Aufforderungen von einer Person wie »Können Sie bitte dieses Stück Papier aufheben und in den Abfalleimer werfen« eher nach, wenn sie Uniform und nicht normale Straßenkleidung trägt. Und das selbst dann, wenn es sich um eine für die Angesprochenen sicherlich nicht identifizierbare Fantasieuniform handelt. Allerdings muss die Kleidung auch zum Anlass passen: Das Kostüm beim Kegelabend wirkt deplatziert, der Bewerber um einen Job als Sporttrainer kommt im (möglichst stylischen) Trainingsanzug besser weg als im Anzug.

Statussymbole sind abhängig von der jeweils relevanten Gruppe.

Mit einem erfolgreichen Rennkamel, das leicht mehrere Millionen Euro wert sein kann, punktet man eher in den Vereinigten Arabischen Emiraten als in Deutschland. Die Sneaker von Dolce & Gabbana an den Füßen wirken in »anderen Kreisen« als die goldene Cartier Tank am Handgelenk. Statussymbole unterliegen auch dem kulturellen Wandel, wie die Geschichte des Nerzmantels zeigt: noch in den 1960er-Jahren Traum einer jeden Frau, heute schnell Ziel eines Farbbeutelwurfs aus dem Hinterhalt.

Sozioökonomischer Status

Schließlich gilt es noch, den Begriff des *sozioökonomischen Status* zu klären.

Der *sozioökonomischen Status* beinhaltet eine Reihe von Merkmalen, die die Lebenssituation von Menschen beschreiben. Dazu zählen das Einkommen, die Vermögensverhältnisse, das Bildungsniveau und je nach Definition weitere wie die Wohngegend, Zugang zu Kulturgütern wie Büchern und so weiter.

Der Begriff stammt aus den Sozialwissenschaften, um einzelne Gruppen oder Schichten innerhalb von Gesellschaften voneinander zu unterscheiden. Die Marktforschung nutzt die Einteilung nach sozioökonomischem Status zur Zielgruppenanalyse. In der Psychologie wird diese Variable deshalb interessant, weil sie mit Freizeitgestaltung, politischen Einstellungen, Aufstiegs- und Bildungsmotivation, Erziehungsverhalten und vielen mehr verbunden ist.

Wir gehören zusammen: Gruppenkohäsion

Nicht jede Gruppe ist gleich solidarisch. Das Gefühl der Zusammengehörigkeit fällt bei den Mitgliedern Svenjas Volleyballmannschaft wahrscheinlich größer aus als bei der Gruppe der Frauen in Deutschland, der sich Svenja ebenfalls angehörig fühlt. Gruppen unterscheiden sich danach, wie eng die Verbindungen zwischen den einzelnen Mitgliedern ausfallen.

Gruppenkohäsion beschreibt als Strukturmerkmal einer Gruppe, wie eng sich die sozialen Beziehungen zwischen den Mitgliedern gestalten. Im Alltag spricht man von »Teamgeist«, »Korpsgeist« und »Solidarität«. Kohäsion ist abhängig von der Bewertung der Gruppe durch ihre einzelnen Mitglieder. Bei hoher Gruppenkohäsion

- ✔ sind die Mitglieder emotional stark an die Gruppe gebunden,

- ✔ ist die Gruppe für die einzelnen Mitglieder von hoher Bedeutung,

- ✔ besteht der Wunsch, in der Gruppe zu verbleiben,

- ✔ werden andere Gruppenmitglieder gemocht,

- ✔ leistet die Gruppe einen hohen Beitrag dazu, die individuellen Ziele der einzelnen Mitglieder zu erreichen,

- ✔ bestimmen die Gruppennormen besonders intensiv das individuelle Verhalten der Mitglieder.

Die Gruppenkohäsion ist keine feste Größe, sondern variiert nicht nur zwischen unterschiedlichen Gruppen, sondern insbesondere auch abhängig vom Kontext, in dem sich die jeweilige Gruppe wiederfindet.

- ✔ Gruppen mit hoher Entitativität weisen meist eine höhere Kohäsion auf als Gruppen mit geringer Entitativität. Für Svenja sind ihre Familie und die Volleyballmannschaft emotional bedeutsamer als die Belegschaft in ihrer Firma oder die Gruppe der deutschen Frauen.

- ✔ Nach Ausschluss einer oder mehrerer ehemaliger Angehöriger (Ostrazismus) steigt die Kohäsion der verbleibenden Mitglieder. Ist die unbeliebte Mitspielerin endlich verschwunden, mögen sich die anderen wieder mehr.

- ✔ Erfolge der Gruppe wirken sich meist steigernd auf die Kohäsion aus. Verliert Svenjas Mannschaft dagegen ein Match, können gegenseitige Schuldzuweisungen die Kohäsion schwächen.

✔ Steht die Gruppe in Konkurrenz zu anderen Gruppen, steigt die Kohäsion. Im Wettstreit mit einer anderen Volleyballmannschaft fühlen sich Svenjas Teamkolleginnen enger mit der Gruppe verbunden als im Training.

✔ Eine Bedrohung der Gruppe von außen vergrößert die Kohäsion, wenn zum Beispiel der Sportverein plant, die Volleyballabteilung aufzulösen.

Vielleicht liegt es nahe, eine hohe Gruppenkohäsion als generell günstig zu bewerten, weil sie mit positiven Gefühlen einhergeht: Es herrscht Friede, Freude, Eierkuchen unter den Mitgliedern. Die Wirkung hoher Kohäsion auf die Ziele der Gruppe ist allerdings abhängig von den Normen der Gruppe.

In Svenjas Sportmannschaft herrscht die Norm, gute sportliche Leistungen zu erbringen. Eine hohe Kohäsion fördert folglich die Einsatzbereitschaft der Einzelnen. Bei Arbeitsgruppen in Industrie oder Gewerbe finden sich dagegen (zum Bedauern der Geschäftsleitung) häufig genug Leistungsnormen im mittleren oder unteren Bereich, wenn die Mitglieder zum Beispiel die Arbeitsbedingungen als schlecht oder die Entlohnung als unzureichend empfinden. Hohe Leistungsbereitschaft widerspricht dann der Norm. Wer sich besonders anstrengt, wird sanktioniert, und hohe Kohäsion wirkt hemmend auf die Gesamtleistung der Gruppe.

Hinzu kommt, dass sich Aufgaben danach unterscheiden, wie wichtig die Zusammenarbeit für den Gesamterfolg ist. Schwache Performanz einer einzelnen Spielerin in Svenjas Team kann während eines Wettkampfs katastrophale Folgen haben. Im Gegensatz dazu mag bei einer Gruppe von Pflegekräften der Gesamterfolg im Vergleich weniger von der Zusammenarbeit abhängen, wenn die Arbeit zu einem wesentlichen Teil darin besteht, Betreuung und Versorgung in Einzelsitzungen zu leisten. Die Kohäsion wirkt sich folglich weniger stark darauf aus, wie gut das Pflegeteam seine Aufgaben erfüllt.

Hohe Kohäsion wirkt sich förderlich auf die Leistung einer Gruppe aus, wenn

✔ hohe Leistungsbereitschaft den Normen der Gruppe entspricht und

✔ die Gruppenleistung stark von der Zusammenarbeit der einzelnen Mitglieder abhängt.

Gruppen »in action«

Gruppen erleichtern es, die individuellen Ziele ihrer Mitglieder zu erreichen. Häufig schließen sich Menschen ganz bewusst zusammen, um etwas zu bewerkstelligen, das sie allein nicht schaffen könnten. Eine Arbeitsgruppe, aber auch Organisationen wie eine Gewerkschaft oder eine Partei, ein Wirtschaftsunternehmen und ganze Staaten sind gute Beispiele dafür. Bei der Arbeit und sonstigen gemeinsamen Unternehmungen befindet sich eine Gruppe »in action«. Was die Gruppenleistung fördert und was sie behindert, ist seit Langem Gegenstand sozialpsychologischer Forschung.

Schön, dass ihr da seid: Soziale Erleichterung

Der US-amerikanische Psychologe Norman D. Triplett beobachtete schon am Ende des 19. Jahrhunderts, dass Radrennfahrer im Wettkampf mit anderen oder mit Schrittmacher (»Steherrennen«) schneller fahren als allein gegen die Uhr. Zur Prüfung seiner Hypothese, dass die Anwesenheit anderer individuelle Leistungen verbessert, ließ er Versuchspersonen an einer eigens für das Experiment konstruierten Maschine unter gut kontrollierten Bedingungen Angelschnüre aufwickeln. Ergebnis: Im Durchschnitt arbeitete man allein langsamer; wenn andere anwesend waren, ging es rascher.

In der Folge bürgerte sich der Begriff der *sozialen Erleichterung* für die Annahme ein, dass die Anwesenheit anderer Menschen die individuelle Leistung eines einzelnen Gruppenmitglieds vergrößert. Bei weiteren Untersuchungen stellte sich der Begriff »soziale Erleichterung« allerdings als irreführend heraus. Denn tatsächlich kann eine Gruppe die Leistungen der einzelnen Mitglieder sowohl verbessern als auch verschlechtern. Es kommt darauf an, wie schwierig die Aufgabe ist.

Bei einfachen Aufgaben erhöht die Anwesenheit anderer die individuelle Leistung eines Einzelnen, bei schwierigen Aufgaben reduziert sie die Leistung.

Die Schwierigkeit einer Aufgabe ist selbstverständlich vom Können des Einzelnen abhängig. Für eine geübte Pianistin ist der Flohwalzer eine Unterforderung, für den sechsjährigen Cornelius stellt er eine Herausforderung dar. Der Kleine schafft es ganz passabel, wenn er allein übt. Aber wenn sich die gesamte Familie unterm Weihnachtsbaum versammelt hat, um seine Fortschritte zu bewundern, landet doch so mancher Finger auf der falschen Taste. Der Volksmund spricht vom »Vorführeffekt«.

Zur Untersuchung der sozialen Erleichterung wurden folglich Aufgaben gewählt, die im Vergleich miteinander eindeutig leichter oder schwieriger sind. Den eigenen Namen vorwärts in eine Tastatur tippen, ist meist gut geübt und fällt daher leichter, als den Namen von hinten nach vorn zu schreiben (jedenfalls, wenn man Leutheusser-Schnarrenberger und nicht Erb heißt). Die eigene Jacke ist einfacher anzuziehen als ein grüner Chirurgenkittel.

Solche Untersuchungen haben immer wieder bestätigt, dass das Einfache besser, das Schwierige aber schlechter von der Hand geht, wenn andere anwesend sind. Das ist mit ein Grund dafür, warum der exzellente Virtuose im Konzertsaal vor einem großen Publikum die perfekt einstudierte Beethoven-Klaviersonate besser spielt als zu Hause beim Üben, denn die rein technischen Anforderungen an das Spiel sind für ihn ein Leichtes. Auch die Biathletin bei der Winterolympiade erbringt vor vollbesetzten Rängen eher Spitzenleistungen als im Training, weil sie alle Abläufe bis zur absoluten Perfektion eingeübt hat.

Selbstverständlich wirken viele unterschiedliche Faktoren auf die augenblickliche Leistung eines Individuums: konzentriert oder abgelenkt, ausgeschlafen oder müde und so weiter, aber auch die Frage, wie andere auf die eigene Leistung reagieren könnten. Bei Cornelius wird zum Beispiel das Wissen darum, dass die Familie sein Klavierspiel beurteilen wird, *Bewertungsangst* und damit eine mögliche Bedrohung seines Selbstwertgefühls (siehe Kapitel 6) hervorrufen. Vielleicht haben Sie selbst schon bemerkt, dass Ihnen eher Tippfehler unterlaufen, wenn Ihnen jemand über die Schulter schaut – das muss nicht einmal die Chefin oder der Chef sein.

In Studien zur sozialen Erleichterung lässt sich Bewertungsangst allerdings recht einfach ausschalten:

- ✔ Ein angeblicher Handwerker, der wie zufällig hinter einer Tür »zu tun hat« und sicher nicht bewerten kann, wie schnell man seinen Namen vorwärts oder rückwärts tippt.
- ✔ Die Anwesenden haben verbundene Augen und tragen Kopfhörer.
- ✔ Haustiere befinden sich im Raum: Die Befürchtung, ein Werturteil von Bello oder Miezi könnte das eigene Selbstwertgefühl beeinträchtigen, dürfte sich bei den meisten von uns in Grenzen halten.

Der Zusammenhang von Leistung, Anwesenheit anderer und Aufgabenschwierigkeit findet sich nicht nur bei Menschen, sondern auch bei Tieren wie in der Studie im Kasten »Kakerlaken auf der Tribüne«.

Kakerlaken auf der Tribüne

In einem berühmten Experiment nutzten Bob Zajonc und seine Kollegen, veröffentlicht 1969, die Tatsache, dass sich Küchenschaben möglichst rasch in eine dunkle Ecke verziehen, wenn sie Licht wahrnehmen. Um dem Lichtkegel zu entgehen, mussten die Tierchen in einem ganz einfachen Versuchsaufbau lediglich geradeaus laufen. In einem komplexeren »Labyrinth« war es dagegen nur möglich, dem Licht zu entgehen, wenn sie um eine Ecke bogen – eine für die Intelligenz von Kakerlaken deutlich schwierigere Aufgabe.

Variiert wurde jeweils, ob andere Schaben die im Versuchskasten vorhandenen »Tribünen« besetzt hielten oder das Versuchstier ganz allein gelassen war. Die Ergebnisse bei den Kakerlaken unterschieden sich nicht von denen menschlicher Versuchspersonen, die ihre Jacke oder einen OP-Kittel anziehen mussten: Die einfache Aufgabe fiel bei Anwesenheit anderer leichter als allein, bei der schwierigen Aufgabe war es umgekehrt.

Dieses Ergebnismuster konnte auch bei anderen Tieren gefunden werden: Hunde laufen schneller und Ratten kopulieren häufiger in Gruppen. Geht man davon aus, dass Küchenschaben, Hunde und Ratten sicherlich kein Selbstwertgefühl besitzen, kann Bewertungsangst die vorliegenden Ergebnisse nicht erklären. Viel besser zu den bekannten Befunden passt die Theorie, die Bob Zajonc selbst vorgeschlagen hat:

Lebewesen sind anders als unbelebte Objekte eine mögliche Quelle von unerwarteten Ereignissen. Jemand könnte auf Sie zukommen, Ihnen eine Frage stellen oder Sie womöglich angreifen. Ein Hund könnte Sie anbellen, eine Katze kratzen und die nervige Fliege über Ihre Glatze krabbeln. Das »Verhalten« einer Schreibtischlampe oder einer Kaffeetasse ist hingegen viel leichter berechenbar.

Die Anwesenheit anderer Lebewesen führt deshalb im Vergleich zu einer unbelebten Umgebung sowohl bei Menschen als auch bei Tieren zur physiologischen Reaktion einer erhöhten Erregung. Diese Erregung bewirkt, dass leichte Aufgaben einfacher erledigt werden können. Bei schwierigen Aufgaben stört sie und bewirkt eine verringerte Leistungsfähigkeit.

Seit Zajonc seine Theorie formuliert hat, konnten die postulierten Zusammenhänge in vielen Studien immer wieder bestätigt werden. Sie sind in Abbildung 10.1 dargestellt. Allerdings fanden sich auch Einschränkungen. Ein erhöhtes Erregungsniveau in belebten Umgebungen ließ sich physiologisch nicht immer nachweisen und soziale Erleichterung fand sich auch bei Tätigkeiten, die per se schon mit hoher körperlicher Erregung einhergehen, wie zum Beispiel beim Joggen.

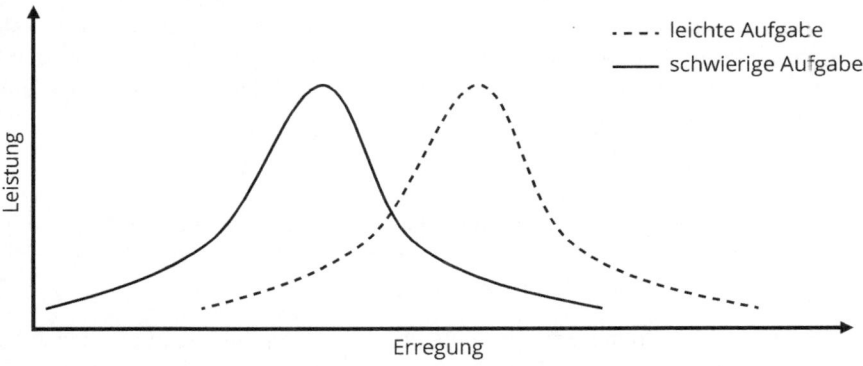

Abbildung 10.1: Soziale Erleichterung: Die Wirkung von (1) Erregung durch die Anwesenheit anderer Gruppenmitglieder und (2) Aufgabenschwierigkeit auf die Leistung

Schlussfolgerungen für die Praxis liegen auf der Hand: Arbeiterinnen und Arbeiter, die mit gut geübten Handgriffen ein Produkt herstellen, dürfen gern in großen Werkshallen untergebracht werden und in Anwesenheit anderer arbeiten. Das Großraumbüro eignet sich nur für Angestellte, die mit Standardverfahren beschäftigt sind. Schwierige Aufgaben erledigen Menschen dagegen am besten allein in unbelebter Umgebung.

Macht ihr das mal: Soziales Faulenzen

Bei der sozialen Erleichterung geht es um individuelle Leistungen in Anwesenheit anderer. Allerdings ist nicht immer der Beitrag eines einzelnen Mitglieds zur Gesamtleistung der Gruppe messbar. In vielen Situationen verschmelzen die Einzelleistungen zu einer Gruppenleistung, der Beitrag einzelner ist schwer oder gar nicht zu identifizieren.

Denken Sie dazu beispielsweise an das Tauziehen. Ziehen mehrere Leute, kann der Einzelne den Mund verziehen und laut stöhnen, um seine Anstrengung zu signalisieren, tatsächlich aber nicht seine volle Kraft einsetzen. Wie ein gewisser Max Ringelmann, seines Zeichens nicht Psychologe, sondern Agraringenieur, schon Anfang des 20. Jahrhunderts festgestellt hat, setzten drei Männer beim Tauziehen nur etwa 85 Prozent ihrer Kraft ein, bei acht Männern waren es sogar nur 37 Prozent der maximalen Leistungsfähigkeit. Noch heute spricht die Sozialpsychologie bei dem Phänomen, dass die Einzelleistung umso geringer ausfällt, je größer die Gruppe ist, vom *Ringelmann-Effekt*. Wenn, wie beim Tauziehen, unklar bleibt, wie hoch der Beitrag der einzelnen Mitglieder zum Erfolg der Gruppe ausfällt, setzt ein Prozess ein, der *soziales Faulenzen* genannt wird.

Beim *sozialen Faulenzen* verringern die Mitglieder einer Gruppe ihre individuellen Anstrengungen. Voraussetzung dafür ist, dass der einzelne Beitrag zur Gruppenleistung nicht feststellbar ist. Soziales Faulenzen ist etwas anderes als *Trittbrettfahren*, bei dem ein einzelnes Mitglied seine Mitwirkung nicht nur reduziert, sondern überhaupt keinen Beitrag leistet und individuelle Vorteile auf Kosten der anderen erschleicht wie zum Beispiel beim Schwarzfahren in Bussen und Bahnen.

Soziales Faulenzen findet sich bei Gruppentätigkeiten wie gemeinsames Rudern eines Boots, Applaus klatschen, eine Sportmannschaften anfeuern oder in einer Wohngemeinschaft gemeinsam Ordnung halten. Solche Gruppentätigkeiten wurden in der Sozialpsychologie ausführlich untersucht und die Ergebnisse bestätigten durchweg den Effekt des sozialen Faulenzens der einzelnen Mitglieder.

Was sind die Ursachen für soziales Faulenzen?

✔ Das einzelne Mitglied erwartet, dass die anderen sich ebenfalls weniger anstrengen. Durch den eigenen Rückzug kann so eine gewisse Gerechtigkeit herbeigeführt und verhindert werden, dass man selbst ausgenutzt wird.

✔ Das »Verstecken in der Gruppe« verringert die Erregung, denn die eigene Leistung ist aus dem Fokus der Aufmerksamkeit genommen. Spiegelbildlich zum Einfluss der Erregung auf die soziale Erleichterung ergibt sich so der folgende Zusammenhang:

Verschmelzen Einzelleistungen nicht identifizierbar zu einer Leistung der gesamten Gruppe, sinkt das Erregungsniveau der einzelnen Mitglieder. Niedrige Erregung schmälert die Leistung bei vergleichsweise einfachen Aufgaben wie Tauziehen oder Rudern, führt aber bei komplexen Aufgaben zu einer Leistungssteigerung.

Einflüsse auf die Tendenz, sozial zu faulenzen, sind mannigfaltig. Soziales Faulenzen ist besonders wahrscheinlich, wenn

✔ die Gruppe viele Mitglieder hat,

✔ die Mitglieder ihren eigenen Beitrag für unwichtig halten,

✔ die einzelnen Mitglieder glauben, dass sich die anderen auch nicht besonders anstrengen,

✔ die Aufgabe uninteressant und an sich wenig motivierend ist.

Gegen soziales Faulenzen wirken insbesondere folgende Faktoren:

✔ Das einzelne Mitglied hält seinen individuellen Beitrag für unverzichtbar und möchte die anderen nicht »ausbremsen«.

✔ Die eigene Gruppe steht in Konkurrenz zu einer oder mehreren anderen Gruppen.

✔ Es herrscht hohe Gruppenkohäsion.

Die Tendenz zu sozialem Faulenzen ist auch von individuellen Eigenschaften der Beteiligten abhängig. Mitglieder, die ihre eigene Person vergleichsweise stark über ihre Gruppenmitgliedschaften definieren (interdependente Selbstkonstruktion, siehe Kapitel 6), zeigen weniger soziales Faulenzen. Das gilt für Angehörige kollektivistischer Kulturen wie in Südostasien ebenso wie für Frauen, auch in westlichen Kulturen, im Vergleich zu Männern: Der deutsche Mann lässt sich eher zum sozialen Faulenzen verleiten als die vietnamesische Frau.

Kreativität in Gruppen: Brainstorming

Kommen Gruppenmitglieder zusammen, um ein Problem zu bearbeiten, bei dem neue und kreative Lösungen gefragt sind, sollten sie gemeinsam erfolgreicher sein als jedes einzelne für sich. So jedenfalls die Idee des Werbefachmanns Alex F. Osborn hinter einem Verfahren, das er *Brainstorming* (»using the brain to storm a problem«) nannte. Dazu wies er seine Arbeitsgruppen bei der Entwicklung von Werbekampagnen an,

✔ spontan möglichst viele Ideen zu produzieren, egal wie klug oder einfältig sie sich zunächst anhören mögen,

✔ weder die eigenen Vorschläge noch die Beiträge der anderen zu bewerten,

✔ die Geistesblitze der anderen aufzunehmen und mit eigenen Gedanken anzureichern und zu erweitern.

Auf den ersten Blick eine geniale Idee. Zur wissenschaftlichen Überprüfung der Leistungsfähigkeit von Brainstorming-Gruppen erfolgt ein Vergleich ihres Outputs mit dem von *nominalen Gruppen*.

Eine *nominale Gruppe* existiert nicht wirklich. Die Mitglieder einer nominalen Gruppe arbeiten ganz für sich allein. Die einzelnen Beiträge werden rein rechnerisch zu einer Gesamtleistung zusammengefasst, um sie mit der Leistung einer realen Gruppe zu vergleichen.

Bedauerlicherweise lassen sich die wissenschaftlichen Erkenntnisse zum Brainstorming kurz und knapp zusammenfassen: Es funktioniert nicht.

Gruppen im Brainstorming produzieren durchweg quantitativ weniger und qualitativ weniger brauchbare Gedanken als nominale Gruppen.

Warum aber gelingt Brainstorming nicht? Für die Sozialpsychologie ist das eine spannende Frage, weil die Erkenntnisse dazu viel darüber verraten, wie sich Menschen in Gruppen verhalten. Brainstorming wurde deshalb, auch nachdem es sich als ein eher unglückliches Verfahren herausgestellte hatte, weiter ausführlich untersucht. Die zentralen Ergebnisse lauten:

✔ Die Gruppenmitglieder tendieren zu sozialem Faulenzen. Sind die individuellen Beiträge gut erkennbar, zum Beispiel indem eine Kamera jede Äußerung festhält, fällt das soziale Faulenzen weniger stark aus, jedoch bleibt auch dann die Leistung hinter der einer nominalen Gruppe zurück.

✔ Anderen zuzuhören und deren Ideen zu verstehen, blockiert die eigene Gedankenproduktion. Und während die Aufmerksamkeit auf die Beiträge der anderen gerichtet ist, können die eigene Eingebungen schlichtweg in Vergessenheit geraten. Die Leistungen der einzelnen Mitglieder lassen sich im Brainstorming also schlecht zu einer Gruppenleistung koordinieren.

✔ Auch wenn die Gruppenmitglieder ausführlich angewiesen wurden, weder die eigenen noch die fremden Ideen zu bewerten, halten einzelne doch mit ihren Gedanken hinter dem Berg, weil sie befürchten, sie könnten etwas Dummes sagen. Glauben sie darüber hinaus, dass Mitglieder mit besonders hoher Expertise anwesend sind, befürchten sie umso mehr, bewertet zu werden, und äußern sich noch weniger.

Trotz der eher negativen Befundlage glauben viele, die an Brainstormings teilgenommen haben, dass die Gruppe besonders produktiv gewesen wäre. Dahinter verbirgt sich das Phänomen der *Illusion der Gruppeneffektivität*.

Die *Illusion der Gruppeneffektivität* beschreibt die Tendenz von Gruppenmitgliedern, die Leistung einer Gruppe zu überschätzen. Die fehlerhafte Einschätzung entsteht, weil die Gruppenleistung mit den Leistungen einzelner Mitglieder, auch den eigenen, verglichen wird. Es entsteht der Eindruck: »Darauf wäre ich (oder jemand allein) niemals gekommen.« Der wissenschaftlich korrekte Vergleichsstandard, nämlich die Leistung einer nominalen Gruppe, steht dem Mitglied dagegen nicht zur Verfügung.

Hand in Hand in die kollektive Katastrophe: Gruppendenken

Mit Unterstützung der US-Regierung unter John F. Kennedy starteten Exilkubaner im April 1961 eine paramilitärische Invasion der Insel Cuba in der Schweinebucht. Ziel war es, die dortige Regierung unter Fidel Castro zu stürzen. Das Unternehmen erwies sich als katastrophaler Fehlschlag mit hohen Verlusten an Menschen, Material und politischer Reputation der amerikanischen Regierung. Der Sozialpsychologe Irving L. Janis untersuchte später die Vorgehensweise des Expertengremiums unter Präsident Kennedy bei der Entscheidungsfindung: Wie konnte der Ausschuss zu der gewaltigen Fehleinschätzung gelangen, dass die Invasion hätte erfolgreich sein können? Die Vorgänge, die er bei dieser Gruppenentscheidung zum Vorschein brachte, nannte Janis *Gruppendenken* (englisch *groupthink*).

Gruppendenken bezeichnet eine Verfahrensweise bei Gruppenentscheidungen, die darauf ausgerichtet ist, Einigkeit in den Einschätzungen der einzelnen Gruppenmitglieder herzustellen. Bleiben dabei reale Fakten vernachlässigt, ergeben sich Fehlentscheidungen, die einzelnen Mitgliedern allein niemals unterlaufen wären.

Gruppendenken tritt insbesondere dann auf, wenn

✔ die Gruppe unter Zeitdruck oder sonstigem Stress entscheiden muss,

✔ eine starke (charismatische) Person die Gruppe führt und ihre Präferenz für eine bestimmte Entscheidungsoption den anderen Mitgliedern offen mitteilt,

✔ das Gremium sich gegenüber Information von außen abschottet,

✔ die Gruppe hoch kohäsiv ist.

Die psychologischen Konsequenzen von Gruppendenken empfinden die Mitglieder als durchaus angenehm. Das erklärt, warum es leicht zu Gruppendenken kommen kann. Unter Gruppendenken fühlen sich die Mitglieder

✔ in Harmonie mit den anderen,

✔ nicht genötigt, weitere Fakten zu sammeln, die für die Entscheidung bedeutsam sein könnten,

✔ nicht dazu veranlasst, Informationen zu teilen, die die anderen möglicherweise noch gar nicht kennen,

✔ durch die Bestätigung durch andere im Prinzip unverletzlich,

✔ moralisch auf der »richtigen« Seite.

Gruppendenken ist nicht nur im Zusammenhang mit der Schweinebucht-Invasion untersucht worden. Weitere prominente Beispiele sind kapitale Fehlentscheidungen der deutschen Militärs im Zweiten Weltkrieg, die Vorgänge beim Desaster im Atomkraftwerk von Tschernobyl, die Entscheidung der NASA im Jahr 1986, die Raumfähre Challenger trotz widriger Wetterbedingungen zum Start freizugeben, oder der Dieselskandal bei Volkswagen.

Der Blick auf Katastrophen sollte Ihnen allerdings nicht den Eindruck vermitteln, dass jede Gruppenentscheidung problematisch sein muss – sie sind einfach nur die interessanteren Fälle, sicherlich auch, weil Medien und Öffentlichkeit weniger auf glückliche Ausgänge schauen und Desaster besonders gern ausschlachten. Trotzdem erscheint es durchaus ratsam, Gremien, Ausschüsse, Kommissionen und so weiter gegen die schädlichen Folgen von Gruppendenken zu immunisieren. Dazu bieten sich nach Janis vor allem folgende Möglichkeiten an:

✔ Die Mitglieder werden über das Phänomen Gruppendenken, seine Ursachen und Konsequenzen aufgeklärt.

✔ Vorsitzende verhalten sich neutral, moderieren die Sitzungen, aber teilen ihre eigenen Einschätzungen den anderen Mitgliedern nicht mit.

✔ Vorsitzende fragen gezielt nach, ob jemand Einwendungen vorzubringen hat oder irgendwelche Zweifel hegt.

✔ Einzelne Mitglieder übernehmen die Rolle des »Teufels Advokaten«. Sie sind angewiesen, Gegenargumente vorzubringen, auch wenn diese ihren eigenen Einstellungen widersprechen.

✔ Expertenmeinungen werden von außerhalb der Gruppe gesucht.

✔ Die Gruppe wird in Untergruppen aufgeteilt, die untereinander Vorschläge erarbeiten, die das Plenum danach kritisch diskutiert. Oder es arbeiten von vornherein unterschiedliche Gruppen an der Entscheidung und tragen ihre Vorschläge in einer Vollversammlung vor.

✔ Nachdem eine vorläufige Entscheidung getroffen ist, trifft sich die Gruppe zu einer weiteren Sitzung, in der die Mitglieder nachdrücklich dazu aufgefordert sind, noch verbliebene Zweifel vorzutragen.

Gemeinsam zum Äußersten: Gruppenpolarisierung

In Debatten zu gemeinsamen Gruppenentscheidungen tragen die Mitglieder ihre eigenen Ansichten den anderen vor. Im Austausch untereinander verbirgt sich die Gefahr, dass sich die Mitglieder gegenseitig »aufschaukeln«, mit der Folge, dass die gesamte Gruppe am Ende besonders extreme Entscheidungen trifft. Ein Beispiel: Die leitenden Angestellten eines Unternehmens beratschlagen ein Angebot an eine Lieferfirma. Selbstverständlich sind sie daran interessiert, dem Lieferanten möglichst niedrige Preise zu bieten. Nach der Diskussion darüber fällt das Angebot noch kleiner aus, als jedes einzelne Mitglied im Voraus im Sinn hatte. Die Sozialpsychologie schreibt ein solches Ergebnis einem Vorgang mit Namen *Gruppenpolarisierung* zu.

Gruppenpolarisierung bezeichnet das Phänomen, dass eine Gruppenentscheidung drastischer ausfällt, als es die ursprünglichen Ansichten ihrer Mitglieder vor der Diskussion hätte erwarten lassen. Die Gruppe drängt die ursprünglichen Meinungen ihrer Mitglieder weiter in Richtung eines Extrems.

Voraussetzungen für die Polarisierung sind:

✔ Es findet ein wie auch immer gearteter Austausch von Argumenten und Meinungen statt.

✔ Die Gruppennorm wirkt schon vor der Diskussion in eine bestimmte Richtung. Je homogener die Gruppe in diesem Sinn, desto stärker die Tendenz zur Gruppenpolarisierung.

Sie können sich sicherlich leicht vorstellen, wie eine Gruppe von »Aktivisten« während einer Besprechung zu künftigen Aktivitäten nach und nach zu zunehmend radikaleren Vorschlägen gelangt. Dagegen tragen die Abgeordneten im Deutschen Bundestag meist ganz unterschiedliche Positionen vor – die Gefahr einer Gruppenpolarisierung nach der Debatte fällt also vergleichsweise geringer aus als bei einem Treffen unter den Mitgliedern ein und derselben Partei.

Die Forschung hat zu den Ursachen für eine Gruppenpolarisierung mehrere Erklärungen anzubieten:

✔ Für Gruppenentscheidungen fühlt sich das einzelne Mitglied weniger verantwortlich als für seine individuellen Entscheidungen. Es kommt zu *Verantwortungsdiffusion* (siehe dazu auch Kapitel 13), die es erleichtert, eine extreme Option zu bevorzugen. Das gilt insbesondere dann, wenn sich die Gruppenentscheidung nicht auf die eigene Person auswirkt, zum Beispiel der Bürgergeldsatz festgelegt wird, während man selbst als Abgeordnete Diäten bezieht.

✔ Die Gruppenmitglieder passen ihre eigenen Einstellungen dem an, was sie für die Gruppennorm halten. Dabei schaffen gut definierte Normen ein Gefühl von Gemeinsamkeit, insbesondere im Vergleich mit rivalisierenden Gruppen, und wirken bestätigend auf die soziale Identität (siehe Kapitel 6) des Mitglieds. Eine politische Partei mit ideologisch festgelegten Prinzipien ist ein gutes Beispiel für eine solche Gruppe. Um sich in dieser Partei »aufgehoben« zu fühlen, entsteht eine Tendenz, die Gruppennorm als homogener und damit extremer wahrzunehmen, als sie tatsächlich ist. Die Anpassung der eigenen Meinung erfolgt in Richtung einer fiktiven und idealisierten Gruppennorm.

✔ Jedes Mitglied kennt die eigenen Argumente, die dafürsprechen, eine bestimmte Option für die beste zu halten. Je homogener die Gruppe in ihren Einstellungen und Normen ist, desto wahrscheinlicher tragen andere Mitglieder weitere, zuvor unbekannte Pro-Argumente, nicht aber Kontra-Argumente vor. Die subjektiven Überzeugungen verfestigen sich durch diese Bestätigungen von außen und erlauben schließlich eine extremere Entscheidung.

✔ In einer Gruppendiskussion lernt ein Mitglied nicht nur neue Begründungen der anderen kennen, sondern trägt auch selbst seine eigenen Argumente vor. Im Sinne eines *Saying-is-believing* überzeugt sich der Einzelne dadurch selbst von der Qualität seiner Anschauung, insbesondere bei mehrfacher Wiederholung. Seine eigene Meinung öffentlich bekannt zu geben, schafft zunehmende Gewissheit, das »Richtige zu tun«, und befugt folglich zu einer extremen Entscheidung.

Eine(r) geht voran: Führung in Gruppen

Führung in Gruppen ist ein allgegenwärtiges Phänomen. Denken Sie an Ihren eigenen Chef oder Ihre eigene Chefin, Ihre eigenen Untergebenen, den Kapitän eines Kreuzfahrtschiffs, eine Ministerpräsidentin, den Klassensprecher in der Schule, die Fremdenführerin einer Touristengruppe und so weiter.

Die Macht einer Führungsperson, die Gruppe zu leiten und zu beeinflussen, kann

✔ **formell definiert sein** (die Rechte und Pflichten einer Regierungschefin sind durch Gesetze festgelegt) oder

✔ **sich aus einer Situation ergeben**, wenn zum Beispiel der Chef die Firma geerbt hat oder Svenja als die leistungsstärkste Spielerin in ihrer Volleyballmannschaft eine Art informelle Führung übernimmt, die Teammitglieder bei jedem relevanten Ereignis zuerst auf sie schauen und ihre Vorschläge besonders beachten.

All diese Möglichkeiten unter dem gemeinsamen Begriff »Führung« zusammenzufassen und wissenschaftlich zu untersuchen, ist schier unmöglich. Entsprechend ist die Forschung zu Führung weit verzweigt und aktuell eher ein Thema der Organisationspsychologie, die weniger an Grundlagenforschung als an Fragestellungen aus der Praxis und an angewandter Forschung interessiert ist.

Eine Möglichkeit, sich dem Sachverhalt Führung wissenschaftlich zu nähern, besteht darin, die Frage zu stellen, welche Eigenschaften eine Person dazu prädestinieren, eine Führungsrolle zu übernehmen. Welche gemeinsamen Eigenschaften hatten Charles de Gaulle, Rosa Luxemburg, Helmut Schmidt, Golda Meir, Mahatma Gandhi und Margaret Thatcher? Dieser Ansatz ist unter der Bezeichnung *Great Person Theory* bekannt. Einige Erkenntnisse lassen sich tatsächlich festhalten. Menschen in Führungspositionen

- ✔ sind tendenziell etwas intelligenter als der Durchschnitt der übrigen Gruppenmitglieder, jedoch finden sich Hochbegabte eher selten ganz oben an der Spitze einer Hierarchie,
- ✔ haben ein hohes Machtmotiv und streben deshalb an, in sozialen Beziehungen ihren eigenen Willen durchzusetzen,
- ✔ werden häufig als »charismatisch« beschrieben,
- ✔ bringen hohe soziale Fähigkeiten mit und können sich gut in die Lage anderer hineinversetzen,
- ✔ sind extravertiert, gehen auf andere zu und reden vergleichsweise mehr als andere,
- ✔ vertrauen auf ihre eigenen Fähigkeiten,
- ✔ sind selten von Sorgen geplagt,
- ✔ zeigen sich offen gegenüber neuen Situationen und Erfahrungen und passen sich flexibel neuen Gegebenheiten an,
- ✔ sind physisch attraktiv (siehe Kapitel 9) und im Durchschnitt etwas größer als die Geführten.

Allerdings sind diese Zusammenhänge insgesamt eher schwach, und es finden sich viele Ausnahmen. Mit einer Körpergröße von 1,68 Metern gehörte Napoleon Bonaparte ebenso zu den kleineren Menschen wie der viermalige Ministerpräsident Italiens Silvio Berlusconi mit 1,65 Metern. Und wie viel Charisma darf man Angela Merkel, ehemalige Parteichefin und Bundeskanzlerin, zuschreiben?

Darüber hinaus kann dieser Ansatz nicht erklären, warum bei relativ konstanten Persönlichkeitseigenschaften Menschen ihre Führungsposition verlieren. Der Brite Tony Blair kam 1997 als besonders populäre und charismatische Persönlichkeit ins Amt des Premierministers, trat aber im Sommer 2007 in Reaktion auf heftige Kritik an seiner Politik zurück. Seine psychologisch relevanten Eigenschaften hatten sich wohl kaum geändert, wohl aber die Situation, in der sich das Land befand.

Die Frage, ob Führung im Zusammenhang mit der Situation steht, in der sich eine Gruppe befindet, ist Grundlage eines zur Great Person Theory alternativen Ansatzes. Eine »starke«

Führungspersönlichkeit mit hoher Durchsetzungsfähigkeit hilft zum Beispiel Gruppen, die von Krisen bedroht sind. Mit seiner legendären Hartnäckigkeit war Winston Churchill während des Zweiten Weltkriegs ab 1940 der geeignete Regierungschef seiner Nation. Nach dem Ende des Kriegs waren seine Eigenschaften weniger angesagt und er verlor sein Amt schon im Sommer 1945.

Andere situative Gegebenheiten können Gruppenmitglieder ebenfalls in die Führungsrolle bringen. Zum Beispiel wenn sie innerhalb einer Kommunikationsstruktur in hervorgehobener Position sitzen, demnach also viele Informationen empfangen und weitergeben, und damit besser als andere darüber Bescheid wissen, was in der Gruppe »gerade so läuft«.

Es liegt nahe, Führungseigenschaften und situative Bedingungen der Gruppe gemeinsam und in Kombination miteinander zu betrachten. Diesen Weg ist der amerikanische Organisationspsychologe Fred E. Fiedler gegangen. Dazu stellte er im Jahr 1967 sein *Kontingenzmodell effektiver Führung* vor. Fiedler berücksichtigte darin unter anderem einerseits den Führungsstil und andererseits die Aufgaben, der sich die Gruppe zu stellen hat. Er konnte Vorhersagen dazu ableiten, welche Art der Führung in welcher Situation den größtmöglichen Erfolg der Gruppe garantiert. Bei den Führungsstilen unterschied er zwischen

- **aufgabenorientierter, auch autokratischer Führung**, aus persönlicher Distanz zu den Untergebenen mit dem Fokus auf den konkreten Arbeitsabläufen, die notwendig sind, das Gruppenziel zu erreichen, und

- **beziehungsorientierter, auch demokratischer Führung**, mit Schwerpunkt auf den persönlichen Beziehungen innerhalb der Gruppe und Teilhabe möglichst aller Mitglieder an bevorstehenden Entscheidungen.

Die Aufgaben einer Gruppe unterschied Fiedler nach ihrer Strukturiertheit. Bei gut strukturierten Aufgaben

- ist der Erfolg der Gruppe gut objektivierbar,

- sind die Leistungsziele eindeutig formuliert,

- gibt es eine geringe Anzahl möglicher Lösungswege und

- nur wenige mögliche Lösungen.

Ein gutes Beispiel ist die Aufgabe einer Produktionsabteilung in der Industrie, die Menge gefertigter Produkte bis zum Jahresabschluss um einen gewissen Betrag zu erhöhen. Das Gruppenziel ist eindeutig formuliert, und ob es erreicht wurde, lässt sich ganz leicht an den Produktionszahlen ablesen. Für mögliche Lösungswege bieten sich kaum mehr als zusätzliche Arbeitskräfte, verlängerte Schichten und Überstunden oder die Anschaffung weiterer Produktionsmittel an.

Unstrukturierte Aufgaben weisen die gegenteiligen Charakteristika auf. Als Beispiel diene der Auftrag an die Clubmitglieder, ihr Vereinslokal zu verschönern: Ob das Clubheim am Ende tatsächlich ansehnlicher geworden ist, liegt »im Auge des Betrachters«. Und wie die Verschönerung konkret zu bewerkstelligen ist, ist hauptsächlich von der Kreativität und dem Geschmack der Beteiligten abhängig.

Im Zusammenspiel mit diesen situativen Anforderungen an die Gruppe ist aufgabenorientierte Führung am erfolgreichsten, wenn

✔ die Aufgabe hoch strukturiert ist, denn die Gruppenleistung ist dann von den persönlichen Beziehungen der Mitglieder untereinander vergleichsweise unabhängig,

✔ die Aufgabe besonders niedrig strukturiert ist, denn die Führung muss Ordnung in eine tendenziell »chaotische« Situation bringen.

Beziehungsorientierte Führung gelingt dagegen am besten bei mittlerem Strukturierungsgrad der gegebenen Aufgabe. Die Arbeitsabläufe funktionieren im Großen und Ganzen recht gut. Wenn aber Probleme auftreten, sind sie meist auf schlechte Beziehungen unter den Mitgliedern zurückzuführen.

Das Kontingenzmodell effektiver Führung hat die Führungsforschung vor allem theoretisch außerordentlich stark beeinflusst. In empirischen Studien fanden sich allerdings eher gemischte Befunde, teils bestätigend, teils widersprechend. Ein bedeutsamer Kritikpunkt richtet sich gegen die Annahme, eine Person in leitender Funktion könne unabhängig von situativen Gegebenheiten nur entweder autokratisch oder demokratisch führen. Gute Führung zeichnet sich aber gerade durch flexible Anpassung an sich verändernde Bedingungen aus.

Sozialer Einfluss: Konformität, Devianz, Innovation und Gehorsam

Ein Merkmal von Gruppen besteht darin, dass ihre Mitglieder gewisse Gemeinsamkeiten aufweisen. Meist beziehen sich solche Ähnlichkeiten auf geteilte Normen und Einstellungen. Die Mitglieder der Volleyballmannschaft teilen eine Vorliebe fürs Volleyballspielen, die Parteigenossen ähneln sich in ihren Antworten auf politische Fragestellungen und die Mitglieder eines Berufsverbands fühlen sich über gemeinsame Interessen miteinander verbunden.

Selbstverständlich wählen Menschen Gruppenmitgliedschaften bewusst so aus, dass sie sich »zu Hause fühlen« können, weil sie auf andere treffen, mit denen sie übereinstimmen (*Ähnlichkeit*, siehe Kapitel 9). Umgekehrt, und auf den ersten Blick vielleicht weniger offensichtlich, führt Gruppenmitgliedschaft auch dazu, dass die Gruppe das Individuum beeinflusst. Das Mitglied passt sich der Gruppe an, übernimmt Normen, Einstellungen und Vorlieben und zeigt womöglich Verhaltensweisen, die ihm allein niemals in den Sinn gekommen wären.

Sozialer Einfluss bezeichnet die Veränderungen von Meinungen und Verhaltensweisen Einzelner durch den Kontakt mit anderen. Menschen sind sowohl die Quellen von sozialem Einfluss, indem sie Änderungen bei anderen bewirken, als auch die Ziele von Einflussnahmen durch andere.

Im weitesten Sinn ist sozialer Einfluss an praktisch jedem sozialpsychologischen Phänomen beteiligt (siehe Kapitel 1). Denken Sie beispielsweise an den Versuch, andere von einer bestimmten Einstellung zu überzeugen (Persuasion, siehe Kapitel 5), an den sozialen Vergleich mit anderen, um zu erfahren, wer man selbst eigentlich ist (siehe Kapitel 6), oder an die weiter vorn in diesem Kapitel beschriebene Gruppenpolarisierung. All diese und viele weitere Vorgänge unter der Überschrift »sozialer Einfluss« zusammenzufassen, wäre wenig hilfreich.

Sozialer Einfluss bezieht sich in der Sozialpsychologie in einem engeren Sinn auf Veränderungen, die eine Gruppe bei ihren einzelnen Mitgliedern bewirkt.

Wer keine Vorstellung hat, hört auf die anderen: Wie eine soziale Norm entsteht

In einer Serie viel beachteter Experimente (veröffentlicht 1935 und 1936) konnte der Sozialpsychologe Muzafer Sherif die Entstehung von Gruppennormen demonstrieren. Er setzte seine Versuchspersonen einer völlig mehrdeutigen Situation aus, die auf der Wirkung einer Wahrnehmungstäuschung beruht, dem *autokinetischer Effekt*: Fokussiert das menschliche Auge auf einen kleinen Lichtpunkt in reizarmer Umgebung, zum Beispiel bei der Beobachtung eines Sterns durch ein Teleskop, entsteht der fälschliche Eindruck, das Licht würde sich bewegen.

Keine Ahnung – was sagen denn die anderen?

Die Versuchspersonen kommen in einen ihnen unbekannten und abgedunkelten Raum, sodass ihnen jede Orientierung in der räumlichen Umgebung fehlt. Die Versuchsleitung präsentiert einen fixen Lichtpunkt irgendwo am anderen Ende des Raums. Beim Betrachten der Lichtquelle stellt sich der autokinetische Effekt ein. Die Aufgabe der Probanden besteht nun darin zu schätzen, wie groß die scheinbare Bewegung des Lichtpunkts ausgefallen ist.

Urteilen die Versuchspersonen allein, ergeben sich große Unterschiede; manch eine Person glaubt, eine große Bewegung wahrgenommen zu haben, andere schätzen niedrig. Kein Wunder, denn es fehlt jeder Anhaltspunkt und die Bewegung hat tatsächlich auch gar nicht stattgefunden.

Spannend wird es, wenn sich mehrere Personen gleichzeitig in der Versuchssituation befinden und ihre Urteile öffentlich abgeben. Mit zunehmender Anzahl von Durchgängen gleichen sich die Schätzungen einander an. Wer mit 40 Zentimeter eine vergleichsweise große Bewegung angenommen hat, wird von anderen beeinflusst, die zum Beispiel mit nur 10 oder 12 Zentimetern deutlich niedriger geschätzt haben. Dasselbe gilt umgekehrt auch für jene, die glauben, eine kleine Bewegung gesehen zu haben: Sie orientieren sich mehr und mehr an den höheren Schätzungen der anderen und korrigieren ihre Urteile nach oben. So entsteht eine Art Norm über die Bewegung des Lichts innerhalb der Gruppe. Diese Norm übernimmt der Einzelne für sich; sie bleibt auch dann wirksam, wenn abschließend wieder allein geurteilt wird.

In einer Situation ohne feste Anhaltspunkte orientieren sich Menschen an dem, was andere tun oder sagen. Agieren sie gemeinsam als Teil einer Gruppe, bildet sich eine Norm heraus, die das Individuum für sich übernimmt und die sein Verhalten auch in vergleichbaren künftigen Situationen bestimmt.

Den häufig als *Trichtereffekt* bezeichneten Vorgang illustriert Abbildung 10.2.

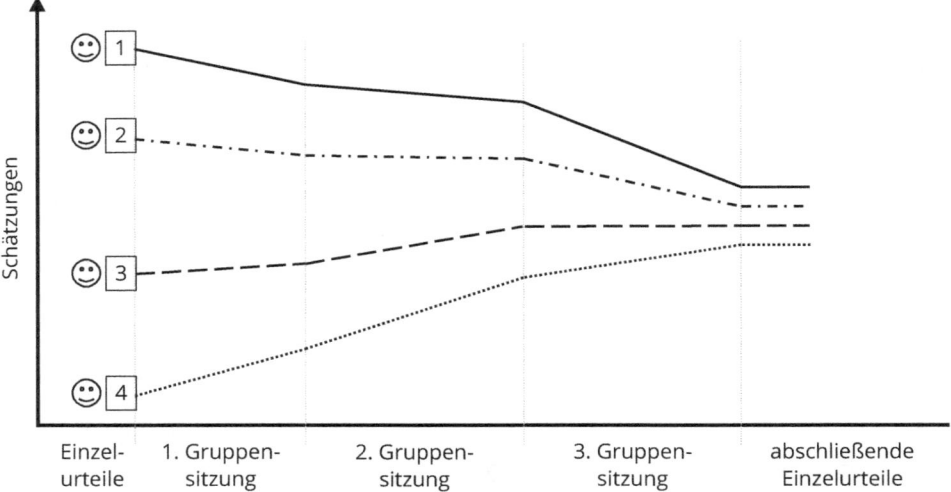

Abbildung 10.2: Die Entstehung einer Gruppennorm durch die Anpassung individueller Urteile

In Reaktion auf Sherifs wegweisende Studien wurden viele weitere sozialpsychologische Untersuchungen zum Einfluss der anderen auf die Urteile einzelner Mitglieder in mannigfaltigen Situationen durchgeführt. Die zentralen Befunde lassen sich wie folgt zusammenfassen:

- ✔ Die Mitglieder einer Gruppe schätzen *Meinungsübereinstimmung* und bewerten eine Situation positiv, wenn *Konsens* herrscht. *Dissens* innerhalb einer Gruppe stört dagegen die Eintracht und ist eher unerwünscht.

- ✔ Konsens mit den anderen signalisiert, dass man selbst richtigliegt. Die Übereinstimmung mit möglichst vielen anderen räumt individuelle Zweifel aus.

- ✔ Einmütigkeit produziert hohe Kohäsion, Gefühle der Gemeinsamkeit und der sozialen Unterstützung innerhalb der Gruppe.

- ✔ Deviante Mitglieder, die dem Gruppenkonsens widersprechen, erscheinen den anderen als unangenehm. Unter Umständen werden sie sanktioniert – bis hin zum Ausschluss aus der Gruppe.

Anpassung wider besseres Wissen: Konformitätsdruck

Dass Menschen darauf achten, was andere sagen, wenn die Situation so undurchschaubar ist wie beim autokinetischen Effekt, wird Sie wahrscheinlich wenig überraschen. Der Sozialpsychologe Solomon Asch interessierte sich darüber hinaus dafür, wie eine Gruppe die

Urteile ihrer Mitglieder auch in völlig eindeutigen Situationen beeinflussen kann. Er verwendete eine simple Wahrnehmungsaufgabe, bei der so gut wie keine Versehen unterlaufen. Ein Beispiel finden Sie in Abbildung 10.3.

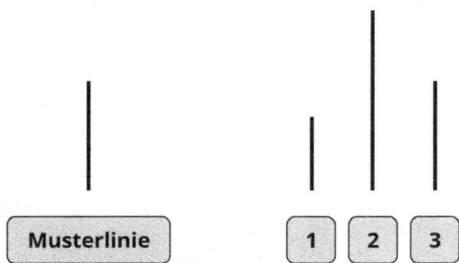

Abbildung 10.3: Eine einfache Wahrnehmungsaufgabe: Typisches Beispiel aus den Experimenten zu Konformität nach Solomon Asch

Urteilen Sie selbst: Welche Linie 1, 2 oder 3 ist genauso lang wie die links abgebildete Musterlinie? Sicherlich benötigen Sie keine weiteren Hilfsmittel, um die korrekte Lösung zu finden. Was aber, wenn Menschen in Ihrer Umgebung das ganz anders sehen?

Konformitätsdruck bei offensichtlichen Fehlurteilen: Die Studien von Solomon Asch

Asch ließ in seinen im Jahr 1956 veröffentlichten Experimenten seine Versuchspersonen eine Reihe von Linienschätzungen abgeben, wie eine in Abbildung 10.3 beispielhaft zu sehen ist. Die Aufgaben waren derart einfach, dass bei Probedurchläufen praktisch keine Fehler auftraten. In der Experimentalsituation erfolgten die Urteile öffentlich, sodass alle Anwesenden sie hören konnten. Dabei platzierte er die Probanden in einen Kreis von zuvor instruierten Verbündeten der Versuchsleitung. Sie gaben wie zufällig ihre Einschätzungen zeitlich vor der naiven Versuchsperson ab. In kritischen Durchgängen waren sie verabredet, übereinstimmend eine falsche Antwort zu geben.

Die Ergebnisse zeigten, dass nur etwa ein Viertel der naiven Versuchspersonen auch in diesen kritischen Durchgängen bei ihrer eigenen Einschätzung blieben und sich vom *Gruppenzwang* völlig unbeeindruckt zeigten. Die Mehrzahl der individuellen Urteile wurde durch das geschlossene Fehlurteil der anderen Mitglieder beeinflusst. Und das sicherlich entgegen der inneren Überzeugung der echten Versuchspersonen. Darüber hinaus zeigte sich, dass der Einfluss mit zunehmender Gruppengröße negativ beschleunigt zunimmt: Zwei Vertraute in einer Dreiergruppe übten weniger Einfluss aus als drei Vertraute in einer Vierergruppe; bei noch größeren Gruppen ließ sich nur noch wenig zusätzlicher Einfluss feststellen.

Die Asch-Experimente sind vergleichsweise alt. In neueren Untersuchungen fällt der soziale Einfluss einer anwesenden Mehrheit zwar merklich niedriger aus, ist aber nach wie vor wirksam. Darüber hinaus fand man, dass Angehörige kollektivistischer Kulturen wie in Asien leichter beeinflussbar sind als Menschen aus den eher individualistischen Kulturkreisen in den USA oder Großbritannien. Gleichklang und Harmonie werden in Peking und Bangkok höher geschätzt als in Los Angeles oder London. Dahinter verbergen sich unterschiedliche Vorstellungen vom eigenen Selbst – konkret eine stärker interdependente oder eher independente Selbstkonstruktion (siehe Kapitel 6). So lässt sich auch das Ergebnis erklären, dass Frauen im Durchschnitt leichter konformgehen: Gleichklang innerhalb der Gruppe ist ihnen wichtiger als den Männern.

Konformität bezeichnet die Anpassung individueller Urteile, Meinungen, Einstellungen und Verhaltensweisen an die Vorgaben der eigenen Gruppe.

Wie aber kommt es zu Konformität, selbst wenn – wie in den Asch-Experimenten – objektive Tatsachen gegen die Vorgaben der Gruppe sprechen? Ein bis heute noch einflussreiches Modell dazu haben die Sozialpsychologen Morton Deutsch und Harold B. Gerard schon im Jahr 1955 vorgestellt. Sie unterschieden zwischen zwei Arten von sozialem Einfluss: *normativer Einfluss* und *informativer Einfluss*.

✔ **Normativem Einfluss** unterliegt ein Individuum, wenn es sich der Gruppenmeinung anpasst, um nicht deviant zu erscheinen. Es geht dabei um das Motiv, von den anderen akzeptiert und wertgeschätzt zu werden und Sanktionen oder gar Ausschluss von der Gruppe zu vermeiden.

✔ **Informativer Einfluss** beruht auf der Idee, dass die anderen eine korrekte Sicht auf die Realität liefern. Das Motiv, Konformität zu zeigen, gründet in diesem Fall auf dem Bedürfnis, richtigzuliegen. Die Meinung der anderen liefert die dazu notwendige Information.

Ergebnisse aus den Asch-Studien und aus Abwandlungen in vielen Nachfolgeuntersuchungen illustrieren sehr aufschlussreich, wie normativer und informativer Einfluss jeweils wirken können. Dafür, dass in einer Situation wie bei Asch normativer Einfluss wirkt, sprechen folgende Befunde:

✔ Befindet sich in Umkehrung zum ursprünglichen Experiment nur ein Verbündeter der Versuchsleitung in der Gruppe und gibt falsche Antworten, wird er belächelt oder gar ausgelacht. Ablehnende Reaktionen der anderen drängen Abweichler zur Konformität.

✔ Konformität bleibt aus, wenn die echte Versuchsperson soziale Unterstützung durch einen Verbündeten mit ebenfalls abweichender Meinung erfährt, selbst wenn der Abweichler auch falschliegt und die dritte Antwortoption gewählt hat. Ist die Einstimmigkeit der Mehrheit aufgebrochen, äußert die Versuchsperson ihre unbeeinflusste Meinung, weil sie nicht allein im Widerspruch zum Konsens der Gruppe steht.

✔ Darf die Versuchsperson ihr Urteil im Privaten abgeben, zum Beispiel mit einem Kreuz auf einem Antwortbogen, fällt die Konformität signifikant niedriger aus. Die anderen Mitglieder können die Abweichung vom Urteil der Gruppe gar nicht erst bemerken und folglich auch nicht sanktionieren.

Dass neben normativem Einfluss bei Asch auch informativer Einfluss wirkt, lässt sich aus den folgenden Ergebnissen ableiten:

✔ Einfluss auf die Konformität nimmt die wahrgenommene Unabhängigkeit der Urteile. Beraten die Verbündeten ihre Antworten in kleinen Gruppen, bevor sie sie äußern, üben drei Zweiergruppen mehr Einfluss aus als zwei Dreiergruppen, obwohl immer insgesamt sechs Personen für das Fehlurteil verantwortlich scheinen. Eine Information aus drei unabhängigen Quellen ist verlässlicher als eine aus zweien.

✔ Der Einfluss ist umso größer, je häufiger die Vertrauten in zuvor neutralen Durchgängen richtig geurteilt haben. Die anderen erwerben sich durch viele zutreffende Antworten den Status einer verlässlichen Informationsquelle.

✔ Werden die Bilder noch vor der Urteilsabgabe wieder entfernt, steigt die Unsicherheit der Versuchsperson, weil sie vielleicht glaubt, sich die falsche Antwort gemerkt zu haben. Umso wichtiger werden die Urteile der anderen. Folglich fällt die Konformität höher aus, als wenn die Linien noch während der Urteilsabgabe zu sehen sind.

Die Studien von Asch fanden in extrem künstlichen Laborsituationen statt. Das hat den Vorteil, dass alles gut unter Kontrolle ist und die Experimentatoren mit gezielten Variationen den zugrunde liegenden psychischen Reaktionen der Versuchspersonen auf die Spur kommen können (siehe Kapitel 2). In unzähligen Nachfolgestudien sind die grundlegenden Ergebnisse dieser Studien immer wieder aufs Neue auch in »realistischeren« Kontexten bestätigt worden:

Die Mehrheit in einer Gruppe übt einen Druck auf Mitglieder mit abweichenden Meinungen in Richtung des Gruppenkonsenses aus.

Wenn das schon bei eindeutigen Fehlurteilen zu Linienlängen funktionieren kann, dann umso eher bei diskutablen Themen. Beobachten Sie gern selbst, wie Konformitätsdruck sowohl im Großen, zum Beispiel bei politischen und gesellschaftlichen Fragen, als auch im Kleinen vonstattengeht, etwa wenn die Familie diskutiert, ob sie lieber beim Italiener oder zu Hause zu Abend essen will.

Gegen den Strom schwimmen: Der soziale Einfluss von Minderheiten

Würden alle Mitglieder einer Gruppe immer dem herrschenden Konsens folgen, wäre sozialer Wandel unmöglich. Tatsächlich finden aber Veränderungen statt: Irgendwann war es vorbei mit Vasallentum und Feudalismus, dem Ablasshandel und der Vorstellung, man könne sein Altöl im Wald entsorgen. Innovationen entstehen meist im Zusammenspiel von mehreren unterschiedlichen Gründen, nicht zuletzt sicherlich auch in Reaktion auf technische Entwicklungen wie die Dampfmaschine oder das Internet. Wandel in Gruppen können auch soziale Minderheiten bewirken.

Eine *soziale Minderheit*

✔ ist zahlenmäßig der Mehrheit der Gruppenmitglieder unterlegen und

✔ wendet sich in ihren Anschauungen, Einstellungen oder Verhaltensweisen gegen den in der Gruppe herrschenden Konsens.

Allmählicher Wandel: Die Konversionstheorie von Serge Moscovici

Die wohl bedeutendste Vorstellung dazu, wie Minderheiten Einfluss ausüben und soziale Innovationen bewirken können, stammt von dem in Rumänien geborenen französischen Sozialpsychologen Serge Moscovici. Seiner *Konversionstheorie* nach (zusammenfassend publiziert 1980) wird eine Minderheit grundsätzlich negativ bewertet, weil sie den Zusammenhalt in der Gruppe stört. Um trotzdem Einfluss auszuüben, bedarf es laut Moscovici einer Abfolge von Maßnahmen und Ereignissen:

1. Die Minderheit beschwört einen *Konflikt* mit der Mehrheit herauf, indem sie ihre abweichende Position entschieden dem Gruppenkonsens entgegenstellt. Sie verhält sich dabei

   - *diachron* konsistent, über unterschiedliche Zeitpunkte hinweg, und

   - *synchron* konsistent, also untereinander geschlossen in ihrer abweichenden Meinung.

   Eine Minderheit, die ihre Meinung ändert oder untereinander zerstritten wirkt, beraubt sich selbst ihrer Einflussmöglichkeiten.

2. Die Mehrheit beobachtet das Verhalten der Minderheit und schreibt deren Mitgliedern zu, dass sie sich sicher und von ihrer Sache völlig überzeugt sind.

3. Aus dem offenen Konflikt in der Gruppe ergibt sich ein *innerer Konflikt* in den Köpfen der Mehrheit. Ihre Mitglieder beginnen allmählich, über das anstehende Thema neu nachzudenken. Die Frage »Was ist denn nun richtig?« leitet diesen *Validierungsprozess*. Die Mitglieder der Mehrheit wägen dabei die Vor- und Nachteile der Minderheitsposition ab und bedenken ausführlich die vorgetragenen Argumente. Von einem »die Minderheit hat recht«, ist man aber noch ein ganzes Stück weit entfernt.

4. Nur wenn alles passt und die Minderheitsposition überzeugt, kommt es schließlich zu einer Einstellungsänderung aufseiten der Mehrheit. Diese *Konversion* (deshalb auch die Bezeichnung »Konversionstheorie«) weist Merkmale auf, die sich zum Beispiel von den öffentlich gegebenen Antworten in den Asch-Experimenten grundlegend unterscheidet:

   - **Konversion findet zunächst nur im Privaten statt.** Solange zu befürchten steht, dass die Abweichung vom Gruppenkonsens sanktioniert werden könnte, halten die »Konvertiten« mit öffentlichen Stellungnahmen hinter dem Berg.

   - **Die Meinungsänderung ist stabil und langlebig.** Wer während der Validierung aufgrund reiflicher Überlegungen die Seite gewechselt hat, ist nur schwerlich wieder vom Gegenteil zu überzeugen.

- **Der Einfluss der Minderheit zeigt sich oft nicht beim eigentlich, fokalen Thema, sondern bei verwandten Fragestellungen.** Hat sich die Minderheit wie in Moscovicis Experimenten zum Beispiel für Gewässerschutz ausgesprochen, erfolgt die Einstellungsänderung eher bei einer anderen Maßnahme zum Umweltschutz als beim Gewässerschutz selbst.

- **Nach und nach verändert sich die Einstellung der Mehrheit tatsächlich** und generalisiert über unterschiedliche Aspekte des gesamten Themenkomplexes. Aus dem Standpunkt der Minderheit ist die Position der Mehrheit geworden.

Die Konversionstheorie passt an vielen Stellen sehr gut zu gesamtgesellschaftlichen Beobachtungen: die Erfolge der amerikanischen Bürgerrechtsbewegung oder die Fortschritte bei Frauenrechten. Und den noch bis in die 1980er-Jahre als »Chaoten« diskreditierten Umweltschützern ist zu verdanken, dass heute praktisch niemand mehr bezweifelt, dass die natürlichen Ressourcen der Erde geschont werden sollten.

Die Idee des indirekten Einflusses durch Minderheiten bei verwandten Themen konnte gut bestätigt werden und hat unter dem Stichwort *laterale Einstellungsänderung* weitergehende Forschung inspiriert. Darüber hinaus zeigte sich, dass im Validierungsprozess ganz neue Gedanken zum Thema entwickelt werden.

Die Minderheit fördert einen kreativen Umgang mit der gegebenen Fragestellung in der gesamten Gruppe. Selbst dann, wenn sie am Ende keinen Einfluss gewinnt, trägt sie auf diese Weise zum Gesamterfolg der Gruppe bei.

Allerdings haben sich einige Annahmen der Konversionstheorie auch als problematisch erwiesen. Dazu einige Beispiele:

✔ **Nicht alle Minderheiten werden grundsätzlich abgewertet.** Denken Sie an die kleine Gruppe der letztjährigen Nobelpreisträger oder den renommierten »Club of Rome«. Es erscheint unwahrscheinlich, dass ihre Mitglieder einen negativ bewerteten Status überwinden müssten, um gegebenenfalls Einfluss zu verwirklichen.

✔ **Die diachrone und synchrone Konsistenz im Verhaltensstil der Minderheit kann leicht kontraproduktiv werden.** Allzu rigide Auftritte werden schnell »psychologisiert«, das heißt auf besondere, meist negativ bewertete Persönlichkeitseigenschaften ihrer Mitglieder zurückgeführt (»Chaoten«). Als Beispiel können vielleicht die weithin abgelehnten »Klimakleber« dienen. In Studien dazu erwies sich ein flexibler Verhaltensstil als deutlich erfolgreicher. Die Mitglieder der Minderheit sollten besser durch kleinere Zugeständnisse und Übereinstimmung mit der Mehrheit bei anderen Themen »Kredite« erwerben und so als Menschen »wie du und ich« erscheinen, um ihre Ziele zu erreichen.

✔ **Erfolgreiche Minderheiten haben nicht unbedingt die überzeugenden Argumente auf ihrer Seite.** Wie stichhaltig war die Beweisführung der Nazis, als sie in den 1920er-Jahren noch eine kleine Minderheit darstellten? Moscovici nahm an, dass beim Nachdenken etwas zutage tritt, das für und nicht gegen die Position der Minderheit spricht.

Ein Hoch auf das Besondere: Das Bedürfnis nach Einzigartigkeit

Ein zu Moscovici alternativer Weg, den sozialen Wandel in Gruppen zu erklären, basiert auf der Annahme, dass Menschen nicht immer nur dazugehören wollen, sondern sich auch wünschen, eine eigenständige, individuelle Person zu sein. Wer sieht sich selbst schon gern als »Max Mustermann« oder »die graue Maus«?

Die Psychologen Charles R. Snyder und Howard L. Fromkin haben auf das *Bedürfnis nach Einzigartigkeit* (englisch *Need for Uniqueness*) hingewiesen. Eine zentrale Publikation dazu stammt aus dem Jahr 1980.

Das Bedürfnis nach Einzigartigkeit

- ✔ ist eine stabile Persönlichkeitseigenschaft, dessen Ausmaß zwischen Menschen variiert: Wo die Komfortzone zwischen »dazugehören« und »einzigartig sein« liegt, ist individuell ganz unterschiedlich.

- ✔ kann auch in Situationen ausgelöst werden, in denen sich der Einzelne deindividuiert und als Teil einer namenlosen Masse fühlt.

> Objektiv betrachtet ist jeder Mensch einmalig in seiner genetischen Grundausstattung und den gesammelten Lebenserfahrungen – keine Sorge, auch Sie selbst sind unbestreitbar ein Unikat. Menschen unterscheiden sich aber in dem Bedürfnis, sich einzigartig zu fühlen.

Menschen mit einem starken Bedürfnis nach Einzigartigkeit zeichnen sich insbesondere dadurch aus, dass sie

- ✔ wenig Bedenken haben, was die Reaktionen anderer auf die eigenen Handlungen betrifft,

- ✔ dazu tendieren, Regeln und Konventionen nicht blind zu folgen,

- ✔ eine hohe Bereitschaft zeigen, ihre abweichenden Meinungen auch öffentlich zu vertreten.

Mit etwas Erfahrung, den geeigneten Antennen und dem Wissen aus *Sozialpsychologie für Dummies* lassen sich Menschen mit einem ausgeprägten Bedürfnis nach Einzigartigkeit im Alltag recht leicht erkennen.

- ✔ Sie fallen durch außergewöhnliche Kleidung, Frisuren, Brillen und so weiter auf.

- ✔ Sie kaufen gern individualisierte Produkte, etwa mit ihrem Namen im Etikett oder ein Auto in ausgefallener Farbe.

- ✔ Sie tendieren zu Körpermodifikationen wie gefärbten Haaren, Tätowierungen und Piercings.

- ✔ Sie üben eher kreativere Berufe aus.

- ✔ Sie kommunizieren mit anderen auf eher ungewöhnliche Art, etwa mit ausgefallenen Formulierungen und ungebräuchlichen Ausdrücken.

- ✔ Sie signieren mit einer verhältnismäßig großen Unterschrift.

✔ Sie tendieren zu risikoreichem Verhalten und suchen neue Erfahrungen, sodass sie zum Beispiel eine Individualreise ohne viel Planung einer Pauschalreise vorziehen.

✔ Sie zeigen ein hohes Selbstwertgefühl, wirken allgemein unbesorgt und sind sich ihrer Sache meist sehr sicher.

Die Wissenschaft hat Fragebogen entwickelt, um das Bedürfnis nach Einzigartigkeit zu messen. Überlegen Sie gern selbst, wie sehr Sie selbst den folgenden Beispielaussagen zustimmen würden. Die Antworten auf die mit (R) gekennzeichneten Statements werden bei der Auswertung »recodiert« und sprechen bei Ablehnung für ein hoch ausgeprägtes Bedürfnis nach Einzigartigkeit.

✔ Kritik beeinflusst mein Selbstwertgefühl. (R)

✔ Wenn ich in einer Gruppe bin, stimme ich den Ideen der anderen zu, damit kein Streit entsteht. (R)

✔ Ich finde es besser, Regeln zu brechen, als immer mit einer unpersönlichen Gesellschaft konform zu gehen.

✔ Ich war schon immer frei und unabhängig von familiären Regeln.

✔ Ich zögere nicht, in einer Gruppe von Fremden meine Meinung zu äußern.

✔ In Besprechungen widersetze ich mich Personen, die meiner Meinung nach falschliegen.

Das Bild, das Sie sich nun auch selbst vom Bedürfnis nach Einzigartigkeit machen konnten, legt nahe, dass Konformität mit der Mehrheitsmeinung gar nicht dazu passen mag. Wie Studien zeigen, tendieren Menschen mit einem hohen Bedürfnis nach Einzigartigkeit, egal ob als Eigenschaft gemessen oder in einer Situation künstlich hervorgerufen, tatsächlich Minderheitsmeinungen zu.

Von der Mehrheit abzuweichen, befriedigt das Bedürfnis, sich selbst als einen außergewöhnlichen Menschen zu sehen.

Im Extrem führt dieser Zusammenhang dazu, dass ein ausgeprägtes Bedürfnis nach Einzigartigkeit auch den Glauben an meist abstruse *Verschwörungstheorien* befördert. Wer ernsthaft annimmt, dass Bill Gates, der Gründer von Microsoft, eigentlich der Teufel ist und plant, der Menschheit unbemerkt Mikrochips einzupflanzen, um die Weltherrschaft zu übernehmen, kann sich im Vergleich zur Mehrheit leicht als etwas ganz Besonderes fühlen.

Erschreckende Wahrheiten über den Gehorsam

Die vielleicht unmittelbarste Form, sozialen Einfluss auszuüben, besteht darin, einen Befehl oder eine Weisung zu erteilen. Voraussetzung dafür ist, dass die anweisende Person über *soziale Macht* verfügt. Macht speist sich aus unterschiedlichen Quellen:

✔ **Belohnungsmacht:** Die Anweisung stammt von einer Person, die darüber entscheiden kann, wie Belohnungen verteilt werden.

✔ **Bestrafungsmacht:** Dem Befehl wird Folge geleistet, weil die Führungsperson die Möglichkeit hat, Strafen zu verhängen.

✔ **Expertenmacht:** Die anordnende Person gilt als Expertin oder Experte.

✔ **Legitimierte Macht:** Unterordnung beruht auf der Annahme, dass die Anweisung berechtigt und durch eine Hierarchieordnung gedeckt erfolgt.

✔ **Identifikationsmacht:** Die Geführten demonstrieren ihre Gemeinsamkeit mit der von ihnen hochgeschätzten Führungskraft.

Selten beruht soziale Macht auf nur einem dieser Aspekte. Der Lehrer in der Schule kann die Klasse belohnen und bestrafen, kennt sich mit dem Lernstoff besser aus und ist durch die Hierarchie in der Schule legitimiert. Die Chefin vergibt Sonderurlaub und Gehaltserhöhungen, verteilt unbeliebte Aufgaben, entscheidet über Entlassungen und so weiter. Aufseiten der Untergebenen bedarf ein erfolgreicher Einflussversuch durch Anordnungen und Befehle dem *Gehorsam*.

Gehorsam zu leisten, bedeutet, die eigenen Handlungen dem Willen einer Autorität unterzuordnen und einem Befehl oder einer Aufforderung Folge zu leisten.

Gehorsam ist grundsätzlich keine schlechte Sache. Wenn die Bauleitung die Zimmerleute anweist, wird wohl meist erfolgreicher gearbeitet, als wenn jeder Einzelne von ihnen vor sich hin werkelt. Im Extremen denken Sie gern auch an dramatische Szenen, wie sie zum Beispiel bei Einsätzen von Militär oder Feuerwehr vorkommen. Die Führung erteilt Befehle, die dem Gruppenziel dienen und Leben und Gesundheit schützen sollen. Disziplin ist gefragt, für Diskussionen bleibt keine Zeit.

Blinder Gehorsam vergiftet einen Patienten

Eine viel beachtete Studie von Charles K. Hofling und seinen Kolleginnen, die im Jahr 1966 veröffentlicht wurde, demonstriert mögliche fatale Konsequenzen unreflektierten Gehorsams. Ein Experimentator rief Pflegekräfte in einem Hospital an, gab sich als Arzt aus und erteilte die Anweisung, einem Patienten ein Medikament zu verabreichen.

In fast allen Fällen leistet das Pflegepersonal Gehorsam, besorgte das Präparat und begab sich auf den Weg zum Patientenzimmer. Und das, obwohl die Ausführung einer telefonisch gegebenen Anweisung gegen die Vorschriften des Krankenhauses verstieß, die angeordnete Dosis das Doppelte der auf der Packung ausgewiesenen Höchstmenge betrug und ihnen der »Arzt« nicht bekannt sein konnte.

Die Autorität hinter der Anweisung reichte aus, ein offensichtliches Fehlverhalten mit potenziell katastrophalen Folgen auszulösen. Selbstverständlich hielt man die Pflegekräfte rechtzeitig davon ab, das Mittel tatsächlich zu verabreichen, und klärte sie über ihre unfreiwillige Teilnahme an diesem Experiment als »Versuchskaninchen« auf.

In anderen Situationen führt »Kadavergehorsam« zu unliebsamen oder gar schädlichen Konsequenzen. Um dem vorzubeugen, erlaubt zum Beispiel die Bundeswehr Ungehorsam gegenüber einem Befehl, der keinem dienstlichen Zweck dient oder gegen die Menschenwürde verstößt. Ein Befehl, der darüber hinaus eine Straftat beinhaltet oder zu einem schweren Verstoß gegen das Völkerrecht führt, darf gar nicht befolgt werden. In dieser zweiten Vorschrift verbirgt sich wiederum ein Befehl, nämlich der, einem Befehl unter bestimmten Bedingungen nicht Folge zu leisten.

Die Studie im Krankenhaus folgt einem Muster, das sich auch im Alltag an vielen Stellen wiederfindet: Eine Autorität (A) erteilt eine Anweisung an eine oder mehrere weitere Personen (B) mit Konsequenzen für Dritte (C). Die Leitung eines Gefängnisses kann das Aufsichtspersonal beauftragen, die Insassen schärfer zu überwachen; ein Offizier befiehlt einer Geschützbesatzung, eine feindliche Stellung zu beschießen; die Geschäftsleitung hält einen Abteilungsleiter an, vermehrt Überstundenleistungen bei den Angestellten durchzusetzen. Dem Vorbild A → B → C folgten auch die berühmt-berüchtigten Experimente (erste Veröffentlichung dazu 1961), die der Sozialpsychologe Stanley Milgram zum Thema Gehorsam durchführen ließ: Der Versuchsleiter als Autorität (A) erteilt einer Versuchsperson (B) den Auftrag, Fehler einer angeblich anderen Versuchsperson (C) mit Elektroschocks zu bestrafen.

Mit Stromstößen gegen Patzer: Die Milgram-Experimente

Die Versuchspersonen wurden über Zeitungsanzeigen zur Teilnahme an einem »Gedächtnisexperiment« angeworben. Der Versuchsleiter instruierte die freiwilligen Teilnehmer, dass sie gemeinsam mit einer zweiten Versuchsperson untersuchen sollten, wie sich Bestrafungen auf Lernprozesse auswirken. Dazu wurde angeblich ausgelost, wer von beiden der »Schüler« und wer der »Lehrer« sein sollte. In Wirklichkeit handelte es sich bei der zweiten Person um einen Gehilfen der Versuchsleitung und das Losverfahren war so manipuliert, dass die echte Versuchsperson immer die Rolle des Lehrers zu übernehmen hatte.

Der Schüler wurde außerhalb der Sichtweite von Experimentator und Lehrer platziert. Die Erinnerungsaufgabe bestand darin, Wortpaare korrekt wiederzugeben. Irrtümer des Schülers sollte der Lehrer mit Elektroschocks bestrafen, bei jedem weiteren Fehler mit einem Schock erhöhter Intensität. Dazu stand dem Lehrer ein Schockgenerator, in Wirklichkeit eine Attrappe, zur Verfügung. Die Schockstärken zwischen 15 Volt und 450 Volt waren zusätzlich mit Beschriftungen gekennzeichnet: hohe Schockstärken in roter Schrift mit »Gefahr, heftiger Stromstoß« und die letzten beiden Stufen nur noch mit drei Kreuzen. Die Bedrohung für die Gesundheit oder gar das Leben des Schülers musste der Versuchsperson bewusst sein.

Der Schüler reagierte nach einem zuvor festgelegten Schema zunächst auf die Schocks mit Stöhnen, ab 120 Volt mit Schreien, bei 150 Volt verweigerte

> er die weitere Teilnahme am Experiment, bei 300 Volt lehnte er ab, überhaupt noch zu antworten, und danach reagierte er gar nicht mehr. Äußerte der Lehrer Zweifel daran, das Experiment mit Stromstößen zunehmender Stärke fortzusetzen, ermutigte ihn der Versuchsleiter mit Aussagen wie: »Das Experiment erfordert, dass Sie weitermachen« oder »Sie haben keine Wahl, Sie müssen fortfahren.«
>
> Wenn Sie glauben, nur wenige Schüler würden lebensbedrohliche Schocks austeilen, haben Sie sich getäuscht. Im Resultat gingen alle Versuchspersonen so weit, als gefährlich bezeichnete Stromstöße bis 300 Volt zu verabreichen. Die höchste Stufe von 450 Volt erreichten 65 Prozent der Probanden.

Die Ergebnisse wirkten schon direkt nach ihrer Veröffentlichung schockierend. Sind Menschen »wie du und ich« tatsächlich so weit zu bringen, andere einer tödlichen Gefahr auszusetzen? Werden die schrecklichen Verbrechen in Konzentrations- oder Kriegsgefangenenlagern tatsächlich von »ganz normalen« Menschen begangen? Milgrams Befunde sprechen jedenfalls dafür. Sie zeigen auf, dass situative Bedingungen – hier der Gehorsam gegenüber der Autorität des Versuchsleiters – die moralischen Grundsätze einer Person außer Kraft setzen können.

Den Widerspruch zwischen dem Gehorsam in dieser Extremsituation und dem Selbstbild der eigentlichen Versuchspersonen demonstriert auch ihr eigenes Schicksal. Viele konnten im Nachhinein kaum glauben, wie weit sie gegangen waren, und litten noch jahrelang an ihrem schlechten Gewissen. Glücklicherweise kommt heute niemand mehr auf die Idee, ein solches Experiment durchzuführen.

Aber wieso überhaupt Gehorsam in einer Situation wie bei Milgram? Dazu gibt es verschiedene mögliche Interpretationen:

- ✔ Die Versuchsperson gerät im Sinne eines »Foot-in-the-Door« (siehe Kapitel 4) durch die Vergabe der ersten leichten Schocks in einen Ablauf hinein, der auch bei hohen Schockstärken schwer zu unterbrechen ist. Kurz: Wer einmal angefangen hat, führt es auch zu Ende.

- ✔ Die Versuchsperson handelt als Teil einer Gruppe, hier das Forschungsteam mit einem Erkenntnisinteresse an Lernprozessen, die der Versuchsleiter repräsentiert. Gehorsam gegenüber der Autorität ist frei von persönlicher Verantwortung, weil sie psychologisch auf die gesamte Gruppe und ihren Repräsentanten übertragen wurde. Erst später, wenn die betroffene Person nach der Aufklärung davon erfährt, dass die Gruppe gar nicht existierte, denkt und handelt sie wieder autonom und im Einklang mit ihrem eigenen Gewissen. Entsprechend äußern zum Beispiel Beteiligte an Kriegsverbrechen, wenn sie nach den Gründen ihrer Handlungen befragt werden, häufig: »Ich hatte das Gefühl, dass es mir befohlen war.«

> **IN DIESEM KAPITEL**
>
> Diskriminierung, Vorurteil und Stereotyp
>
> Wie es zu Diskriminierung kommt
>
> Versuche, Vorurteile abzubauen und Diskriminierung zu verhindern

Kapitel 11
Wir und ihr: Beziehungen zwischen Gruppen

Auf offener Straße wird eine junge Frau von ihr völlig Unbekannten belästigt und misshandelt, weil sie angeblich »undeutsch« aussieht. Die aus Syrien zugewanderte Familie sucht vergeblich nach einer größeren Wohnung; die Tatsache, dass der Papa einer gut bezahlten Arbeit nachgeht, hilft ihr dabei nur wenig. Ein schwarzer Fußballspieler wird von Leuten im Publikum mit dem N-Wort beschimpft. In einer Firma arbeiten Teilzeitbeschäftigte unter schlechteren Bedingungen als Vollzeitbeschäftigte, und dem Mann, der in Elternzeit war, werden Aufstiegschancen verwehrt. Der Personaler eines Unternehmens in Stuttgart bemerkt handschriftlich auf der Bewerbung einer Frau, die ursprünglich aus Ostberlin stammt und seit über 20 Jahren in Baden-Württemberg lebt, »Ossi« mit einem Minuszeichen. Weil die Firma die Bewerbungsunterlagen zurücksendet, landet der Fall später vor Gericht und endet dort mit einem Vergleich.

Mit großer Wahrscheinlichkeit haben Sie es auch schon einmal »am eigenen Leib« erlebt: In einer bestimmten Situation waren Sie zu alt oder zu jung, zu weiblich oder zu männlich, zu weiß oder zu schwarz oder stammten womöglich aus dem »falschen« Bundesland. Für solche Ereignisse verwendet die Sozialpsychologie den Begriff der *sozialen Diskriminierung*.

Soziale Diskriminierung bezeichnet Entscheidungen und Verhaltensweisen, die ausschließlich auf der Gruppenmitgliedschaft der betroffenen Person beruhen und keinen Bezug auf deren individuelle Eigenschaften nehmen. Diskriminierung bedeutet Verwehrung der Gleichbehandlung rein auf der Grundlage der Gruppenmitgliedschaft der diskriminierten Person.

Opfer von Diskriminierung zu werden, tut weh und schädigt das Selbstwertgefühl (siehe Kapitel 6) der Betroffenen. Sie bringt darüber hinaus auch Nachteile für diejenigen, die selbst diskriminieren, berauben sie sich doch möglicher Handlungsoptionen, etwa die, eine geeignete Kandidatin einzustellen oder einen zuverlässigen Mieter zu finden.

Diskriminierung ist auch gemeinhin unerwünscht und widerspricht den präskriptiven Normen (siehe Kapitel 10) unserer Gesellschaft. In Artikel 3 des Grundgesetzes liest man: »Niemand darf wegen seines Geschlechtes, seiner Abstammung, seiner Rasse, seiner Sprache, seiner Heimat und Herkunft, seines Glaubens, seiner religiösen oder politischen Anschauungen benachteiligt oder bevorzugt werden. Niemand darf wegen seiner Behinderung benachteiligt werden.« Warum also ist die so sehr bedenkliche und schädliche Diskriminierung allgegenwärtig? In diesem Kapitel wartet die Antwort auf Ihre Lektüre.

Im Kampf um Ressourcen: Die Theorie des realistischen Gruppenkonflikts

Dem Sozialpsychologen Muzafer Sherif zufolge sind die Beziehungen zwischen Gruppen durch reale Bedingungen bestimmt. Gruppen, die miteinander zu tun haben, befinden sich in einem von zwei möglichen Abhängigkeitsverhältnissen:

✔ **Negative Abhängigkeit** zwischen Gruppen ergibt sich durch Konkurrenz und im Kampf um Ressourcen. Dabei kann es sich um materielle Güter wie Geld und Arbeitsplätze, aber auch um Ideelles handeln, etwa wenn es darum geht, einen Wettkampf zu gewinnen. Negative Abhängigkeit stärkt einerseits die Kohäsion (siehe Kapitel 10) innerhalb der eigenen Gruppe, andererseits führt sie zu abwertenden Einstellungen, feindseligem Verhalten und Diskriminierung gegenüber der konkurrierenden Fremdgruppe.

✔ **Positive Abhängigkeit** entsteht dann, wenn die Gruppen kooperieren, um ein gemeinsames Ziel zu erreichen. Sie führt zu positiven Einstellungen und freundlichem Verhalten gegenüber den Mitgliedern der Fremdgruppe.

Um seine Annahmen zu testen, führte Sherif mit Kollegen ein Feldexperiment (veröffentlicht 1961) durch. Die *Robbers-Cave-Experiment* genannte Studie fand in einem Ferienlager mit zwölfjährigen Jungen statt.

Wie Jugendgruppen zu Rivalen werden: Diskriminierung im Ferienlager

Die Versuchsleitung teilte die am Ferienlager teilnehmenden Jungs per Zufall in zwei Gruppen ein. Passend für Zwölfjährige hießen sie »Klapperschlangen« und »Adler«. Zunächst hielt man die Gruppen voneinander getrennt und schuf ein Gemeinschaftsgefühl durch angenehme Freizeitaktivitäten wie Wandern, Schwimmengehen und so weiter. Danach standen sportliche Wettkämpfe zwischen den Gruppen auf dem Programm. Wie erwartet reagierten die Jungen auf die so entstandene Konkurrenz mit Feindseligkeiten gegenüber der jeweiligen Fremdgruppe. Als die Forscher die Situation verschärften, indem sie Privilegien für eine Gruppe einführten, die der anderen versagt blieben, kam es sogar zu Handgreiflichkeiten.

> Positive Abhängigkeiten zwischen den Klapperschlangen und den Adlern führten die Studienleiter ebenfalls ein. So ließ sich die (angeblich) defekte Wasserversorgung nur in kollektiver Anstrengung beider Gruppen reparieren. Diese Situation bewirkte, dass sich die Gruppen wieder vertrugen. Aktivitäten beider Gruppen ohne ein gemeinsames Ziel, wie miteinander im Kino einen Film zu schauen, konnten dagegen die Streitigkeiten nicht verringern.

Die Ergebnisse aus Sherifs Ferienlager passen sehr gut zu vielen historischen und alltäglichen Beobachtungen. Bei der Verfolgung des gemeinsamen Ziels, Nazideutschland militärisch zu besiegen, waren die USA und die Sowjetunion Verbündete und schätzten einander. Nach dem Zweiten Weltkrieg trat die Konkurrenz zwischen beiden um eine Vormachtstellung in den Vordergrund. Die psychologischen Konsequenzen lassen sich gut an der Politik Stalins, später Chruschtschows, und Trumans und am Propagandamaterial beider Nationen während des Kalten Kriegs ablesen.

Ein anderes Beispiel: Steigt in einem Land die Arbeitslosigkeit, nehmen fremdenfeindliche Aktivitäten Fahrt auf. Die Einheimischen werden das Gefühl nicht los, dass sie mit den Zugewanderten um attraktive Jobs konkurrieren. Selbst wenn das objektiv gar nicht der Fall ist, weil die Fremden Arbeiten verrichten, für die die Alteingesessenen schon lange nicht mehr zu gewinnen sind.

Aus sozialpsychologischer Perspektive sind allerdings an der theoretischen Konzeption Sherifs erhebliche Zweifel laut geworden. Bezweifelt wurde nicht, dass die objektiven Bedingungen von Kooperation und Konflikt psychische Reaktionen bedingen – dafür gibt es zu viele bestätigende Belege. Vielmehr stellte sich die Frage, ob die realen Bedingungen die einzigen Gründe für die beobachtete Diskriminierung sind. Ein spezieller Befund aus den Ferienlagern gab beispielsweise Anlass zu Bedenken: Die Gruppen hatten gar nicht erst darauf gewartet, dass sportliche Wettkämpfe organisiert wurden, sondern von sich aus Forderungen danach erhoben. Offensichtlich hatten die Jungen ein Bedürfnis danach, den Vergleich mit der jeweiligen Fremdgruppe zu suchen und in Konkurrenz mit ihr zu treten.

Diskriminierung bei Gruppen, die eigentlich gar keine sind: Minimalgruppen

Ist es möglich, soziale Gruppen künstlich zu erschaffen, zwischen denen es nicht zu Diskriminierung kommt? Dem Sozialpsychologen Henri Tajfel nach lohnte sich auf jeden Fall der Versuch. Hätte man solche Gruppen, könnte man nach und nach Veränderungen im Verhältnis der Gruppen zueinander einführen und überprüfen, ob sie Diskriminierung auslösen oder nicht. Solche *Minimalgruppen* müssten bestimmte Bedingungen erfüllen; die wichtigsten sind:

- ✔ Das Kriterium zur Bestimmung der Gruppenmitgliedschaft muss völlig unbedeutend sein. Dem einzelnen Mitglied müsste es also prinzipiell egal sein, ob es der einen oder der anderen Gruppe angehört.

✔ Es finden keinerlei Interaktionen statt, weder innerhalb der Eigengruppe noch mit der Fremdgruppe.

✔ Die beteiligten Individuen kennen zwar ihre eigene Gruppenmitgliedschaft, doch welcher Gruppe andere angehören, bleibt ihnen verborgen.

Tatsächlich realisierte Tajfel gemeinsam mit Kollegen eine solche Laborsituation. Ihre Arbeit veröffentlichten sie im Jahr 1971.

Paul Klee oder Wassily Kandinsky: Das Minimalgruppen-Paradigma

Versuchspersonen sitzen gemeinsam in einem großen Raum und blättern durch einen Katalog mit unterschiedlichen Abbildungen von Gemälden. Bei jedem Bild geben sie an, wie gut es ihnen gefällt. Nach dieser Prozedur sammelt die Versuchsleitung die Antwortbogen ein und wertet sie augenscheinlich aus. Dann erhält jede Versuchsperson ganz privat für sich eine Rückmeldung darüber, dass sie entweder Klee-Fan oder Kandinsky-Fan ist. In Wirklichkeit erfolgt diese Gruppeneinteilung unabhängig von den geäußerten Präferenzen, sondern rein per Zufall.

Klee- oder Kandinsky-Fan zu sein, dürfte wohl keine weitergehende Bedeutung haben, Interaktionen finden im Versuchsraum nicht statt und die Gruppenmitgliedschaft der anderen Anwesenden bleibt vollständig anonym. Damit sind die Bedingungen für eine minimale Gruppe realisiert.

Im Folgenden erhalten die Versuchspersonen die Aufgabe, kleine Geldbeträge (zum Beispiel Eurocents) zwei ihnen völlig unbekannten und nur mit Codenummern bezeichneten Menschen zuzuweisen. Der eine von beiden ist ausgewiesen als ein Mitglied der Eigengruppe, zum Beispiel ebenso Klee-Fan wie die verteilende Person, der andere Mitglied der Fremdgruppe, im Beispiel also Kandinsky-Fan. Ihre Antworten geben die Probanden auf sogenannten *Tajfel-Matrizen*. Wichtig ist, dass sie mit einem Kreuz auf der Matrix gleichzeitig das Eigengruppen- und das Fremdgruppenmitglied bedienen. Ein Beispiel zeigt Abbildung 11.1.

| 19 | 18 | 17 | 16 | 15 | 14 | 13 | 12 | 11 | 10 | 9 | 8 | 7 | Mitglied der Eigengruppe |
| 1 | 3 | 5 | 7 | 9 | 11 | 13 | 15 | 17 | 19 | 21 | 23 | 25 | Mitglied der Fremdgruppe |

Abbildung 11.1: Beispiel einer Tajfel-Matrix

Wer gehofft hatte, dass in einer Situation wie dieser keine Diskriminierung erfolgt, wurde bitter enttäuscht. Zunächst war festzustellen, dass den Urteilern immerhin an einer gewissen Fairness gelegen war. Extreme Bevorzugungen der Eigengruppenmitglieder (im Beispiel 19:1 oder 18:3) traten

> praktisch nicht auf. Ebenso hätten sich die Forscher die rechte Hälfte der Matrix sparen können: Auch Favorisierungen der Fremdgruppe ließen sich nicht feststellen. Vielmehr fand sich eine deutliche Bevorzugung des anonymen Mitglieds der Eigengruppe. Das Kreuz bei 14:11 im Schaubild stellt eine typische Antwort dar: Die Verteilung erfolgt halbwegs noch gerecht, aber zugunsten eines Mitglieds der Eigengruppe.
>
> Das Praktische an den Tajfel-Matrizen ist, dass die Zahlen und ihr Verhältnis zueinander mehr oder weniger frei variiert werden können, um auf diese Weise mehr darüber herauszufinden, wie Menschen in einer solchen Situation vorgehen. Mit anderen Matrizen fand sich das überraschende Ergebnis, dass den Versuchspersonen eher daran gelegen ist, die Differenz zwischen den Beträgen als den absoluten Betrag für das Mitglied der Eigengruppe zu maximieren (innerhalb ihrer Vorstellung von Fairness). So erscheint ihnen das Verhältnis 15:11 mit einer Differenz von 4 Cent passender als 18:15 mit einer Differenz von 2 Cent, obwohl das Mitglied der Eigengruppe absolut gesehen 3 Cent weniger erhält.

Die Ergebnisse aus dem Minimalgruppen-Paradigma passen schwerlich zu Sherifs realistischem Gruppenkonflikt. Die Gruppenmitgliedschaft als Klee- oder Kandinsky-Fan ist real ebenso wenig bedeutsam wie es die »Ressourcen« in Form von kleinen Geldbeträgen sind, die man nicht einmal selbst erhält. Trotzdem kommt es auch bei Minimalgruppen zu Diskriminierung. Und die Bevorzugung der Differenzierung zwischen den Gruppen zuungunsten der eigenen Gruppe beim absoluten Betrag lässt sich mit negativen oder positiven Abhängigkeiten zwischen den Gruppen gar nicht erklären. Eine neue Theorie muss her!

Wir sind besser als ihr: Die Theorie der sozialen Identität

Tajfel entwickelte gemeinsam mit seinem Schüler John C. Turner eine Theorie, die das Verhalten der Versuchspersonen im Minimalgruppen-Paradigma, aber auch in realen Gruppen des Alltags erklärt: die *Theorie der sozialen Identität*. Sie bezieht sich nicht wie bei Sherif auf äußere Bedingungen im Verhältnis der Gruppen zueinander, sondern auf innerpsychische Vorgänge. Eine zentrale Veröffentlichung dazu stammt aus dem Jahr 1986. Die Grundannahmen der Theorie der sozialen Identität lassen sich wie folgt zusammenfassen:

✔ Abhängig von der Situation definiert sich ein Individuum über seine Mitgliedschaft in einer Gruppe (Selbstkategorisierung, siehe Kapitel 10). Unter lauter Französinnen ist man Deutsche, bei der Arbeit Mitglied der Versandabteilung, im Ferienlager Klapperschlange oder Adler, in Tajfels Experiment Klee- oder Kandinsky-Fan und so weiter. Die Gruppenmitgliedschaft wird so Teil des *Selbstkonzepts* (siehe Kapitel 6) und beschreibt, was die eigene Person ausmacht.

✔ Es besteht ein Bedürfnis zu wissen, wer man eigentlich ist und Information über die eigene soziale Identität zu gewinnen: Was bedeutet es, Deutsche, Adler oder Kandinsky-Fan zu sein?

✔ Die Frage nach der eigenen sozialen Identität lässt sich durch einen *sozialen Vergleich* (siehe Kapitel 6) mit der Fremdgruppe beantworten. Das Individuum sucht Information dazu, wie sich die Versandabteilung von anderen Abteilungen und die Adler von den Klapperschlangen unterscheiden. Das Ergebnis eines sozialen Vergleichs auf Gruppenebene beinhaltet also vor allem Unterschiede zwischen den Gruppen, denn Gemeinsamkeiten sind nur wenig aussagekräftig. In der Sprache der Theorie stellt das Individuum *Distinktheit* zwischen der Eigen- und der Fremdgruppe her.

✔ Es besteht ein Bedürfnis, die eigene Gruppe und damit sich selbst in einem günstigen Licht zu sehen. Das Individuum ist motiviert, ein positives *Selbstwertgefühl* zu erreichen und aufrechtzuerhalten (siehe Kapitel 6). Die Theorie spricht vom Streben nach *positiver sozialer Distinktheit*. Im Vergleich zur Eigengruppe wertet das Individuum die Fremdgruppe deshalb ab: »Es ist besser Deutsche (Adler, Klee-Fan) zu sein als Französin (Klapperschlange, Kandinsky-Fan).«

Diskriminierung im Minimalgruppen-Paradigma lässt sich also damit erklären, dass in der gegebenen Situation Identifikation mit der Eigengruppe stattfindet und die auf den Tajfel-Matrizen erforderlichen Antworten den Vergleich zwischen den Gruppen ermöglichen. Eine positive Distinktheit herzustellen, gelingt dabei am besten durch eine Maximierung der Differenz zwischen den Centbeträgen, selbst wenn dies auf Kosten eines Mitglieds der Eigengruppe beim absoluten Betrag geschieht.

Ein zusätzlicher Aspekt besteht darin, dass die Klee- und Kandinsky-Gruppen sich im Prinzip gar nicht wirklich voneinander unterscheiden. Der Theorie der sozialen Identität nach wird es damit umso wichtiger, auf irgendeine Weise positive soziale Distinktheit herzustellen. In einem realen Kontext erklärt das, warum sich beispielsweise Leute aus Köln gern von Leuten aus Düsseldorf abgrenzen und umgekehrt – sicherlich meist mit einem Augenzwinkern, wenn es um Bier oder den »richtigen« Narrenruf beim Karneval geht. Köln und Düsseldorf sind sich objektiv so ähnlich, sodass eine positive Distinktheit nur recht gekünstelt hergestellt werden kann. Halb ernst gemeinter Ulk über Leute aus Stuttgart oder Potsdam liegt beiden dagegen fern. Dasselbe finden Sie auch in vielen anderen Gegenden Deutschlands, oft genug auch zwischen einzelnen Ortschaften. Sicherlich fallen Ihnen dazu weitere Beispiele aus Ihrer eigenen Region ein.

Bedrohungen der sozialen Identität: Wahrgenommene Statusunterlegenheit

Sosehr sich ein Individuum auch bemühen mag, der Vergleich der Eigen- mit der Fremdgruppe fällt oft genug auch zuungunsten der eigenen Identität aus. So können zum Beispiel Frauen feststellen, dass sie für die gleiche Arbeit schlechter bezahlt werden als ihre männlichen Kollegen. Der Rumäne Vasile bemerkt, dass der Lebensstandard in seinem Land deutlich niedriger ist als in Schweden oder Deutschland. Kurz: Man fühlt sich benachteiligt und das Selbstwertgefühl leidet.

Aus der Theorie der sozialen Identität lässt sich dazu die Vorhersage ableiten, dass sich die Mitglieder benachteiligter Gruppen bemühen werden, ihre eigene Identität wieder positiv erscheinen zu lassen. Dazu stehen ihnen unterschiedliche Strategien zur Verfügung:

✔ **Der Einzelne kann seine Gruppe verlassen**, um Mitglied der statushöheren Gruppe zu werden. Das setzt voraus, dass die Gruppengrenzen durchlässig, im Psycho-Slang »permeabel«, sind. Vasile kann schwedischer Staatsbürger werden. Den eigenen ethnischen Hintergrund oder die Hautfarbe zu wechseln, ist dagegen nicht möglich (»impermeable« Gruppengrenzen).

✔ **Die statusunterlegene Gruppe kann in direkten Wettbewerb mit der Fremdgruppe treten** und gemeinsam Anstrengungen unternehmen, um einen gleichen oder gar überlegenen Status herzustellen. Für die Menschen in Rumänien hieße das, alles daranzusetzen, dass sich der Lebensstandard in ihrem Land entscheidend verbessert, sich dem der »reichen« Länder angleicht oder ihn sogar überflügelt.

✔ **Die Benachteiligten können eine andere Vergleichsdimension bemühen**, wenn der Vergleich auf einer Dimension zuungunsten der eigenen Gruppe ausfällt: »Wir Frauen verdienen zwar weniger Geld, aber dafür gehen wir freundlicher miteinander um und leisten mehr Hausarbeit als die Männer.«

✔ **Es kann ein Wechsel der Vergleichsgruppe erfolgen.** Wenn es in Rumänien wirtschaftlich nicht so gut läuft, lohnt sich für Vasile vielleicht der Blick nach Serbien oder Albanien (»abwärtsgerichteter Vergleich«, siehe Kapitel 6).

✔ **Vollständige Umdeutungen sind möglich.** Aus einem Gefühl von Statusunterlegenheit wird »Black is beautiful« bei Schwarzen, und hinter dem Satz »Als Gott den Mann schuf, übte sie nur« verbirgt sich die Annahme, Frauen wären grundsätzlich bessere Menschen als Männer.

Jede dieser Vorgehensweisen ist aber nur dann erfolgreich, wenn ihr Resultat innerhalb der eigenen Gruppe geteilt und zumindest langfristig auch von der Fremdgruppe respektiert wird.

 Der Theorie der sozialen Identität zufolge ist das Verhalten zwischen Gruppen ein Kampf um Anerkennung (und nicht wie bei Sherifs Theorie des realistischen Gruppenkonflikts ein Kampf um Ressourcen).

Können wir uns trotzdem vertragen?

Diskriminierung ist nachteilig für alle Beteiligten und generell unerwünscht. Oft genug behindert sie auch Arbeitsabläufe, etwa in Unternehmen und Organisationen, in denen Menschen unterschiedlicher Herkunft, Ethnien oder Religionen gemeinsam zum Erfolg beitragen. Aus der Theorie der sozialen Identität lassen sich Maßnahmen ableiten, die dazu führen können, die Beziehungen zwischen Gruppen zu verbessern. Dazu bieten sich insbesondere zwei Ansatzpunkte:

✔ Eine notwendige Voraussetzung für Diskriminierung ist, dass die soziale Kategorisierung in Eigen- und Fremdgruppe den Beteiligten in einer gegebenen Situation als besonders wichtig erscheint. Lässt sich diese Salienz (siehe Kapitel 3) der Gruppeneinteilung verringern, sollte sich auch das Verhältnis zwischen den Gruppen verbessern.

✓ Verantwortlich für Diskriminierung ist das individuelle Streben nach einer positiven sozialen Identität. Ein alternatives Angebot, eine positive soziale Identität zu erreichen, ohne dabei die Fremdgruppe abzuwerten, könnte ebenfalls Konflikte zwischen den Gruppen verhindern.

Diese Überlegungen führen zu konkreten Maßnahmen, die in der Sozialpsychologie ausführlich untersucht wurden.

Die anderen sind gar nicht alle gleich: Dekategorisierung

Eine Fremdgruppe erscheint den Menschen meist homogener in den Eigenschaften ihrer Mitglieder, als sie tatsächlich ist. Das Gefühl »Die sehen alle gleich aus« teilen viele Menschen aus Europa, wenn sie beispielsweise mit Leuten aus Asien zu tun haben. Umgekehrt gilt übrigens dasselbe. Das Aussehen ist ein auffälliges, aber längst nicht das einzige Merkmal, bei dem das Phänomen der *Fremdgruppenhomogenität* auftaucht. Die Mitglieder der eigenen Gruppe erscheinen differenzierter, sicherlich auch, weil einem die Eigengruppe besser bekannt ist als die Fremdgruppe.

Bei der *Dekategorisierung* sollen Hinweise auf Unterschiede innerhalb der Fremdgruppe Diskriminierung bekämpfen. Die Idee dahinter ist, dass die Kategorisierung in Eigen- und Fremdgruppe aufgeweicht oder gar vollständig aufgelöst wird. Eine Möglichkeit dazu ist, persönliche Beziehungen zu einzelnen Mitgliedern der Fremdgruppe herzustellen. Aus »irgendeinem« türkischen Kollegen am Fließband wird auf diese Weise »Emre«, mit seinen persönlichen Eigenschaften, Verdiensten, Sorgen und Nöten. Wohnprojekte in den USA, in denen Schwarze und Weiße gemeinsam in Mietshäusern untergebracht waren, ergaben tatsächlich positivere Einstellungen gegenüber der jeweiligen Fremdgruppe.

Im Grunde gehören wir doch zusammen: Rekategorisierung

Was passiert, wenn einzelne Gruppen eine gemeinsame soziale Identität entwickeln? Interaktionen zwischen den Gruppen fänden dann nicht mehr zwischen ihnen statt, sondern innerhalb einer gemeinsamen, übergeordneten sozialen Kategorie. Politische Einigungsprozesse, wie das Zusammenwachsen der Europäischen Union oder die Wiedervereinigung der ehemaligen deutschen Staaten bieten dazu gute Beispiele. Die Sozialpsychologie hat diese Vorgänge als eine Art »natürliche Experimente« begriffen und wissenschaftlich begleitet.

Wie Sie sicherlich selbst beobachten können und Anekdoten von »Ossis« und »Wessis« nahelegen, hat eine gemeinsame soziale Identität nur wenig Einfluss auf die Diskriminierung. Ein Grund dafür ist, dass etwas stattfindet, das *Eigengruppenprojektion* genannt wird.

 Bei der *Eigengruppenprojektion* »projizieren« die Mitglieder einer Gruppe diejenigen Merkmale, die ihre eigene Überlegenheit gegenüber anderen Teilgruppen rechtfertigen, auf die übergeordnete Kategorie.

Deutsche unterstellen der Superkategorie »Europäer« typisch deutsche Eigenschaften, andere Nationen gehen entsprechend genauso vor. So könnte zum Beispiel eine reiche Nation in Europa wirtschaftlichen Erfolg als definitorisches Merkmal der Superkategorie Europäische Union begreifen. In einem anderen Land definiert man Europa vielleicht auf der

Grundlage christlicher Werte. Für die wirtschaftlich Erfolgreichen sind sie selbst die »besseren Europäer«, für die besonders gläubigen Nationen, wie zum Beispiel Polen, gilt entsprechend dasselbe im Vergleich zu laizistischen Ländern wie Frankreich oder Albanien.

Unterschiedliche Definitionen der übergeordneten Kategorie Europa lassen die eigene Subkategorie als besonders prototypisch für die Superkategorie erscheinen. Je stärker diese Eigengruppenprojektion ausfällt,

- ✔ desto höher die Typikalität der Eigengruppe für die Superkategorie,
- ✔ desto untypischer erscheint die Fremdgruppe für die Superkategorie und
- ✔ desto negativer fällt die Bewertung der Fremdgruppe aus.

Eine gemeinsame Identität ehemaliger Fremdgruppen herzustellen, erweist sich als schwierige Aufgabe in einem langwierigen Prozess. Die beiden Teile Deutschlands sind seit Jahrzehnten dabei, zusammenzuwachsen.

Ihr seid zwar anders, aber nicht schlechter: Wechselseitige Differenzierung

Die Salienz von sozialen Kategorien zu verringern, erwies sich bei De- und Rekategorisierung als nicht immer erfolgreich. Darüber hinaus existieren Kategorien, von denen die Sozialpsychologie weiß, dass sie grundsätzlich hoch salient und aus den Köpfen einfach nicht zu verbannen sind. Dazu gehören insbesondere das Alter einer Person, ihre ethnischen Merkmale wie die Hautfarbe und ihr Geschlecht.

Vielleicht sollte man deshalb erst gar nicht bei der Kategorisierung ansetzen, um die Beziehungen zwischen Gruppen zu verbessern. Alternativ dazu lässt sich eventuell die soziale Identität der Beteiligten auf andere Weise verbessern, sodass eine Diskriminierung der Fremdgruppe nicht mehr notwendig erscheint. Die britischen Sozialpsychologen Miles Hewstone und Rupert Brown haben mit ihrem Modell der *wechselseitigen Differenzierung* diesen Weg vorgeschlagen und 1986 veröffentlicht.

Als Beispiel für die wechselseitige Differenzierung sollen zwei Gruppen von Studierenden unterschiedlicher Fachrichtungen dienen, die gemeinsam eine Homepage zur Veröffentlichung im Internet erstellen. Die eine Gruppe, vielleicht aus der Germanistik, schreibt die Texte, die andere, passen würde wohl Informatik, programmiert und erstellt die Grafiken. Am Ende können die Mitglieder beider Gruppen nicht nur ihre eigene Leistung, sondern auch die der Fremdgruppe würdigen: »tolle Texte, tolles Layout«. Der Fremdgruppe Überlegenheit bei einer der Teilaufgaben zuzugestehen, beeinträchtigt nicht das eigene Selbstwertgefühl, und die Mitglieder beider Gruppen erreichen auf diese Weise eine positive soziale Identität. So weit jedenfalls in der Theorie.

Wechselseitige Differenzierung beinhaltet die Idee, unterschiedlichen Gruppen bei der Bearbeitung von gemeinsamen Aufgaben komplementäre Rollen zuzuweisen. Der jeweilige Beitrag zum gemeinsamen Erfolg fördert die soziale Identität der Mitglieder jeder beteiligten Gruppe auf einer Bewertungsdimension, die dem eigenen Beitrag entspricht. Ein Vergleich mit der Fremdgruppe bleibt aus, weil sich die Teilaufgaben nicht überlappen. Der Unterschied der wechselseitigen Differenzierung zu den gemeinsamen Zielen in Sherifs Ferienlager liegt darin, dass die Adler und die Klapperschlangen Hand in Hand dieselben Aktivitäten verfolgten und zwischen einzelnen Teilaufgaben nicht unterschieden wurde.

Wie gut funktioniert wechselseitige Differenzierung? Bedauerlicherweise entwickeln Menschen auch in solchen Situationen ausreichend Kreativität, um schließlich selbst doch besser dazustehen als die Mitglieder der Fremdgruppe. Sie gestehen der anderen Gruppe Überlegenheit in vergleichsweise unwichtigen Vergleichsdimensionen zu: »Was nützt ein tolles Design, wenn man keine ordentlichen Texte schreibt?« beziehungsweise »Wozu hübsche Texte, wenn man sie nicht in ein vernünftiges Webdesign packen kann?« Die Diskriminierung wird zwar subtiler, ist deswegen aber noch lange nicht aufgehoben.

Vorurteile

Dem friedlichen Nebeneinander unterschiedlicher Gruppen wirkt etwas Allgegenwärtiges entgegen: das *Vorurteil*.

Vorurteile sind Einstellungen gegenüber Gruppen und deren Mitgliedern. Die Bewertung eines Menschen ist dann von einem Vorurteil geprägt, wenn sie ausschließlich auf seiner Mitgliedschaft in einer bestimmten Gruppe beruht und individuelle Verhaltensweisen dieser Person, ihre Stärken, Schwächen und so weiter vernachlässigt.

Wie Sie auch in Kapitel 5 erfahren können, bestehen Einstellungen aus drei Komponenten:

✔ **Affektive Komponente:** Eine gefühlsbetonte Reaktion auf das Mitglied einer mit Vorurteilen behafteten Gruppe. Wie fühlen Sie sich, wenn Sie einem Skinhead, einer Architektin, einem katholischen Priester, einer Chinesin oder einem Mitglied der AfD begegnen? Freuen Sie sich über den Kontakt oder schrecken Sie davor zurück?

✔ **Kognitive Komponente:** Vermeintliches Wissen über die Eigenschaften von Mitgliedern einer bestimmten Gruppe: Was glauben Sie, welche Wesenszüge und Merkmale bringen Skinheads, Architektinnen, katholische Priester, Chinesinnen oder AfD-Mitglieder mit? Die kognitive Komponente eines Vorurteils nennt die Sozialpsychologie *Stereotyp*.

✔ **Verhaltenskomponente:** Inwieweit leitet das Vorurteil Ihr Verhalten gegenüber Mitgliedern der genannten Gruppen? Behandeln Sie alle Menschen gleich oder ergeben sich Bevorzugungen und Benachteiligungen aufgrund deren Gruppenmitgliedschaft? Wie Sie weiter vorn in diesem Kapitel schon erfahren haben, bezeichnet die Sozialpsychologie unterschiedliche Verhaltensweisen gegenüber Menschen, die ausschließlich auf deren Gruppenzugehörigkeit beruhen, als *Diskriminierung*.

Viele Menschen verwechseln im Alltag die Begriffe »Diskriminierung«, »Stereotyp« und »Vorurteil« oder verwenden sie gleichbedeutend. Das geschieht auch in den Medien, sodass sich leicht Verwirrung einstellen kann.

Ein *Vorurteil* bezeichnet im Kontext der Beziehungen zwischen Gruppen eine Einstellung und schließt Gefühle, Vorstellungen von Eigenschaften von Gruppenmitgliedern und das Verhalten ihnen gegenüber mit ein.

Mit der *Diskriminierung* äußert sich das Vorurteil in konkreten Maßnahmen und Entscheidungen, die den Mitgliedern von Fremdgruppen Gleichbehandlung verwehren.

Ein *Stereotyp* beinhaltet Vorstellungen dazu, welche Eigenschaften die Mitglieder einer bestimmten Gruppe mit sich bringen.

Alle drei Begriffe werden meist im negativen Sinn verwendet. Es gibt aber auch wohlwollende Vorurteile wie zum Beispiel gegenüber physisch attraktiven Menschen (Schönheitsstereotyp, siehe Kapitel 9).

Als Beispiel für ein Stereotyp sind an dieser Stelle vielleicht die Klischees interessant, die typisch deutsche Eigenschaften beschreiben, weil Sie als Leserin oder Leser gegebenenfalls ebenso wie wir vom Autorenteam selbst dieser Nation angehören. Allerdings sind stereotype Vorstellungen über »die Deutschen« nicht unabhängig davon, wen man danach fragt. In manchen Ländern wie Südkorea genießt Deutschland ein (teils antiquiertes und idealisiertes) hohes Ansehen. Andere Nationen sind auf die Deutschen weniger gut zu sprechen.

Auch die Deutschen selbst haben eine Vorstellung davon, was »typisch deutsch« ist. Stereotype Vorstellungen über die eigene Gruppe werden als *Autostereotype* bezeichnet. Fragen Sie sich im Folgenden gern selbst, inwieweit stereotype Annahmen über die Deutschen auf Sie selbst oder Ihre deutsche Umgebung zutreffen. Immerhin bezeichnen in Erhebungen etwa 35 Prozent der befragten Deutschen sich selbst als »typisch deutsch«.

- ✔ Fleiß, Pünktlichkeit, Effizienz und Organisation zeichnen die Deutschen aus. Daraus ergeben sich die hohen Qualitätsstandards vieler deutscher Produkte, die im Ausland sehr beliebt sind, aber auch die Vorstellung von typisch deutscher Überregulierung und Bürokratie.

- ✔ Deutsche sind zurückhaltend und distanziert bis hin zur Unhöflichkeit.

- ✔ Regeln werden in Deutschland sehr ernst genommen. In diesem Land bleibt man auch um 2 Uhr nachts auf einer völlig unbefahrenen Straße an einer roten Fußgängerampel stehen.

- ✔ Deutsche haben keinen Stil. Sie tragen weiße Tennissocken in Sandalen und trinken Cappuccino auch nach dem Mittagessen.

- ✔ Den Deutschen ist Sicherheit sehr wichtig. Sie schließen über alles Mögliche Versicherungen ab. Sprichwörtlich sind auch die »German Angst« und das Verhalten von »Helikoptereltern«. Dazu passt, dass sie ungern Schulden aufnehmen und ihr Geld am liebsten auf einem Sparbuch deponieren.

- ✔ Deutsche haben keinen Humor und »gehen zum Lachen in den Keller«.

- ✔ »Ordnung muss sein.« Penible Mülltrennung wird ebenso ernst genommen wie die Inbesitznahme einer Liege am Pool durch das eigene Handtuch. Es gibt kaum Parkplätze, bei denen die einzelnen Abstellplätze nicht durch weiße Trennlinien ausgezeichnet sind, und zwischen Grundstücken werden gern Zäune aufgestellt.

So weit einige Aspekte, die oft genannt werden, wenn man nach »den Deutschen« fragt. Wie wohl jedes andere Stereotyp auch, enthalten diese beispielhaften Klischees den einen oder anderen wahren Kern. Andererseits bemerken Sie sicherlich auch die ungerechtfertigte Generalisierung, wenn das Stereotyp auf alle Deutschen angewendet wird. Was ist mit all jenen, die sich nicht an die Regeln halten, häufig zu spät kommen wie die Deutsche Bahn, keine Versicherungen abschließen, gern lachen und nach dem Essen Espresso trinken?

Woher Vorurteile kommen

Menschen beobachten ihre soziale Umwelt und können dabei wahrnehmen, dass Mitglieder bestimmter Gruppen zum Beispiel in leitenden Positionen seltener vertreten sind oder schlechter bezahlt werden als andere Gruppen. Das gilt etwa für Frauen noch immer im Vergleich zu Männern. Auch wenn es dem Einzelnen gar nicht bewusst wird, ergeben sich aus solchen Beobachtungen stereotype Vorstellungen über die Mitglieder der diskriminierten Gruppe. Sie tragen schließlich zum Vorurteil bei, die diskriminierte Gruppe wäre tatsächlich irgendwie unterlegen.

Darüber hinaus lernen Kinder Vorurteile von ihren Eltern oder anderen Vorbildern. Äußern sich Mama oder Papa abwertend gegenüber Minderheiten wie Schwarzen, Menschen mit Behinderung, Homosexuellen und so weiter, nehmen die Kleinen das auf und verinnerlichen diese Einstellungen. Entsprechend finden Studien recht hohe Übereinstimmungen bei den Vorurteilen von Eltern und ihrem Nachwuchs.

Besonders auffällige Ereignisse und illusorische Korrelationen

Das kennen Sie vielleicht auch: Die Katze ist immer im Weg, wenn man die Wohnung aufräumt, und die Post klingelt immer dann, wenn man unter der Dusche steht. Tatsächlich gibt es diese Zusammenhänge nicht, nur fallen solche Ereignisse viel eher auf als die Gegenbeispiele. Wenn einem die Katze nicht in die Quere kommt und die Post nicht stört, registriert das niemand. Auf diese Weise entsteht eine *illusorische Korrelation*. Dass dieser vergleichsweise subtile Mechanismus zur Entstehung von Vorurteilen führen kann, stellten die Sozialpsychologen David L. Hamilton und Robert K. Gifford im Jahr 1976 vor.

> **Was ins Auge sticht: Illusorische Korrelation zuungunsten einer Minderheit**
>
> Versuchspersonen erhalten eine große Anzahl von Beschreibungen, zum Beispiel auf einzelnen Karteikarten, die Handlungen einzelner Personen beinhalten. Wie sich diese Personen verhalten, ist entweder allgemein erwünscht und positiv bewertet oder unerwünscht. Sie sind darüber hinaus

Mitglieder zweier unterschiedlicher Gruppen. Die Gruppen selbst sind nur mit A oder B benannt, weiter erfahren die Probanden nichts. Beispiele dazu könnten etwa wie folgt lauten:

»Günter, ein Mitglied der Gruppe A, half gestern einer älteren Dame, eine viel befahrene Straße zu überqueren.« (Gruppe A, positiv bewertetes Verhalten)

»Jörn, ein Mitglied der Gruppe B, hat sich gestern vor Kollegen herabwürdigend über seine Ehefrau geäußert.« (Gruppe B, negativ bewertetes Verhalten)

Hamilton und Gifford variieren im Experiment die Häufigkeiten, mit denen die Gruppen A und B genannt werden. Weil Beschreibungen aus Gruppe A viel seltener präsentiert werden als aus Gruppe B, stellt A eine Minderheit dar, während B zu einer Mehrheit wird. Daneben erscheinen negative Verhaltensweisen seltener als positiv bewertete. Ein Beispiel für eine solche Art der Verteilung finden Sie in Abbildung 11.2.

	Valenz der Verhaltensweisen	
	negativ	positiv
(A) Minderheit	10	20
(B) Mehrheit	40	80

Abbildung 11.2: Illusorische Korrelation: Verteilung von negativ und positiv bewerteten Verhaltensweisen einer Minderheit und einer Mehrheit

Es folgt, dass unerwünschte Verhaltensweisen seltener auftreten als erwünschte. Zwischen den Gruppen ist das Verhältnis von negativen zu positiven Verhaltensweisen zueinander aber immer gleich: Im Beispiel zeigen die Mitglieder der Minderheit ebenso wie die Mehrheit jeweils doppelt so oft ein positiv bewertetes Verhalten (Minderheit 10:20, Mehrheit 40:80). Eine Korrelation (siehe Kapitel 2) zwischen Gruppenmitgliedschaft und der Valenz der Verhaltensweisen existiert also nicht.

Nachdem sie alle Verhaltensbeschreibungen gelesen haben, besteht die Aufgabe der Versuchspersonen darin, die Gruppen zu bewerten. Entgegen der Gleichverteilung von Positivem zu Negativem zwischen den Gruppen A und B zeigt sich, dass die Versuchspersonen der Mehrheit gegenüber eine positivere Einstellung entwickelt haben als gegenüber der Minderheit: Die Angehörigen der Mehrheit erscheinen als die besseren Menschen.

Die Autoren erklären das Ergebnis damit, dass seltene Ereignisse die Aufmerksamkeit auf sich ziehen und deshalb besonders salient (siehe Kapitel 3) werden. Wenn sie die Gruppen bewerten, erscheinen den Versuchspersonen die Paarungen zwischen negativem Verhalten und Minderheit häufiger aufgetreten zu sein, als es tatsächlich der Fall war. Die negativen Verhaltensweisen der Mehrheit fallen dagegen weniger ins Auge. Die nur scheinbare Korrelation zwischen Gruppenmitgliedschaft und der Valenz der Verhaltensweisen ist eine pure Illusion.

Illusorische Korrelationen erfahren durch Nachrichten in den Medien weitere Verstärkung. Es gibt deutlich mehr Berichte über negative Ereignisse wie Verbrechen, Katastrophen, Kriege und so weiter als über positive Ereignisse. Steht ein solches Ereignis im Zusammenhang mit einer Minderheit innerhalb einer Gesellschaft, heben die Medien diesen Sachverhalt häufig besonders hervor. Eine Schlagzeile könnte etwa lauten: »Muslim erschießt Ehefrau«. Das Pendant dazu mit »Christ erschießt Ehefrau« ergibt dagegen keinen Sinn und lässt sich dem Publikum nicht verkaufen. In der Folge solcher Nachrichten kann sich das Vorurteil etablieren, dass Muslime ihre Ehefrauen häufiger töten als Christen.

Ihr seid an allem schuld: Sündenböcke wohin man auch blickt

Dem Sozialpsychologen Gordon W. Allport zufolge (eine bedeutende Veröffentlichung dazu stammt aus dem Jahr 1954) entstehen Vorurteile auch dann, wenn Ressourcen generell knapp werden, selbst wenn zwischen den beteiligten Gruppen gar kein Wettbewerb stattfindet. Die frustrierte Gruppe attribuiert (siehe Kapitel 8) dabei ihre missliche Lage auf das angeblich schädigende Verhalten einer Fremdgruppe:

- ✔ Als im 14. Jahrhundert der »Schwarze Tod« in Europa Millionen von Menschen dahinraffte, lag es der christlichen Mehrheit nicht fern, der religiösen Minderheit von Menschen jüdischen Glaubens die Schuld dafür zuzuschreiben.

- ✔ Dieselbe Gruppe wurde Opfer nationalsozialistischer Propaganda während den 1920er-Jahren in der krisengeschüttelten Weimarer Republik.

- ✔ Zwischen dem Ende des 19. Jahrhunderts und bis in die 1950er-Jahre hinein wurden in den USA, insbesondere in den Südstaaten, mehr als 4.400 Lynchmorde an Schwarzen verübt. Wie man später feststellte, stand diese Gewaltbereitschaft im Zusammenhang mit dem Preis für Baumwolle auf dem Weltmarkt. Lässt sich die Baumwolle schlecht verkaufen, beeinträchtigt das den wirtschaftlichen Erfolg der Plantagen und damit auch den Lebensstandard. Die unglückselige Situation steigerte die Vorurteile gegenüber den Schwarzen und rechtfertigte die massive Gewalt.

Nach Allport ist das Sündenbockphänomen an drei Voraussetzungen gebunden:

- ✔ **Es herrscht allgemein Frustration in der Mehrheitsgruppe.** Existenzangst, Arbeitslosigkeit, schlechte wirtschaftliche Bedingungen können die Auslöser einer solchen Frustration sein.

- ✔ **Es existiert eine Fremdgruppe, die leicht von der Mehrheit unterschieden werden kann.** Jüdische Mitmenschen können durch außergewöhnliche Gewohnheiten oder Äußerlichkeiten auffallen. Innerhalb mittelalterlicher Städte lebten sie häufig in sogenannten Judenvierteln. Und unter Verdacht verlangten die Nazis einen Herkunftsnachweis. Afroamerikanische Menschen lassen sich leicht an ihrer Hautfarbe erkennen.

- ✔ **Die Fremdgruppe erscheint schwach und wehrlos.** Das Risiko, selbst Opfer von Gegengewalt zu werden, ist auf diese Weise begrenzt. Deshalb werden Milliardäre eher nicht zu Sündenböcken, eine schwache Regierung während einer Krise, »Ungeimpfte« zu Zeiten einer Pandemie oder »Gastarbeiter« bei hoher Arbeitslosigkeit aber schon.

Man wird sie kaum noch los: Warum Vorurteile so beständig sind

Vorurteile und die damit verbundene Diskriminierung sind allgegenwärtig. Und wie nicht nur das Beispiel mit den Mitmenschen jüdischen Glaubens zeigt, können sie sich über Jahrhunderte hartnäckig halten und selbst dramatische gesellschaftliche Umwälzungen überdauern. Versuche, mithilfe von Information über die betroffenen Gruppen die Einstellungen ihnen gegenüber zu ändern (Persuasion, siehe Kapitel 5), kann man getrost als samt und sonders gescheitert betrachten. Immerhin gibt es aus der Sozialpsychologie recht gut begründete Annahmen dazu, warum Vorurteile so stabil sind.

Ein Blick in die kognitive Werkzeugkiste

Gründe für die Beständigkeit von Vorurteilen ergeben sich aus Annahmen dazu, wie Menschen Information verarbeiten. Der »Computer auf zwei Beinen« (siehe Kapitel 3) arbeitet nach gewissen Gesetzmäßigkeiten, die mit dazu beitragen, dass Vorurteile nur schwer zu verändern sind.

- ✔ **Kategorisierung** ist ein täglich viele Male notwendiger Prozess, bei dem ein Objekt ohne viel Mühe einer Kategorie zugeordnet wird. Menschen erkennen so, dass es sich bei dem, was sie gerade wahrnehmen, um einen Stuhl, einen Baum, ein Geldstück und so weiter handelt (siehe Kapitel 3). Soziale Kategorisierung findet ebenfalls automatisch statt (zu automatischen Prozessen siehe ebenfalls Kapitel 3). Eine Person, die Ihnen gegenübertritt, erkennen Sie als junge Mutter, Skinhead, Lehrerin, Polizisten, Deutsche oder Schwarzen, also als Angehörige einer sozialen Gruppe. Dagegen kann sich niemand wehren.

- ✔ **Stereotype**, die die kognitive Grundlage von Vorurteilen bilden, werden genau wie die Kategorien automatisch aufgerufen, sobald die Person einer sozialen Kategorie zugeordnet wurde. Das setzt nicht einmal voraus, dass Sie selbst diese stereotypen Vorstellungen teilen. Bei einer jungen Mutter denken Sie vielleicht an »liebevoll«, zu einem Deutschen fallen Ihnen Pünktlichkeit und Ordnungsliebe ein, bei einem Schwarzen die Attribute »beeindruckender Tänzer« oder »hervorragender Basketballspieler«. Auch dem kann man ebenso wenig entgegentreten wie dem Gedanken, dass ein als Stuhl kategorisiertes Objekt als Sitzgelegenheit dient.

- ✔ Als eine Art **Schema** leitet das Stereotyp die weitergehende Informationsverarbeitung (Top-down-Verarbeitung, siehe Kapitel 3). Beobachten Sie zum Beispiel mehrdeutige Verhaltensweisen, werden Sie sie als konsistent mit dem Stereotyp interpretieren. Ungewöhnliche Tanzschritte eines Schwarzen signalisieren demnach eher besondere Kreativität, bei einem Weißen dagegen Ungeschicklichkeit. Außerdem erspart schemageleitete Informationsverarbeitung, wie sie etwa unter guter Stimmung besonders auftritt (siehe Kapitel 4), weitergehende Anstrengungen. Warum sollte man auch ausführlich über eine Person nachdenken, wenn einem das Stereotyp schon längst verraten hat, dass das Gegenüber ein begnadeter Tänzer ist.

✔ **Subtyping:** Treffen Sie auf Exemplare, die dem Stereotyp eindeutig und unmissverständlich widersprechen, eröffnen Sie einfach eine neue Subkategorie mit der Überschrift »unpünktliche Deutsche« oder »lieblose Mütter«. Die in der ursprünglichen Kategorie verbliebenen Exemplare erscheinen dadurch noch homogener in ihren stereotypen Eigenschaften und bestätigen das Vorurteil umso mehr. Wie der Volksmund schon sagt: »Ausnahmen bestätigen die Regel.«

Zur Stabilität von Vorurteilen tragen darüber hinaus zwei weitere Mechanismen bei:

✔ **Sich selbst erfüllende Prophezeiung:** Menschen tendieren dazu, sich so zu verhalten, wie andere es von ihnen erwarten. Leitet das Stereotyp »Übergewichtige sind besonders verträglich« Ihren Umgang mit einer wohlbeleibten Person, verhalten Sie sich so, dass es dem Gegenüber besonders leichtfällt, hohe Verträglichkeit zu zeigen (siehe Kapitel 7). Auf diese Weise können sich Vorurteile weiter verfestigen.

✔ **Der Glaube an die gerechte Welt:** Dieser Gedankengang schreibt Opfern von Diskriminierung eine gewisse Mitschuld an ihrem Schicksal zu: »Wer schlecht behandelt, verfolgt oder gar umgebracht wird, hat irgendwie selbst dazu beigetragen. Wenn die Welt ungerecht wäre, könnte ich selbst ja auch zum Opfer werden.« Diese selbstwertdienliche Attribution (siehe Kapitel 8) erlaubt es, sich selbst als vor Unterdrückung und Diskriminierung geschützt zu betrachten.

Wie man Vorurteile doch noch kleinkriegen kann: Kontakt und gemeinsame Aufgaben

Wer Beziehungen zu Mitgliedern einer Fremdgruppe pflegt, hat durchweg weniger Vorurteile. Warum?

✔ Menschen, die ein bestimmtes Vorurteil nicht teilen, sind eher bereit, solche Kontakte aufzunehmen und aufrechtzuerhalten – das versteht sich von selbst.

✔ Begegnungen zwischen den Gruppen können den Abbau von Vorurteilen verursachen. Das gelingt allerdings nicht immer und ist an bestimmte Bedingungen geknüpft.

Die Kontakthypothese

Nach Allports *Kontakthypothese* können persönliche Beziehungen zwischen Gruppenmitgliedern Gruppen dazu beitragen, Vorurteile abzubauen, wenn folgende Voraussetzungen erfüllt sind:

✔ **Der Kontakt erfolgt auf gleichrangiger Ebene.** Bei ungleichem Status folgen die Interaktionen zwischen den Mitgliedern dagegen eher festgelegten Mustern, wenn sie zum Beispiel im Verhältnis Lehrerin zu Schüler oder Chef zu Angestellten stattfinden. Solche »asymmetrischen« Begegnungen verhindern den Abbau von Vorurteilen.

✔ **Institutionelle Unterstützung fördert den Gleichheitsgedanken.** Dies ist nicht nur durch formelle Vorschriften (Artikel 3 des Grundgesetzes oder das Allgemeine Gleichbehandlungsgesetz) realisierbar. Besonders wirksam sind darüber hinaus informelle Normen (*deskriptive Normen*, siehe Kapitel 10) und Gebräuche, die von Verantwortlichen wie Vorgesetzten und Leitungspersonal implementiert und beispielhaft vorgelebt werden können.

- ✔ **Die Kontakte ergeben sich in informellen Situationen und freundlicher Umgebung** wie zum Beispiel im Sportverein oder auf einer Feier.

- ✔ **Es finden viele und unterschiedliche Kontakte mit möglichst typischen Mitgliedern der Fremdgruppe statt.** So lässt sich auch das weiter vorn beschriebene *Subtyping* verhindern. Ein einmaliges Treffen mit einer herausgehobenen Person, zum Beispiel der Botschafterin oder einem Konzernchef aus einem fremden Land, ist hingegen wenig vielversprechend.

- ✔ **In wechselseitiger Abhängigkeit brauchen die Gruppen einander, um ein gemeinsames Ziel zu erreichen.** Kontakte in solchen Situationen reduzieren besonders wirksam die gegenseitigen Vorurteile.

Die Annahmen der Kontakthypothese erklären, wieso gemeinsame Wohnblocks von Schwarzen und Weißen und die Reparatur der Wasserversorgung in Sherifs Ferienlager tatsächlich Erfolge zeitigten. Als unwirksam erwies sich dagegen das ab den 1970er-Jahren in den USA angewandte Verfahren, weiße und schwarze Kinder in gemeinsamen Schulen unterzubringen (das sogenannte *Busing*). Im Klassenzimmer fanden die so initiierten Kontakte in einer Situation statt, die eher durch Leistungsdruck und Konkurrenz gekennzeichnet ist.

Lernen in gegenseitiger Abhängigkeit: Jigsaw-Klassen

Ein erfolgreicher Versuch, gerade in den Schulen Vorurteile zu bekämpfen, stellen sogenannte *Jigsaw-Klassen* dar. Das englische Jigsaw (eigentlich Stichsäge) steht für das deutsche Puzzle. Wie bei dem beliebten Legespiel jedes Puzzleteil zum Gesamtbild beisteuert, sollen die Schülerinnen und Schüler Beiträge leisten, ohne die eine gemeinsame Aufgabe nicht zu lösen ist.

Kleine, ethnisch oder religiös gemischte Lerngruppen erhalten Teilaufgaben: Geht es zum Beispiel um das Leben im Mittelalter, recherchiert eine Gruppe zu Rittern, ein andere zu Handelsbeziehungen, eine dritte zur Landwirtschaft in dieser Zeit und so weiter. Jede Gruppe verfügt am Ende über ein exklusives »Puzzleteil«, das die Klasse benötigt, um das Gesamtbild zusammenzustellen. Die Kinder konkurrieren folglich nicht mehr, sondern sind aufeinander angewiesen. Es entsteht eine gemeinsame soziale Identität, die Empathie und das Selbstwertgefühl der Beteiligten fördert und Vorurteile eindämmt.

Seit den ersten Versuchen mit Jigsaw-Klassen in den 1970er-Jahren in den USA haben eine Vielzahl von Studien in unterschiedlichen Ländern und Kulturkreisen die Wirksamkeit dieser und vergleichbarer Maßnahmen bestätigt. Jigsaw-Klassen verbessern die Beziehungen nicht nur zwischen ethnischen und religiösen Gruppen, sondern auch die zu anderen diskriminierten Gruppen wie Kindern mit Behinderung. Den Kontakt zwischen ansonsten verfeindeten Gruppen mit gemeinsamen Aufgabenstellungen in gegenseitiger Abhängigkeit gerade bei den jüngsten Mitgliedern herzustellen, erscheint aus sozialpsychologischer Perspektive als die bis dato vielversprechendste Methode, Vorurteile zu bekämpfen und das friedliche Zusammenleben unterschiedlicher Gruppen zu fördern.

Teil V
Der böse und der gute Mensch

IN DIESEM TEIL ...

erhalten Sie einen Überblick darüber,

- ✔ wieso der Mensch in der Lage ist, das Beste, aber auch das Schlimmste zu vollbringen,
- ✔ was Menschen dazu veranlasst, gewalttätig zu werden, andere zu beleidigen oder zu demütigen,
- ✔ wie sich Menschen gegenseitig helfen und warum sie das tun,
- ✔ wieso die Sozialpsychologie glaubt, dass es wahren Altruismus gibt.

IN DIESEM KAPITEL

Wie boshaft der Mensch sein kann, aber nicht muss

Biologische Grundlagen aggressiven Verhaltens

Provokation und Frustration

Aggressive Vorbilder und Gewalt in den Medien

Was sich gegen Aggressionen tun lässt

Kapitel 12
Der »böse« Mensch schädigt andere: Aggression

Wie bösartig kann der Mensch doch sein! Aggressives ist im Großen wie im Kleinen alltäglich zu beobachten. Ein Land überfällt ein anderes mit Waffengewalt, Jugendliche prügeln sich in einem Ferienlager (siehe Kapitel 11), eine Frau zerkratzt den Lack des Autos ihres Nachbarn, ein Gast im Restaurant beschimpft die Kellnerin, in den sozialen Medien kommentiert jemand unter Pseudonym einen Beitrag mit Beleidigungen, Kollegin Meier verbreitet in der Firma das Gerücht, Kollege Müller sei Alkoholiker, obwohl sie genau weiß, dass das gar nicht stimmt. Diesen Verhaltensweisen ist gemeinsam, dass sie darauf ausgerichtet sind, einer oder mehreren anderen Personen zu schaden.

Aggressive Handlungen beinhalten den Vorsatz, Schaden zuzufügen. Die Schädigung kann sich auf physischen oder psychischen Schmerz, auf finanzielle Verluste oder ideelle Nachteile beziehen. Richtet sich die Aggression gegen die eigene Person, spricht die Forschung von *Autoaggression*, die gewöhnlich bei psychischen Problemen auftritt.

Wie erfolgreich die aggressive Vorgehensweise ist, also ob tatsächlich ein Schaden eintritt, spielt dabei keine Rolle; allein der Vorsatz ist für diese Definition entscheidend. Eine versehentliche Schädigung stellt dagegen keine Aggression dar, weil die Absicht fehlt. Darüber hinaus wird unterschieden zwischen:

- ✔ **Feindseliger Aggression**, die gewöhnlich von Emotionen wie Wut, Zorn oder Ärger ausgelöst wird und allein auf die Schädigung einer anderen Person ausgerichtet ist. Beispiele: Das wilde Hupen eines Autofahrers, dem die Vorfahrt genommen wurde; Frau Meier setzt das Gerücht über ihren Kollegen Müller in die Welt, weil er sie beleidigt hat.

- ✔ **Instrumenteller Aggression**, mit dem Ziel, eigene Vorteile zu erlangen. Beispiele: Ein Fußballspieler hofft, durch ein schweres Foul einen Gegenspieler zu zurückhaltender Spielweise zu veranlassen, damit die Chancen steigen, das Spiel zu gewinnen; Frau Meier hofft, bei der anstehenden Vergabe der Abteilungsleitung gegenüber Herrn Müller bevorzugt zu werden.

Ist der Mensch tatsächlich »des Menschen Wolf«? So hat es der Philosoph Thomas Hobbes formuliert. Die Frage, ob der Mensch von Natur aus »böse« ist oder warum er es zumindest sein kann, hat über die Jahrhunderte Disziplinen wie die Philosophie, die Theologie, die Biologie und schließlich auch die Psychologie beschäftigt. Für Hobbes ist der Mensch mit einem natürlichen »Instinkt« zur Aggression geboren, der durch eine funktionierende Gesellschaftsordnung eingedämmt werden kann. Jean-Jacques Rousseau vertritt demgegenüber die Auffassung vom »edlen Wilden«, der erst in einer beengenden und einschränkenden Gesellschaft aggressive Verhaltensweisen entwickelt.

Auch in der Biologie ist man sich nicht durchgängig einig. Gelingt es zum Beispiel, ein Katzenjunges durch gemeinsame Aufzucht mit Ratten dazu zu bringen, freundliches Verhalten gegenüber Ratten im Allgemeinen zu zeigen, mag das nahelegen, dass Aggression nicht vorprogrammiert ist und erst gelernt werden muss. Der Verhaltensforscher Irenäus Eibl-Eibesfeldt kam zur gegenteiligen Schlussfolgerung: Auch eine isoliert aufgewachsene Ratte zeigt die für Ratten typischen aggressiven Verhaltensweisen, obwohl sie das nirgends abgeschaut haben kann. Konrad Lorenz untersuchte das Verhalten der besonders aggressiven Buntbarschmännchen. Diese unfreundlichen Tierchen greifen normalerweise andere Männchen ihrer Gattung an, finden sie keine, richtet sich ihre Aggression auf andere Fische bis hin zu ihren eigenen Weibchen.

Fazit: Die weite Verbreitung von Aggression unter den Wirbeltieren weist darauf hin, dass sie aus evolutionsbiologischer Sicht nützlich ist, weil sie dazu beiträgt, das Überleben in Konflikten um Nahrung oder Fortpflanzung zu sichern. Viele Befunde legen darüber hinaus nahe, dass in einer konkreten Situation Aggression nur eine von vielen möglichen Handlungsoptionen darstellt.

Auf das Wirbeltier Mensch übertragen bedeutet dies, dass er mit einer angeborenen Tendenz ausgestattet ist, in bestimmten Situationen mit Aggression zu reagieren. Ob es tatsächlich zu einer aggressiven Handlung kommt, hängt von vielen, ganz unterschiedlichen Faktoren ab. Im Konflikt um Ressourcen gleichwelcher Art haben sich beim Menschen auch Kompromisse, Lernbereitschaft, Bündnisse, Überzeugungsversuche und so weiter als wirksame Strategien bewährt. Darüber hinaus unterliegen Aggressionen auch kulturellen Gegebenheiten wie Normen und expliziten Gesetzesvorschriften (siehe Kapitel 10), die aggressive Verhaltensweisen fördern oder blockieren können.

Alles nur Chemie?
Serotonin, Testosteron und Alkohol

Von den genetisch bedingten Grundlagen aggressiven Verhaltens ist es gedanklich nur ein kleiner Schritt zu chemischen Substanzen, die ebenfalls in die Biologie des Menschen eingreifen und die Bereitschaft zu Aggression beeinflussen.

Schmetterlinge im Kopf: Serotonin

Als Erstes zu nennen ist das *Serotonin*, das der Volksmund gern als »Glückshormon« bezeichnet. Es löst Gefühle von innerer Ruhe, Gleichgewicht und Entspannung aus und unterdrückt Angstgefühle.

Serotonin ist ein Gewebshormon und dient dem menschlichen Körper als Botenstoff an vielen unterschiedlichen Stellen. Unter anderem hemmt es Aggressionen. Bei inhaftierten Gewaltverbrechern finden sich im Vergleich zu sonstigen Gefängnisinsassen regelmäßig verminderte Konzentrationen von Serotonin im Gehirn. Ebenso ist ein Mangel an Tryptophan, einer Aminosäure, die der Körper zur Herstellung von Serotonin benötigt, mit erhöhter Aggressionsbereitschaft verbunden. Allerdings sind diese Zusammenhänge eher schwach, sodass sie im Einzelfall nicht erlauben vorherzusagen, dass ein Individuum mit geringen Serotoninwerten tatsächlich auch erhöhte Aggressionsbereitschaft zeigt.

Aggression aus den Keimdrüsen: Testosteron

Der zweite Kandidat auf der chemischen Liste ist das *Testosteron*, das männliche Sexualhormon. Im Tierreich ist der Einfluss hoher Testosteronwerte auf Imponiergehabe, Kampfbereitschaft und sexuelle Aktivität eindeutig nachgewiesen.

Beim Menschen führen hohe Testosteronwerte zu Aggressionsbereitschaft. Mitglieder besonders aggressiver Studentenverbindungen und verurteilte Gewalttäter weisen vergleichsweise hohe Testosteronwerte auf. Unklar ist bislang, ob Testosteron linear oder im Zusammenspiel mit anderen Substanzen, zum Beispiel dem Stresshormon Cortisol, auf die Aggressionsneigung wirkt. Wie auch beim Serotonin ist der Zusammenhang zwischen Testosteron und Aggressionsneigung eher klein und nur bei großen Stichproben von untersuchten Individuen feststellbar.

Da Testosteron vor allem in den Hoden produziert wird, finden sich in männlichen Körpern zwangsläufig höhere Konzentrationen als in weiblichen – ansonsten hätten Frauen Bärte und würden mit tiefer Stimme sprechen. Es stellt sich die Frage, ob Männer deshalb aggressiver sind als Frauen.

Männer zeigen im Durchschnitt höhere Bereitschaft zu physischer Gewalt als Frauen. Das lässt sich schon bei Kindern ab drei Jahren beobachten: Jungs hauen und schubsen mehr als Mädchen. Bei sozialen Aggressionen, wie falsche Gerüchte in die Welt zu setzen oder jemanden von der Gruppe auszuschließen (Ostrazismus, siehe Kapitel 10), kehrt sich das Bild um und weibliche Individuen erweisen sich als aggressiver als männliche. Aber Vorsicht bei der Interpretation: Wie immer sprechen die Zahlen vom Durchschnitt. Es gibt also auch hochaggressive weibliche »Krokodile«, die gern mal draufhauen, und handzahme männliche »Lämmchen«.

Dem Bundeskriminalamt zufolge waren im Jahr 2023 mehr als 130.000 Frauen, aber nur knapp 35.000 Männer Opfer von Gewalt in der Partnerschaft. Allerdings werden die vermuteten Dunkelziffern als besonders hoch angesetzt, weil wohl die meisten Vorfälle gar nicht erst bekannt werden. Zahlen aus den USA zeigen, dass viele ermordete Frauen ihren Ehemännern oder ehemaligen Partnern zum Opfer fallen. Die Ermittlungsbehörde tut also gut daran, sich bei einem Mordfall den Ehemann oder (Ex-)Freund der getöteten Frau genauer anzuschauen. Umgekehrt werden Männer nur selten von ihren Frauen oder (ehemaligen) Partnerinnen umgebracht.

Wenn eindeutige Provokationen vorliegen, findet man in Bezug auf körperliche Auseinandersetzungen in Partnerschaften allerdings keine bedeutsamen Unterschiede: In engen Beziehungen (siehe Kapitel 9) reagieren beide Geschlechter gleichermaßen aggressiv auf Angriffe, Eifersucht und Rachegefühle. Offensichtlich gibt es neben den hormonellen Unterschieden zwischen Mann und Frau auch psychologische, die sich auf die Aggressionsbereitschaft auswirken:

- **Schuldgefühle:** Frauen neigen eher als Männer zu Schuldgefühlen und Angst, nachdem sie sich aggressiv verhalten haben. Die Erwartung solcher Reaktionen blockiert die Aggressionsbereitschaft.

- **Risiko:** Eine aggressive Verhaltensweise ist für Männer mit weniger Risiko verbunden als für Frauen. Sie trauen sich eher zu – im Hinblick auf ihre durchschnittlich höheren körperlichen Kräfte meist zu Recht –, auf mögliche Gegengewalt passend reagieren zu können.

- **Attribution:** Männer fassen mehrdeutige Situationen leichter als provokativ auf als Frauen (*feindseliger Attributionsstil*, siehe Kapitel 8) und reagieren deshalb schneller mit Aggression. Liegt eine eindeutige Provokation vor, die keine Interpretation erfordert, verschwinden diese Unterschiede und beide Geschlechter antworten gleichhäufig mit Gegenaggression.

- **Kultur:** Die Neigung zu aggressiven Verhaltensweisen ist kulturabhängig. So fand eine internationale Studie bei Männern durchweg höhere Aggressionswerte als bei Frauen, doch waren Frauen in Australien und Neuseeland im Durchschnitt aggressiver als koreanische oder schwedische Männer.

Die Frage, ob Männer aggressiver sind als Frauen, lässt sich demnach mit einem eindeutigen »ja, aber« und dem der Wissenschaft oft eigenen »es kommt drauf an« beantworten.

Zu tief ins Glas geschaut: Alkohol

Ein Großteil von Tätern, die wegen einer Gewalttat vor Gericht landen, wurde im angetrunkenen Zustand verhaftet. Das gilt auch für Menschen, die nüchtern eher wenig zu aggressiven Verhaltensweisen neigen, und für Situationen, in denen keine Provokation vorlag. Denken Sie an die spontane Schlägerei in der Kneipe oder auf dem Volksfest.

 Unter Alkoholeinfluss steigt die Wahrscheinlichkeit für aggressives Verhalten.

Die psychologische Wirkung von Alkohol auf erhöhte Neigung zu Aggression ist insbesondere auf folgende Ursachen zurückzuführen:

- ✔ **Enthemmung:** Wie Sie sicherlich selbst schon beobachtet haben, verringert Alkoholeinfluss Hemmungen. Handlungen, die durch Normen (siehe Kapitel 10) gemeinhin als zumindest fragwürdig angesehen werden, treten bei Alkoholkonsum vermehrt zutage. Denken Sie dabei nur an die Peinlichkeiten bei der letzten Weihnachtsfeier in Ihrer Firma, nachdem die Belegschaft genügend Punsch und Glühwein zu sich genommen hatte. Die enthemmende Wirkung des Alkohols wirkt sich auch auf sonst als inakzeptabel angesehene Aggressionen aus.

- ✔ **Verringerte Furcht:** Alkohol verringert Angstgefühle. Die Furcht, bei einem aggressiven Akt Opfer von Gegengewalt zu werden, ist dadurch reduziert. So manch betrunkener Zeitgenosse hat sich mit ernsthaften Konsequenzen auch schon »mit dem Falschen« angelegt.

- ✔ **Kognitive Ressourcen:** Haben Sie schon einmal im betrunkenen Zustand versucht, eine schwierige Rechenaufgabe zu lösen? Wenn ja, wissen Sie aus eigener Erfahrung, dass Alkohol im Blut das Denken behindert. Begrenzte Kapazitäten führen zu »grober« Informationsverarbeitung (automatische und globale Prozesse, siehe Kapitel 3). Der erstbeste Gedanke leitet das Verhalten, bewusste Korrekturen finden kaum noch statt. Rempelt Sie jemand in der überfüllten U-Bahn rüde an, fühlen Sie sich im ersten Augenblick angegriffen; im nüchternen Zustand führen Sie das Ereignis in einem zweiten Gedankenschritt auf das dichte Gedränge zurück. Unter Alkoholeinfluss bleibt es dabei, dass es sich um einen Angriff handelt, den Sie mit Aggression beantworten sollten. Die Umstände des Vorfalls zu berücksichtigen, erfordert mehr kognitive Kapazitäten, als Ihnen zur Verfügung stehen.

Wenn es einem nicht gut geht: Unwohlsein als Auslöser aggressiven Verhaltens

In einer gegebenen Situation aggressiv zu reagieren, ist eine von mehreren möglichen Handlungsoptionen. Ob ein Individuum gewalttätig wird oder Beschimpfungen äußert, ist demnach von Bedingungen in der Situation abhängig, die Einfluss darauf nehmen, ob die Aggressionskarte tatsächlich gezogen wird. Die Forschung hat sich dazu mit Gefühlen des Unbehagens beschäftigt und festgestellt, dass insbesondere unerwarteter Schmerz und hohe Umgebungstemperaturen die Aggressionsbereitschaft fördern.

Autsch! Unerwarteter Schmerz und Aggression

Tiere, die einem Schmerzreiz ausgesetzt sind und nicht flüchten können, gehen häufig zum Angriff über. Dasselbe gilt für die Menschen.

Plötzlich einsetzender Schmerz erhöht die Wahrscheinlichkeit, in einer gegebenen Situation aggressiv zu reagieren.

Haben auch Sie sich schon einmal am Tisch das Schienbein gestoßen und daraufhin geflucht, dem »bösen« Tisch einen Tritt versetzt oder Ihren unschuldigen Ehepartner angefaucht? Solche Alltagsbeobachtungen lassen sich durch Forschungen im sozialpsychologischen Labor gut bestätigen.

Eiswasser und Chilisoße

Stellen Sie sich vor, Sie nehmen an einem angeblichen Lernexperiment teil. Dabei überwachen Sie die Gedächtnisleistungen einer anderen Person und sollen Fehler damit bestrafen, dass Sie ihr eine besonders scharfe Chilisoße verabreichen. Wie viel feurige Substanz Sie verabreichen, bleibt dabei Ihnen selbst überlassen. Capsaicin, der Scharfmacher im Chili, brennt im Mund, seine Gabe stellt also eine aggressive Verhaltensweise gegenüber der anderen Person dar.

Versuchspersonen in einer solchen Situation kann man unterschiedlichen Bedingungen aussetzen und mit der zugeteilten Menge an Chilisoße messen, wie aggressiv sie gerade sind. Eine Möglichkeit besteht darin, unmittelbar vor der Chiligabe eine Hand der Probanden in eiskaltes Wasser zu tauchen. Das verursacht eine unerwartete Schmerzreaktion. Im Vergleich zu Versuchspersonen mit der Hand in lauwarmem Wasser verabreichen sie mehr Chili – ein deutlicher Hinweis darauf, dass Schmerzempfinden die Bereitschaft erhöht, aggressives Verhalten zu zeigen.

Hitze macht aggressiv

Doch nicht nur der Kältereiz bestimmt, wie viel Chili verabreicht wird. Auch andere Rahmenbedingungen wie beispielsweise die Raumtemperatur im Labor beeinflussen die Neigung zu aggressivem Verhalten. Als angenehm empfinden die Menschen durchschnittlich etwa 20 bis 22 Grad Celsius – Frauen mögen es gern ein wenig wärmer als Männer. Herrschen Temperaturen von über 30 Grad und zusätzlich hohe Luftfeuchtigkeit, die den subjektiven Eindruck von großer Hitze verstärkt, kann von Wohlbehagen keine Rede mehr sein. Ist das Labor im angeblichen Lernexperiment auf solche Bedingungen erhitzt, verabreichen die Versuchspersonen mehr Chilisoße als bei angenehmen Raumtemperaturen.

Hohe Umgebungstemperaturen erhöhen die Wahrscheinlichkeit für aggressive Verhaltensweisen.

Die Beobachtung im Labor lässt sich durch eine ganze Reihe Untersuchungen in realen Kontexten bestätigen:

- ✔ **Straßenverkehr:** An heißen Tagen ist mehr als sonst Hupen im Straßenverkehr zu vernehmen. Autos, die nicht mit einer Klimaanlage ausgestattet sind, tun sich dabei besonders hervor.

- ✔ **Konflikte:** In den USA brechen gewaltsame Auseinandersetzungen zwischen Straßengangs vermehrt bei hohen Temperaturen aus.

- ✔ **Waffengebrauch:** Ebenfalls in den Vereinigten Staaten greift die Polizei bei Hitze eher zum Gebrauch von Schusswaffen.

- ✔ **Gewalt:** Die Häufigkeit von Gewaltverbrechen steigt im Sommer an und geht im Winter wieder zurück.

In unseren Breiten setzen diese Effekte von Hitze ab etwa 27 Grad Celsius ein und verstärken sich weiter mit zunehmenden Temperaturen. Bei besonders großer Hitze ab etwa 34 Grad dreht sich der Zusammenhang mit der Aggression allerdings allmählich um. Das Leben läuft dann insgesamt verlangsamt ab, auf öffentlichen Plätzen trifft man nur noch wenige Menschen an. Wer kann, verschiebt Erledigungen und hält sich an einem kühlen Ort und möglichst nicht im Straßenverkehr oder der Fußgängerzone auf.

Gründe für das Unwohlsein unter hohen Temperaturen sind zum einen körperliche Reaktionen. Allein schon das vermehrte Schwitzen empfinden die Menschen als unangenehm. Außerdem sinkt der Blutdruck, weil sich die Blutgefäße weiten, und das Herz muss schneller schlagen. Als psychische Folge leidet die Konzentrationsfähigkeit, weshalb es an heißen Tagen häufiger als sonst zu Unfällen kommt. Kleine Misslichkeiten oder Versehen treten ebenfalls vermehrt auf, nicht nur bei den anderen Hitzegeschädigten, sondern auch bei sich selbst. Sie verursachen Ärger, Zorn und eventuell auch Schmerzen mit den bekannten Wirkungen auf die Aggressionsbereitschaft.

Allerdings hängt auch viel von der konkreten Situation ab, in der sich die Menschen befinden. Vergleichen Sie einen heißen Tag im hektischen Büro oder auf der Baustelle mit einem unbeschwerten Urlaubstag am ebenso heißen Strand der Copacabana oder auf Ko Samui. Und in der Sauna wirken auch bei Temperaturen bis über 100 Grad meist alle entspannt, selbst wenn der Aufguss die Luftfeuchtigkeit erhöht und für eine zusätzliche Hitzewallung sorgt.

An einem heißen Tag sollten Sie sich aus medizinischer Sicht kühlen, etwa mit kaltem Wasser an den Schläfen und den Pulsen, und viel trinken. Psychologisch dürfen Sie gern Rücksicht auf sich selbst und andere nehmen. Der erwartete Rückruf kommt dann halt erst am nächsten Tag, sei's drum. Und der wütende Autofahrer auf dem Parkplatz leidet unter der Hitze, weshalb Sie ihm gern die unberechtigte Vorfahrt überlassen – mit Ihnen persönlich hat sein Verhalten nichts zu tun. Und im umgekehrten Fall sind Sie froh, wenn jemand anderes Ihre eigene Ungeschicklichkeit verzeiht.

Im Zusammenspiel mit den anderen: Situationen, die Aggressionen fördern

Genug von Genetik, Chemie und körperlichen Reaktionen: Jetzt werden die Ursachen für Aggressionen sozialpsychologisch. Im Zusammenleben der Menschen kommt es häufig zu Situationen, die aggressive Verhaltensweisen fördern.

Nur nicht aufregen lassen: Provokation

Wer dieses Kapitel aufmerksam gelesen hat, ist dabei mehrmals auf den Begriff *Provokation* gestoßen. Aber was genau ist mit Provokation gemeint und wie wirkt sie sich auf die Bereitschaft zu Aggressionen aus?

Provokation bezeichnet ein Verhalten, das darauf ausgerichtet ist, eine spezifische Reaktion beim Gegenüber hervorzurufen. Im gegebenen Zusammenhang bezieht sich Provokation darauf, meist unbedachte und spontane aggressive Verhaltensweisen bei anderen Menschen auszulösen.

Als Provokationen dienen zum Beispiel körperliche Angriffe, Beleidigungen und ungerechtfertigte Kritik. Sie schädigen das Selbstwertgefühl (siehe Kapitel 6) der Provozierten, und zwar insbesondere dann, wenn noch weitere Personen anwesend sind und den Vorgang beobachten.

Provokationen lösen häufig das Bedürfnis aus, Vergeltung zu üben und den aggressiven Akt mit eigenen Angriffen gegen den Provokateur zu erwidern. Das gilt vor allem für Menschen mit einem niedrigen oder einem sehr hohen, aber fragilen Selbstwertgefühl (siehe Kapitel 6). Wer in diesem Sinn besonders »dünnhäutig« ist, wird den Impuls zum Gegenschlag nur schwer kontrollieren können.

In Experimenten zur Wirkung von Provokation verzichtet man aus naheliegenden Gründen auf körperliche Attacken. Kritik an der Leistung einer Versuchsperson garniert mit der einen oder anderen dezenten Beleidigung lässt sich dagegen viel leichter im sozialpsychologischen Labor verwirklichen. Stellen Sie sich dazu den folgenden beispielhaften Ablauf vor:

Rache für groben Tadel

Als hilfsbereiter Menschen haben Sie sich entschlossen, an einer Studie teilzunehmen, bei der es (angeblich) darum geht, sich mit viel Fantasie Werbesprüche auszudenken. Sie erhalten als Vorgabe ein beliebiges Konsumprodukt, zum Beispiel eine Hautcreme. Ihrer Kreativität lassen Sie freien Lauf, indem Sie Ihre Vorschläge auf einem Blatt notieren: »Glatt und glatter geht's nicht«. Ein Verbündeter der Versuchsleitung sammelt die Blätter ein und liest alles aufmerksam durch. Mit Ihren Vorschlägen ist er allerdings überhaupt nicht zufrieden, findet alles langweilig und fantasielos. Obendrein bezweifelt er, dass Sie überhaupt zu einem kreativen Gedanken fähig sind. Damit greift er Ihr Selbstwertgefühl an und die notwendige Bedingung für eine Provokation ist erfüllt.

Es folgt eine angeblich weitere, vom ersten Durchlauf unabhängige Studie. Der Verbündete ist nun der Schüler in einem Lernexperiment, dessen Fehler Sie mit der Gabe von Chilisoße oder auch einem lauten Geräusch sanktionieren sollen. Wie hoch die Strafe ausfällt, also wie viel Chili Sie verabreichen oder wie laut der Knall ist, entscheiden Sie selbst. Das Ausmaß der Strafen für Erinnerungslücken dient als Maß für die Aggression, die Sie gegenüber dem Provokateur aus der angeblich ersten Studie zeigen.

Provozierte Versuchspersonen bestrafen die Fehler des Schülers härter als Probanden in einer Vergleichsbedingung, die keine herabwürdigende Rückmeldung zu ihrer Kreativität erhalten haben. Sie verabreichen also mehr Chili oder stellen den Lärmpegel besonders hoch ein. Der Effekt der Provokation fällt besonders deutlich aus, wenn die Kritik beleidigend, unsachlich und in Gegenwart anderer Personen ausgesprochen wurde und so das Selbstwertgefühl der Versuchspersonen massiv verletzte.

Umgekehrt fällt die Aggression niedriger aus, wenn die Probanden die Gründe für die Herabwürdigung nicht bei sich selbst, sondern beim Provokateur vermuten dürfen. Wurde der Verbündete als »besonders schlecht drauf« vorgestellt, weil er zum Beispiel angeblich gerade erfahren hat, dass er bei einer Prüfung durchgefallen ist, nehmen die Versuchspersonen die unsachgemäße Kritik weniger persönlich und halten sich mit ihrer Vergeltung zurück.

Missmut und Verdruss: Frustration fördert Aggression

Wenn Sie Kapitel 2 Ihres *Sozialpsychologie für Dummies* gelesen haben, kommt Ihnen die *Frustrations-Aggressions-Hypothese* von Dollard, Miller und ihren Kollegen schon bekannt vor. Die Grundidee dieser Theorie ist ganz einfach: Frustration löst Aggression aus.

Frustration stellt sich immer dann ein, wenn ein Individuum ein Ziel nicht erreichen kann.

Sie freuen sich auf einen geruhsamen Feierabend zu Hause, stehen aber unerwartet im Stau auf der Autobahn. Sie erwarten mit Ihrem neu gegründeten Onlineshop gigantische Umsätze zu erzielen, aber niemand ruft Ihre Internetseite auf. In der Schlange bei der Essensausgabe nimmt jemand vor Ihnen den allerletzten so hochgeschätzten Getreidebrätling entgegen, die vegetarische Currywurst ist ein nur bescheidener Ersatz. In der Firma erhält Kollege Müller die Beförderung zum Abteilungsleiter, mit der Sie selbst fest gerechnet hatten.

Beispiele für Situationen, bei denen die Blockade von Zielen Frustration auslöst, lassen sich beliebig ausdenken. Dabei sollte die Frustration umso höher ausfallen, je näher sich jemand schon am Ziel befindet: 2 Kilometer vorm Zuhause wirkt der Stau frustrierender als in 200 Kilometer Entfernung und die Beförderung »des Falschen« deprimiert umso mehr, je fester Frau Meier damit gerechnet hat, dass sie jetzt an der Reihe war.

Für den Zusammenhang zwischen Frustration und Aggression spricht eine ganze Reihe von Befunden, die die sozialpsychologische Forschung über die Jahre gesammelt hat. Hierzu nur einige Beispiele:

- ✔ **Tierische Frustration:** Versuchsratten erhalten ihre Nahrung über eine Taste. Bei Bedarf drücken sie diese und können fressen. Missgünstige Experimentatoren schalten aber irgendwann den Mechanismus aus: Der Tastendruck liefert kein Futter mehr, und im Käfig macht sich Hunger breit. Ihre Frustration veranlasst die Ratten, mit zunehmender Aggression die Taste zu attackieren.

- ✔ **Nicht spielen dürfen:** Zeigt man Kindern attraktive Spielsachen, hindert sie aber über lange Zeit daran, mit ihnen zu spielen, stellt sich Frustration ein. Dürfen sie endlich loslegen, neigen die Kleinen dazu, das Spielzeug zu beschädigen.

- ✔ **Warteschlange:** In der Cafeteria drängelt sich jemand in der Schlange nach vorn. Die anderen, in der Hoffnung auf einen der letzten Brätlinge, reagieren aggressiv, verkünden lautstark ihren Missmut oder schieben gar den Drängler zurück. Und das umso mehr, je weiter vorn sie in der Warteschlange stehen.

Die Reaktion auf Frustration fällt weniger stark aus, wenn die Situation den Auslöser der Frustration als legitim, unabsichtlich oder unausweichlich erscheinen lässt. Dem entnervten jungen Vater mit den brüllenden Zwillingen im Babyalter auf dem Arm kann man das Vordrängeln in einer Warteschlange leicht verzeihen. Wie so oft spielt auch hier das »Warum« (Attribution, siehe Kapitel 8) eine bedeutende Rolle. Dazu passt, dass sich Frustration weniger bei generellen Beeinträchtigungen oder Mängeln einstellt, sondern vor allem dann, wenn die Zielerreichung »eigentlich verdient wäre« und deshalb als ungerecht und vermeidbar angesehen wird. In der Sozialpsychologie spricht man von *relativer Deprivation*.

Relative Deprivation beschreibt die Wahrnehmung, dass man selbst oder die eigene Gruppe weniger hat oder bekommt, als man im Vergleich zu anderen Personen oder Gruppen erwarten dürfte. Entscheidend ist nicht der absolute Mangel, sondern ein Nachteil im Vergleich zu anderen. Relative Deprivation ist ein möglicher Auslöser für Frustration.

Eine Gehaltserhöhung von 100 Euro ist eine angenehme Sache. Erfährt man davon, löst das ein Wohlgefühl aus. Aber um wie viel weniger fällt die Freude aus, wenn man gleichzeitig bemerken muss, dass die Kollegin im Nachbarbüro mit 200 Euro mehr Gehalt bedacht wurde? Die relative Deprivation lässt das Glücksgefühl schwinden, und statt sich zu freuen, tritt der Frust über die Benachteiligung in den Vordergrund. Aggressiv darauf zu reagieren, ist eine denkbare Verhaltensoption.

Passend dazu fanden die amerikanischen Rassenunruhen in den 1960er-Jahren zu einer Zeit statt, in der mit steigenden Sozialausgaben eine Verbesserung der Lebensbedingungen erwartet werden durfte. Auch begehrten nicht die Ärmsten der Armen auf, sondern eher

Menschen, die schon etwas bessergestellt waren. Ebenso rebellierten in deutschen Konzentrationslagern während der Nazizeit eher privilegierte Insassen.

Trotz aller bestätigenden Beobachtungen: Die Frustrations-Aggressions-Hypothese lässt sich in all ihrer eleganten Einfachheit nicht uneingeschränkt halten. Zum einen fanden sich in der Forschung zu viele Beispiele dafür, dass Menschen auf Frustration nicht mit Aggression geantwortet haben. Zum anderen gibt es reichlich andere Auslöser für aggressive Verhaltensweisen. Im Vergleich zu ihrem hohen Anspruch erscheint die Erklärungskraft der Hypothese aus heutiger Sicht als gering.

Wie sich inzwischen herausgestellt hat, sind es meist schlechte Gefühle, die direkt auf die Aggressionsbereitschaft wirken. Bleibt die negative emotionale Reaktion auf die Frustration aus, wie zum Beispiel in Situationen, in denen die Frustration als unvermeidbar oder unabsichtlich bewertet wird, ergibt sich auch kein Zusammenhang mit Aggression.

Immerhin hat die Frustrations-Aggressions-Hypothese die sozialpsychologische Forschung zu Aggression über lange Zeit stimuliert und inspiriert. Ein Ansatz, Frustration enger mit aggressiver Reaktion zu verbinden, besteht in der Idee, Hinweisreize auf Aggression (englisch *aggressive cues*) zu präsentieren. Ein solcher Hinweisreiz könnte eine Waffe oder das Bild einer Waffe sein. Im Labor zeigen sich frustrierte Versuchspersonen aggressiver, wenn sie mit einem solchen Hinweis auf den Gedanken gebracht werden, auf ihre Frustration mit Aggression zu reagieren. Eine Waffe ist im Langzeitgedächtnis mit Inhalten wie »schlagen«, »stechen«, »schießen«, »verletzen«, »Kampf« und so weiter verknüpft (semantisches Netzwerk, siehe Kapitel 3). Der Hinweisreiz wirkt als »Prime« (siehe ebenfalls Kapitel 3) für eine aggressive Verhaltensoption. Den möglichen Zusammenhang veranschaulicht Abbildung 12.1.

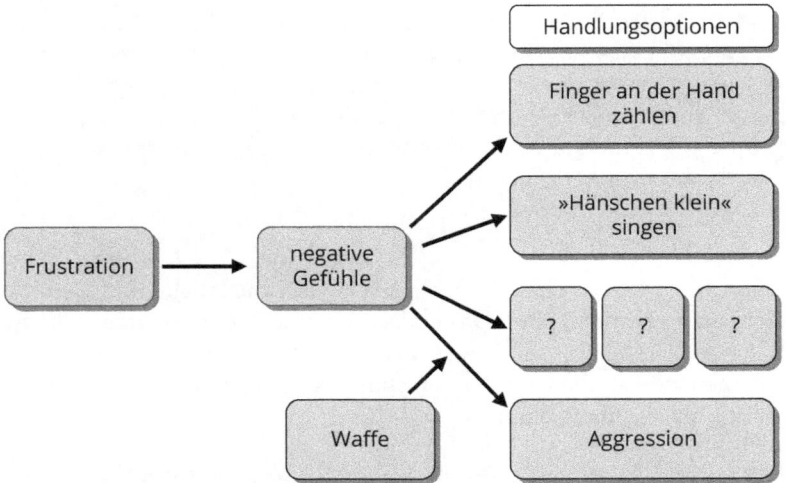

Abbildung 12.1: Die Wirkung des Hinweisreizes »Waffe« auf den Zusammenhang zwischen Frustration und Aggression

Allerdings ist dieser sogenannte *Waffeneffekt* in der sozialpsychologischen Forschung nicht unbestritten geblieben. Für ihn spricht, dass er auch in Situationen ohne Frustration gefunden werden konnte. Andererseits trat er in einer Reihe von Studien auch gar nicht auf.

Einfach mal nachmachen: Aggressive Vorbilder

Kaum macht einer etwas vor, ahmen es andere nach. Menschen sind »Nachmacher«. Durch Imitation lernen nicht nur Kinder, Auszubildende und der wissenschaftliche Nachwuchs: »Das habe ich mir bei der Mama, dem Meister oder der Professorin abgeguckt.« Auch aggressives Verhalten kann von Vorbildern ausgelöst werden. Dafür spricht die Tatsache, dass Eltern, die ihren Nachwuchs misshandeln, häufig auch selbst während ihrer Kindheit Gewalt erfahren mussten. Ein aufschlussreiches Experiment zur Imitation aggressiven Verhaltens hat der kanadische Psychologe Albert Bandura gemeinsam mit seinen Kolleginnen im Jahr 1961 vorgestellt.

Die Leiden der Clownspuppe Bobo

Als Versuchspersonen dienten Bandura Kinder im Alter von drei bis sechs Jahren. Während sie mit Malen beschäftigt waren, konnten sie einen Erwachsenen beobachten, der sich gegenüber einer Clownsfigur mit Namen »Bobo« aggressiv verhielt. Die bedauernswerte Puppe wurde dabei beschimpft, auf den Boden geworfen, mit einem Holzhammer geschlagen und so weiter. In einer Vergleichsbedingung verhielt sich der Erwachsene neutral gegenüber der Puppe. Dieser Teil der Studie lässt sich als *Lernphase* bezeichnen.

In der *Imitationsphase* kommen die Kleinen in einen anderen Raum, in dem sich unter anderen Spielsachen auch Bobo und der Holzhammer wiederfinden. Kinder, die während der Lernphase das aggressive Verhalten beobachtet haben, imitieren das erwachsene Modell und zeigen signifikant häufiger Aggressionen gegenüber der Puppe als die Kinder in der Vergleichsbedingung. Das gilt sowohl für die verbalen also auch für die physischen Aggressionen. Zum Schlagen benutzen sie den Holzhammer in ähnlicher Weise, wie sie es sich zuvor abgeguckt haben.

Bei der Beobachtung aggressiver Verhaltensweisen werden Gedächtnisinhalte und Gefühle aktiviert, die mit Aggression verknüpft sind. Das erklärt, warum sich nach einem rüden Ringkampf oder einem aggressiv geführten Fußballspiel auch das Publikum besonders gewalttätig zeigt. Wie weitergehende Studien aus der Forschungsgruppe um Bandura zeigten, wirkt das aggressive Modell insbesondere dann,

- ✔ wenn das Modell für sein Verhalten belohnt wird, während eine Bestrafung die Imitation nicht reduzieren kann, und

- ✔ wenn das Modell den Nachmachern irgendwie ähnlich ist (zu *Ähnlichkeit* siehe Kapitel 7 und Kapitel 9), sodass zum Beispiel Kinder das aggressive Verhalten von anderen Kindern eher imitieren als das von Erwachsenen.

Gewalt begegnet den Menschen im Alltag glücklicherweise eher selten, jedenfalls sofern man nicht Mitglied einer amerikanischen Straßengang oder Kind misshandelnder Eltern ist. Beobachtete Gräueltaten in nächster Umgebung liefern für Imitationen demnach eine eher sporadische Quelle. In den Medien sind sie dagegen allgegenwärtig. Fernseh- und Kinofilme mit entsprechenden Szenen kennen Sie sicherlich selbst zur Genüge. Die förderliche Wirkung von Medieninhalten auf die Aggressivität des Publikums lässt sich auf eine ganze Reihe von unterschiedlichen Mechanismen zurückführen:

- ✔ **Verharmlosung:** Wenn Mord zum Hobby wird, wie der Titel einer amerikanischen Fernsehserie nahelegt, lässt sich leicht schlussfolgern, dass Gewalt dabei häufig zur Bagatelle heruntergespielt wird. Die Gewalttat selbst ist in vielen Filmen für den Verlauf der Handlung uninteressant und dient nur dazu, Sherlock Holmes und Miss Marple als clevere Detektive zu präsentieren.

- ✔ **Abstumpfung:** Wer häufig Gewalt beobachtet, reagiert zunehmend weniger darauf mit körperlicher Erregung als Menschen, die selten Gewaltdarstellungen ausgesetzt sind.

- ✔ **Sinnvolle Handlungsoption:** Aggression wird in den Augen der Schaulustigen zum adäquaten Mittel, um die eigenen Absichten durchzusetzen. Das gilt insbesondere dann, wenn sie von den »Helden« der Handlung verübt wird, die für ihre Taten belohnt werden – wie bei James Bond, der den Bösewicht am Ende des Films nicht der Justiz übergibt, sondern gleich selbst hinrichtet.

- ✔ **Leid der Opfer:** Die Konsequenzen für die Betroffenen werden selten thematisiert. Hand aufs Herz: Haben Sie sich schon einmal gefragt, wie schmerzhaft eine Nase ist, die 007 ganz beiläufig zertrümmert hat, weil das Opfer zufällig im Weg stand?

- ✔ **Spannung:** Der aufregende Handlungsablauf des »Thrillers« zieht das Publikum in seinen Bann und verhindert damit einen kritischen Blick auf die Darstellungen.

- ✔ **Identifikation:** In guten Filmen versetzt sich das Publikum in die Lage der Protagonisten, fühlt mit, leidet mit, denkt und entscheidet mit und identifiziert sich schließlich auch mit dem präsentierten Einsatz von Gewalt.

- ✔ **Feindseliger Attributionsstil:** Häufiger Konsum von Gewaltszenen fördert einen *feindseligen Attributionsstil* (siehe Kapitel 8). Wer einen solchen Attributionsstil pflegt, wird einer anderen Person bei mehrdeutigem Verhalten, wie zum Beispiel dem Rempeln in der überfüllten U-Bahn, leicht eine feindselige Absicht unterstellen, es als Angriff oder Provokation deuten und entsprechend aggressiv darauf reagieren.

Kinder, die im Fernsehen viel Gewalt konsumiert haben, landen als junge Erwachsene besonders häufig vor Gericht. Allerdings handelt es sich bei diesem Befund um eine Korrelation (siehe Kapitel 2), die zu den kausalen Beziehungen zwischen Gewaltkonsum und Delinquenz keine Aussage erlaubt. Ebenso plausibel könnten hochaggressive Kinder mehr als andere Sendungen mit Gewaltdarstellungen bevorzugen. Studien aus dem sozialpsychologischen Labor sind aussagekräftiger. Zum Beispiel zeigen Kinder, die zuvor Gewaltszenen in einem Film gesehen haben, mehr Aggressionen als andere, die ebenso spannenden Inhalten ohne Gewalt ausgesetzt waren.

Dasselbe gilt übrigens auch, wenn die Versuchsperson die aggressiven Handlungen virtuell in einem Computerspiel selbst vorgenommen hat. Die langfristigen Auswirkungen von Ballerspielen wie »Counterstrike« auf ihre Gamer sind dagegen nicht eindeutig. Grob zusammengefasst erhöhen sie bei jüngeren Kindern das Aggressionspotenzial, ab dem Teenageralter ist dieser Effekt jedoch nicht mehr feststellbar. Künftiger Forschung muss überlassen bleiben, die relevanten Zusammenhänge weiter aufzudecken.

Zurück zur Gewalt in Film und Fernsehen, zu der sich die sozialpsychologische Forschung einig ist:

Gewaltdarstellungen in den Medien erhöhen bei Zuschauerinnen und Zuschauern die Bereitschaft, sich aggressiv zu verhalten.

Zum Wohle aller: Reduktion von Aggression

Aggressive Verhaltensweisen widersprechen gesellschaftlichen Normen (siehe Kapitel 10), verletzen die Opfer physisch und psychisch, können auch für die Aggressoren unerwünschte Folgen mit sich bringen und behindern schließlich auch das reibungslose Miteinander. Kurz: Sie sind gemeinhin unerwünscht und werden als Beleidigung oder Körperverletzung auch strafrechtlich verfolgt. Entsprechend hat sich die sozialpsychologische Forschung auch der Frage angenommen, wie aggressive Tendenzen vermindert werden können. Auch wenn klar ist, dass man sie niemals völlig loswerden wird, wovon Sie sicherlich Ihre bisherige Lektüre dieses Kapitels von *Sozialpsychologie für Dummies* überzeugt hat.

✔ **Bestrafung:** Schwere Strafen für aggressives Verhalten sind nicht zielführend. Die Bestrafung stellt selbst einen aggressiven Akt dar und regt insbesondere Kinder zur Imitation an. Von Bedeutung ist in diesem Zusammenhang auch wieder das »Warum« (Attribution, siehe Kapitel 8): »Die unerwünschte Aggression zeige ich nur deshalb nicht, weil ich dafür bestraft werde.« Ein solcher Gedanke behindert die Einsicht, dass die Aggression für sich genommen schon schädlich ist. Milde Strafen haben sich als wirksamer erwiesen, und am besten funktioniert die Belohnung nicht aggressiven Verhaltens, wenn Gewalt eine mögliche Handlungsoption dargestellt hätte, aber nicht gewählt wurde.

✔ **Abschreckung:** Wenn eine Strafe droht, kann das insbesondere instrumentelle Aggression unterdrücken. Wer dagegen aus Wut und Zorn gewalttätig wird, bedenkt die Konsequenzen für sich selbst frühestens in einem zweiten Schritt und oft genug, wenn es schon zu spät ist. Abschreckung wirkt, wenn klar ist, dass das Fehlverhalten mit Sicherheit entdeckt wird und die Strafe unmittelbar auf dem Fuße folgt. Das ist in realen Situationen selten gegeben: Die Handelnden hoffen, dass ihre Tat unentdeckt bleibt, und die Mühlen der Justiz mahlen recht langsam. Im Übrigen fanden sich auch keine Veränderungen in den Mordraten einzelner US-amerikanischer Bundesstaaten, nachdem sie die Todesstrafe abgeschafft hatten. Offensichtlich hat das Ausmaß der Abschreckung wenig Einfluss auf die Entscheidung, jemand anderem das Leben zu nehmen. Der aus der Politik in Reaktion auf drastische Gewalttaten häufig zu vernehmende Ruf nach härteren Strafen erweist sich aus sozialpsychologischer Perspektive als wenig hilfreich. Damit Abschreckung funktioniert, wären eine möglichst hohe Aufklärungsrate und schnellere Gerichtsverfahren zielführender.

✔ **Dampf ablassen:** Aggressive Tendenzen äußern sich mit hoher Erregung. Nach einem aggressiven Akt stellt sich aus Sicht der Handelnden auch prompt ein Gefühl der Erleichterung ein. Lässt sich dieser Gedanke nutzen, um aggressive Handlungen zu unterdrücken? Die Forschung dazu läuft unter dem griechischen Stichwort *Katharsis*, das »Reinigung« bedeutet. Die schon bei Aristoteles formulierte Idee, man könnte »Dampf ablassen« und so aggressive Tendenzen unterdrücken, lässt sich auf der Grundlage aktueller Forschung allerdings nicht bestätigen. Aggressives Verhalten, egal ob gegen den Verursacher der Wut oder verschoben auf eine andere Person gerichtet, verleitet eher zu weiteren Aggressionen. Eine »reinigende« Wirkung stellt sich nicht ein. Auch Schläge auf einen Sandsack oder ein Tritt gegen den Tisch, an dem man sich das Schienbein schmerzhaft gestoßen hat, kann die Aggression nicht hemmen. Im Psycho-Slang ausgedrückt: Für die kathartische Wirkung aggressiver Handlungen gibt es keinen wissenschaftlichen Beleg.

✔ **Entschuldigung:** Eine aggressive Reaktion zu hemmen, gelingt denjenigen am besten, die für eine Provokation oder Frustration verantwortlich zeichnen. Wer um Verzeihung bittet, unterdrückt meist recht erfolgreich Tendenzen in Richtung Gegenschlag, wie zahlreiche Studien dazu einstimmig belegen. Sicherlich kennen auch Sie das aus Ihrem Alltag: Ist sich das Gegenüber seiner Schuld bewusst, fällt das Verzeihen besonders leicht. Eine kleine Geste vom Autofahrer, der Ihnen die Vorfahrt genommen hat, reicht dazu meist schon aus.

✔ **Eigene Aggression unterdrücken:** Erleben Sie selbst einen aggressiven Impuls? Bei sich selbst hilft vor allem, erst einmal tief Luft zu holen oder bis zehn zu zählen. Das ist nicht immer einfach, schützt aber vor späterer Reue über allzu spontane und unbedachte Handlungen. Oder gießen Sie Blumen, leeren die Mülleimer und saugen den Teppichboden. Die Erregung hat so Zeit, sich nach und nach zu verflüchtigen. Hat Sie jemand geärgert, drücken Sie Ihre Kritik daran auf ruhige Weise aus. Vermeiden Sie Provokationen wie Beleidigungen und Herabwürdigungen, die die Aggressionsbereitschaft bei Ihrem Gegenüber befeuern könnten. Den Frieden finden die Menschen am ehesten in sich selbst und können ihn dann an andere weitergeben.

IN DIESEM KAPITEL

Prosoziales Verhalten und Altruismus

Warum Menschen helfen, manchmal aber auch nicht

Bystander-Effekt: pluralistische Ignoranz und Verantwortungsdiffusion

Die prosoziale Persönlichkeit

Wie Sie sich verhalten sollten, wenn Sie selbst Hilfe benötigen

Kapitel 13
Der gute Mensch hilft: Prosoziales Verhalten und Altruismus

Menschen werfen überzählige Kupfermünzen in Sammelbüchsen, übernehmen die Patenschaft für den vierjährigen Imran in Bangladesch und spenden für die Flutopfer im Ahrtal. Sie helfen bei einer Autopanne, beim Einsteigen in den Bus oder beim Einsammeln verlorener Gegenstände. Dafür nehmen sie Kosten und Mühen in Kauf oder riskieren sogar ihre eigene Gesundheit wie die »Fukushima 50« – Arbeiter, die freiwillig in dem 2011 verunglückten japanischen Atomkraftwerk verblieben, um die katastrophalen Auswirkungen des Desasters zu begrenzen. In der Sprache der Sozialpsychologie zeigen sie *prosoziales Verhalten*.

Prosoziales Verhalten bezeichnet eine Handlung, die darauf ausgerichtet ist, einem oder mehreren anderen Menschen zu helfen. Dabei ist die Absicht der hilfeleistenden Person entscheidend; ob sich die konkrete Hilfe schließlich als wirksam erweist oder nicht, spielt bei dieser Definition keine Rolle. Professionell motivierte Hilfeleistungen, wie sie das Technische Hilfswerk, Pflegepersonal, ein Notarzt oder eine Bademeisterin bereitstellen, fallen nicht unter diese Definition.

Gute Gründe, anderen zu helfen

Ob Nuklearkatastrophe oder gerissene Einkaufstasche, prosoziales Verhalten lässt sich im Großen wie im Kleinen alltäglich und überall beobachten. Es erfolgt spontan, weil jemand ein Eurostück für den Einkaufswagen nicht zur Hand hat, oder geplant wie bei der Übernahme eines Ehrenamts. Und es ist mit Kosten oder gar potenziellen Schäden für die helfende Person verbunden. Warum also anderen helfen? Es gibt eine Reihe von Gründen dafür, warum sich Menschen (trotzdem) prosozial verhalten:

- ✔ **Überleben der eigenen Gene:** Aus evolutionspsychologischer Perspektive gewährleistet Hilfe innerhalb der Familie das Überleben der eigenen Gene. Was unternehmen Eltern, Großeltern, Onkel und Tanten nicht alles für Anstrengungen, um ihren Nachwuchs zu sichern? Dabei fällt die Hilfe umso stärker aus, je genetisch ähnlicher sich die Beteiligten sind: gegenüber Kindern und Geschwistern also intensiver als gegenüber Nichten und Neffen, Cousins und Cousinen und so weiter. Gegenseitige Hilfe in größeren Gruppen dient demselben Zweck, wenn zu diesen Gruppen auch nur möglicherweise Individuen gehören, die die eigenen Gene tragen. Die Grundlage für solches Helfen ist den Menschen meist nicht bewusst, sondern in ihrem Verhaltensrepertoire fest »verdrahtet«. Das ergibt sich daraus, dass Nachkommen von Individuen, die ein »prosoziales Gen« in sich tragen, mit größerer Wahrscheinlichkeit überleben als die Nachkommen von Menschen, die sich weniger um die nachfolgende Generation kümmern. Über Jahrtausende hinweg entstehen auf diese Weise Populationen, in denen prosoziales Verhalten mehr und mehr verbreitet ist. So weit jedenfalls die Evolutionspsychologie.

- ✔ **Das eigene Mitleid bekämpfen:** Das Leid oder die Notlage anderer Menschen zu beobachten, ist eine unangenehme Erfahrung, die bedrückt, verstört und befremdet. Dieser unerwünschte Zustand lässt sich beenden, indem man Hilfe leistet. Mit der Linderung oder dem Ende der wahrgenommenen Misere verbessert sich das eigene Befinden.

- ✔ **Heldentum:** Wer anderen beisteht, erntet oft Anerkennung: Der junge Mann, der sich unter widrigsten Bedingungen in die Fluten wirft, um ein Kind vorm Ertrinken zu retten, ist ein Held. Die Hilfsbereitschaft einer Mutter Teresa ist sprichwörtlich, obwohl inzwischen auch viel Kritik an ihrem Werk laut geworden ist.

- ✔ **Verpflichtung:** Es existiert eine rechtliche Verpflichtung, prosoziales Verhalten zu zeigen. In Paragraf 323c Strafgesetzbuch findet sich dazu folgende Formulierung: »Wer bei Unglücksfällen oder gemeiner Gefahr oder Not nicht Hilfe leistet, obwohl dies erforderlich und ihm den Umständen nach zuzumuten, insbesondere ohne erhebliche eigene Gefahr und ohne Verletzung anderer wichtiger Pflichten möglich ist, wird mit Freiheitsstrafe bis zu einem Jahr oder mit Geldstrafe bestraft.« In entsprechenden Situationen schützen sich Helfende durch ihr Verhalten vor Strafverfolgung.

- ✔ **Werte und religiöse Grundhaltungen:** Die Bibel fordert von Gläubigen Nächstenliebe, wie sie das bekannte Gleichnis vom barmherzigen Samariter beispielhaft vermittelt. Wer solche Werte (siehe Kapitel 5) verinnerlicht hat, handelt so, wie es der Vorstellung von der eigenen Person (Selbstkonzept, siehe Kapitel 6) entspricht und zeigt prosoziales Verhalten. Im Einklang mit den eigenen Werten bleibt ein konsistentes Selbstbild aufrechterhalten.

✔ **Gerechtigkeit:** »Auf der Welt soll es möglichst gerecht zugehen«, ist eine weitverbreitete Norm (siehe Kapitel 10). Wahrgenommene Ungerechtigkeiten können durch eigenes Hilfeverhalten ausgeglichen werden, um sich der normativen Forderung nach Gerechtigkeit anzupassen. Menschen, die davon ausgehen, dass auch ohne ihr eigenes Zutun Gerechtigkeit herrscht (*Glaube an eine gerechte Welt*, siehe Kapitel 8 und Kapitel 11), zeigen entsprechend weniger prosoziales Verhalten.

✔ **Reziprozität:** Das »Wie du mir, so ich dir« ist eine starke und in allen bekannten Kulturen herrschende soziale Norm. Sie besagt, dass sich Geben und Nehmen im Austausch zwischen Menschen im Gleichgewicht halten sollen (siehe auch Kapitel 9 unter Equity-Theorie). Auf der Grundlage von *Reziprozität* (siehe Kapitel 4) können Helfende davon ausgehen, dass ihnen im Gegenzug ebenfalls Hilfe zuteilwird, sollten sie sich selbst einmal in einer Notlage befinden.

Helfen ohne eigenen Vorteil: Altruismus

Ob Schutz der eigenen Gene, erwartete Anerkennung, Konformität mit geltenden Normen oder Furcht vor möglicher Strafverfolgung: Die Liste der möglichen Gründe, prosoziales Verhalten zu zeigen, beinhaltet bis hierhin faktische, ideelle und psychologisch relevante Vorteile für die Helfenden. Die Frage, ob es darüber hinaus auch vollkommen selbstlose Hilfe geben kann, ist unter dem Stichwort *Altruismus* in der Sozialpsychologie ausführlich diskutiert worden.

Altruismus bezeichnet Verhalten, das primär auf das Ziel gerichtet ist, einem oder mehreren anderen Menschen zu helfen. Die altruistisch handelnde Person versetzt sich empathisch in die Lage des oder der Opfer; mögliche Vorteile, die sich aus der geleisteten Hilfe für die eigene Person ergeben könnten, spielen dabei keine Rolle. Der Gegenbegriff zu Altruismus lautet Egoismus.

Auf der Grundlage dieser Definition lassen sich die Begriffe Hilfeverhalten, prosoziales Verhalten und Altruismus gut voneinander trennen:

✔ **Hilfeverhalten** ist darauf ausgerichtet, andere aus einer wie auch immer gearteten misslichen Situation zu befreien. Das beinhaltet auch professionell motivierte Hilfe, für die die helfende Person bezahlt wird. Feuerwehrleute und Flugbegleitungen leisten solche Unterstützungen, wenn sie überschwemmte Keller leer pumpen oder Tomatensaft servieren.

✔ **Prosoziales Verhalten** bezeichnet Hilfeleistungen, die nicht aus beruflicher Verpflichtung geleistet werden. Prosoziales Verhalten kann durchaus auch egoistisch motiviert sein, wenn die Hilfe Vorteile für die helfende Person beinhaltet.

✔ **Altruismus** ist Hilfeverhalten rein zum Nutzen einer anderen Person und frei von persönlichen Interessen.

Das Verhältnis dieser Begriffe zueinander veranschaulicht Abbildung 13.1.

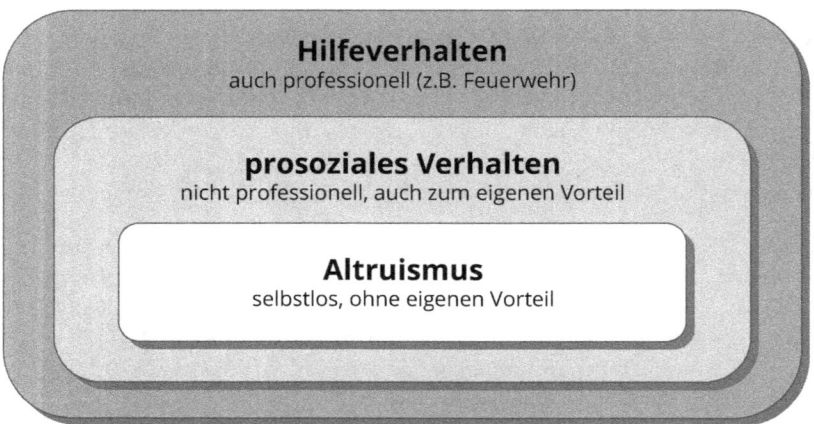

Abbildung 13.1: Hilfeverhalten, prosoziales Verhalten und Altruismus

Gibt es echten Altruismus? Das ist zum einen eine philosophische Frage über das Wesen des Menschen. Was ist Ihre Meinung dazu?

In der Sozialpsychologie hat man sich der Antwort auf diese Frage mit experimentellen Studien genähert. Ein viel zitiertes Beispiel dazu stammt von dem Forscher C. Daniel Batson und seinen Kolleginnen, das im Jahr 1981 veröffentlicht wurde.

Hilfsbereite Egoisten und Altruisten: Elaine und ihre Elektroschocks

Egoistisch motiviertes Hilfeverhalten dient vor allem auch dem Helfenden selbst. Eine Notsituation zu verlassen, bietet eine Möglichkeit, das eigene Missbehagen zu beenden, das beim Anblick von Notlagen anderer entsteht. Ist eine solche Flucht aus der Situation möglich, sollten egoistisch motivierte Menschen eher wenig helfen, weil sie ohne große Kosten dem Stress entgehen können, der durch die fremde Not entsteht.

Altruistische Hilfe beruht hingegen auf Empathie. Die Flucht aus der Situation beendet das Mitgefühl oder gar Mitleiden nicht, weil das Opfer auch danach der Notlage ausgesetzt sein wird.

Diese Überlegungen sind die Grundlagen für ein ausgeklügeltes Experiment zu der Frage, ob es altruistisch motiviertes Hilfeverhalten gibt. Sie sind in Abbildung 13.2 zusammengefasst.

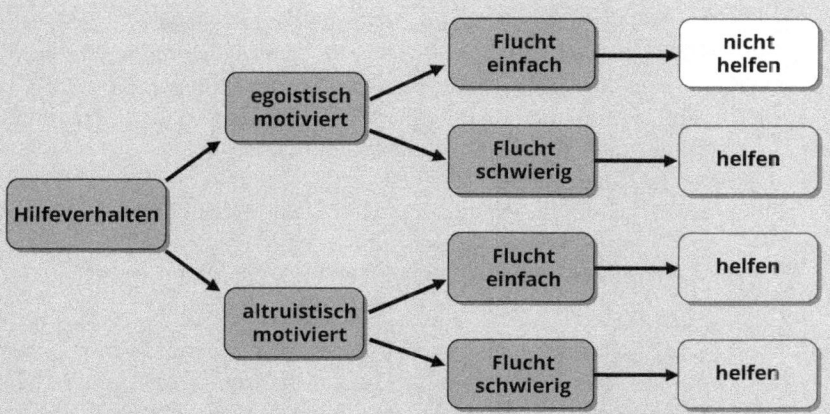

Abbildung 13.2: Altruistisch versus egoistisch motiviertes Hilfeverhalten

Weibliche Versuchspersonen beobachten eine Mitstudentin mit dem Namen Elaine. Elaine, in Wirklichkeit eine Vertraute der Versuchsleitung, erhält milde Elektroschocks in einer angeblichen Studie dazu, wie sich Bestrafungen auf das Lernverhalten auswirken. Die Aufgabe der echten Versuchsperson besteht zunächst einfach nur darin, Elaines Reaktionen zu beobachten. Dies geschieht unter einer von insgesamt vier experimentellen Bedingungen. Um diese Bedingungen herzustellen, werden folgende Variationen eingeführt (unabhängige Variablen, siehe Kapitel 2):

✔ **Flucht aus der Situation einfach oder schwierig:** Die Versuchspersonen sind entweder explizit darauf hingewiesen worden, dass sie jederzeit das Experiment abbrechen können (Flucht leicht möglich), oder sie erwarten, auf jeden Fall beobachten zu müssen, wie Elaine insgesamt zehn Mal auf Stromschläge reagieren würde (Flucht schwierig).

✔ **Geringe oder hohe Empathie:** Mitfühlen mit ähnlichen Menschen ist einfacher als mit unähnlichen Menschen. Entsprechend wird Elaine den Probanden als ihnen ähnlich (hohe Empathie wegen gleichen Studienfachs, übereinstimmenden Einstellungen und so weiter) oder unähnlich (geringe Empathie) vorgestellt.

Nach dem zweiten Elektroschock meldet sich Elaine zu Wort und berichtet, dass sie als Kind vom Pferd gefallen und in einem elektrisch geladenen Zaum gelandet sei. Seitdem habe sie besonders große Angst vor Stromschlägen und leide im Augenblick sehr stark unter dem Experiment. Die Versuchsleitung zögert daraufhin, und überlegt, die Studie abzubrechen. Nach kurzem Nachdenken ergibt sich, angeblich überraschend, die mögliche Lösung, dass die Versuchsperson mit Elaine die Rollen tauscht und sich selbst den Stromstößen aussetzt. Wird die echte Versuchsperson sich auf diesen Vorschlag einlassen?

> Ist die Flucht aus der Situation schwierig, wirken sowohl egoistische als auch altruistische Motive auf die Bereitschaft, Elaines Notlage zu beenden. Entsprechend zeigen die Versuchsteilnehmerinnen recht häufig Hilfeverhalten und unabhängig davon, ob Elaine ihnen ähnlich erscheint oder nicht. Die Geister scheiden sich aber, wenn die Flucht aus der Situation einfach ist. Jetzt helfen Versuchspersonen vor allem dann, wenn sie hohe Empathie mit der ihnen angeblich ähnlichen Elaine empfinden. Bei geringer Empathie (Elaine ist ihnen unähnlich) überwiegt dagegen das egoistische Motiv und sie tendieren dazu, die unangenehme Situation einfach zu verlassen.
>
> Fazit: Wirkt Empathie, ist der Egoismus egal und es wird immer geholfen. Die Ergebnisse dieser und vieler weiterer verwandter Studien deuten darauf hin, dass Menschen durchaus Altruisten sein können. Sie helfen auch dann, wenn vor allem die fremde Not im Mittelpunkt ihrer Aufmerksamkeit steht und sie keinen persönlichen Nutzen aus ihrem Hilfeverhalten ziehen können.

Schlechte Gründe, anderen nicht zu helfen

Sonja ist an einem Montagmorgen auf dem Weg zur Arbeit. Vom Paradeplatz in Mannheim eilt sie in Richtung Wasserturm. Auf ihrem Weg liegt ein älterer Mann auf dem Boden. Wird sie sich um ihn kümmern? Den Psychologen Bibb Latané und John M. Darley zufolge (veröffentlicht 1970) muss Sonja als mögliche Helferin insgesamt fünf Stufen hintereinander durchlaufen, damit sie sich in einer solchen oder vergleichbaren Situation prosozial verhält und zu Hilfe eilt:

- ✔ **Bemerken:** Sonja muss den älteren Herrn überhaupt erst bemerken. Ist sie in Gedanken vielleicht schon bei den Aufgaben, die im Büro auf sie warten? Wenn sie den älteren Herrn erst gar nicht wahrnimmt, wird sie auch nicht helfen. Gerade in einer großen Stadt ist das Leben hektisch und voller Reize wie Lärm, Lichter, viele andere Leute und so weiter. Die Sozialpsychologie spricht von *urban overload*; die Reaktion der Menschen darauf ist, sich gegenüber der Umwelt abzuschotten und in ihren Gedanken für sich zu bleiben. Studien zeigen, dass in Kleinstädten und ländlichen Gemeinden eher geholfen wird als in Großstädten.

- ✔ **Interpretieren:** Angenommen, Sonja sieht den Mann auf dem Fußweg liegen, muss sie in dieser spezifischen Situation eine Notlage erkennen. Wie viele Gründe mag es geben, am frühen Morgen in der Fußgängerzone auf dem Boden zu liegen? Schläft hier nur ein Betrunkener seinen Rausch vom Wochenende aus, liegt auch kein Notfall vor.

- ✔ **Sich verantwortlich fühlen:** Nur dann, wenn Sonja eine eigene Verantwortung dafür sieht, gegen die erkannte Notlage zu handeln, wird sie Hilfe leisten. Sie fragt sich, ob das nicht eher ein Fall für die Polizei oder den Rettungsdienst ist. Hat sie das Gefühl, das gehe sie alles gar nichts an, wird sie sich auch nicht weiter kümmern.

✔ **Handlung möglich:** Fühlt sich Sonja verantwortlich, überlegt sie, wie sie helfen könnte. Wie lange ist es her, dass sie einen Erste-Hilfe-Kurs belegt hat? Reicht ein Anruf beim Notdienst? Voraussetzung für den nächsten Schritt ist, dass sie davon überzeugt ist, wirksam helfen zu können.

✔ **Hilfe leisten:** Sonja überlegt, welche Kosten mit der Hilfeleistung verbunden sind – nicht nur im monetären Sinn. Ihr gehen ganz unterschiedliche Gedanken durch den Kopf: Wird sie zu spät zur Arbeit kommen? Vielleicht muss sie später vor Gericht zu dem Vorfall als Zeugin aussagen. Womöglich verschlimmert sie die Notlage durch unsachgemäße Hilfe oder bringt sich selbst in Gefahr. Und wie würden es andere bewerten, wenn sich Sonja jetzt dumm anstellt?

Wie reagieren die anderen? Der Bystander-Effekt

Der oben beschriebene Ablauf gleicht einem Hindernislauf. Allzu viele Möglichkeiten führen zum vorzeitigen »Exit«, und nur wenn jede Hürde genommen wird, darf der ältere Herr mit Herzinfarkt auf Hilfe hoffen.

Latané und Darley zufolge erklärt das, warum oft genug Menschen in ihrer Not alleingelassen werden. Personen, die anwesend sind und Notfälle beobachten, bezeichneten die Forscher als »Bystander«. Leisten Bystander keine Hilfe, spricht die Sozialpsychologie vom *Bystander-Effekt*, wie zum Beispiel in dem berühmt gewordenen Mordfall der Kitty Genovese.

Kitty Genovese ist eine junge Frau Ende zwanzig. An einem frühen Morgen im März 1964 wird sie im New Yorker Stadtteil Queens von einem Gewalttäter mit einem Messer angegriffen und durch zahlreiche Stiche verletzt. Den Vorfall beobachten über 30 Leute von ihren Fenstern aus, und die Hilferufe der jungen Frau sind klar und deutlich zu vernehmen. Der Überfall dauert mehr als eine halbe Stunde. Und trotzdem: Niemand eilt ihr zu Hilfe, niemand alarmiert die Polizei. Am Ende erliegt Kitty den Verletzungen und ihr Körper ruht leblos auf dem Straßenpflaster.

Der Fall Genovese wurde damals ausführlich in der Öffentlichkeit diskutiert. Warum ist niemand eingeschritten oder hat wenigstens die Polizei gerufen? Es lag doch eindeutig eine Notlage vor, oder vielleicht doch nicht?

Gerät eine Person in Not, ist dies meist ein außergewöhnlicher, nicht alltäglicher und deshalb oft mehrdeutiger Vorfall. Menschen, die eine solche Situation beobachten, müssen für sich entscheiden, ob tatsächlich ein Notfall vorliegt oder nicht. Dazu nutzen sie vor allem auch die Reaktionen anderer Anwesenden.

Zur Illustration stellen Sie sich folgende Situation vor. Sie arbeiten als Versuchsperson allein in einem Raum einen Fragebogen durch: ein Kreuzchen hier, ein Kreuzchen da. Nachdem Sie eine Weile fleißig gekreuzt haben, scheint plötzlich im Nebenraum etwas Außergewöhnliches zu passieren. Das könnte Rauch sein, der unter der Tür zu bemerken ist, Lärm von einem umfallenden Möbelstück, Wasserrauschen oder das Stöhnen einer anderen Person. Werden Sie die Versuchsleitung darüber informieren oder vielleicht selbst nachschauen, was da los ist? Mit großer Wahrscheinlichkeit ja.

Ändern Sie jetzt das Setting einfach dadurch, dass sich außer Ihnen noch zwei weitere Versuchspersonen im Raum befinden und dabei sind, ihre Fragebogen zu beantworten. In Wirklichkeit sind die beiden Eingeweihte der Versuchsleitung. Sie wussten im Voraus, was passieren würde, und sind angewiesen, völlig unbeeindruckt von Rauch oder Geräuschen jeder Art ihre Arbeit fortzusetzen. Sie, als die echte Versuchsperson, beobachten die stoische Ruhe der beiden anderen und schließen daraus, dass wohl nichts Ernsthaftes passiert sein kann: »Es wird schon alles seine Ordnung haben.« So oder so ähnlich laufen Experimente ab, in denen ein Phänomen untersucht wird, das die Sozialpsychologie als *pluralistische Ignoranz* bezeichnet.

Pluralistische Ignoranz entsteht in einer mehrdeutigen Situation dadurch, dass ein Individuum die Bedeutung des Ereignisses einschätzt, indem es auf die Reaktionen der anderen Umstehenden schaut (*informativer Einfluss*, siehe Kapitel 10). Verhalten sich die anderen passiv und schreiten nicht ein, liegt der Schluss nahe, dass gerade nichts Außergewöhnliches passiert. Wenn alle Anwesenden so vorgehen, wird aus der individuellen Ignoranz jedes Einzelnen die pluralistische Ignoranz der gesamten Gruppe.

Pluralistische Ignoranz lässt sich nicht nur in Laborsituationen, sondern auch in alltäglichen Umgebungen beobachten: Am Rand einer viel befahrenen Straße steht ein liegengebliebenes Auto. Aus dem Motorraum steigen gut sichtbar Rauchschwaden auf. Handelt es sich um eine Panne oder einen Unfall? Benötigt jemand Hilfe? Wer vorbeikommt, achtet auf die Reaktion der vorausfahrenden Fahrzeuge, die unbeteiligt ihren Weg fortsetzen. Also wird nichts Sonderliches passiert sein. Kaum hat aber doch jemand angehalten, gesellen sich rasch weitere hilfsbereite Personen hinzu. Mit der ersten Reaktion wurde die pluralistische Ignoranz aufgehoben: Wenn andere einschreiten, muss etwas passiert sein. Glücklicherweise lag hier gar kein echter Notfall vor; die Szenerie war vielmehr gestellt und Teil eines Feldexperiments (siehe Kapitel 2) zur Untersuchung pluralistischer Ignoranz in einem realistischen Kontext.

Aber war Kitty Genovese nicht ganz unmissverständlich in Bedrängnis? Lärm, der die Nachbarschaft geweckt hat, ein Mann mit einem Messer bewaffnet und Hilferufe in Todesangst sind eindeutige Anzeichen eines Notstands. Zu Kittys Unglück wirkt der Bystander-Effekt nicht nur bei der Bewertung der Situation, sondern auch auf einer zweiten Ebene, der *Verantwortungsdiffusion*.

Verantwortungsdiffusion liegt vor, wenn ein einzelnes Individuum sich in einer konkreten Situation wenig verantwortlich fühlt, weil andere Menschen ebenfalls handeln könnten. Wenn alle Bystander annehmen, dass jemand anderes Hilfe leisten wird, hilft am Ende niemand.

Je mehr Menschen bei einem Notfall anwesend sind, desto größer fällt die Verantwortungsdiffusion aus. Für Kitty wäre es am besten gewesen, nur eine Person hätte den Überfall beobachtet und diese Person wäre sich sicher gewesen, dass ihr entweder sie selbst beisteht oder sonst niemand.

Helfen oder nicht: Weitere Voraussetzungen für prosoziales Verhalten

Denken Sie noch einmal zurück an den älteren Herrn auf dem Straßenpflaster. Laufen viele andere Passanten vorbei, mag Sonja dem Bystander-Effekt erliegen und dem Vorfall aufgrund pluralistischer Ignoranz keine Bedeutung beimessen oder wegen der

Verantwortungsdiffusion davon ausgehen, dass schon jemand anderes helfen wird. Die sozialpsychologische Forschung hat darüber hinaus eine ganze Reihe weiterer Bedingungen dazu untersucht, wie wahrscheinlich sie ihm zu Hilfe kommen wird. Die wichtigsten sind:

- ✔ **Mögliche Blamage:** Sonja könnte befürchten, sich mit ihrer Hilfeleistung zu blamieren. Vielleicht würde der gerufene Notarzt sagen: »Wegen so einer Lappalie hätten Sie mich nicht rufen müssen.« Und wie erklärt sie ihr Zuspätkommen in der Firma, wenn ihre Hilfe völlig unnötig oder gar fehlerhaft war. Gedanken dieser Art blockieren die Hilfsbereitschaft.

- ✔ **Ähnliche Erfahrung:** Nehmen Sie an, Sonja war vor noch nicht allzu langer Zeit wegen einer Kreislaufschwäche in einer vergleichbaren Situation wie jetzt der Mann auf dem Boden. Die Forschung zeigt, dass Personen, die ähnliche Situationen erlebt haben, eher helfen als andere, die die Notlage nicht aus eigener Erfahrung kennen.

- ✔ **Soziale Beziehung zum Opfer:** Erkennt Sonja in dem älteren Herrn ihren Nachbarn, hilft sie mit viel größerer Wahrscheinlichkeit als bei einem völlig Fremden. Je enger die Beziehung (zu engen Beziehungen siehe Kapitel 9), desto eher wird geholfen. Das gilt nicht nur innerhalb einer Familie, sondern auch in sonstigen Gruppen: Je höher die *Kohäsion* innerhalb einer Gruppe (siehe Kapitel 10), desto wahrscheinlicher hilft man sich gegenseitig. Ebenso wirkt wahrgenommene *Ähnlichkeit* (siehe Kapitel 9) mit dem Opfer. Einer Frau in ihrem Alter und ähnlicher Kleidung wird Sonja eher helfen als dem alten Mann.

- ✔ **Eigenverantwortung des Opfers:** Denkt Sonja beim Anblick des Mannes aus irgendeinem Grund »selbst schuld«, wird sie ihm eher nicht zu Hilfe kommen. Wer zum Beispiel die Not eines wohnsitzlosen Alkoholikers auf dessen eigenes Fehlverhalten zurückführt, wird einem »Penner«, der bei eiskaltem Wetter auf einer Parkbank nächtigt, wohl kaum eine Tasse heißen Tee anbieten.

- ✔ **Not als Privatsache:** Ob einer auf der Straße liegt, könnte in Sonjas Vorstellung eine reine Privatangelegenheit sein. Sich nicht in die persönlichen Angelegenheiten anderer einzumischen, ist eine starke soziale Norm (siehe Kapitel 10), die Sie sicherlich auch gut kennen. Die Wirkung dieser Norm erklärt, warum gerade in Fällen von Gewalt innerhalb einer Familie Nachbarn und Bekannte vergleichsweise selten einschreiten. Bei einer für Studienzwecke inszenierten Auseinandersetzung zwischen einer Frau und einem Mann halfen 65 Prozent der Bystander, wenn die Frau schrie: »Lassen Sie mich in Ruhe. Ich kenne Sie nicht.« Rief sie dagegen in der ansonsten identischen Situation: »Lass mich in Ruhe. Ich weiß nicht, warum ich ausgerechnet dich geheiratet habe.«, waren es nur noch 19 Prozent.

- ✔ **Gute Stimmung:** Befindet sich Sonja in einer guten Stimmung (siehe Kapitel 4), hilft sie mit größerer Wahrscheinlichkeit als in neutraler Stimmung. Vielleicht hat sie gerade ein freundliches Gespräch in der Straßenbahn geführt, an ihren letzten Urlaub gedacht oder auf der Straße unverhofft ein 2-Euro-Stück gefunden und ist deshalb gut gelaunt. Die Forschung erklärt die förderliche Wirkung guter Stimmung auf prosoziales Verhalten damit, dass sich die helfende Person in ihrer augenblicklichen Situation gut und sicher fühlt (Stimmung als Information, siehe Kapitel 4) und damit mögliche Risiken und Nachteile, die mit der Hilfeleistung verbunden sein könnten, erst gar nicht bedenkt oder als gering einschätzt.

✓ **Schlechte Stimmung:** Bei schlechter Stimmung ist die Befundlage weniger klar. Sie kann im Vergleich zu neutraler Stimmung Hilfeverhalten fördern oder blockieren. Es kommt dabei darauf an, woher die schlechte Stimmung rührt. Ist Sonja eher traurig, weil sie gerade an die am Wochenende verstorbene Hauskatze gedacht hat, ist sie sehr mit sich selbst beschäftigt und hilft eher nicht. Ist die schlechte Stimmung in Reaktion auf Schuldgefühle entstanden, weil sie zum Beispiel daran denkt, wie sie ihre Tochter am Wochenende ungerecht behandelt hat, wird sie dem Mann eher zur Seite stehen. Indem sie sich prosozial verhält, kann sie sich selbst wieder in einem günstigen Licht sehen und so ihre negative Gefühlslage ausgleichen.

Hilfsbereitschaft als Charakterzug: Die prosoziale Persönlichkeit

Es gibt sie tatsächlich, die *prosoziale Persönlichkeit*. Menschen unterscheiden sich darin, wie bereitwillig sie anderen Unterstützung gewähren.

Über eine *prosoziale Persönlichkeit* verfügt, wer in unterschiedlichen Situationen immer wieder und schnell anderen in Not zu Hilfe eilt, egal ob spontan oder geplant.

Menschen mit einer prosozialen Persönlichkeit finden sich in Ehrenämtern und beim Blutspenden, rufen die Polizei, wenn sie Gewalt beobachten, oder den Notdienst, wenn jemand in der Fußgängerzone auf der Erde liegt, und helfen dabei, einen schweren Koffer zu tragen oder eine verlorene Geldbörse zu suchen. Hindernisse, die prosozialem Verhalten im Wege stehen, sind für sie von untergeordneter Bedeutung. Die Forschung beschreibt die prosoziale Persönlichkeit als eine Gruppe von einzelnen Eigenschaften; die dazugehörigen Merkmale sind insbesondere:

✓ **Hohe Empathie:** Menschen mit einer prosozialen Persönlichkeit können sich gut in andere hineinversetzen und empfinden viel Mitleid mit der Misere anderer.

✓ **Hohe Selbstwirksamkeit** (siehe Kapitel 6): Sie bewerten Notsituationen als gut kontrollierbar und sehen sich selbst als befähigt, erfolgreich Hilfe zu leisten.

✓ **Geringer Glaube an die gerechte Welt:** Sie glauben nicht, dass es in der Welt gerecht zugeht und Opfer für ihr Los eigenverantwortlich wären. Stattdessen denken sie, dass Ungerechtigkeiten ausgeglichen werden sollten.

✓ **Hohe soziale Verantwortung:** Sie sehen sich in der Pflicht, anderen ein angenehmes Leben zu ermöglichen, sofern es in ihrer Macht steht. Einen Freund oder eine Freundin würden sie niemals im Stich lassen.

✓ **Moralisches Denken:** Ihre Werte und Überzeugungen, auch religiöse, folgen hohen moralischen Standards.

Im Alltag sind Menschen mit einer prosozialen Persönlichkeit besonders beliebt und erscheinen als attraktive Partner für Freundschafts- und Liebesbeziehungen. Sie erweisen sich als verträglicher im Umgang mit anderen, weil sie besonders kooperativ und nachsichtig sind, weniger Misstrauen zeigen und leichter verzeihen können.

Pathologisch: Das Helfersyndrom

Trifft man auf übertriebene Hilfsbereitschaft, ist allerdings Vorsicht geboten. Es gibt auch sie: die oft abwertend als »Gutmenschen« bezeichneten Zeitgenossen. Die Forschung spricht von *pathologischem Altruismus* oder dem *Helfersyndrom*. Hilfeverhalten erfolgt dabei rein aus egoistischen Motiven heraus, unter allen nur erdenklichen Umständen und oft bis hin zur Selbstaufgabe. Zusätzliche Unterstützung durch weitere potenziell Helfende lehnen Menschen mit Helfersyndrom ab. Und bei allem ist es ihnen egal, ob die Hilfe angebracht ist, tatsächlich geleistet werden kann und ob die andere Person überhaupt will, dass man ihr hilft. Möglicherweise als Kompensation für ein niedriges Selbstwertgefühl (siehe Kapitel 6) schafft das Helfersyndrom eine asymmetrische soziale Situation: Der Helfer beziehungsweise die Helferin bringt sich in eine überlegene Position gegenüber den als unterlegen betrachteten Hilfeempfängern, die damit auf eine Opferrolle im Sinne von »du bist schwach und hilfebedürftig« festgelegt werden.

Sozialpsychologie für den Notfall: Wie Sie selbst am ehesten Hilfe erhalten

Im Alltag wissen Sie sicherlich selbst am besten, wie und wen Sie um kleine Hilfeleistungen bitten können. Kollege Müller tauscht meist gern mit Ihnen die Früh- gegen die Spätschicht, und Tante Hilda springt immer spontan ein, wenn die Kindertagesstätte unerwartet früher als sonst schließen muss. Geraten Sie unverhofft in eine Notsituation im öffentlichen Raum, sei es, dass Ihnen schwindlig geworden ist oder Sie belästigt werden, können Sie mit Ihrem Wissen aus *Sozialpsychologie für Dummies* die Wahrscheinlichkeit erhöhen, dass Ihnen zufällige Passanten zu Hilfe kommen werden:

- ✔ **Pluralistische Ignoranz:** Reduzieren Sie die Mehrdeutigkeit der Situation. Teilen Sie kurz und knapp mit, dass Ihnen schlecht geworden ist oder jemand Sie belästigt und Sie deshalb Unterstützung benötigen. Verlassen Sie sich nicht darauf, dass andere von sich aus Ihre Notlage erkennen.

- ✔ **Verantwortungsdiffusion:** Übertragen Sie die Verantwortung an eine konkrete Person, die Ihrer Einschätzung nach höchstwahrscheinlich auch die notwendige Unterstützung leisten kann. »Sie im grauen Mantel, ich brauche Ihre Hilfe«, wirkt deutlich besser als ein allgemeiner Ruf nach Hilfe. Stellen Sie dabei möglichst eine persönliche

Beziehung zu der Person her, die Sie ausgewählt haben. Dazu reicht ein gezielter Augenkontakt meist aus.

✔ **Konkrete Anweisung:** Äußern Sie möglichst genau, wie Ihnen geholfen werden kann. »Helfen Sie mir bitte auf« oder »Rufen Sie bitte die Polizei«, befreit die helfende Person davon, über mögliche Handlungsoptionen nachzudenken. Das erhöht die Chance, dass sie unmittelbar die notwendige Hilfe erbringt.

Teil VI
Der Top-Ten-Teil

 Besuchen Sie uns auf www.facebook.com/fuer-dummies!

IN DIESEM TEIL ...

✔ Besonders wichtige theoretische Vorstellungen in der Sozialpsychologie

✔ Studien, die die Sozialpsychologie stark beeinflusst haben

✔ Prominente Forscherpersönlichkeiten aus der Sozialpsychologie

> **IN DIESEM KAPITEL**
>
> Sozialpsychologische Theorien, die Sie kennen sollten
>
> Theorien, die besonders stark die Sozialpsychologie beeinflusst haben

Kapitel 14
Zehn (plus zwei) bemerkenswerte sozialpsychologische Theorien

Eine Wissenschaft besteht vor allem aus Ideen. Sie werden als Theorien, Hypothesen und Gesetzmäßigkeit formuliert. Diese Vorstellungen über die Welt und wie sie funktioniert bestimmen, welche Sachverhalte diese Wissenschaft untersucht, die Art und Weise, wie in dem Fach gedacht wird, und die Methoden, mit deren Hilfe die Forscherinnen und Forscher ihre Fragestellungen beantworten. In der Sozialpsychologie ist das nicht anders. Im Folgenden erhalten Sie einen kurzen Überblick über sozialpsychologische Theorien, die das Fach maßgeblich beeinflusst haben. Die Auswahl erfolgte danach, was das Autorenteam von *Sozialpsychologie für Dummies* als wesentlich erachtet und ist weit weg von einem Anspruch auf Vollständigkeit. Die Reihenfolge der Aufzählung folgt dem Aufbau dieses Buches; sie stellt keineswegs eine Wertung oder einen chronologischen Ablauf der Wissenschaftsgeschichte dar.

Mentale Abkürzungen

Die Idee, dass Menschen Abkürzungen im Denken verwenden, um ansonsten anstrengende Denkprozesse zu vereinfachen, stammt von Herbert Simon aus den 1950er-Jahren. Mentale Abkürzungen werden *Heuristiken* genannt. Sie ersparen Aufwand und Zeit und werden in der Sozialpsychologie bis auf den heutigen Tag ausführlich untersucht. Dass der Sozialpsychologe Daniel Kahneman für die Erforschung von Heuristiken im Jahr 2001 den Nobelpreis erhielt, weist auf den außerordentlichen Einfluss dieser Forschungsrichtung hin. *Sozialpsychologie für Dummies* stellt Ihnen die wichtigsten Heuristiken in Kapitel 4 vor.

Bewertungen aus dem Bauch heraus

»Präferenzen benötigen keine Schlussfolgerungen«, so der Sozialpsychologe Bob Zajonc. Mit dieser auf den ersten Blick vielleicht rätselhaften Aussage meint er, dass Menschen gar nicht bewusst darüber nachdenken müssen, ob sie etwas mögen oder nicht. Tatsächlich erfolgen emotionale Bewertungen schneller und sind nachhaltiger als rational begründete. Ein Beispiel dazu lernen Sie in Kapitel 5 unter dem Stichwort *Mere-Exposure-Effekt* kennen: Menschen tendieren dazu, etwas allein deshalb wertzuschätzen, weil es ihnen häufig begegnet.

Innere Widersprüche

Gedanken können sich gegenseitig widersprechen. Wer zum Beispiel Zigaretten raucht und gleichzeitig weiß, dass Tabakkonsum gesundheitsschädlich und verpönt ist, erlebt nach Leon Festinger einen inneren Widerspruch, der sich *kognitive Dissonanz* nennt. Das ist ein unangenehmer Zustand, der Menschen dazu veranlasst, mit allerlei Maßnahmen das innere Gleichgewicht wiederherzustellen. Wie das möglich ist, erfahren Sie in Kapitel 5.

Soziale Vergleiche

Ebenfalls auf Festinger geht die Idee zurück, dass Menschen sich vor allem dadurch selbst erkennen und am Ende »wissen, wer sie sind«, indem sie sich mit anderen vergleichen. Einfach nur über die Frage »Wer bin ich?« nachzudenken, ist dagegen weit weniger bedeutsam. Wie *soziale Vergleiche* erfolgen und welche Konsequenzen sie verursachen, ist in Kapitel 6 dieses Buches beschrieben.

Die Welt verstehen

Dem Sozialpsychologen Fritz Heider nach verspüren Menschen das Bedürfnis, das zu verstehen, was um sie herum geschieht. Sie stellen sich Fragen nach dem »Warum«. Einsichten dazu, warum etwas geschehen ist, erlauben, künftige Ereignisse vorherzusehen und eventuell sogar zu beeinflussen. Wie sich Menschen die Warum-Fragen beantworten, ist von zentraler Bedeutung für ihr Erleben und Verhalten in vielerlei Hinsicht und begegnet Ihnen in *Sozialpsychologie für Dummies* immer wieder. Den Antworten auf die Warum-Fragen ist in diesem Buch das gesamte Kapitel 8 gewidmet.

Enge Bindungen

Folgt man den Gedanken von John Bowlby und Mary Ainsworth, entwickeln Kleinkinder unterschiedliche *Bindungsstile* durch den Umgang mit ihren primären Bezugspersonen, meist den Eltern. Was Menschen frühkindlich erfahren, bestimmt, wie sich ihre engen

Beziehungen im Erwachsenenalter gestalten. Fühlen sie sich wohl in gegenseitiger Abhängigkeit oder lassen sie niemanden ganz ihre Nähe? Führen sie lang andauernde Liebes- und Freundschaftsbeziehungen oder wechseln sie häufig ihre Partnerinnen und Partner? In Kapitel 9 erfahren Sie mehr dazu.

Konformität

Menschen tendieren dazu, ihre Meinungen dem anzupassen, was viele andere denken oder tun. Morton Deutsch und Harold B. Gerard erklären dieses Verhalten mit der Unterscheidung zwischen normativem und informativem Einfluss. Zum einen passen sich Menschen deshalb an, damit sie sich zugehörig fühlen können und nicht ausgeschlossen werden (*normativer Einfluss*). Zum anderen kann das, was viele tun, nicht verkehrt sein und Information dazu liefern, was in einer konkreten Situation »das Richtige« ist (*informativer Einfluss*). Kapitel 10 beinhaltet Antworten dazu, warum sich diese theoretische Vorstellung als besonders erfolgreich erwiesen hat, Meinungskonformität zu erklären.

Innovation durch Minderheiten

Konformität blockiert sozialen Wandel. Die Fähigkeit, neue Wege aufzuzeigen und Veränderungen herbeizuführen, schreibt Serge Moscovici dem sozialen Einfluss durch Minderheiten zu. Mit einem festgelegten Ablauf von Reaktionen der Menschen auf neue und abweichende Gedanken erklärt er den Erfolg von Bewegungen zu Frauen- und Bürgerrechten, Umweltschutz und so weiter. Lernen Sie die Details dieser *Konversionstheorie* in Kapitel 10 kennen.

Rivalität zwischen Gruppen

Der Sozialpsychologe Muzafer Sherif sieht das Verhältnis zwischen Gruppen durch Wettstreit bestimmt. Konkurrieren zwei Gruppen um attraktive Arbeitsplätze oder den Sieg bei einem Sportwettkampf, entstehen Feindseligkeiten und Diskriminierung bis hin zu Gewalttätigkeiten. Das Verhältnis zwischen Gruppen verbessert sich dagegen, wenn sie aufeinander angewiesen sind, um gemeinsame Ziele zu erreichen. Die *Theorie des realistischen Gruppenkonflikts* lernen Sie in Kapitel 11 kennen.

Soziale Identität

Menschen definieren sich selbst über ihre ganz persönlichen Eigenschaften, Interessen, Vorlieben, Stärken und Schwächen. Darüber hinaus spielt die Mitgliedschaft in Gruppen für ihr Selbstkonzept eine wichtige Rolle: »Ich bin Deutsche, Frau, Mitglied in meiner Volleyballmannschaft und so weiter«. In Henri Tajfels *Theorie der sozialen Identität* führt das Streben danach, die eigene Gruppe und damit auch sich selbst in positivem Licht zu sehen, zur Diskriminierung von Menschen, die einer fremden Gruppe angehören. In Kapitel 11 stellen wir Ihnen diese besonders einflussreiche Theorie im Detail vor.

Kontakt

Diskriminierung von Menschen, die fremden Gruppen angehören, schädigt alle und behindert ein reibungsloses Zusammenleben. Mit seiner *Kontakthypothese* schlägt der Sozialpsychologe Gordon W. Allport vor, Kontakt zwischen Mitgliedern unterschiedlicher Gruppen herzustellen. Wer »die anderen« kennt, ist weniger bereit, sie abwertend zu behandeln. Das funktioniert jedoch nur unter ganz bestimmten Bedingungen. Welchen? Das erfahren Sie in Kapitel 11 dieses Buches.

Frustration führt zu Aggression

Bei so mancher Gelegenheit stellen sich Hindernisse ein, die dafür sorgen, dass jemand ein angestrebtes Ziel nicht erreichen kann: Der Bus kommt nicht, die erwartete Beförderung bleibt aus, die Führerscheinprüfung geht schief. Den Forschern John S. Dollard und Neal E. Miller zufolge stellt sich bei solchen Ereignissen Frustration ein, die das betroffene Individuum zu aggressiven Verhaltensweisen veranlasst. Diese Theorie ist zwar in ihrer Einfachheit recht elegant, doch hat sie sich nicht als besonders tragfähig erwiesen: Für Aggressionen gibt es viele Auslöser und allzu oft reagieren Menschen auf Frustration nicht mit Aggression. Trotzdem hat die *Frustrations-Aggressions-Hypothese* die Aggressionsforschung maßgeblich beeinflusst – wie genau, ist Thema in Kapitel 12.

> **IN DIESEM KAPITEL**
>
> Experimente und ihre Ergebnisse
>
> Empirische Überprüfung theoretischer Vorstellungen

Kapitel 15
Zehn (plus vier) wichtige Studien der Sozialpsychologie

Einige Experimente, die in der Sozialpsychologie durchgeführt worden sind, um theoretische Vorstellungen empirisch zu überprüfen, ragen aus den vielen Tausend veröffentlichten Studien besonders hervor. Sie wurden entweder vom Fach selbst oder von der Öffentlichkeit mit großem Interesse aufgenommen, haben zu Nachfolgeuntersuchungen angeregt oder wurden scharf kritisiert. Ihre Aufzählung hier folgt dem chronologischen Aufbau des Buches.

Das Wetter-Experiment

Die Zufriedenheit mit dem eigenen Leben ist abhängig von den sozialen Beziehungen, der Gesundheit, den Finanzen und so weiter. Das sind gewichtige Aspekte, die gewöhnlich nicht leicht zu beeinflussen oder zu korrigieren sind. Die Psychologen Schwarz und Clore berichten dagegen in einem 1986 veröffentlichten Experiment, dass die allgemeine Lebenszufriedenheit auch von etwas eher Belanglosem wie dem Wetter abhängt: Bei Sonnenschein äußerten sich Befragte zufriedener als bei Regen. Warum das so ist, erfahren Sie in Kapitel 4.

Chinesische Schriftzeichen

Versuchspersonen betrachten einen Katalog von angeblichen chinesischen Schriftzeichen. Unmerklich für sie variiert der Sozialpsychologe Bob Zajonc in seinem Experiment von 1968 die Häufigkeit, mit der die Symbole präsentiert werden. Ergebnis: Die Probanden bringen häufig dargebotene Schriftzeichen mit positiver bewerteten Inhalten in Verbindung als seltene Zeichen. Warum allein schon die Frequenz, mit der Menschen einem Objekt ausgesetzt sind, Bewertungen beeinflusst, können Sie in Kapitel 5 nachlesen.

Rückmeldungen aus dem Gesicht

Wer lächelt, findet Cartoons lustiger als eine Person mit neutralem Gesichtsausdruck. Das Lächeln dient den Betrachtern der Cartoons als Signal dazu, dass das, was sie gerade beobachten, witzig sein muss. Nach Fritz Strack und seinen Kolleginnen, die das Experiment 1988 veröffentlicht haben, zeigt dieses Ergebnis, wie eng körperliche Zustände und psychische Vorgänge miteinander verwoben sind. Mehr dazu lesen Sie in Kapitel 5.

Eigenschaftswörter

Menschen bilden sich rasch und schon auf der Grundlage sehr begrenzter Information einen Eindruck über ihre Mitmenschen. In seinen 1946 publizierten Studien findet Solomon Asch, dass einige wenige Adjektive, die eine fremde Person beschreiben, dazu schon ausreichen. Dabei spielt die Reihenfolge der sonst identischen Liste eine wichtige Rolle. Warum dem erstgenannten Eigenschaftswort eine herausragende Bedeutung zukommt, lernen Sie in Kapitel 7.

Der abenteuerlustige Donald

Verhaltensweisen von Mitmenschen können oft unterschiedlich bewertet werden. In einer Studie von Higgins, Rholes und Jones, veröffentlicht 1977, plant ein gewisser Donald, den Atlantik im Segelboot zu überqueren. Ob diese Absicht als abenteuerlustig oder leichtsinnig bewertet wird, hängt davon ab, welche Interpretationsmöglichkeit die Beurteiler gerade im Sinn haben. Im Experiment ist das gezielt variiert, im Alltag mag die Richtung, in die mehrdeutiges Verhalten interpretiert wird, oft auch ganz zufällig vorgegeben sein. Was das für das Zusammenleben der Menschen bedeutet, erfahren Sie in Kapitel 7.

Ärger oder Freude

In einem Experiment von Schachter und Singer aus dem Jahr 1962 erleben Versuchspersonen eine körperliche Erregung. Wissen sie nicht, wieso ihr Herz schneller schlägt als sonst, kann eine andere Person durch ihr Verhalten unterschiedliche Emotionen bei den Probanden auslösen. Verhält sich die andere Person ärgerlich, erleben die Versuchspersonen selbst auch Ärger, benimmt sie sich vergnüglich, kommt Euphorie auf. Lesen Sie mehr dazu in Kapitel 8.

Der fundamentale Attributionsfehler

Im Alltag tendieren Menschen dazu, das Verhalten ihrer Mitmenschen auf deren Persönlichkeitseigenschaften zurückzuführen. Dabei vernachlässigen sie häufig Gegebenheiten der Situation, die das Beobachtete ebenso gut oder vielleicht sogar besser erklären könnten.

Jones und Harris stellen in ihrer Studie aus dem Jahr 1967 ihren Probanden Aussagen eines Studenten zu einem politischen Thema vor. Die Versuchspersonen unterstellen dem Verfasser dieser Aussagen, seine eigene Ansicht dargelegt zu haben, selbst wenn sie ganz genau wissen, dass er nur einer Anordnung der Versuchsleitung nachgekommen ist, eben diese Meinung zu vertreten. Diese Studie und ihre weitreichende Wirkung innerhalb der Sozialpsychologie finden Sie in Kapitel 8 näher erläutert.

Wärter und Gefangene

Eine von der Öffentlichkeit besonders häufig diskutierte Studie ist unter dem Namen *Stanford-Prison-Experiment* bekannt: Zu welchen Taten sind ganz normale Menschen fähig, wenn sie in eine entsprechende Situation gebracht werden? Eine Arbeitsgruppe um den Sozialpsychologen Philip Zimbardo veröffentlichte die Studie im Jahr 1971. Die Versuchspersonen simulieren eine Situation im Gefängnis, einige übernehmen die Rolle als Wärter, andere spielen die Gefangenen. Die Situation eskaliert, die Wärter beginnen die Gefangenen zu schikanieren, zu demütigen und körperlich anzugreifen. Die Verantwortlichen brechen die Untersuchung vorzeitig ab. Warum diese Studie trotz aller Kritik und methodischer Mängel besonders einflussreich geworden ist, können Sie in Kapitel 10 nachlesen.

Der autokinetische Effekt

Der Sozialpsychologe Muzafer Sherif brachte seine Versuchspersonen in einer Serie von Experimenten aus den 1930er-Jahren in eine Situation, in der eine Wahrnehmungstäuschung auftritt. In dunkler Umgebung scheint sich ein Lichtpunkt zu bewegen, wenn ihn das menschliche Auge fixiert. Die Aufgabe der Probanden besteht darin, das Ausmaß dieser nur scheinbaren Bewegung zu schätzen. Ohne objektiven Maßstab lassen sie sich dabei von den Schätzungen anderer Versuchspersonen beeinflussen. Es entsteht innerhalb einer Gruppe von Versuchspersonen eine Norm über die wahrgenommene Bewegung des Lichts, die die einzelnen Mitglieder verinnerlichen. Kapitel 10 gibt Aufschluss über die weitreichenden Konsequenzen, die sich aus diesem Befund ableiten lassen.

Konformität bei eindeutigen Fehlurteilen

Nicht nur Mehrdeutiges, sondern auch Eindeutiges unterliegt dem Einfluss, den andere auf die Urteile Einzelner ausüben. In Experimenten von Solomon Asch, publiziert 1956, schätzen die Versuchspersonen die Länge von Linien, die ihnen präsentiert werden. Die Aufgabe ist einfach, ein Fehlurteil praktisch ausgeschlossen. Eine Mehrheit angeblich anderer Versuchspersonen, tatsächlich sind sie aber Eingeweihte der Versuchsleitung, äußert nach einem festgelegten Schema bei einigen Durchgängen geschlossen eine ganz offensichtlich falsche Antwort. Viele der echten Versuchspersonen lassen sich so dazu verleiten, entgegen der eigenen Überzeugung das Fehlurteil zu übernehmen. Wie mächtig Konformität sein kann und warum das so ist, erfahren Sie in Kapitel 10.

Tödliche Elektroschocks

Als schockierend wurden die Ergebnisse von Experimenten des Sozialpsychologen Stanley Milgram aus dem Jahr 1966 von der Öffentlichkeit bewertet. Versuchspersonen zeigen sich darin bereit, anderen Menschen Stromstöße zu verabreichen, die offensichtlich gesundheitsschädigend, ja sogar tödlich wirken könnten. Der Grund für ihr Verhalten liegt in ihrem Gehorsam gegenüber der Autorität des Versuchsleiters. Details zu diesen äußerst umstrittenen Experimenten finden Sie in Kapitel 10.

Diskriminierung im Ferienlager

In der *Robbers-Cave-Experiment* genannten Studie aus dem Jahr 1961 bringt Muzafer Sherif mit seinem Forschungsteam zwei Gruppen von Jungs in einem Ferienlager zusammen. Im Wettstreit der Gruppen gegeneinander zeigen die Jungen Abwertung und Diskriminierung bis hin zu Handgreiflichkeiten gegenüber den Mitgliedern der jeweils anderen Gruppe. Verfolgen die Gruppen dagegen gemeinsame Ziele bei Aufgaben, die sie nur in Kooperation bewältigen können, verhalten sie sich untereinander freundlich. Zur Bedeutung dieser Ergebnisse lesen Sie mehr in Kapitel 11.

Minimalgruppen

Gibt es Gruppen, die sich gegenseitig nicht diskriminieren? Die Forschergruppe um Tajfel startet im Jahr 1971 den Versuch und kreiert im Labor künstliche Gruppen, die sich voneinander nur durch ein völlig belangloses Merkmal unterscheiden. Mit einer geschickten Manipulation sehen sich die Versuchspersonen als Mitglieder von Gruppen, deren andere Mitglieder sie nicht kennen und mit denen sie nichts zu tun haben. Überraschend bevorzugen die Probanden selbst unter solchen »minimalen« Bedingungen die eigene Gruppe gegenüber der Fremdgruppe. Das Experiment liefert den Ausgangspunkt für die von Tajfel und Turner entwickelte Theorie der sozialen Identität und wird in Kapitel 11 ausführlich beschrieben.

Aggressive Nachmacher

Vorbilder, die sich aggressiv verhalten, finden ihre Nachahmer. In einem von Bandura 1961 publizierten Experiment beobachten Kinder einen Erwachsenen, der eine Clownspuppe mit Namen Bobo beleidigt und malträtiert. Später erhalten sie Gelegenheit, selbst mit Bobo zu spielen, und imitieren dabei das erwachsene Modell: Sie treten und schlagen Bobo und schimpfen ihn aus. Die Studie hat die Forschung zur Wirkung von beobachteter Gewalt, wie sie etwa in Filmen gezeigt wird, außerordentlich stark beeinflusst – wie, das lernen Sie in Kapitel 12.

> **IN DIESEM KAPITEL**
>
> Forschende in der Sozialpsychologie von A bis Z
>
> Wer die Entwicklung der Sozialpsychologie als Fach beeinflusst hat

Kapitel 16
Zehn wichtige Persönlichkeiten der Sozialpsychologie

Personen, die mit ihren Beiträgen die Entwicklung der Sozialpsychologie maßgeblich geprägt haben, finden Sie in dieser Aufzählung. Ihre Namen sollten Sie insbesondere dann kennen, wenn Sie eine Prüfung erfolgreich ablegen wollen und dabei womöglich nach »Festingers Blick auf das Selbstkonzept« (siehe Kapitel 6) oder »Aschs Konformitätsexperimenten« (siehe Kapitel 10) gefragt werden. Ohne Anspruch auf Vollständigkeit präsentieren wir Ihnen in der folgenden Liste die wichtigsten der in diesem Buch genannten Forscherpersönlichkeiten in alphabetischer Reihenfolge.

Gordon W. Allport

Gordon W. Allport (1897–1967) gilt als einer der »Urväter« der Sozialpsychologie. Die Definition, was Sozialpsychologie überhaupt ist, orientiert sich an seiner Vorgabe (siehe Kapitel 1). Seine Beiträge zur Vorurteilsforschung beinhalten unter anderem die »Sündenbocktheorie« (siehe Kapitel 11) und münden in die »Kontakthypothese«, in der er Bedingungen beschreibt, unter denen Vorurteile abgebaut werden können (siehe ebenfalls Kapitel 11).

Solomon Asch

Solomon Asch (1907–1996) ist unter anderem durch seine Arbeiten zur sozialen Wahrnehmung bekannt geworden. Erstaunlich, mit wie wenig Information sich Menschen zutrauen, andere zu beurteilen (siehe Kapitel 7). Vielleicht noch bedeutsamer ist seine Forschung zu Konformität und der Nachweis, dass Menschen offensichtliche Fehlurteile äußern, nur um sich nicht ausgeschlossen fühlen müssen.

Leon Festinger

Leon Festinger (1919–1989) taucht in *Sozialpsychologie für Dummies* mehrmals an prominenter Stelle auf und ist sicherlich einer der einflussreichsten Vertreter des Fachs. Er fand, dass schon allein räumliche Nähe zwischen Menschen Freundschaften stiften kann (siehe Kapitel 9). Auf ihn gehen auch die Theorie der kognitiven Dissonanz (siehe Kapitel 5) und die Forschung zu sozialen Vergleichen (siehe Kapitel 6) zurück, die bis heute Meilensteine der Sozialpsychologie darstellen.

Fritz Heider

Fritz Heider (1896–1988) hat die Forschung zu Attributionen (siehe Kapitel 8) initiiert. Menschen beobachten einen Vorgang in ihrer sozialen Umwelt und fragen sich, warum das so und nicht anders passiert ist. Ihre Antworten nehmen bei vielen Gelegenheiten Einfluss darauf, was sie fühlen, denken und wie sie sich verhalten.

E. Tory Higgins

E. Tory Higgins (geboren 1946) ist der Sozialpsychologie durch vielfältige Arbeiten zu unterschiedlichen Themen bekannt. In diesem Buch finden Sie Beiträge von ihm zum Thema Priming bei der Beurteilung anderer Personen (siehe Kapitel 7) und zu seiner Theorie der Selbstkonzeptdiskrepanzen (siehe Kapitel 6).

Daniel Kahneman

Daniel Kahneman (1934–2024) erforschte zusammen mit seinem Kollegen Amos Tversky (1937–1996) in einem langjährig verfolgten Forschungsprogramm Heuristiken und Urteilsverzerrungen (siehe Kapitel 4). Für diese Arbeiten erhielt er (zusammen mit Vernon L. Smith) im Jahr 2002 den Nobelpreis für Wirtschaftswissenschaften.

Norbert Schwarz

Norbert Schwarz (geboren 1953) ist einer der am häufigsten zitierten zeitgenössischen Psychologen überhaupt. Seine Arbeiten umfassen ein weites Spektrum unterschiedlicher Themen. In diesem Buch begegnet Ihnen sein Name im Zusammenhang mit dem Einfluss von Stimmungen auf Urteile (siehe Kapitel 4) und bei der Forschung zur Verfügbarkeitsheuristik (siehe ebenfalls Kapitel 4).

Muzafer Sherif

Muzafer Sherif (1906–1988) hat sich einen Namen mit der Erforschung von Gruppenprozessen erworben. Seine Arbeiten dazu, wie soziale Normen entstehen (siehe Kapitel 10) und wieso es zu feindseligem Verhalten zwischen Gruppen kommt (siehe Kapitel 11), sind auch heute noch wichtige und häufig zitierte Beiträge.

Henri Tajfel

Henri Tajfel (1919–1982) führt das Verhältnis zwischen Gruppen auf innerpsychische Vergleichsprozesse ihrer einzelnen Mitglieder zurück. Gemessen an der Anzahl von Zitationen ist seine Theorie der sozialen Identität auch heute noch eine der einflussreichsten in der Sozialpsychologie (siehe Kapitel 11).

Robert B. Zajonc

Robert B. Zajonc (1923–2008) hat mit grundlegenden Gedanken zu Urteilsprozessen und Arbeiten zur körperlichen Erregung durch die Anwesenheit lebendiger Objekte die Sozialpsychologie bereichert. Lernen Sie mehr darüber unter dem Stichwort Mere-Exposure-Effekt (siehe Kapitel 5) und lassen Sie sich von den Ergebnissen seines Experiments mit Kakerlaken in einem Labyrinth überraschen (siehe Kapitel 10).

Abbildungsverzeichnis

Abbildung 2.1: Schema der Normalverteilung am Beispiel der Körpergröße von Männern in Deutschland 49

Abbildung 3.1: Die Wason-Selection-Task 54

Abbildung 3.2: Die Wason-Selection-Task im sozialen Kontext 54

Abbildung 3.3: Merkmale automatischer und kontrollierter Denkprozesse 63

Abbildung 3.4: Der Computer auf zwei Beinen 66

Abbildung 4.1: Anchoring and Adjustment nach Tversky und Kahneman 84

Abbildung 4.2: Der direkte Effekt der Stimmung auf Urteile über die Gefühlsheuristik oben und die über Gedächtnisinhalte und Verarbeitungsstil vermittelte Wirkung der Stimmung auf Urteile unten 88

Abbildung 5.1: Theorie des geplanten Verhaltens nach Ajzen (1991) zur Vorhersage, wie eine Einstellung in tatsächliches Verhalten gegenüber dem Einstellungsobjekt mündet 106

Abbildung 5.2: Das Elaboration-Likelihood-Modell von Petty und Cacioppo (1986) 126

Abbildung 6.1: Die enge Beziehung zwischen dem Selbstkonzept und der sozialen Umwelt 135

Abbildung 7.1: Schematische Darstellung einer Eindrucksbildung 165

Abbildung 8.1: Die Grundannahme der Zwei-Faktoren-Theorie der Emotion (nach Stanley Schachter) 180

Abbildung 9.1: Merkmale als attraktiv empfundener weiblicher und männlicher Gesichter 199

Abbildung 10.1: Soziale Erleichterung: Die Wirkung von (1) Erregung durch die Anwesenheit anderer Gruppenmitglieder und (2) Aufgabenschwierigkeit auf die Leistung 227

Abbildung 10.2: Die Entstehung einer Gruppennorm durch die Anpassung individueller Urteile 238

Abbildung 10.3: Eine einfache Wahrnehmungsaufgabe: Typisches Beispiel aus den Experimenten zu Konformität nach Solomon Asch 239

Abbildung 11.1: Beispiel einer Tajfel-Matrix 252

Abbildung 11.2: Illusorische Korrelation: Verteilung von negativ und positiv bewerteten Verhaltensweisen einer Minderheit und einer Mehrheit 261

Abbildung 12.1: Die Wirkung des Hinweisreizes »Waffe« auf den Zusammenhang zwischen Frustration und Aggression 279

Abbildung 13.1: Hilfeverhalten, prosoziales Verhalten und Altruismus 288

Abbildung 13.2: Altruistisch versus egoistisch motiviertes Hilfeverhalten 289

Stichwortverzeichnis

A

Aggression 270
Alkohol 273
Altruismus 287
  pathologischer 295
Ankereffekt *siehe* Heuristik Ankerheuristik
ANOVA-Modell *siehe* Kovariationsmodell
Arbeitsspeicher 51
Assimilation 95
Attraktion
  interpersonale 190
Attribution 170
  Abnormal Conditions Focus Model 179
  Attributionsforschung 170
  Attributionsverzerrungen 182
  externale 172
  Fehlattribution 170
  idealtypische 175
  internale 172
  Misattribution 170
Attributionsfehler
  fundamentaler 176, 183, 304
Attributionsstil 171
  feindseliger 171, 281
Ausgleichstheorie *siehe* Equity-Theorie
Autokinetischer Effekt 237, 305

B

Bahnung *siehe* Priming
Base Rate Neglect *siehe* Basisratenfehler
Basisratenfehler 81
Bias 74
  Confirmation Bias 109
  Correspondence Bias 183
  Unconscious Bias 74
Bindung 204

Bindungsstil 204, 300
  desorganisierter 205
  sicherer 204
  unsicher-ambivalenter 205
  unsicher-vermeidender 205
Biofeedback 116
Bottom-up 68
Bystander-Effekt 291

C

Cue *siehe* Hinweisreiz

D

Deindividuierung 215
Dekategorisierung 256
Deprivation
  relative 278
Dichotomie 50
Differenzielle Psychologie
  siehe Psychologie, Persönlichkeitspsychologie
Differenzierung
  wechselseitige 257
Diskriminierung 249, 258
Dissens 238
Dissonanz
  kognitive 117, 120, 300
Distinktheit 175, 254
Door-in-the-Face 92
Dunning-Kruger-Effekt 139
Dyade 213

E

Eigengruppenprojektion 256
Einfluss
  informativer 240, 292
  normativer 240
  sozialer 236, 240, 301
Einsamkeit 190
Einstellung 103, 108
  ambivalente 104
  indifferente 104
Einwilligung
  forcierte 118

Einzigartigkeit
  Bedürfnis nach 244
Elaboration-Likelihood-Modell 124
Elaborationswahrscheinlichkeit *siehe* Elaboration-Likelihood-Modell
Emotion 88, 180
Empathie 289
Enthemmung 273
Entitativität 215
Entscheidungsaufgabe
  lexikalische 58
Equity-Theorie 203
Erleichterung
  soziale 225
Erregung 180
Erwünschtheit
  soziale 104, 178
Ethik 45
Experiment 44
  Feldexperiment 45
  Quasi-Experiment 46

F

Facial Feedback *siehe* Biofeedback
Faulenzen
  soziales 227
Foot-in-the-Door 91
Framing 67
Fremde-Situation-Test 204
Fremdgruppenhomogenität 256
Frustration 277
Frustrations-Aggressions-Hypothese 277, 302

G

Gehorsam 246
Great Person Theory 234
Groupthink *siehe* Gruppendenken

Gruppe 213
  Minimalgruppe 214
  nominale 229
  soziale 214
Gruppendenken 230
Gruppeneffektivität
  Illusion der 230
Gruppenkohäsion 223, 293
Gruppenpolarisierung 232

H

Halo-Effekt 159, 161
Helfersyndrom 295
Heuristic-Systematic-Modell 124
Heuristik 76, 299
  Ankerheuristik 81
  Expertenheuristik 77
  Gefühlsheuristik 89
  Konsensheuristik 78
  Rekognitionsheuristik 87
  Repräsentativitätsheuristik 79
  Sympathieheuristik 77
  Verfügbarkeitsheuristik 85
Hilflosigkeit
  erlernte 171
Hinweisreiz 125, 279

I

Identität siehe Selbstkonzept
  soziale 152, 301
Ignoranz
  pluralistische 292
Impression Management 149
Informationsverarbeitung 90
  detailorientierte 90
  global orientierte 90
Intention 106
Introspektion 141
Intuition 100
  Faith in Intuition 101

K

Kategorisierung 55, 64, 263
  Kategorisierungsurteil 55
Katharsis 283
Kausalität 48
Kindchenschema 199
Kognition 52
Konformität 240, 301, 305

Konsens 78, 175, 238
Konsistenz 175
Konsistenzbedürfnis 91
Kontakthypothese 264, 302
Kontingenzmodell effektiver Führung 235
Kontrasteffekt 94
Kontrolle
  Illusion der 188
Konversion 242
Konversionstheorie 242, 301
Korrelation 48
  illusorische 260
Korrespondenzverzerrung siehe Attributionsfehler, fundamentaler
Kovariation 174
Kovariationsmodell 174
Kultur 272
  individualistische 152
  kollektivistische 152

L

Langzeitgedächtnis 52, 56–57
Liebe 207
Liebesstil 208
  Agape 208
  Eros 208
  Ludus 208
  Mania 208
  Pragma 209
  Storge 208
Low Balling 96

M

Macht
  soziale 245
Major Life Event 137
Mere-Exposure-Effekt 113, 191, 300
Milgram-Experiment 247, 306
Minderheit
  soziale 242
Minimalgruppe 251, 306
  Minimalgruppen-Paradigma 252
Mobbing 217
Modelllernen 280, 306
Motiv 66
  Anschlussmotiv 67

N

Narzissmus 138
Need for Cognition 126
Need for Uniqueness siehe Einzigartigkeit, Bedürfnis nach
Neid 144
Netzwerk
  semantisches 57
Norm
  deskriptive 219
  injunktive 219
  präskriptive 219
  soziale 218

O

Operationalisierung 43
Ostrazismus 217

P

Persönlichkeit
  prosoziale 294
Persuasion 122
  Zwei-Prozess-Modelle der 124
Primacy-Effekt 68, 156
Priming 58, 164
  Magnitude Priming 84
Prophezeiung
  sich selbst erfüllende 159
Prototyp 56
Provokation 276
Prozess
  automatischer 55, 63
  kontrollierter 63
Psychologie 32
  Allgemeine Psychologie 37
  Klinische Psychologie 36
  Persönlichkeitspsychologie 37
  psychologische Diagnostik 166
  Sozialpsychologie 33
Pubertät 137

R

Randomisierung 45
Reaktanz 98
Recency-Effekt 68
Rekategorisierung 256

Reziprozität 93, 95, 287
  reziproke Zuneigung 196
Ringelmann-Effekt 228
Robbers-Cave-Experiment 250, 306
Rolle
  soziale 219
Rollenkonflikt 220

S

Salienz 61, 261
Saying-is-believing 233
Schema 59, 263
Selbstaufmerksamkeit 148
Selbstbehinderung 187
Selbstbild *siehe* Selbstkonzept
Selbstkategorisierung 215
Selbstkomplexität 145
Selbstkonzept 134, 253
  independentes 152
  interdependentes 153, 185
Selbstkonzeptdiskrepanz 146
Selbstregulation 148
Selbstwahrnehmung 143
Selbstwertgefühl 135, 254
Selbstwirksamkeit 136
Serotonin 271
Similar-to-me-Effekt 162
Social Cognition 53, 60, 66
Soziologie 36
Stanford-Prison-Experiment 220, 305
Status
  sozialer 221
  sozioökonomischer 222
  Statussymbole 221

Stereotyp 201, 259, 263
  Autostereotyp 259
  Schönheitsstereotyp 201
Stimmung 88
Strange-Situation-Test *siehe* Fremde-Situation-Test
Subliminal 128
Subtyping 264
Sündenbockphänomen 262
Sunk-Cost-Verzerrung 97
Sympathie 77

T

Tajfel-Matrix *siehe* Minimalgruppe
Testosteron 271
That's-not-all-Technik 98
Theorie 41
Theorie der sozialen Identität 253
Theorie des geplanten Verhaltens 106
Theorie des realistischen Gruppenkonflikts 250, 301
Third-Person-Effekt 128
Top-down 68
Trichtereffekt 238

U

Urteil 73
Urteilsverzerrung *siehe* Bias

V

Variable
  abhängige 45
  unabhängige 44

Verantwortungsdiffusion 233, 292
Vergleich
  sozialer 135, 143, 254, 300
Verhalten
  prosoziales 285
Verschwörungstheorie 245
Versuchsperson 45
Verteilung
  Gleichverteilung 49
  Normalverteilung 48
Verzerrung
  Akteur-Beobachter-Verzerrung 186
  selbstwertdienliche 186–187
Vorurteil 258

W

Waffeneffekt 279
Wahrnehmung
  soziale 155
Wason-Selection-Task 53
Werbung 127
Wert 111

Y

Yale-Studie 122

Z

Zugehörigkeit
  Bedürfnis nach 216
Zusammenhang *siehe* Korrelation
Zwei-Faktoren-Theorie der Emotion 180